普通高等教育"十一五"国家级规

船体振动与噪声

姚熊亮　张阿漫　编

国防工业出版社

·北京·

内 容 简 介

本书在介绍结构动力学基本知识的基础上重点讲述了船体振动的分析方法和计算方法,同时对船体结构振动产生的噪声及其对船员产生的危害以及减振降噪的方法进行了讨论和阐述。此外,还针对水下爆炸载荷作用下船体结构的冲击响应特性与计算方法作了专门介绍。

本书可以作为船舶与海洋工程及相近专业的本科生、硕士研究生课程教材,以及从事船舶与海洋工程专业的设计人员和研究人员的参考用书。

图书在版编目(CIP)数据

船体振动与噪声 / 姚熊亮,张阿漫编. —北京:
国防工业出版社,2010.8
普通高等教育"十一五"国家级规划教材
ISBN 978-7-118-06915-0

Ⅰ.①船... Ⅱ.①姚... ②张... Ⅲ.①船舶振
动 – 高等学校 – 教材②船舶噪声 – 高等学校 – 教材
Ⅳ.①U661.44

中国版本图书馆 CIP 数据核字(2010)第 144849 号

※

国防工业出版社出版发行
(北京市海淀区紫竹院南路23号 邮政编码100048)
北京嘉恒彩色印刷有限责任公司
新华书店经售
*
开本787×1092 1/16 印张19½ 字数450千字
2010 年8月第1版第1次印刷 印数1—3000册 定价35.00元

(本书如有印装错误,我社负责调换)

国防书店:(010)68428422　　　发行邮购:(010)68414474
发行传真:(010)68411535　　　发行业务:(010)68472764

前　言

　　船体振动与噪声是船舶与海洋工程专业的一门重要的专业基础课程。它涉及范围较广，与船舶结构力学、流体力学、结构动力学及声学都有密切的联系。随着船舶与海洋工程技术的飞速发展，船舶的振动与噪声问题日显突出。多年来，很多学者从不同的角度用不同的方法对船体振动与噪声问题进行了广泛的研究，迄今为止已经有很多研究成果在相关的学术刊物上发表，这些研究成果为指导船体振动噪声计算提供了有效途径。所以，为了贯彻教育部在"十一五"期间提出的"注重基础，更新知识，利于教学"的原则，以适应当前科技发展和教育改革的需要，作者编写此书，在突出基础理论的基础上，总结归纳了该领域所取得的一些新的研究成果，希望能够丰富船体振动的教学内容。

　　本书章节是根据振动的基本理论来安排的。在由浅入深地阐述结构动力学基础知识的基础上，重点讨论了船体振动特性及其所引起的船体噪声问题。为了体现当前船舶与海洋工程领域内减振降噪知识的更新与发展，适应当前船舶工业的发展需求，本书在第 5 章和第 6 章详细介绍了减振抗冲元件和船体振动与噪声所引起的危害。全部授完本书内容需要 50 个 ~70 个学时。选学内容在标题前面均以" ＊ "号注明。这本书可作为船舶与海洋工程专业及相关专业的大专院校教材，以及从事船舶与海洋工程专业的研究人员的参考用书。

　　本书在编写过程中参考了较多的相关著作，从中得到了很大收获，在此谨向这些学者们表示诚挚的感谢！

　　本书由姚熊亮统稿，其中第 1 章由戴绍仕编写，第 2 章由郭君编写，第 3、6 章由庞福振编写，第 4、5 章由张阿漫编写。

　　本书在编写过程中力图突出近几年来学术界的最新研究成果，但编者水平所限，难免存在不妥之处，恳请读者予以批评和指正。

编者

于哈尔滨工程大学

2010. 3

目　录

第1章　结构动力学 ·· 1

　1.1　单自由度系统自由振动 ··· 1

　　1.1.1　无阻尼单自由度系统自由振动 ······························ 1

　　1.1.2　有阻尼单自由度系统自由振动 ······························ 11

　1.2　单自由度系统强迫振动 ··· 15

　　1.2.1　正弦扰力作用下的强迫振动 ······························· 15

　　1.2.2　任意扰力作用下的强迫振动 ······························· 26

　　1.2.3　冲击载荷作用下的强迫振动 ······························· 29

　1.3　多自由度系统自由振动 ··· 36

　　1.3.1　无阻尼多自由度系统自由振动 ······························ 36

　　1.3.2　有阻尼多自由度系统自由振动 ······························ 49

　1.4　多自由度系统强迫振动 ··· 51

　　1.4.1　外力激振下系统的响应 ·································· 51

　　1.4.2　振型叠加法求系统的响应 ································ 53

　　1.4.3　用能量法求解多自由度系统无阻尼强迫振动的运动方程 ········ 55

　1.5　弹性体振动 ·· 58

　　1.5.1　梁的振动 ··· 58

　　1.5.2　板的振动 ··· 91

　　*1.5.3　迁移矩阵法 ·· 94

　　*1.5.4　能量法 ·· 103

　参考文献 ·· 110

第2章　船体振动的基本特征 ·· 111

　2.1　概述 ··· 111

　2.2　附连水对船体振动的影响 ·· 115

　　2.2.1　附连水质量工程计算方法 ································ 115

　　2.2.2　附连水质量的理论求解 ·································· 121

　2.3　船体振动的激振源 ·· 128

　　2.3.1　概述 ··· 128

　　2.3.2　螺旋桨干扰力 ··· 128

2.3.3　柴油机干扰力 ……………………………………………… 133

2.3.4　其他干扰力 ………………………………………………… 138

2.3.5　结构响应和振源分析 ……………………………………… 139

2.4　船体结构自由振动 ………………………………………………… 141

2.4.1　船体总振动 …………………………………………………… 141

2.4.2　船体上层建筑振动 …………………………………………… 154

2.4.3　船体局部振动 ………………………………………………… 158

2.5　船体耦合振动 ……………………………………………………… 165

2.6　船体强迫振动 ……………………………………………………… 168

2.7　船体振动的减振方法及规范衡准 ………………………………… 172

2.7.1　概述 …………………………………………………………… 172

2.7.2　防振与减振措施 ……………………………………………… 172

2.7.3　船体振动的规范衡准 ………………………………………… 176

参考文献 ……………………………………………………………………… 179

第3章　船体噪声及其控制 ……………………………………………… 181

3.1　声学基础知识 ……………………………………………………… 181

3.1.1　概述 …………………………………………………………… 181

3.1.2　理想流体介质中的波动方程 ………………………………… 181

3.1.3　平面声波的基本性质 ………………………………………… 182

3.1.4　球面声波的基本性质 ………………………………………… 183

3.2　结构辐射噪声分析方法 …………………………………………… 184

3.2.1　有限元法及边界元法 ………………………………………… 184

3.2.2　统计能量法 …………………………………………………… 186

3.3　船舶主要噪声源及其传播特性 …………………………………… 187

3.3.1　舰船的主要噪声源 …………………………………………… 187

3.3.2　船舶噪声的传播特性 ………………………………………… 189

3.4　舰船舱室灰色预测 ………………………………………………… 191

3.4.1　灰色系统理论与方法的综述 ………………………………… 191

3.4.2　船舶上层建筑噪声的灰色特性 ……………………………… 192

3.4.3　舰船上层建筑噪声的预测模型 ……………………………… 192

3.5　潜艇结构辐射噪声 ………………………………………………… 194

3.5.1　平板声辐射 …………………………………………………… 194

3.5.2　潜艇结构噪声传播特性 ……………………………………… 195

3.5.3　声学覆盖层声学性能 ………………………………………… 197

第4章 水下爆炸作用下船体结构冲击响应 ················· 200

  4.1 水下爆炸载荷 ···································· 200

      4.1.1 水下爆炸基本物理现象 ···················· 200

      4.1.2 水下爆炸冲击波 ························· 201

      4.1.3 水下爆炸气泡脉动 ······················ 202

      4.1.4 水下爆炸载荷模型 ······················ 205

  4.2 舰用材料的冲击特性 ······························ 206

      4.2.1 舰船用材料发展现状 ···················· 206

      4.2.2 舰船用材料应变率效应 ·················· 207

      4.2.3 舰船爆炸动响应中的材料模型 ············ 208

      4.2.4 几种常用材料性能 ······················ 208

  4.3 舰船水下爆炸冲击环境 ···························· 212

      4.3.1 舰船冲击环境及描述方法 ················ 212

      4.3.2 冲击响应谱 ···························· 214

      4.3.3 冲击响应谱描述 ························· 216

      4.3.4 舰船冲击环境特征 ······················ 219

  4.4 非接触爆炸载荷作用下船体强度 ···················· 221

      4.4.1 爆炸载荷作用下船体响应计算 ············ 221

      4.4.2 波浪载荷作用下舰船总纵强度外力计算 ···· 221

      4.4.3 波浪载荷与爆炸载荷联合作用的解耦方法 ·· 223

      4.4.4 波浪载荷与冲击波载荷联合作用下的舰船总强度 ······· 224

      4.4.5 波浪载荷与气泡脉动载荷联合作用下的舰船总强度 ······· 225

  4.5 舰船水下接触爆炸结构冲击响应 ···················· 226

      4.5.1 接触爆炸时舰船结构破损概述 ············ 226

      4.5.2 接触爆炸时舰船结构破损估算 ············ 229

      4.5.3 接触爆炸时船体板架冲击响应 ············ 231

  *4.6 气泡脉动下舰船强度分析 ························· 233

      4.6.1 水下爆炸气泡弯矩 ······················ 233

      4.6.2 气泡脉动作用下舰船总纵强度评估 ········ 235

  *4.7 水面舰船舷侧防护破损及防护机理 ················ 237

      4.7.1 防雷舱结构设计思想 ···················· 238

      4.7.2 舷侧防护机理研究 ······················ 239

  *4.8 潜艇艇体结构抗冲击特性 ························· 246

      4.8.1 冲击环境计算理论 ······················ 246

      4.8.2 双壳潜艇冲击环境 ······················ 248

4.8.3 单壳潜艇冲击环境 ………………………………… 251

参考文献 ………………………………………………………… 256

第 5 章 船舶减振抗冲元件 ………………………………… 260

5.1 船舶减振抗冲元件的用途、类型及性能 …………………… 260

5.2 橡胶金属减振器 …………………………………………… 261

5.2.1 橡胶金属减振器工作原理及物理特性 …………… 261

5.2.2 橡胶金属减振器的分类 ………………………… 262

5.2.3 几种常见的船舶橡胶金属减振器 ……………… 262

5.3 气动减振器 ………………………………………………… 263

5.4 金属减振器 ………………………………………………… 265

5.4.1 钢丝绳减振器 …………………………………… 266

5.4.2 弹簧(板簧)式金属减振器 ……………………… 266

5.5 浮筏隔振系统 ……………………………………………… 267

5.6 磁流变减振器 ……………………………………………… 269

5.6.1 磁流变液减振器的工作原理 …………………… 269

5.6.2 磁流变液减振器力学特性与阻尼特性 ………… 270

5.7 减振器的性能指标 ………………………………………… 275

参考文献 ………………………………………………………… 276

第 6 章 船体振动噪声对艇员的危害 …………………… 277

6.1 舰船振动对艇员的影响及防护 …………………………… 277

6.1.1 舰船振动的主要特征 …………………………… 277

6.1.2 舰船振动对艇员的影响 ………………………… 279

6.1.3 舰船振动的控制与艇员防护 …………………… 282

6.2 舰船噪声对艇员的影响及防护 …………………………… 286

6.2.1 舰船舱室噪声的特点 …………………………… 286

6.2.2 舰船舱室噪声对艇员的影响 …………………… 288

6.2.3 舰船舱室噪声的控制与艇员防护 ……………… 292

6.3 舰船次声对艇员的影响及防护 …………………………… 296

6.3.1 舰船次声对艇员的影响 ………………………… 296

6.3.2 舰船次声的防护 ………………………………… 298

6.4 舰船冲击对艇员的影响及防护 …………………………… 299

6.4.1 舰船冲击对艇员的影响 ………………………… 299

6.4.2 舰船冲击的防护 ………………………………… 303

参考文献 ………………………………………………………… 304

第1章　结构动力学

1.1　单自由度系统自由振动

日常生活和工程实践中普遍存在着振动现象,各种机器和仪表的振动、楼房和桥梁的振动、车辆在不平路面上行驶时的颠簸、轮船在海浪中的左右摇摆和前后纵摇等,都是振动的实例。现代工程设计中的一个重要部分是分析和预估结构物的动力特性。系统的振动特性(振动系统的参数)是动力特性的一个普遍存在形式。研究工程结构物振动特性的目的,就是要为工程设计提供理论依据。

本章主要研究单自由度系统的振动问题。只有一个自由度的振动系统称为单自由度振动系统,简称单自由度系统。单自由度系统在振动理论及其应用中是最基本的,在实际应用中,把结构简化成一个单自由度系统可以得到初步满足工程需要的。在理论分析中,利用它的直观、简单,可以把握振动系统的许多基本性质。同时,单自由度系统的振动理论与方法又是多自由度系统和连续系统振动理论与方法的基础。

很多的工程实际问题中,有时作为初步估算或在工程设计允许的误差范围内作近似的振动分析,往往可以凭经验判断,并用各种不同的(物理的、数学的或两者结合起来的)方法把复杂的工程结构简化成为一个单自由度系统的力学模型,进行动力分析。此外,也有相当多的单自由度振动问题,虽然它们在表面上看来各不相同,但归根结底还是由同一个类型的运动微分方程所支配。因此,先介绍单自由度系统振动问题的典型的力学模型及其支配方程,再举一些例子加以分析说明。

1.1.1　无阻尼单自由度系统自由振动

1.1.1.1　运动方程的建立

承受动力载荷的任何线性结构系统的主要物理特性包括系统的质量、弹性特性(柔度或刚度)能量耗散机理或阻尼以及外部干扰或载荷。因而,结构的数学模型可由联系力、位移、速度和加速度的"元件"构成,即可简化为如图 1 - 1 - 1(a) 所示的模型。系统的质量由图中的刚体表示;弹性特性用图中刚度为 k 的弹簧表示,它提供抵抗位移的弹性力;耗散的能量机理用阻尼器 c 表示;外部的干扰力用随时间变化的载荷 $p(t)$ 表示;系统在滚筒约束的作用下只能作简单的平移,是一单自由度系统。下面就针对图 1 - 1 - 1(a) 所示的系统模型,介绍建立其运动方程的几种方法。

一、达朗贝尔原理

如图 1 - 1 - 1(a) 所示,以 O 为原点,取一坐标系 Ox,弹簧无变形时刚体在原点上。设刚体在 $p(t)$ 作用下沿坐标正向移动了 x,则由于运动引起了三个力:惯性力 f_I、阻尼力 f_D、弹簧的弹性恢复力 f_S,如图 1 - 1 - 1(b) 所示。此时由于弹簧的伸长为 x,所以弹簧的弹性

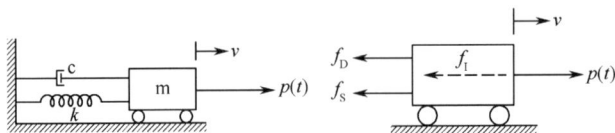

图 1 - 1 - 1 理想化单自由度体系

(a) 基本元件; (b) 平衡力系。

恢复力为

$$f_S = -kx \qquad (1-1-1)$$

惯性力为

$$f_I = -m\ddot{x} \qquad (1-1-2)$$

如果假设阻尼是黏性阻尼,则阻尼力是黏性阻尼系数 c 和速度的乘积,即

$$f_D = -c\dot{x} \qquad (1-1-3)$$

根据达朗贝尔原理有

$$f_I + f_D + f_S + p(t) = 0 \qquad (1-1-4)$$

将式(1 - 1 - 1) ~ 式(1 - 1 - 3)代入式(1 - 1 - 4),整理后可得

$$m\ddot{x} + c\dot{x} + kx = p(t) \qquad (1-1-5)$$

此即为单自由度系统的运动微分方程。

二、虚功原理

如果给图 1 - 1 - 1(a)所示系统的刚体一个虚位移 δx,则刚体所受的每个力都将做功。根据虚功原理有

$$f_I \cdot \delta x + f_D \cdot \delta x + f_S \cdot \delta x + p(t) \cdot \delta x = 0 \qquad (1-1-6)$$

将式(1 - 1 - 1) ~ 式(1 - 1 - 3)代入式(1 - 1 - 6)中,可得

$$[-m\ddot{x} - c\dot{x} - kx + p(t)] \cdot \delta x = 0$$

因为 $\delta x \neq 0$,因此

$$-m\ddot{x} - c\dot{x} - kx + p(t) = 0$$

即有

$$m\ddot{x} + c\dot{x} + kx = p(t)$$

三、哈密尔顿原理

由图 1 - 1 - 1(a)可知,系统的动能为

$$T = \frac{1}{2}m\dot{x}^2 \qquad (1-1-7)$$

系统的势能为

$$V = \frac{1}{2}kx^2 \qquad (1-1-8)$$

因为系统作用有非保守力,即阻尼力 f_D 和载荷 $p(t)$,这些力所做的虚功之和为

$$\delta W_n = p(t)\delta x + f_D \delta x = p(t)\delta x - c\dot{x}\delta x \qquad (1-1-9)$$

根据哈密尔顿原理有

$$\int_{t_1}^{t_2} \left[\delta(T-V) + \delta W_n \right] dt = 0 \qquad (1-1-10)$$

将式(1-1-7)~式(1-1-9)代入式(1-1-10)中,可得

$$\int_{t_1}^{t_2} \left[\delta\left(\frac{1}{2}m\dot{x}^2 - \frac{1}{2}kx^2 \right) + p(t)\delta x - c\dot{x}\delta x \right] dt = 0$$

即有

$$\int_{t_1}^{t_2} \left[m\dot{x}\delta\dot{x} - kx\delta x + p(t)\delta x - c\dot{x}\delta x \right] dt = 0 \qquad (1-1-11)$$

对上式中第一项进行分部积分,则有

$$\int_{t_1}^{t_2} m\dot{x}\delta\dot{x}dt = m\dot{x}\delta x \Big|_{t_1}^{t_2} - \int_{t_1}^{t_2} m\ddot{x}\delta x dt$$

由于 δx 在积分限 t_1 和 t_2 时为零,因此上式可变为

$$\int_{t_1}^{t_2} m\dot{x}\delta\dot{x}dt = -\int_{t_1}^{t_2} m\ddot{x}\delta x dt$$

将其代入式(1-1-11),整理后可得

$$\int_{t_1}^{t_2} \left[-m\ddot{x} - kx + p(t) - c\dot{x} \right]\delta x dt = 0$$

因为 δx 具有任意性,故若上式成立,则

$$-m\ddot{x} - kx + p(t) - c\dot{x} = 0$$

即

$$m\ddot{x} + c\dot{x} + kx = p(t)$$

四、重力的影响

与图 1-1-1(a)所示的系统不同,图 1-1-2(a)所示的系统其重力沿着位移的方向,此时需考虑重力的影响,系统刚体所受的力如图 1-1-2(b)所示。若仍取一坐标 Ox,弹簧无变形时刚体在原点 O 上,则当刚体沿坐标正向移动了 x 时,参照前面同样的方法可

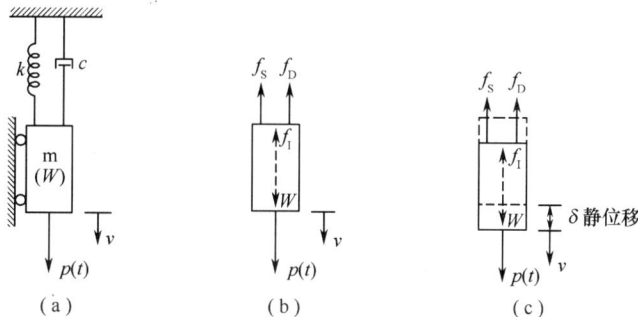

图 1-1-2 重力对单自由度体系平衡的影响

得系统的运动方程为

$$m\ddot{x} + c\dot{x} + kx = p(t) + mg \qquad (1-1-12)$$

如果把总位移 x 用由重力 mg 引起的静位移 δ 及附加动力位移 $\bar{x}$ 的和来表示,则有

$$x = \bar{x} + \delta$$

将上式代入式(1-1-11)中,由于 δ 不随时间变化,故可得

$$m\ddot{\bar{x}} + c\dot{\bar{x}} + k\bar{x} + k\delta = p(t) + mg$$

又由于 $k\delta = mg$,则上式可变为

$$m\ddot{\bar{x}} + c\dot{\bar{x}} + k\bar{x} = p(t) \qquad (1-1-13)$$

比较式(1-1-13)和式(1-1-5)可见,相对于动力系统的静力平衡位置所写出的运动方程是不受重力影响的。基于上述原因,在今后所有的讨论中,位移都以静力平衡位置作为基准,而这样确定的位移即为动力响应。因此,对线性系统而言,在求总位移、应力等时,只要把动力分析的结果与相应的静力量相加即可。

1.1.1.2 无阻尼自由振动

自由振动是指系统在没有外来干扰力作用时所发生的振动,它是由初始位移或初始速度或两者共同的影响引起的振动。在不考虑阻尼影响时,其运动方程可由式(1-1-5)得

$$m\ddot{x} + kx = 0 \qquad (1-1-14)$$

令

$$\omega_n^2 = \frac{k}{m} \qquad (1-1-15)$$

则式(1-1-14)可改写为

$$\ddot{x} + \omega_n x = 0$$

设 $x = e^{rt}$ 为方程的一个解,代入上式得

$$(r^2 + \omega_n^2)e^{rt} = 0$$

其特征方程为

$$r^2 + \omega_n^2 = 0$$

则特征根为

$$r = \pm i\omega_n$$

方程的通解为

$$x = C_1 e^{i\omega_n t} + C_2 e^{-i\omega_n t}$$

由欧拉公式

$$e^{i\omega_n t} = \cos\omega_n t + i\sin\omega_n t$$

可将通解改写为

$$x = A_1\cos\omega_n t + A_2\sin\omega_n t \qquad (1-1-16)$$

式中

$$A_1 = C_1 + C_2, \quad A_2 = i(C_1 + C_2)$$

其中:A_1、A_2 由振动初始条件确定。

设在 $t = 0$ 时,刚体 m 的初始位移和初始速度分别为

$$x(0) = x_0, \quad \dot{x}(0) = \dot{x}_0$$

代入式(1 – 1 – 16)可得

$$A_1 = x_0, \quad A_2 = \dot{x}_0 / \omega_n$$

于是位移的表达式可写为

$$x = x_0 \cos \omega_n t + \frac{\dot{x}_0}{\omega_n} \sin \omega_n t \tag{1 – 1 – 17}$$

它可以改写成如下形式,即

$$x = A \sin(\omega_n t + \varphi) = A \cos(\omega_n t + \varphi_1) \tag{1 – 1 – 18}$$

式中:A、φ 为任意常数,分别称为振幅和初相位。对于上述初始条件,不难确定出

$$\begin{cases} A = \sqrt{x_0^2 + (\dot{x}_0 / \omega_n)^2} \\ \varphi = \arctan \dfrac{x_0 \omega_n}{\dot{x}_0} \end{cases} \tag{1 – 1 – 19}$$

由式(1 – 1 – 18)可知,无阻尼自由振动是一个简谐运动,其振动周期为

$$T = \frac{2\pi}{\omega_n} = 2\pi \sqrt{\frac{m}{k}} \tag{1 – 1 – 20}$$

振动频率为

$$f = \frac{1}{T} = \frac{\omega_n}{2\pi} = \frac{1}{2\pi} \sqrt{\frac{k}{m}} \tag{1 – 1 – 21}$$

周期表示往复振动一次所需的时间,单位是 s;频率表示单位时间内往复振动的次数,单位是次 /s(Hz)。

在振动问题中还可以用旋转矢量来表示简谐振动,为此引进一个半径为 A 的参考圆,有一质点 M 在此圆周上以匀角速度 ω_n 沿逆时针方向作匀速圆周运动(图1 – 1 – 3(a))。可以看到,当质点 M 作圆周运动时,它在 x 轴上的投影点 M' 在 x 轴上以圆心 O 为平衡位置作上下来回振动。如果开始时($t = 0$)质点 M 位于 M_0,$\overline{OM_0}$ 与 y 轴的夹角为 φ。经过时间 t 后,$\overline{OM_0}$ 转过角度 $\omega_n t$,M 点在 x 轴上的投影点 M' 离平衡位置的距离,即位移为

$$x = \overline{OM} \sin(\omega_n t + \varphi) = A \sin(\omega_n t + \varphi)$$

可见,得到与式(1 – 1 – 18)同样的结果。

如果以 x 轴为纵坐标、$\omega_n t$ 为横坐标,就可得 M' 点的振动曲线(图1 – 1 – 3(b))。所得的结果表明,质点的自由振动为简谐振动。其中旋转矢量的模 A 为振幅,即质点的最大位移;$\omega_n t + \varphi$ 为振动的相角,φ 叫做初相角;旋转角速度 ω_n 为圆频率,质点每秒内振动的弧

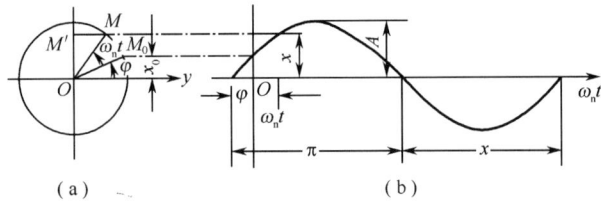

图 1 - 1 - 3

度数,或2π秒内振动的次数,它仅取决于系统的固有性质(质量m及弹簧刚度k),而与运动的初始条件无关,故称为系统的固有频率,是表征振动系统固有性质的一个重要特征值。

固有频率对无阻尼振动和有阻尼振动都很重要,下面列出了一些求解固有频率的方法。列出系统的运动微分方程进而求出系统的固有频率是一种常用的方法,这需要知道系统的质量和刚度。此外,还有其他方法可用来求解单自由度系统的固有频率。

一、静变形法

由于实际系统往往是很复杂的,系统的质量和弹簧的刚度有时难以直接求出,因此根据式(1 - 1 - 15)求解系统的固有频率有时会很困难。这时可根据静变形法计算系统的固有频率,也就是只要能测量出弹簧的静变形δ,根据$mg = k\delta$得$k = \dfrac{mg}{\delta}$,则固有频率为

$$\omega_{\mathrm{n}} = \sqrt{\frac{k}{m}} = \sqrt{\frac{mg}{m\delta}} = \sqrt{\frac{g}{\delta}} \qquad (1 - 1 - 22)$$

知道静变形后即可求得直线振动的固有频率。

振动一周所需的时间为

$$T = \frac{2\pi}{\omega_{\mathrm{n}}} = 2\pi\sqrt{\frac{m}{k}} = 2\pi\sqrt{\frac{\delta}{g}} \qquad (1 - 1 - 23)$$

例 1 - 1 - 1　一个不计质量的悬臂梁端部接一弹簧,弹簧下端有一刚体 m,如图 1 - 1 - 4 所示。求该系统的固有频率。

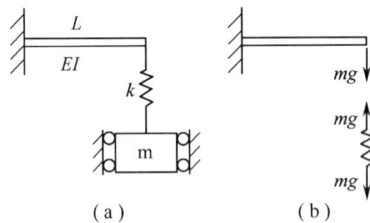

图 1 - 1 - 4

解:由隔离体图可知,悬臂梁自由端受一个集中力 mg,由材料力学知,梁端点的挠度 $\delta_1 = \dfrac{mgl^3}{3EI}$,弹簧的伸长量 $\delta_2 = \dfrac{mg}{k}$。因此,在重力作用下刚体 m 的静位移为

$$\delta = \delta_1 + \delta_2 = mg\left[\frac{l^3}{3EI} + \frac{1}{k}\right]$$

根据式(1-1-22),可求出系统的固有频率为

$$\omega_n = \sqrt{\frac{1}{m[l^3/(3EI) + 1/k]}}$$

静变形法只用静力学的方法就可以确定系统的固有频率,比较方便,在实际工作中也易于应用。一般来说,它对单自由度系统是精确的,对多自由度系统和连续系统则有误差。

二、能量法

系统振动时动能和势能相互转换,根据能量关系也可求得系统的固有频率。对单自由度系统,用能量法求系统的固有频率有以下两种方法:

(1)单自由度振动系统在作自由振动时,如果不计阻尼,则在振动过程中可认为没有能量损失。在振动的任一瞬时,系统总能量保持不变,势能 V 和动能 T 之和应恒为常数,即 $V + T =$ 常数,或写成

$$\frac{d}{dt}(V + T) = 0 \qquad (1-1-24)$$

这样,设系统自由振动的任一瞬时,刚体离开平衡位置的位移为 x,刚体的速度为 $\dot{x}$,则其势能 $V = \frac{1}{2}kx^2$,动能 $T = \frac{1}{2}m\dot{x}^2$,代入式(1-1-24)中,即可求得固有频率。

(2)系统作无阻尼自由振动时,由于能量守恒,系统维持持久的等幅振动。因而在任一瞬时,系统的总能量为 $V + T$。也就是说,任意选择两个振动位置,振动的总能量应相等,即

$$V_1 + T_1 = V_2 + T_2 \qquad (1-1-25)$$

现选择两个特殊位置讨论。当刚体经过平衡位置时,位移 $x = 0$,故势能为0,速度达最大值 $\dot{x}_{max}$,此时动能应为最大值 T_{max};当刚体离开平衡位置运动到最大位移时,速度 $\dot{x} = 0$,故动能为0,弹簧变形达最大值 x_{max},此时势能应为最大值,即 V_{max}。由式(1-1-25)可得

$$V_{max} = T_{max} \qquad (1-1-26)$$

用上式可直接求系统的固有频率。

若系统自由振动表示为

$$x = A\sin(\omega_n t + \varphi)$$

有

$$x_{max} = A$$

$$\dot{x}_{max} = \omega_n A$$

系统的最大动能为

$$T_{max} = \frac{1}{2}m\dot{x}_{max}^2 = \frac{1}{2}m\omega_n^2 A^2$$

系统的最大势能为

$$V_{max} = \frac{1}{2}kx_{max}^2 = \frac{1}{2}kA^2$$

将以上两式代入式(1-1-26),有

$$\frac{1}{2}m\omega_n^2 A^2 = \frac{1}{2}kA^2$$

所以自由振动频率(系统的固有频率)为

$$\omega_n = \sqrt{\frac{k}{m}} \qquad (1-1-27)$$

例 1 - 1 - 2 如图 1 - 1 - 5 所示系统,绳索一端接一质量块、另一端绕过一转动惯量为 J 的滑轮与弹簧相接,弹簧的另一端固定。设绳索无伸长,绳索与滑轮之间无滑动,此时系统可视为单自由度系统,试求系统的固有频率。

解: 取静平衡位置为坐标原点,x 轴向下为正。设系统处于静平衡位置时滑轮的转角 θ 为零。当滑轮沿顺时针方向转过一个角度 θ 时,弹簧的相对伸长为 $r\theta$(r 为滑轮的半径),质量 m 的位移 x 即为 $r\theta$。由于坐标原点取在静平衡位置,不计重力势能,系统的势能为

$$V = \frac{1}{2}kr^2\theta^2$$

系统的动能包括滑轮的转动动能和质量的平动动能,即

图 1 - 1 - 5

$$T = \frac{1}{2}J\dot{\theta}^2 + \frac{1}{2}mr^2\dot{\theta}^2 = \frac{1}{2}(J+mr^2)\dot{\theta}^2$$

用上面讲到的两种方法分别计算:

(1) 根据式(1 - 1 - 24)得

$$\frac{\mathrm{d}}{\mathrm{d}t}(V+T) = 0$$

则

$$(J+mr^2)\ddot{\theta} + kr^2\theta = 0$$

因此有

$$\omega_n = \sqrt{\frac{kr^2}{J+mr^2}}$$

(2) 令

$$x = A\sin(\omega_n t + \varphi)$$

由于 $x = r\theta$,所以

$$\theta = \frac{A}{r}\sin(\omega_n t + \varphi)$$

故

$$T_{max} = \frac{1}{2}(J+mr^2)\frac{A^2}{r^2}\omega_n^2, \quad V_{max} = \frac{1}{2}kr^2\frac{A^2}{r^2}$$

将它们代入式(1 - 1 - 26),可得

$$\omega_n = \sqrt{\frac{kr^2}{J+mr^2}}$$

此题如果用静变形法求解,将涉及未知的绳与滑轮的摩擦力,因而无法计算静变形。

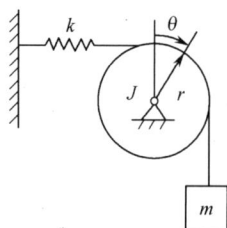

因此,能量法对有约束力但约束力不做功的情况更为适用。

三、等效法

利用能量法还可将一个复杂的系统化为一个简单的弹簧质量等效系统,等效系统与真实系统的位移是等效的,且它们的动能与势能都相同,因而两者的固有频率也相同。

在一般情况下,一个系统的等效弹簧质量系统可以这样来确定:先规定系统中某一个质点的位移作为等效系统中质量的位移(等效位移),再根据真实系统的动能和势能分别与等效系统的动能和势能相等的条件求出等效系统中的质量及弹簧刚度(由动能等效求等效质量 M_e,由势能等效求等效刚度 K_e),于是真实结构的固有频率 ω_n 即可根据等效系统由下式决定,即

$$\omega_n = \sqrt{\frac{K_e}{M_e}}$$

这种寻求系统固有频率的方法即为等效法。

例 1－1－3 应用等效法求图 1－1－6 所示梁的固有频率。

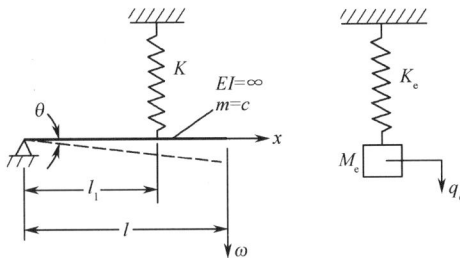

图 1－1－6

解:取离简支端 l 处的垂向位移 w 为广义坐标,以广义坐标为等效系统的坐标,即 $q_e = w$,则

$$T = \frac{m}{2}\int_0^l \left(\frac{x}{l}\dot{w}\right)^2 dx$$

而等效系统的动能为

$$T_e = \frac{1}{2}M_e \dot{w}^2$$

由 $T = T_e$ 得

$$M_e = m\int_0^l \left(\frac{x}{l}\right)^2 dx = \frac{ml}{3}$$

同样,因真实系统与等效系统的势能分别为

$$V = \frac{1}{2}K\left(\frac{l_1}{l}w\right)^2, \quad V_e = \frac{1}{2}K_e w^2$$

由 $V = V_e$ 得

9

$$K_{\mathrm{e}} = K\left(\frac{l_1}{l}w\right)^2$$

故

$$\omega_{\mathrm{n}}^2 = \frac{K_{\mathrm{e}}}{M_{\mathrm{e}}} = \frac{3Kl_1^3}{ml^3}$$

等效质量和等效刚度实际上就是对应于广义坐标的广义质量和广义刚度。

1.1.1.3 有效质量

离散系统模型约定,系统的质量集中在惯性元件上,弹性元件无质量。实际上,没有无质量的弹性元件,当弹性元件的质量与系统总质量相比很小时,略去弹性元件的质量,对系统的振动特性影响不大;当弹性元件的质量占系统质量的相当部分时,略去它会使计算得到的固有频率值偏高。

如果要考虑弹簧的质量,则系统的动能就应将弹簧质量产生的动能考虑进去。系统的总动能应该是惯性元件储存的动能加上弹性元件储存的动能。因此可以采用能量等效的方法,加大惯性元件的数值,使惯性元件的动能等于系统的总动能,再把弹性元件的质量略去。经过这样处理后得到的系统的固有频率值就比较准确。惯性元件数值加大的部分通常称为系统的附加质量,附加质量的动能等于弹性元件的动能。

弹性元件的质量往往是分布的,振动过程中弹性元件上各点的运动速度,即它的速度分布往往不知道,需要对弹性元件上的速度分布给出适当的假定,以便估算弹性元件的动能。显然,能否正确估计弹性元件的动能取决于速度分布的假定是否符合实际情况。

例 1 - 1 - 4 如图 1 - 1 - 7 所示系统,在考虑弹簧质量的条件下求出系统的固有频率。

解:设弹簧质量均匀分布,线密度为 ρ,因而弹簧的总质量为

$$m' = \rho l$$

在弹簧上取一坐标系 Oy 描述弹簧的运动,原点在支承处。假定弹簧上坐标为 y 的点 $(0 \leqslant y \leqslant l)$ 的速度

$$\dot{y} = (y/l)\dot{x}$$

即该点的速度是其坐标 y 的线性函数。当 $y = 0$(支承处)时有 $\dot{y} = 0$,当 $y = l$(与质量相接处)时有 $\dot{y} = \dot{x}$,这均与实际情况符合。说明假定的速度分布满足边界条件。取弹簧上坐标为 y 的微元 $\mathrm{d}y$,其质量为 $\rho\mathrm{d}y$,动能为

图 1 - 1 - 7

$$\mathrm{d}T' = \frac{1}{2}\rho\,\dot{y}^2\mathrm{d}y$$

弹簧的动能为

$$T' = \frac{1}{2}\int_0^l \rho\,\dot{y}^2\mathrm{d}y = \frac{1}{2}\int_0^l \rho\left(\frac{y}{l}\right)^2\dot{x}\mathrm{d}y = \frac{1}{6}\rho l\dot{x}^2 = \frac{1}{6}m'\dot{x}^2$$

系统的总动能为

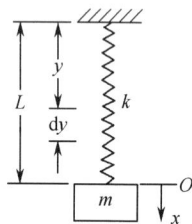

$$T = \frac{1}{2}m\dot{x}^2 + \frac{1}{6}m'\dot{x}^2 = \frac{1}{2}\left(m + \frac{1}{3}m'\right)\dot{x}^2$$

因此,系统的固有频率为

$$\omega_n = \sqrt{\frac{k}{m + \frac{1}{3}m'}}$$

可见,如果不计弹簧的质量会使计算得到的固有频率值偏高。这里,$m'/3$ 称为图 1-1-7 所示系统弹性元件的有效质量。

1.1.2 有阻尼单自由度系统自由振动

1.1.2.1 有阻尼自由振动的方程及其解

考虑黏性阻尼的影响,单自由度系统有阻尼自由振动的运动微分方程可参照式(1-1-5)写成

$$m\ddot{x} + c\dot{x} + kx = 0 \qquad\qquad (1-1-28)$$

上式两边同除以 m,并令 $n = \frac{c}{2m}$,$\omega_n^2 = \frac{k}{m}$,则可得

$$\ddot{x} + 2n\dot{x} + \omega_n^2 x = 0 \qquad\qquad (1-1-29)$$

它是一个齐次二阶常系数线性微分方程,式中 n 为衰减系数。

设方程特解为

$$x(t) = e^{rt}$$

将其代入式(1-1-29),可求得这一微分方程式的特征方程为

$$r^2 + 2nr + \omega_n^2 = 0$$

其解为

$$r_{1,2} = -n \pm \sqrt{n^2 - \omega_n^2} \qquad\qquad (1-1-30)$$

r_1、r_2 称为特征根。因此方程(1-1-29)的通解可写为

$$x = A_1 e^{r_1 t} + A_2 e^{r_2 t} = e^{-nt}\left(A_1 e^{\sqrt{n^2 - \omega_n^2}\,t} + A_2 e^{-\sqrt{n^2 - \omega_n^2}\,t}\right)$$

方程解的性质取决于 $\sqrt{n^2 - \omega_n^2}$ 的值是实数、零,还是虚数,方程解的不同表示情况也不同。为了下面讨论方便,现引进一个无量纲的量 ζ,即

$$\zeta = \frac{n}{\omega_n} \qquad\qquad (1-1-31)$$

称为相对阻尼系数或阻尼比。

（1）当 $n < \omega_n$ 时,$\zeta < 1$,称为弱阻尼状态,即小阻尼的情形。此时 $\sqrt{n^2 - \omega_n^2}$ 为虚数,故特征方程的两个根是一对共轭复根,即

$$r_{1,2} = -n \pm \mathrm{i}\sqrt{\omega_n^2 - n^2}$$

因而可利用欧拉方程将运动微分方程的通解写为

$$x(t) = \mathrm{e}^{-nt}(A_1\cos\sqrt{\omega_n^2 - n^2}\,t + A_2\sin\sqrt{\omega_n^2 - n^2}\,t)$$
$$= A\mathrm{e}^{-nt}\sin(\omega_{nd}t + \varphi) \qquad\qquad (1-1-32)$$

式中，A、φ（或 A_1、A_2）为待定系数，由初始条件决定，即

$$A = \sqrt{A_1^2 + A_2^2}$$

$$\varphi = \arctan\frac{A_1}{A_2}$$

$$\omega_{nd} = \sqrt{\omega_n^2 - n^2} = \omega_n\sqrt{1 - \left(\frac{n}{\omega}\right)^2} \qquad\qquad (1-1-33)$$

称为有阻尼自由振动频率或衰减振动的圆频率。

若 $t = 0$ 时，$x = x_0$，$\dot{x} = \dot{x}_0$，可求出式（1-1-32）中的常数为

$$A_1 = x_0$$

$$A_2 = \frac{\dot{x}_0 + nx_0}{\omega_{nd}}$$

则

$$A = \sqrt{x_0^2 + \left(\frac{\dot{x}_0 + nx_0}{\omega_{nd}}\right)^2} = \sqrt{\frac{\dot{x}_0^2 + 2n\dot{x}_0 x_0 + \omega_n^2 x_0^2}{\omega_n^2 - n^2}}$$

$$\varphi = \arctan\frac{x_0\omega_{nd}}{\dot{x}_0 + nx_0} = \arctan\frac{x_0\sqrt{\omega_n^2 - n^2}}{\dot{x}_0 + nx_0}$$

将 A_1、A_2 代入式（1-1-32）可得

$$x = \mathrm{e}^{-nt}\left(x_0\cos\omega_{nd}t + \frac{\dot{x}_0 + nx_0}{\omega_{nd}}\sin\omega_{nd}t\right) \qquad\qquad (1-1-34)$$

由式（1-1-34）可知，系统的振动不再是等幅的简谐振动，而是振幅被限制在 $x = A\mathrm{e}^{-nt}$ 及 $x = -A\mathrm{e}^{-nt}$ 两曲线之间，并且振幅随时间增加而逐渐减小的衰减振动，振动情况如图 1-1-8 所示。

系统相邻两次从同一方向通过其平衡位置的时间间隔称为有阻尼自由振动的周期 T_d（除了通过平衡位置之外，有阻尼自由振动并不满足周期性的条件），可表示为

$$T_d = \frac{2\pi}{\omega_{nd}} = T\frac{1}{\sqrt{1 - \left(\frac{n}{\omega_n}\right)^2}} \qquad (1-1-35)$$

式中：T 为无阻尼自由振动的周期。

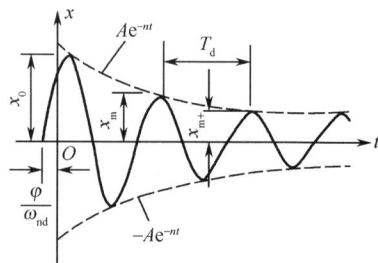

图 1-1-8

（2）当 $n > \omega_n$ 时，$\zeta > 1$，称为强阻尼状态，即大阻尼情况。这时，$0 < \sqrt{n^2 - \omega_n^2} < n$。故特征方程的两个根是负实根，即

$$r_{1,2} = -n \pm \sqrt{n^2 - \omega_n^2}$$

则式（1 - 1 - 29）的通解为

$$x(t) = \mathrm{e}^{-nt}(A_1 \mathrm{ch} \sqrt{n^2 - \omega_n^2} t + A_2 \mathrm{sh} \sqrt{n^2 - \omega_n^2} t) \qquad (1 - 1 - 36)$$

式中：A_1、A_2 为积分常数，由初始条件确定。

设 $t = 0$ 时，$x = x_0$，$\dot{x} = \dot{x}_0$，则可求出式（1 - 1 - 36）的积分常数为

$$\begin{cases} A_1 = x_0 \\ A_2 = \dfrac{\dot{x}_0 + nx_0}{\omega_b} \end{cases}$$

故有

$$x(t) = \mathrm{e}^{-nt}\left(x_0 + \mathrm{ch} \sqrt{n^2 - \omega_n^2} t + \frac{\dot{x}_0 + nx_0}{\omega_b} \mathrm{sh} \sqrt{n^2 - \omega_n^2} t \right) \qquad (1 - 1 - 37)$$

上式为一非周期函数，它不再表示振动。当 $t \to \infty$ 时，$x \to 0$ 时，物体随时间 t 的增大而逐渐趋于平衡位置。也就是说，当黏性阻尼很大时，物体受到干扰力而离开平衡位置，在撤去干扰力后，由于阻尼的作用，使其不产生振动而逐渐回到平衡位置。图 1 - 1 - 9 为在不同的初始条件下物体的运动情况，可以看出，初始条件不同，其趋向于平衡位置的方式也不同。

（3）当 $n = \omega_n$ 时，$\zeta = 1$，称为临界阻尼状态。这时 $\sqrt{n^2 - \omega_n^2} = 0$，特征方程有重根，即

$$r_1 = r_2 = -n$$

故微分方程式（1 - 1 - 29）的一般解为

$$x(t) = \mathrm{e}^{-nt}(A_1 + A_2 t) \qquad (1 - 1 - 38)$$

设当 $t = 0$ 时，$x = x_0$，$\dot{x} = \dot{x}_0$，则

$$\begin{cases} A_1 = x_0 \\ A_2 = \dot{x}_0 + nx_0 \end{cases}$$

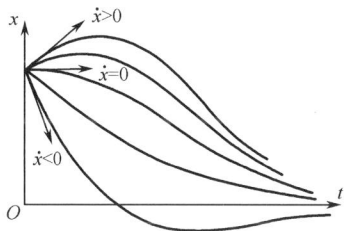

图 1 - 1 - 9

故

$$x(t) = \mathrm{e}^{-nt}[x_0 + (\dot{x}_0 + nx_0)t] \qquad (1 - 1 - 39)$$

当 $t \to \infty$ 时，上式等号右边第一项 $x_0 \mathrm{e}^{-nt}$ 趋近于零，等号右边的第二项 $(\dot{x}_0 + nx_0)t\mathrm{e}^{-nt}$ 可应用麦克劳林级数展开，即

$$(\dot{x}_0 + nx_0)t\mathrm{e}^{-nt} = \frac{\dot{x}_0 + nx_0}{\dfrac{\mathrm{e}^{nt}}{t}} = \frac{\dot{x}_0 + nx_0}{\dfrac{1}{t} + n + \dfrac{n^2 t}{2!} + \dfrac{n^3 t^2}{3!} + \cdots + \dfrac{n^n t^{n-1}}{n!}}$$

当 $t \to \infty$ 时,其也趋近于零。因此式(1-1-39)表示的运动也是一非周期运动。物体随时间 t 的增加而趋向平衡位置,所以它不表示振动,它是系统从振动过渡到不振动的临界情况。此时,系统的黏性阻尼系数称为临界黏性阻尼系数,简称临界阻尼,用 c_c 表示。

因为

$$n = \omega_n, \quad n = \frac{c}{2m}$$

所以

$$\frac{c_c}{2m} = \sqrt{\frac{k}{m}}$$

则

$$c_c = 2m \sqrt{\frac{k}{m}} = 2\sqrt{km} \qquad (1-1-40)$$

由上式可以看出,临界阻尼 c_c 只取决于系统本身的物理性质。

又因为

$$\zeta = \frac{n}{\omega_n} = \frac{\frac{c}{2m}}{\omega_n} = \frac{c}{c_c} \qquad (1-1-41)$$

所以相对阻尼系数也是系统实际阻尼系数与临界阻尼系数的比值。

1.1.2.2 阻尼对衰减振动的影响

工程结构中,一般阻尼较小,通常 $\zeta < 0.2$,因此大多可以看作弱阻尼的衰减振动。由式(1-1-33)和式(1-1-35)可见,阻尼对自由振动的频率和周期影响较小,在计算时可按二项式定理近似地取为

$$\begin{cases} \omega_{nd} \approx \omega_n \left(1 - \frac{1}{2}\zeta^2 \right) \\ T_d \approx T \left(1 + \frac{1}{2}\zeta^2 \right) \end{cases} \qquad (1-1-42)$$

但阻尼对振幅的影响很大,经过若干个周期后,振幅有很大的衰减。如图1-1-8所示,振幅的衰减程度可由任意相邻的两个振幅之比来表示,即

$$\psi = \frac{x_m}{x_{m+1}} = \frac{A\mathrm{e}^{-nt_m}}{A\mathrm{e}^{-n(t_m+T_d)}} = \mathrm{e}^{nT_d} \qquad (1-1-43)$$

式中:ψ 称为阻尼振动的衰减系数或减幅系数;$x_m = A\mathrm{e}^{-nt_m}$ 为第 m 次振动的振幅;$x_{m+1} = A\mathrm{e}^{-n(t_m+T_d)}$ 为第 $m+1$ 次振动的振幅。

为了运算方便,通常用对数衰减率代替衰减系数来表示振幅衰减的快慢,即

$$\delta = \ln \frac{x_m}{x_{m+1}} = nT_d = 2\pi \frac{\zeta}{\sqrt{1-\zeta^2}} \approx 2\pi\zeta \qquad (1-1-44)$$

或

$$\frac{x_m}{x_{m+N}} = e^{NnT_d} = e^{N\delta}$$

$$\delta = \frac{1}{N}\ln\frac{x_m}{x_{m+N}} \qquad\qquad (1-1-45)$$

$$\zeta \approx \frac{\delta}{2\pi} = \frac{1}{2\pi N}\ln\frac{x_m}{x_{m+N}}$$

1.2 单自由度系统强迫振动

1.2.1 正弦扰力作用下的强迫振动

1.2.1.1 无阻尼强迫振动

强迫振动是指结构在外界持续干扰力作用下所引起的振动。外界干扰使系统产生振动状态称为系统的响应。响应可用位移、速度、加速度形式表达。强迫振动最简单的情况是简谐干扰力作用下的强迫振动。对于单自由度系统来说,若不考虑阻尼影响,当质量上作用有简谐干扰力 $p(t) = p_0\sin\omega t$ 时,其运动方程为

$$m\ddot{x} + kx = p_0\sin\omega t \qquad\qquad (1-2-1)$$

式中:p_0 为干扰力的幅值;ω 为干扰力的频率。

方程(1-2-1)可改写成

$$\ddot{x} + \omega_n^2 x = \frac{p_0}{m}\sin\omega t \qquad\qquad (1-2-2)$$

这是一个非齐次方程,它的一般解为相应的齐次方程的通解和非齐次方程的特解之和。前者即无阻尼自由振动的通解,可表示为

$$x_1 = A_1\cos\omega_n t + A_2\sin\omega_n t$$

后者即非齐次方程的特解可设为

$$x_2 = B\sin\omega t$$

将其代入方程(1-2-2),可得

$$B\frac{\dfrac{p_0}{K}}{1-\left(\dfrac{\omega}{\omega_n}\right)^2} = \frac{x_{st}}{1-\left(\dfrac{\omega}{\omega_n}\right)^2}$$

式中

$$x_{st} = \frac{p_0}{K} \qquad\qquad (1-2-3)$$

为弹簧在静力 p_0 作用下的静位移。故方程(1-2-2)的通解可写为

15

$$x = A_1 \cos\omega_n t + A_2 \sin\omega_n t + \frac{x_{st}}{1 - \left(\dfrac{\omega}{\omega_n}\right)^2} \sin\omega t \qquad (1-2-4)$$

式中：A_1、A_2 为待定系数，由系统的初始条件确定。

设初始条件在 $t = 0$ 时，有 $x(0) = x_0$，$\dot{x}(0) = \dot{x}_0$，将其代入方程 $(1-2-4)$ 可以求得

$$\begin{cases} A_1 = x_0 \\ A_2 = \dfrac{\dot{x}_0}{\omega_n} - \dfrac{x_{st}}{1 - \left(\dfrac{\omega}{\omega_n}\right)^2} \dfrac{\omega}{\omega_n} \end{cases}$$

因此，方程 $(1-2-4)$ 又可写为

$$x = x_0 \cos\omega_n t + \frac{\dot{x}_0}{\omega_n} \sin\omega_n t - \frac{x_{st}}{1 - \left(\dfrac{\omega}{\omega_n}\right)^2} \frac{\omega}{\omega_n} \sin\omega_n t + \frac{x_{st}}{1 - \left(\dfrac{\omega}{\omega_n}\right)^2} \sin\omega t \qquad (1-2-5)$$

上式，等号右边的前两项是按照固有频率振动的自由振动项，当初始条件 $x_0 = \dot{x}_0 = 0$ 时，这些振动将不发生。第三项也按照固有频率振动，但与初始条件无关，它是伴随强迫振动而出现的，故称为伴随的自由振动。由于实际的振动过程中，都存在阻尼，所以这三项只在振动开始后的一段时间内才存在，不久便消失了。第四项也就是方程的特解，它表示在简谐干扰力下产生的纯粹的强迫振动，是一种持续的等幅振动，称为稳态振动或稳态的强迫振动。故振动经过一段时间后，方程 $(1-2-5)$ 只剩下第四项，即

$$x(t) = \frac{x_{st}}{1 - \left(\dfrac{\omega}{\omega_n}\right)^2} \sin\omega t = \alpha x_{st} \sin\omega t \qquad (1-2-6)$$

式中

$$\alpha = \frac{1}{1 - \left(\dfrac{\omega}{\omega_n}\right)^2} \qquad (1-2-7)$$

由式 $(1-2-7)$ 可知，在简谐载荷下，位移幅值将等于静力位移 x_{st} 的 α 倍，故一般称 α 为动力系数或动力放大系数。

为了进一步说明单自由度系统在简谐荷载下的动力特性，下面分析动力系数 α 的情况。

将式 $(1-2-7)$ 改写成

$$\alpha = \frac{1}{1 - \left(\dfrac{\omega}{\omega_n}\right)^2} = \frac{1}{1 - \gamma^2}$$

式中：$\gamma = \dfrac{\omega}{\omega_n}$ 为频比。

（1）当 $\omega < \omega_n$，即 $\gamma < 1$ 时，有 $\alpha > 1$。此时，动力位移的方向与干扰力 $p(t)$ 的方向相同，而且动位移恒大于干扰力幅值所产生的静力位移。

若 $\omega \ll \omega_n$，则有 $\alpha \approx 1$。这时结构的动力反应与干扰力幅值所产生的静力反应趋于一致。例如，当 $\gamma = \dfrac{\omega}{\omega_n} = \dfrac{1}{5}$ 时，有

$$\alpha = \frac{1}{1 - \dfrac{1}{25}} = \frac{25}{24} = 1.041$$

它已与1相差不多。这表明，当简谐载荷的周期大于结构的自振周期五六倍以上时，可将其视为静力载荷。

（2）当 $\omega > \omega_n$，即 $\gamma > 1$ 时，有 $\alpha < 0$。此时，动力位移 x 的方向与干扰力 $p(t)$ 的方向相反，这种现象与静力现象是不同的。若 $\omega \gg \omega_n$，将有 $\alpha \to 0$，这表明质量块 m 只在静平衡位置附近作极微小的振动。有些测量位移用的测振仪器就是按照这一原理来设计的。

（3）当 $\omega = \omega_n$，即 $\gamma = 1$ 时，有 $\alpha = \infty$。此时，干扰力的频率与自振频率相重合，位移和内力都将无限增加，这种现象称为共振。

1.2.1.2 有阻尼强迫振动

现在考虑简谐载荷下具有黏性阻尼的单自由度系统的强迫振动。参照式（1-1-5），其运动方程可写为

$$m\ddot{x} + c\dot{x} + kx = p_0 \sin\omega t \tag{1-2-8}$$

或

$$\ddot{x} + 2n\dot{x} + \omega_n^2 x = \frac{p_0}{m}\sin\omega t \tag{1-2-9}$$

它的通解由齐次方程的通解和非齐次方程的特解两部分组成。齐次方程的通解即为有黏性阻尼自由振动方程的解，在小阻尼情况下（$n < \omega_n$），其通解为

$$x_1(t) = e^{-nt}(A_1\cos\omega_{nd}t + A_2\sin\omega_{nd}t)$$

式中

$$\omega_{nd} = \sqrt{\omega_n^2 - n^2}$$

称为有黏性阻尼的自由振动频率。

非齐次方程的特解可设为

$$x_2 = B_1\sin\omega t + B_2\cos\omega t \tag{1-2-10}$$

经过三角函数变换，上式可改写为

$$x_2 = B\sin(\omega t - \beta) \tag{1-2-11}$$

式中

$$\begin{cases} B = \sqrt{B_1^2 + B_2^2} \\ \tan\beta = -\dfrac{B_2}{B_1} \end{cases} \tag{1-2-12}$$

将式（1-2-10）代入式（1-2-9），因为 $\sin\omega t$ 及 $\cos\omega t$ 不能恒等于零，比较 $\sin\omega t$ 及 $\cos\omega t$

项前的系数,可得

$$\begin{cases} - B_2\omega^2 + 2nB_1\omega + \omega_n^2 B_2 = 0 \\ - B_1\omega^2 - 2nB_2\omega + \omega_n^2 B_1 = \dfrac{p_0}{m} \end{cases}$$

解之得

$$\begin{cases} B_1 = \dfrac{p_0}{m} \dfrac{\omega_n^2 - \omega^2}{(\omega_n^2 - \omega^2)^2 + 4n^2\omega^2} \\ B_2 = - \dfrac{p_0}{m} \dfrac{2n\omega}{(\omega_n^2 - \omega^2)^2 + 4n^2\omega^2} \end{cases} \qquad (1-2-13)$$

将上式代入式 $(1-2-12)$,得

$$\begin{cases} B = \dfrac{p_0}{m\omega_n^2} \dfrac{1}{\sqrt{\left(1 - \dfrac{\omega^2}{\omega_n^2}\right)^2 + 4\dfrac{\omega^2}{\omega_n^2}\dfrac{n^2}{\omega_n^2}}} \\ \tan\beta = - \dfrac{2n\omega}{\omega_n^2 - \omega^2} \end{cases}$$

并注意到

$$\gamma = \frac{\omega}{\omega_n}, \quad \zeta = \frac{n}{\omega_n}$$

则有

$$\begin{cases} B = \dfrac{p_0}{k} \dfrac{1}{\sqrt{(1 - \gamma^2)^2 + (2\zeta\gamma)^2}} \\ \beta = \arctan \dfrac{2\zeta\gamma}{1 - \gamma^2} \end{cases} \qquad (1-2-14)$$

方程 $(1-2-9)$ 的全解即可写为

$$x = \mathrm{e}^{-nt}(A_1\cos\omega_{nd}t + A_2\sin\omega_{nd}t) + B\sin(\omega t - \beta) \qquad (1-2-15)$$

上式中的第一项表示对所作用的载荷的瞬态反应,常数 A_1 和 A_2 可由任何给定的初始条件计算出。但是,由于阻尼作用,此项很快消失,故通常其意义不大,因此就不再叙述计算这一项的方法了。第二项是与作用载荷同频率而不同相位的稳态反应。通常,只考虑纯强迫振动,这样有

$$x = B\sin(\omega t - \beta) \qquad (1-2-16)$$

振幅 B 可由式 $(1-2-14)$ 确定。若令

$$\alpha = \frac{1}{\sqrt{(1 - \gamma^2)^2 + (2\zeta\gamma)^2}} \qquad (1-2-17)$$

则有

$$B = x_{\mathrm{st}} \cdot \alpha$$

于是式(1-2-16)可改写为

$$x = x_{st} \cdot \alpha \cdot \sin(\omega t - \beta) \qquad (1-2-18)$$

式中:α 为考虑黏滞阻尼时的动力放大系数。

由式(1-2-17)可知,α 大小不仅与频率比 γ 有关,而且还与阻尼比 ζ 有关。图 1-2-1 绘出了动力放大系数 α 与这两个因素有关的图形,从图上可以看出,随着阻尼比 ζ 值的增大,α 值下降,特别在 $\gamma = 1$ 附近,α 值下降得最为显著。通常在 $0.75 < \gamma < 1.25$ 这一区间(称为共振区),由于阻尼对 α 的影响较大,计算时需考虑阻尼的影响。

(1)在 $\gamma = 1$ 的共振情况下,动力系数由式(1-2-17)可求得,即

$$\alpha \mid_{\gamma = 1} = \frac{1}{2\zeta} \qquad (1-2-19)$$

它为一有限的数值,由此可知,在考虑阻尼影响时,动力系数并不趋于无限大。

(2)α 的最大值并不发生在 $\gamma = 1$ 处,利用求极值的方法可知 α 的最大值发生在 $\gamma = \sqrt{1 - 2\zeta^2}$ 处,其值为

$$\alpha_{max} = \frac{1}{2\zeta\sqrt{1 - \zeta^2}} \qquad (1-2-20)$$

但一般情况下的 ζ 值都很小,因此可近似地认为 $\gamma = 1$ 时,α 具有最大值,即

$$\alpha_{max} \approx \alpha \mid_{\gamma = 1} = \frac{1}{2\zeta} \qquad (1-2-21)$$

下面研究有阻尼强迫振动的一些规律:

(1)由于强迫振动是不同的,由式(1-2-14)可知,受迫振动的位移对干扰力的相位差 β 与频率比 γ 及阻尼比 ζ 有关。现以频率比 γ 为横坐标、相位差 β 为纵坐标,根据系统不同的阻尼比 ζ 绘制出一组相频特性曲线,如图 1-2-2 所示。从图中可看出:$\zeta = 0$ 时,为无阻尼强迫振动,其位移和干扰力的相位相同(当 $\gamma < 1$ 时)或相差 π(当 $\gamma > 1$ 时)。$\zeta \neq 0$ 时,β 始终为正值,故有阻尼强迫振动时的位移总是落后于干扰力一个相角。当 $\gamma < 1$ 时,β 在 $0 \sim \frac{\pi}{2}$ 之间;当 $\gamma > 1$ 时,β 在 $\frac{\pi}{2} \sim \pi$ 之间。但当 $\gamma = 1$ 时,相位差总是 $\pi/2$,不随 ζ 而改变。可利用这一特性来测定系统的固有频率,称为相位共振法。

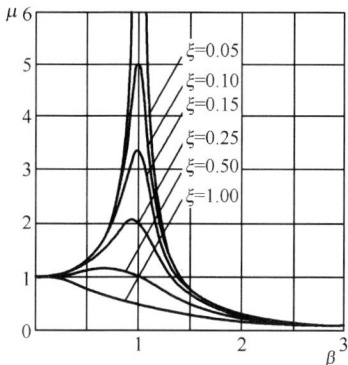

图 1-2-1

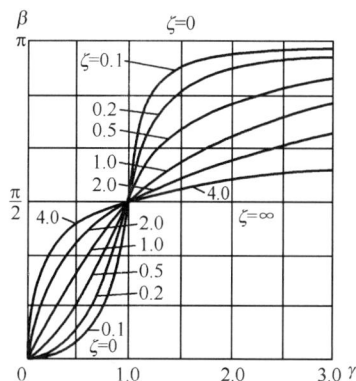

图 1-2-2

（2）当 $\gamma \ll 1$ 时，$\beta \approx 0$。由于干扰力频率低，速度、加速度都小，产生的惯性力、阻尼力也小，位移基本与干扰力同相，故系统的弹性恢复力主要平衡外干扰力，故系统的静态特性是主要的，此时称为准静态区（通常 $\gamma < 0.6 \sim 0.7$）。

（3）共振时，$\gamma = 1$，由式（1 - 2 - 14）有

$$\beta = \frac{\pi}{2}$$

于是，方程（1 - 2 - 18）变为　　　 $x = -x_{st} \cdot \alpha \cdot \cos\omega t$

此时惯性力为

$$f_I = -m\omega^2 x_{st} \cdot \alpha \cdot \cos\omega t$$

而弹性恢复力为

$$f_S = -k \cdot x = kx_{st} \cdot \alpha \cdot \cos\omega t = m\omega^2 x_{st} \cdot \alpha \cdot \cos\omega t$$

两者刚好互相平衡。

阻尼力为

$$f_D = -c \cdot \dot{x} = -cx_{st} \cdot \alpha \cdot \omega\sin\omega t$$

注意到共振时，有 $\alpha = \dfrac{1}{2\zeta}$，$\omega = \omega_n$，$c = \zeta c_c = 2m\omega_n\zeta$

则

$$f_D = -2m\omega_n\zeta x_{st} \cdot \frac{1}{2\zeta} \cdot \omega_n\sin\omega t = -m\omega_n^2 x_{st}\sin\omega t$$

$$= -kx_{st}\sin\omega t = -p_0\sin\omega t$$

因此，共振时系统的阻尼力与干扰力互相平衡，所以系统的振动受阻尼影响最大。

（4）当 $\gamma \gg 1$，$\beta \approx \pi$，位移和干扰力接近反相。在高频范围，加速度很大，惯性力则起主要作用，平衡干扰力，系统的动态特性突出，此时称为惯性区（通常 $\gamma > 1.3 \sim 1.4$）。

（5）由式（1 - 2 - 15）可知，系统在初始阶段的响应为系统的瞬态响应和稳态响应的叠加。由于是由两种不同频率、不同相角、不同振幅的简谐振动叠加而成，运动较为复杂，但由于阻尼的存在，在一段时间之后，便趋于单独的稳态振动。图 1 - 2 - 3 表示初始阶段两种运动合成的结果。两者均渐趋于实线所示的稳态振动。存在自由振动的这一阶段称为系统受迫振动的过渡阶段。

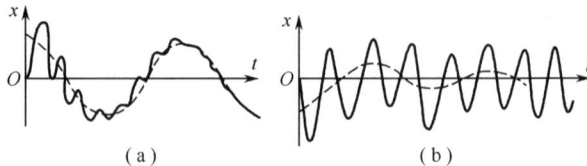

图 1 - 2 - 3　初始阶段的运动合成

1.2.1.3　系统振动的复数表示法

前述谐振动可以用一个旋转矢量来表示，而一个平面矢量又可以用一个复数来表示。

系统的振动在复平面表示，其优点主要有两个：一是便于运算；二是物理意义清晰。图 1-2-4 表示一个复数平面，矢量 $\boldsymbol{OP}$（旋转矢量 $\boldsymbol{A}$）其模 $|\boldsymbol{A}| = A$，矢端位置可用一复数 Z 表示，即

$$Z = \boldsymbol{A} = x + iy = A(\cos\omega t + i\sin\omega t)$$

$$(1-2-22)$$

式中：$i = \sqrt{-1}$；$\theta = \omega t$ 为复数的幅角。

根据欧拉公式 $e^{i\theta} = \cos\theta + i\sin\theta$，所以

$$Z = \boldsymbol{A} = Ae^{i\omega t} \qquad (1-2-23)$$

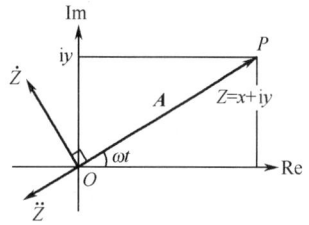

不难看出，复数 Z 在实轴（x 轴）和虚轴（y 轴）上的投影，即复数的实部和虚部均可表示为一个简谐振动，即

图 1-2-4

$$\begin{cases} x = \mathrm{Re}Z = A\cos\omega t \\ y = \mathrm{Im}Z = A\sin\omega t \end{cases} \qquad (1-2-24)$$

由于实际的振动物理量是实数，因此需将复数运算后所得复数解化为实数的结果。因含有复数的方程意味着其实部和虚部均满足此方程，所以只要约定用复数的实数部分或虚数部分，即可用复数形式运算或求解。

今用实数部分表示简谐振动，即

$$x = A\cos\omega t \qquad (1-2-25)$$

则其复数表示为

$$Z = Ae^{i\omega t}$$

因而用复数表示的速度和加速度分别为

$$\begin{cases} \dot{Z} = i\omega A e^{i\omega t} = \omega A e^{i(\omega t + \frac{\pi}{2})} \\ \ddot{Z} = i^2 \omega^2 A e^{i\omega t} = \omega^2 A e^{i(\omega t + \pi)} \end{cases} \qquad (1-2-26)$$

这样，谐振动 x 的速度 $\dot{x}$ 和加速度 $\ddot{x}$ 就可从 $\dot{Z}$ 和 $\ddot{Z}$ 的实部取得，即

$$\begin{cases} \dot{x} = \mathrm{Re}\,\dot{Z} = -\omega A\sin\omega t = \omega A\cos\left(\omega t + \frac{\pi}{2}\right) \\ \ddot{x} = \mathrm{Re}\,\ddot{Z} = -\omega^2 A\cos\omega t = \omega^2 A\cos(\omega t + \pi) \end{cases} \qquad (1-2-27)$$

速度的幅值是位移幅值的 ω 倍，相位超前 $\dfrac{\pi}{2}$；加速度的幅值是位移幅值的 ω^2 倍，相位超前 π，如图 1-2-4 所示。$\dot{Z}$ 和 $\ddot{Z}$ 在复平面上各为一旋转矢量，它们在实轴上的投影分别为 $\dot{x}$ 和 $\ddot{x}$。

1.2.1.4 用复数方法推导稳态响应公式

用复数方法求解单自由度系统的稳态响应比较简单，而各个力矢量之间的相位关系也比较清楚。该方法利用了在简谐振动中，振动系统的弹性力、阻尼力、激振力及惯性力都可用矢量表示，并且这些力应组成一平衡力系，其力多边形应封闭。

在运动方程式(1-2-8)中,将$p_0\sin\omega t$写成复数形式,有$f(t)=p_0\mathrm{e}^{\mathrm{i}\omega t}$,方程(1-2-8)可写成

$$m\ddot{x}+c\dot{x}+kx=p_0\mathrm{e}^{\mathrm{i}\omega t} \qquad (1-2-28)$$

稳态响应为

$$x=B\mathrm{e}^{\mathrm{i}(\omega t-\beta)} \qquad (1-2-29)$$

将式(1-2-29)代入式(1-2-28)中,可得

$$-m\omega^2 B\mathrm{e}^{\mathrm{i}(\omega t-\beta)}+\mathrm{i}\omega cB\mathrm{e}^{\mathrm{i}(\omega t-\beta)}+kB\mathrm{e}^{\mathrm{i}(\omega t-\beta)}=p_0\mathrm{e}^{\mathrm{i}\omega t} \qquad (1-2-30)$$

整理后可得

$$p_0\mathrm{e}^{\mathrm{i}\omega t}+(m\omega^2-k)B\mathrm{e}^{\mathrm{i}(\omega t-\beta)}-\mathrm{i}\omega cB\mathrm{e}^{\mathrm{i}(\omega t-\beta)}=0 \qquad (1-2-31)$$

式(1-2-31)表示了激振力、惯性力、弹性力和阻尼力矢量的平衡关系及相位关系。根据它们的关系可作出矢量图,如图1-2-5所示,由图中直角三角形的关系可得

$$p_0^2=\left[(k-m\omega^2)B\right]^2+(\omega cB)^2 \qquad (1-2-32)$$

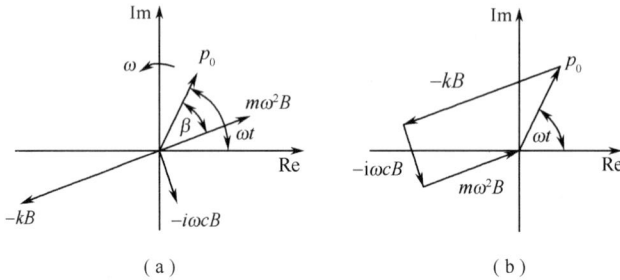

图1-2-5 稳态响应的力矢量图

(a)力矢量;(b)力矢量合成。

由上式同样可解得与式(1-2-14)同样的结果,即

$$\begin{cases} B=\dfrac{p_0}{k}\dfrac{1}{\sqrt{(1-\gamma^2)^2+(2\zeta\gamma)^2}} \\[3mm] \beta=\arctan\dfrac{2\zeta\gamma}{1-\gamma^2} \end{cases}$$

于是系统的稳态响应为

$$x(t)=\frac{p_0}{k}\frac{1}{\sqrt{(1-\gamma^2)^2+(2\zeta\gamma)^2}}\mathrm{e}^{\mathrm{i}(\omega t-\beta)}=\frac{p_0}{k}\frac{(1-\gamma^2)-\mathrm{i}2\zeta\gamma}{(1-\gamma^2)^2+(2\zeta\gamma)^2}\mathrm{e}^{\mathrm{i}\omega t} \qquad (1-2-33)$$

令

$$H(\omega)=\frac{(1-\gamma^2)}{(1-\gamma^2)^2+(2\zeta\gamma)^2}-\mathrm{i}\frac{2\zeta\gamma}{(1-\gamma^2)^2+(2\zeta\gamma)^2}=|H(\omega)|\mathrm{e}^{-\mathrm{i}\beta} \qquad (1-2-34)$$

式中

22

$$| H(\omega) | = \frac{1}{\sqrt{(1 - \gamma^2)^2 + (2\zeta\gamma)^2}} \qquad (1 - 2 - 35)$$

则式(1 - 2 - 33)又可以写为

$$x(t) = \frac{p_0}{k}H(\omega)\mathrm{e}^{\mathrm{i}\omega t} = \frac{p_0}{k}| H(\omega) | \mathrm{e}^{\mathrm{i}(\omega t - \beta)} \qquad (1 - 2 - 36)$$

$H(\omega)$ 或 $\dfrac{H(\omega)}{k}$ 叫做系统的复频响应函数(简称频响函数)。利用 $H(\omega)$ 就能在频域求

解问题。$\left|\dfrac{H(\omega)}{k}\right|$ 表示在单位复频激励下系统振动响应的振幅。

· 1.2.1.5　隔振原理

以上讨论的受迫振动是由激振力直接作用在系统质量块上引起的,整个振动系统支承的基础是固定不动的。工程实践中,常常会遇到另一种情况,即振动系统的质量块上不直接作用外加的激振力,系统的振动由支座的交变运动产生。如实验室里,在振动台上,做产品和试件的振动试验,汽车驶过不平的路面产生的振动等,由于振动常常会带来不利的影响,所以需要对振动进行隔离。

振动隔离有两方面的含义:一方面是精密机械、仪器、仪表要防止从基础传来的振动;另一方面是要减小振动机械对基础的作用。前者称为运动隔振或被动隔振,后者称为力隔振或主动隔振。因为它们的隔振原理是统一的,所以在这一节里同时来讨论。

一、运动隔振

隔振系统的最简化模型可表示为图 1 - 2 - 6 所示的单自由度线性阻尼系统,其中 m 代表精密仪器装备质量,隔振装置用弹簧 k 与阻尼器 c 来表示。

假设基础的运动是铅垂方向的简谐振动,取 y 轴向下为正,这一运动可表示为

$$y = Y\cos\omega t \qquad (1 - 2 - 37)$$

再设质量 m 也只能沿铅垂方向运动,基础不动时($y = 0$),质量 m 的静平衡位置作为原点,沿铅垂方向取 x 轴(向下为正),用坐标 x 来表示质量 m 的绝对位移。考虑到初变形时的弹簧力与重力正好平衡,所以在运动中作用于质量 m 的静力只是弹性恢复力与阻尼力,它们在 x 轴上的投影分别为 $- k(x - y)$ 与 $- c(\dot{x} - \dot{y})$。于是,由牛顿定律,有

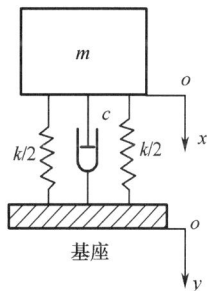

图 1 - 2 - 6　基座运动的隔振

$$m\ddot{x} = - k(x - y) - c(\dot{x} - \dot{y})$$

或写成

$$m\ddot{x} + c\dot{x} + kx = ky + c\dot{y} \qquad (1 - 2 - 38)$$

利用复数解法,将 y 与 x 分别表示为

$$\begin{cases} y = Y\mathrm{e}^{\mathrm{i}\omega t} \\ x = X\mathrm{e}^{\mathrm{i}(\omega t - \varphi)} = X\mathrm{e}^{-\mathrm{i}\varphi} \cdot \mathrm{e}^{\mathrm{i}\omega t} \end{cases} \qquad (1 - 2 - 39)$$

将它们代入方程$(1-2-38)$,得

$$(-m\omega^2 + ic\omega + k)Xe^{-i\varphi} = (k + ic\omega)Y$$

或写成

$$\frac{X}{Y}e^{-i\varphi} = \frac{k + i\omega c}{k - m\omega^2 + ic\omega} \qquad (1-2-40)$$

对上式两端取模,可得

$$\frac{X}{Y} = \sqrt{\frac{k^2 + c^2\omega^2}{(k - m\omega^2)^2 + c^2\omega^2}} \qquad (1-2-41)$$

或用阻尼率 $\zeta = \dfrac{c}{2m\omega_n}$ 与频率比 $\gamma = \dfrac{\omega}{\omega_n}$ 表示为

$$\frac{X}{Y} = \sqrt{\frac{1 + (2\zeta\gamma)^2}{(1 - \gamma^2)^2 + (2\zeta\gamma)^2}} \qquad (1-2-42)$$

$\dfrac{X}{Y}$ 称为传递率,记为 T。传递率越小意味着隔振效果越好。

以阻尼率 ζ 为参数,按式$(1-2-42)$画出了传递率随频率比变化的曲线,即 $T-\gamma$ 曲线,如图 $1-2-7$ 所示。从图上可以看到,当 $\gamma = \sqrt{2}$ 时,不论 ζ 多大,T 都等于 1,即所有曲线都交于 $(\sqrt{2},1)$ 点;当 $\gamma > \sqrt{2}$ 时,恒有 $T < 1$,且当 $\gamma \to \infty$ 时,$T \to 0$,这时基础的振动将传递不到仪器仪表上去。值得注意的是,当 $\gamma > \sqrt{2}$ 时,减小阻尼对降低传递率是有利的。但是,为了使结构安全通过共振区,还应考虑保持适当的阻尼。

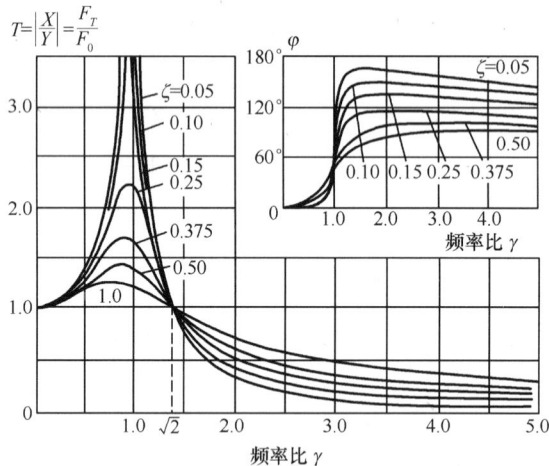

图 $1-2-7$ $T-r$ 曲线

二、力隔振

这时机器本身是振源,加隔振装置的目的是减小机器的振动对基础的作用。取图 $1-2-8$ 所示模型系统,基础假定是不动的,在质量块 m 上作用有铅垂简谐力 $F = F_0\cos\omega t$,由前面所讲的内容可知,这时质量块 m 的稳态强迫振动为

$$x = X\cos(\omega t - \varphi)$$

式中

$$X = X_0\alpha = \frac{F_0}{k}\frac{1}{\sqrt{(1-\gamma^2)^2+(2\zeta\gamma)^2}}$$

故有

$$F_0 = kX\sqrt{(1-\gamma^2)^2+(2\zeta\gamma)^2} \qquad (1-2-43)$$

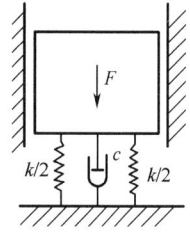

图 1 - 2 - 8

传到基础上去的力有两个,一个是弹簧力,即

$$F_k = kx = kX\cos(\omega t - \varphi)$$

另一个是阻尼力,即

$$F_c = c\dot{x} = -c\omega X\sin(\omega t - \varphi)$$

这两个力都是同频率的谐和力,但彼此有 $90°$ 的相位差。所以传到基础上的力是二者的合力 F_T,其值为

$$F_T = X\sqrt{k^2+c^2\omega^2} = kX\sqrt{1+(2\zeta\gamma)^2} \qquad (1-2-44)$$

传到基础上的力与作用于机器的力,二者力幅之比 $\dfrac{F_T}{F_0}$ 也称传递率。由式(1 - 2 - 44)与式(1 - 2 - 43),可得

$$\frac{F_T}{F_0} = \sqrt{\frac{1+(2\zeta\gamma)^2}{(1-\gamma^2)^2+(2\zeta\gamma)^2}} \qquad (1-2-45)$$

比较式(1 - 2 - 42)与式(1 - 2 - 45),可见

$$\frac{X}{Y} = \frac{F_T}{F_0} = T \qquad (1-2-46)$$

这说明无论是力隔振还是运动隔振,两者的原理是统一的。

三、反馈控制隔振

在上述关于图 1 - 2 - 6 所示系统的隔振分析中可以看到,线性阻尼在 $\gamma < \sqrt{2}$ 与 $\gamma > \sqrt{2}$ 这两个频段上所起的作用有所不同,如图 1 - 2 - 7 所示。当 $\gamma < \sqrt{2}$ 时,增大阻尼有利于降低传递率;而当 $\gamma > \sqrt{2}$ 时,增大阻尼不利于降低传递率。这一结果是由阻尼器的安装方式引起的。

若将阻尼器安装成悬空式的,如图 1 - 2 - 9 所示,结果就不一样。这时设基座的运动为 $w = \cos\omega t$,则系统的运动微分方程又重新取下列的形式,即

$$m\ddot{x} + c\dot{x} + kx = k\cos\omega t$$

这时,系统的放大率曲线与传递率曲线合二为一。在这种情况下,不论 γ 取何值,增大阻尼总有利于降低传递率。

然而,有些工程系统,如车辆、地面建筑等,都无法安装这种悬空式阻尼器,不过利用反馈控制可以达到同样的效果。

考察图 1 - 2 - 10 所示的单自由度反馈控制隔振系统。图中作动机构根据控制信号产生相应的力;由传感器送来的加速度信号及经积分后得到速度信号,经控制器分别适当

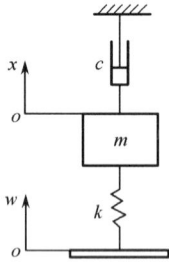

图 1 - 2 - 9

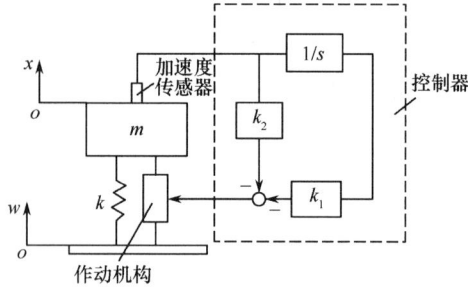

图 1 - 2 - 10　反馈控制隔振系统

"放大"后组成负反馈控制信号。反馈控制力 F 设计为

$$F = -(k_1 \dot{x} + k_2 \ddot{x}), k_1, \quad k_2 > 0 \qquad (1-2-47)$$

这时,系统的运动微分方程可描述为

$$m \ddot{x} = -k(x - \omega) + F \qquad (1-2-48)$$

由式(1 - 2 - 47)与式(1 - 2 - 48),可得系统的传递函数为

$$\frac{X(s)}{W(s)} = \frac{k}{(m + k_2)s^2 + k_1 s + k} \qquad (1-2-49)$$

不难看到,上述反馈控制隔振系统有以下特点:

(1)它能提供大小与隔振对象绝对速度成正比的阻尼比,即实现悬空式阻尼器的功能。

(2)在隔振弹簧静变形 $\delta(\delta = mg/k)$ 保持不变的情形下,能增大系统的等效质量 $(m + k_2)$。换句话说,能在不改变系统原有质量与刚度的情形下,使系统的固有频率有所下降。

以上两点都有利于提高隔振效果。前者可使增大阻尼在整个频域上都有利于降低传递率;后者使用有效隔振($T < 1$)频带向低频段扩展。

图 1 - 2 - 11 示意性地给出了有无反馈控制情形下的隔振效果对比。

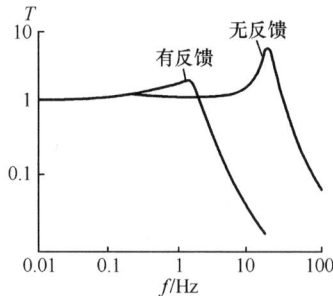

图 1 - 2 - 11

1.2.2　任意扰力作用下的强迫振动

1.2.2.1　线性叠加原理

前面介绍过,具有黏性阻尼的单自由度系统在激振力 $p(t)$ 作用下的运动微分方程为

$$m\ddot{x}(t) + c\dot{x}(t) + kx(t) = p(t)$$

可改写为

$$m\frac{\mathrm{d}^2x(t)}{\mathrm{d}t^2} + c\frac{\mathrm{d}x(t)}{\mathrm{d}t} + kx(t) = p(t)$$

通常把 $p(t)$ 称为系统的输入,也称为激励(作用于系统,激起系统出现某种响应的外力或其他输入);把 $x(t)$ 称为系统的输出,或称为响应(系统受外力或其他输入作用时的输出)。为了便于研究激励和响应的关系,引进一个线性微分算符 L,即

$$L = m\frac{\mathrm{d}^2}{\mathrm{d}t^2} + c\frac{\mathrm{d}}{\mathrm{d}t} + k \qquad\qquad (1-2-50)$$

则运动方程可写为

$$L[x(t)] = p(t) \qquad\qquad (1-2-51)$$

由于 $L[x(t)]$ 中,只包含 $x(t)$ 及其时间导数的线性项,所以称 L 为线性算符。它包括了系统所有的参数 m、c、k 和这些系数所乘的导数阶数,具有所有的系统特性。在控制理论中常用颜色的深浅来形容信息的多少,比如,"黑箱"表示系统内部结构、参数、特征等一无所知,只能从系统外部的表象来研究这类系统,这里的黑,表示信息缺乏;相反,一个系统的内部特性全部确知,便称这个系统是明明白白的,白表示信息充足。而介于白与黑之间,或者说部分信息已知部分信息未知的这类系统便可命名为灰色系统。因而可用 L 代表一个二阶系统的"黑箱",则式 $(1-2-51)$ 可用图 $1-2-12$ 表示。也就是说,在进行分析时,可不考虑黑箱内的变化情况,只考虑激励和响应的关系。这种方法在研究复杂结构系统运动时是很有用的。

图 1 - 2 - 12

现利用黑箱的概念来说明系统的线性特性和线性叠加原理。设有两个激励 $p_1(t)$ 和 $p_2(t)$,响应为 $x_1(t)$ 和 $x_2(t)$,即

$$\begin{cases} p_1(t) = L[x_1(t)] \\ p_2(t) = L[x_2(t)] \end{cases}$$

$p_3(t) = C_1 p_1(t) + C_2 p_2(t)$,是 $p_1(t)$ 和 $p_2(t)$ 的线性组合。若 $p_3(t)$ 的响应 $x_3(t)$ 满足 $x_3(t) = C_1 x_1(t) + C_2 x_2(t)$,则此系统是线性的,即对于线性的黑箱,应有

$$\begin{aligned} L[x_3(t)] &= L[C_1 x_1(t) + C_2 x_2(t)] = p_3(t) = C_1 p_1(t) + C_2 p_2(t) \\ &= C_1 L[x_1(t)] + C_2 L[x_2(t)] \end{aligned} \qquad (1-2-52)$$

这就是叠加原理的数学表达式,即诸激励的响应等于各个激励分别响应的总和。

由于 L 为线性算符,尽管叠加原理可使问题简化,但只适用于线性范围。实际上前面介绍的简谐激振力作用下的振动等于由初始干扰引起的暂态振动和稳态强迫振动的和,及周期性激振力所产生的振动用傅里叶级数展开求解等都运用了叠加原理。

对一以复数表示的振动系统,如一复数激励 $\bar{p}(t)$ 对线性系统有一复数响应 $\bar{x}(t)$,则 $\bar{x}(t)$ 的实部是 $\bar{p}(t)$ 实部的响应,$\bar{x}(t)$ 的虚部是 $\bar{p}(t)$ 虚部的响应。设

$$\begin{cases} \bar{p}(t) = p_R(t) + ip_I(t) \\ \bar{x}(t) = x_R(t) + ix_I(t) \end{cases} \qquad (1-2-53)$$

则由式（1-2-51）有

$$L[x_R(t) + ix_I(t)] = p_R(t) + ip_I(t)$$

或

$$L[x_R(t)] + iG[x_I(t)] = p_R(t) + ip_I(t)$$

进而可得

$$\begin{cases} L[x_R(t)] = p_R(t) \\ L[x_I(t)] = p_I(t) \end{cases} \qquad (1-2-54)$$

这就是用复数方法求解线性振动的依据。

1.2.2.2 任意周期性干扰力作用下的强迫振动

上一节介绍的是简谐干扰力的情况，而系统所受的干扰力大多是非简谐的周期性干扰力。对于非简谐的周期性干扰力，可展开成傅里叶级数，化成频率为 ω、2ω、3ω、$\cdots$、$n\omega$ $\cdots$ 的无穷多个简谐干扰力之和。即

$$p(t) = p(t + T_1) = a_0 + \sum_{n=1}^{\infty} (a_n \cos n\omega t + b_n \sin n\omega t)$$

式中：T_1 为干扰力周期；$\omega = \dfrac{2\pi}{T_1}$ 为干扰力的基本频率；a_0、a_n、b_n 为系数，可表示为

$$\begin{cases} a_0 = \dfrac{1}{T_1} \displaystyle\int_0^{T_1} p(t) \, dt \\[2mm] a_n = \dfrac{2}{T_1} \displaystyle\int_0^{T_1} p(t) \cos n\omega t \, dt \\[2mm] b_n = \dfrac{2}{T_1} \displaystyle\int_0^{T_1} p(t) \sin n\omega t \, dt \end{cases} \qquad (1-2-55)$$

这种把一个周期函数展开成傅里叶级数，即展开成一系列简谐函数之和的过程称为谐波分析。

系统在周期性干扰力作用下的振动为周期振动，即每经过相同的时间间隔其运动量值能重复出现的振动。它的无阻尼强迫振动微分方程式可写成

$$M\ddot{x} + Kx = a_0 + \sum_{n=1}^{\infty} (a_n \cos n\omega t + b_n \sin n\omega t) \qquad (1-2-56)$$

其解为

$$x = A_1 \cos \omega_n t + A_2 \sin \omega_n t + \frac{a_0}{K} + \frac{1}{K} \sum_{n=1}^{\infty} \frac{a_n \cos n\omega t + b_n \sin n\omega t}{1 - \left(\dfrac{n\omega}{\omega_n}\right)^2} \qquad (1-2-57)$$

式中:第一、第二项为自由振动解;常数 A_1、A_2 由运动初始条件决定。如将 A_1、A_2 解出,可得伴随自由振动项。因实际的振动系统总存在阻尼,随时间增长自由项将逐渐消逝。a_0 为常值力,故第三项 $\dfrac{a_0}{K}$ 相当于在常值力 a_0 作用下的静位移。如将位移 x 的坐标原点移至静位移处,则此项也将消失。故周期性干扰力作用下所产生的稳态强迫振动是无穷多个简谐振动之和。其中对应于基本频率的谐和分量称为基波,其他对应的谐和分量依次称为二次、三次谐波。当系统的固有频率 ω_n 与 ω、2ω、3ω、$\cdots$、$n\omega\cdots$ 的无穷多次谐波的任一次谐波频率相等时,均会引起共振。

必须注意,周期性振动可展开成简谐振动来处理,但若干个简谐振动叠加而成的振动却未必一定是周期振动。若其任意两个谐振频率之比均为有理数,则此振动是周期性的。因这时可找到一个基频使各简谐振动的频率均成为此基频的整数倍,而基频的倒数即为此振动的周期。如

$$x(t) = A_1\sin(\pi t + \varphi_1) + A_2\sin(3\pi t + \varphi_2) + A_3\sin(5\pi t + \varphi_3)$$

是周期振动,它的基频是 $\pi(0.5\text{Hz})$,周期是 1s。若各谐振的频率之比出现了无理数,则就找不到一个基频或者周期,因此由这些谐振所组成的振动就不是周期性的。如

$$x(t) = A_1\sin(3t + \varphi_1) + A_2\sin(\sqrt{2}t + \varphi_2)$$

这种由若干个简谐振动所组成的振动虽不是周期性的,但它的特性基本上与周期性的振动相接近,称为准周期性振动。如船上两台主机所引起的振动,由于主机转速的差异就可能产生这种周期性的振动,在工程上常近似地作为周期性振动来处理。

1.2.3 冲击载荷作用下的强迫振动

前面讨论了系统在周期性干扰力下的响应,在许多实际问题中,干扰力并不具有明确的周期性,而是任意的时间函数,或是在极短的时间间隔内的冲击作用。在这些任意的干扰力作用下,系统的响应不再具有稳定的周期响应,而是以复杂的瞬态振动形式出现。只有在干扰力停止作用后,系统才以固有频率作自由振动,这种干扰停止后的自由振动,称为剩余振动。若干扰是持续的,则响应也会持续下去。

系统在任意干扰力作用下的振动情况是人们很关心的。本节介绍冲量作用下系统的响应及求解任意干扰响应的杜哈曼积分法。

1.2.3.1 冲量作用下系统的响应

先讨论有阻尼单自由度系统在初始冲量作用后的自由振动。设 $x_0 = \dot{x}_0 = 0$,即冲量作用前系统处于静止状态。令在此瞬间受一个冲量 I 的作用。按动量定理,冲量等于动量的变化,即 $I = m(\dot{x}_{01} - \dot{x}_0)$ 式中,$\dot{x}_{01}$ 为在 $t = 0$ 瞬间受冲量作用后的速度。由于受冲量作用前的初速度 $\dot{x}_0 = 0$,因此有

$$\dot{x}_{01} = \frac{I}{m}$$

由于冲量的作用是在瞬间完成的,因此有冲量作用后系统的初始条件为

$$\begin{cases} x(0) = x_0 = 0 \\ \dot{x}(0) = \dot{x}_{01} = \dfrac{I}{m} \end{cases}$$

前面已介绍过在小阻尼情况下的阻尼自由振动解为

$$x(t) = \mathrm{e}^{-nt}\left(x_0\cos\omega_{\mathrm{nd}}t + \frac{\dot{x}_0 + nx_0}{\omega_{\mathrm{nd}}}\sin\omega_{\mathrm{nd}}t\right)$$

于是可得受初始冲量作用后的阻尼自由振动解为

$$x(t) = \frac{I}{m\omega_{\mathrm{nd}}}\mathrm{e}^{-nt}\sin\omega_{\mathrm{nd}}t \tag{1-2-58}$$

若在某一瞬间 $t = \tau$ 时作用一个冲量 I_τ，则在 $t > \tau$ 时系统的响应为

$$x(t) = \frac{I_\tau}{m\omega_{\mathrm{nd}}}\mathrm{e}^{-n(t-\tau)}\sin\omega_{\mathrm{nd}}(t-\tau) \tag{1-2-59}$$

1.2.3.2 杜哈曼积分

将任意干扰力 $p(t)$ 在某瞬间的值 $p(\tau)$ 与极短的时间间隔 $\mathrm{d}\tau$ 的乘积视为在该瞬间作用的一个冲量(图 1-2-13)，即

$$I_\tau = p(\tau)\mathrm{d}\tau \tag{1-2-60}$$

按线性叠加原理，在干扰作用的时间历程内($0 \le \tau \le t$)，冲量 $I_\tau = p(\tau)\mathrm{d}\tau$ 的连续作用的所有响应叠加起来便是系统对任意干扰力 $p(t)$ 的响应，即

$$x(t) = \int_0^t \frac{p(\tau)}{m\omega_{\mathrm{nd}}}\mathrm{e}^{-n(t-\tau)}\sin\omega_{\mathrm{nd}}(t-\tau)\mathrm{d}\tau \tag{1-2-61}$$

上式称为杜哈曼积分。它是初始处于静止状态(在初始条件 $x_0 = \dot{x}_0 = 0$)的单自由度系统在任意干扰力 $p(t)$ 作用下所产生的振动响应。

图 1-2-13 任意干扰力作用下的冲击响应

若不计阻尼时，系统的响应可写为

$$x(t) = \int_0^t \frac{p(\tau)}{m\omega_{\mathrm{n}}}\sin\omega_{\mathrm{n}}(t-\tau)\mathrm{d}\tau \tag{1-2-62}$$

在一般的初始条件下，任意干扰力所产生的振动为

$$x(t) = \mathrm{e}^{-nt}\left(x_0\cos\omega_{\mathrm{nd}}t + \frac{\dot{x}_0 + nx_0}{\omega_{\mathrm{nd}}}\sin\omega_{\mathrm{nd}}t\right)$$

$$+ \frac{1}{m\omega_{\mathrm{nd}}}\int_0^t p(\tau)\mathrm{e}^{-n(t-\tau)}\sin\omega_{\mathrm{nd}}(t-\tau)\mathrm{d}\tau \tag{1-2-63}$$

式(1-2-61)也可表示成

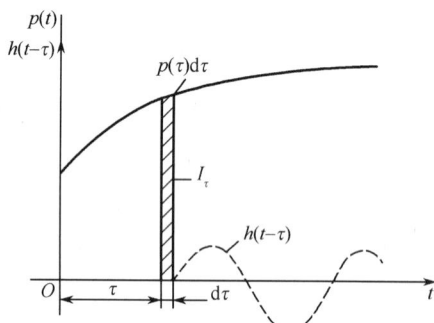

$$x(t) = \int_0^t p(\tau) h(t-\tau) \mathrm{d}\tau \qquad (1-2-64)$$

式中

$$h(t-\tau) = \frac{1}{m\omega_{\mathrm{nd}}} \mathrm{e}^{-n(t-\tau)} \sin\omega_{\mathrm{nd}}(t-\tau) \qquad (1-2-65)$$

称为单位冲量响应,表示系统对在 $t = \tau$ 时作用的单位冲量激励的响应,式($1-2-64$)表示的积分称为褶积积分或卷积积分,积分式中的冲量响应被推迟或移动了时间 $t-\tau$。也可用移动干扰力 $p(t)$ 的延迟来代替冲量响应的延迟,即令 $t-\tau = s$,代入式($1-2-64$)可得

$$x(t) = \int_0^t p(t-s) h(s) \mathrm{d}s$$

仍为一褶积积分,在式中可用 τ 来代替 s,可看出激励 $p(\tau)$ 和冲量响应 $h(\tau)$ 的褶积是对称的,即

$$x(t) = \int_0^t p(\tau) h(t-\tau) \mathrm{d}\tau = \int_0^t p(t-\tau) h(\tau) \mathrm{d}\tau \qquad (1-2-66)$$

可见,只要用杜哈曼积分或干扰力 $p(t)$ 和冲量响应 $h(t)$ 的褶积,即可求得任意干扰力所引起的强迫振动。但对于复杂的干扰力,此积分往往不易求解,而须采用数值积分的方法来解决。

1.2.3.3　冲击振动

当干扰作用的时间或干扰力变化的时间比系统固有周期更短时,一般称为冲击(前者称为脉冲型,后者称为阶跃型)。对于冲击振动,系统通常没有稳态振动,而只有瞬态振动,在干扰力作用停止后,系统按固有频率作自由振动。冲击荷重或脉冲荷重是结构动力计算中经常会遇到的一种动荷重。

在大多数结构动力学问题中,人们感兴趣的仅是第一个振动位移的峰点,而不是整个非稳态的或暂态的振动过程。由于冲击作用的时间短,峰点的出现比较早。因此,阻尼对峰值的影响比较小,故在一般的计算中均不计阻尼的影响。下面介绍无阻尼系统受到三种典型的冲击,即矩形脉冲、正弦脉冲和三角脉冲作用下所产生的振动。

一、矩形脉冲

令矩形脉冲的干扰力为

$$\begin{cases} p(t) = p_0, & 0 \leqslant t \leqslant t_1 \\ p(t) = 0, & t > t_1 \end{cases}$$

其位移响应可分为两个阶段:第 Ⅰ 阶段是在脉冲的作用时间区间 $[0, t_1]$,第 Ⅱ 阶段是在脉冲作用完毕之后 $[t_1, \infty)$(图 $1-2-14$)。

第 Ⅰ 阶段:$0 \leqslant t \leqslant t_1$,系统受突加力 p_0 作用。在零值的初始条件下,由杜哈曼积分式($1-2-61$),得

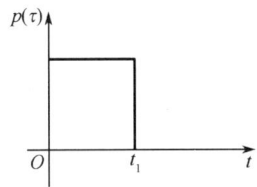

图 $1-2-14$　矩形脉冲

$$x(t) = \frac{p_0}{m\omega_n^2}\int_0^t \sin\omega_n(t-\tau)\mathrm{d}\tau = \frac{P_0}{m\omega_n^2}\cos\omega_n(t-\tau)\mid_0^t$$

$$= \frac{p_0}{m\omega_n^2}(1-\cos\omega_n t) = x_{st}(1-\cos\omega_n t) \qquad (1-2-67)$$

式中：$x_{st} = \frac{p_0}{M\omega_n^2} = \frac{p_0}{K}$ 是 p_0 所产生的静位移。

第 Ⅱ 阶段：$t > t_1$，在脉冲作用完毕之后，系统不受外力作用而作自由振动。振动位移既可用第 Ⅰ 阶段结束时的位移 $x(t_1)$ 和速度 $\dot{x}(t_1)$ 为初始条件求出，也可由杜哈曼积分可得

$$x(t) = \frac{p_0}{M\omega_n}\int_0^{t_1} \sin\omega_n(t-\tau)\mathrm{d}\tau = \frac{p_0}{M\omega_n^2}\cos\omega_n(t-\tau)\mid_0^{t_1}$$

$$= x_{st}\left[\cos\omega_n(t-t_1) - \cos\omega_n t\right]$$

$$= 2x_{st}\sin\frac{\omega_n t_1}{2}\sin\omega_n\left(t - \frac{t_1}{2}\right), t > t_1 \qquad (1-2-68)$$

对式（1-2-66）和式（1-2-68）进行分析：

当 $1-\cos\omega_n t = 2$ 时，$\omega_n t = \pi$，则 $t = \frac{\pi}{\omega_n} = \frac{T}{2} \leqslant t_1$，故有 $\frac{T}{2} \leqslant t_1$，即 $\frac{t_1}{T} \geqslant \frac{1}{2}$ 时，可在第 Ⅰ 阶段出现最大的动力响应 $x_{max} = 2x_{st}$，即动力放大系数 $\alpha = 2$；

当 $\frac{t_1}{T} < \frac{1}{2}$ 时，第 Ⅰ 阶段不可能出现最大的动力响应，最大的动力响应出现在第 Ⅱ 阶段 $x_{max} = 2x_{st}\sin\frac{\omega_n t_1}{2}$，即动力放大系数 $\alpha = 2\sin\frac{\omega_n t_1}{2}$。

因此产生最大动力响应的判据是 $\frac{t_1}{T}$ 的数值：当 $\frac{t_1}{T} \geqslant \frac{1}{2}$ 时，$\alpha = 2$；当 $\frac{t_1}{T} < \frac{1}{2}$ 时，$\alpha = 2\sin\frac{\omega_n t_1}{2}$。

二、正弦脉冲

图 1-2-15 所示一按正弦规律变化的干扰力脉冲为

$$\begin{cases} p(t) = p_0\sin\omega t, & 0 \leqslant t \leqslant t_1 = \frac{\pi}{\omega} \\ p(t) = 0, & t > t_1 = \frac{\pi}{\omega} \end{cases}$$

在它作用下的位移响应可分两个阶段来求。

第 Ⅰ 阶段：$0 \leqslant t \leqslant t_1$，系统受简谐载荷 $p_0\sin\omega t$ 作用。在零值的初始条件下，其无阻尼强迫振动为（见式（1-2-62））

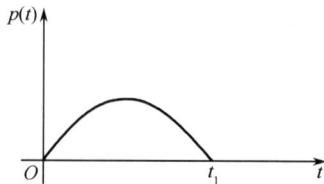

图 1-2-15 正弦脉冲

$$x(t) = \frac{p_0}{m\omega_n} \int_0^t \sin\omega_n(t - \tau)\sin\omega\tau\,d\tau$$

$$= \frac{p_0}{2m\omega_n} \int_0^t \left[\cos(\omega_n t - \omega_n\tau - \omega\tau) - \cos(\omega_n t - \omega_n\tau + \omega\tau) \right]d\tau$$

$$= \frac{p_0}{m\omega_n(\omega_n^2 - \omega^2)}(\omega_n\sin\omega t - \omega\sin\omega_n t)$$

注意到 $m\omega_n^2 = k$ 及 $\gamma = \dfrac{\omega}{\omega_n}$，则上式可写成

$$x(t) = \frac{p_0}{k} \cdot \frac{1}{1 - \gamma^2}(\sin\omega t - \gamma\sin\omega_n t) \qquad (1-2-69)$$

第 Ⅱ 阶段：$t > t_1$，在脉冲作用完毕之后，系统不受外力作用而作自由振动。振动位移可用第 Ⅰ 阶段结束时的位移 $x(t_1)$ 和速度 $\dot{x}(t_1)$ 为初始条件求出，即

$$x(t) = x(t_1)\cos\omega_n(t - t_1) + \frac{\dot{x}(t_1)}{\omega_n}\sin\omega_n(t - t_1), \ t \geqslant t_1 \qquad (1-2-70)$$

也可以由杜哈曼积分求得

$$x(t) = \frac{p_0}{M\omega_n} \int_0^{t_1} \sin\omega\tau\sin\omega_n(t - \tau)\,d\tau$$

$$= \frac{p_0}{k} \cdot \frac{2\gamma}{\gamma^2 - 1}\cos\frac{\pi}{2\gamma}\sin\left(\omega_n t - \frac{\pi}{2\gamma}\right), \ t \geqslant t_1 \qquad (1-2-71)$$

上述冲击载荷出现反应峰值的时间，可能发生在第 Ⅰ 阶段也可能在第 Ⅱ 阶段，这要看载荷持续时间 t_1 与结构自振周期 T 之比。现假定最大动力反应发生于第 Ⅰ 阶段，则在式 1-2-69 中令其导数 $dx/dt = 0$，可得

$$\cos\omega t = \cos\omega_n t$$

则

$$\omega t = 2n\pi \pm \omega_n t, \ n = 1, 2, \cdots$$

由于假定最大动力反应发生于第 Ⅰ 阶段，上述解答仅在 $\omega t \leqslant \pi$ 时才是正确的，所以有

$$\omega t = 2\pi - \omega_n t$$

或写作

$$\omega t = \frac{2\pi}{1 + \dfrac{\omega_n}{\omega}} \qquad (1-2-72)$$

根据 $\omega t \leqslant \pi$ 可知，只有当 $1 + \dfrac{\omega_n}{\omega} \geqslant 2$ 时上式才成立，也就是说只有当 $\dfrac{\omega_n}{\omega} \geqslant 1$ 时最大动力反应才会发生在第 Ⅰ 阶段。换言之，当 $\gamma < 1$ 或 $t_1 > \dfrac{\pi}{2}$ 时最大动力反应发生于第 Ⅰ

阶段,其最大反应幅值可将式(1-2-72)代入式(1-2-69)中求得。

例如,当 $t_1 = \dfrac{3}{4}T$ 时,则有

$$\frac{\omega_n}{\omega} = \frac{2t_1}{T} = \frac{3}{2} \ , \ \gamma = \frac{\omega}{\omega_n} = \frac{2}{3}$$

$$\omega t = \frac{2\pi}{1 + 3/2} = \frac{4}{5}\pi, \ \omega_n t = \frac{1}{\gamma}\omega t = \frac{3}{2} \times \frac{4}{5}\pi = \frac{6}{5}\pi$$

代入式(1-2-69)得

$$x_{max} = \frac{p_0}{k} \cdot \frac{1}{1 - \left(\frac{2}{3}\right)^2}\left(\sin\frac{4\pi}{5} - \frac{2}{3}\sin\frac{6\pi}{5}\right) = x_{st} \times 1.763$$

即 $\alpha = 1.763$。

当 $\gamma > 1$ 或 $t_1 < \dfrac{T}{2}$ 时,最大动力反应将发生在第 Ⅱ 阶段,把 $\omega t_1 = \pi$ 和 $\omega_n t_1 = \pi/\gamma$
代入式(1-2-69)得

$$x(t_1) = \frac{p_0}{k} \cdot \frac{1}{1 - \gamma^2}\left(0 - \gamma\sin\frac{\pi}{\gamma}\right)$$

$$\dot{x}(t_1) = \frac{p_0}{k} \cdot \frac{\omega}{1 - \gamma^2}\left(-1 - \cos\frac{\pi}{\gamma}\right)$$

于是可得

$$x_{max} = \sqrt{x^2(t_1) + \left[\frac{\dot{x}(t_1)}{\omega_n}\right]^2} = \frac{p_0}{k} \cdot \frac{1}{|1 - \gamma^2|}\sqrt{\gamma^2\sin^2\frac{\pi}{\gamma} + \gamma^2\left(1 + \cos\frac{\pi}{\gamma}\right)^2}$$

$$= x_{st} \cdot \left|\frac{2\gamma}{1 - \gamma^2}\right|\cos\frac{\pi}{2\gamma}$$

因此可知

$$\alpha = \frac{2\gamma}{1 - \gamma^2}\cos\frac{\pi}{2\gamma} \tag{1-2-73}$$

当 $t_1 = \dfrac{T}{2}$,即 $\gamma = 1$ 时,此时载荷称为共振冲击载荷。由式(1-2-69)所表示的位移
公式将成为不定式,运用罗必塔法则可求得

$$x(t) = \lim_{\omega \to \omega_n}\frac{p_0}{k}\frac{t\cos\omega t - \frac{1}{\omega_n}\sin\omega_n t}{-\frac{2\omega}{\omega_n^2}} = \frac{1}{2}x_{st}(\sin\omega_n t - \omega_n t\cos\omega_n t) \tag{1-2-74}$$

令 $\mathrm{d}x/\mathrm{d}t = 0$,可得

$$\omega_n^2 t\sin\omega_n t = 0$$

故知其最大动力反应发生在 $\omega t = \omega_n t = \pi$ 处,即发生在 $t = t_1$ 处,其值为

$$x_{\max} = \frac{1}{2} x_{\mathrm{st}} \pi = \frac{\pi}{2} x_{\mathrm{st}}$$

故

$$\alpha = \frac{\pi}{2} = 1.571$$

三、三角脉冲

图 1 - 2 - 16 所示为一三角干扰力脉冲,可表示为

$$\begin{cases} p(t) = p_0\left(1 - \dfrac{t}{t_1}\right), \ 0 \leqslant t \leqslant t_1 \\ p(t) = 0, \ t > t_1 \end{cases}$$

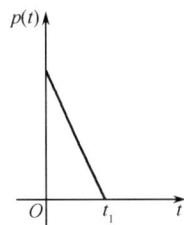

图 1 - 2 - 16　三角形脉冲

其位移响应同样可分为两个阶段。

第 Ⅰ 阶段:$0 \leqslant t \leqslant t_1$,系统受三角形脉冲载荷作用。

系统的振动可用杜哈曼积分求得。但对于三角形载荷无阻尼强迫振动的特解很简单,故直接从振动微分方程式求解或许更为方便。

$$M\ddot{x} + Kx = p_0\left(1 - \frac{t}{t_1}\right) \tag{1 - 2 - 75}$$

其一般解为

$$x(t) = A_1\cos\omega_{\mathrm{n}}t + A_2\sin\omega_{\mathrm{n}}t + \frac{p_0}{K}\left(1 - \frac{t}{t_1}\right) \tag{1 - 2 - 76}$$

式中:A_1 和 A_2 为积分常数,由初始条件确定。

对于零值初始条件,可得

$$x(t) = \frac{p_0}{K}\left(\frac{\sin\omega_{\mathrm{n}}t}{\omega_{\mathrm{n}}t_1} - \cos\omega_{\mathrm{n}}t - \frac{t}{t_1} + 1\right) \tag{1 - 2 - 77}$$

其最大峰值可从 $\mathrm{d}x/\mathrm{d}t = 0$ 的条件求得。

第 Ⅱ 阶段:$t > t_1$,系统作自由振动,其振幅为

$$x_{\max} = \sqrt{\left[\frac{\dot{x}(t_1)}{\omega_{\mathrm{n}}}\right]^2 + \left[x(t_1)\right]^2} \tag{1 - 2 - 78}$$

式中

$$x(t_1) = \frac{p_0}{K}\left(\frac{\sin\omega_{\mathrm{n}}t_1}{\omega_{\mathrm{n}}t_1} - \cos\omega_{\mathrm{n}}t_1\right) \tag{1 - 2 - 79}$$

$$\dot{x}(t_1) = \frac{p_0\omega_{\mathrm{n}}}{K}\left(\frac{\cos\omega_{\mathrm{n}}t_1}{\omega_{\mathrm{n}}t_1} - \sin\omega_{\mathrm{n}}t_1 - \frac{1}{\omega_{\mathrm{n}}t_1}\right) \tag{1 - 2 - 80}$$

通过分析和计算可知,对这种递减的三角形脉冲载荷,当 $t_1/T < 0.4$ 时,最大动力响应值 $x_{\max}$ 出现在第 Ⅱ 阶段。图 1 - 2 - 17 也给出了此种三角形脉冲载荷的动力系数 α。

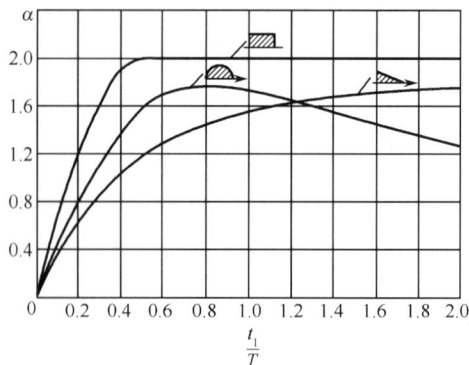

图 1 - 2 - 17 位移响应谱(冲击谱)

最后,还应指出,当冲击力 $p(t)$ 的持续时间 t_1 远小于系统的固有周期 T 时(如 $t_1/T \leqslant$ 10),称 $p(t)$ 为短时力,并可近似地将它的作用视为一初始冲量 I 的作用,即

$$I = \int_0^{t_1} p(\tau) \, d\tau \qquad (1 - 2 - 81)$$

因而

$$x(t) = \frac{\int_0^{t_1} p(\tau) \, d\tau}{M\omega_n} \sin\omega_n(t - t_1) \qquad (1 - 2 - 82)$$

由此可方便地求出短时冲击力的动力系数。

1.3 多自由度系统自由振动

1.3.1 无阻尼多自由度系统自由振动

1.3.1.1 多自由度系统运动微分方程的建立

多自由度系统是指需要用两个或两个以上的独立坐标才能描述其运动的振动系统。在工程上遇到的振动问题多数需要多自由度系统描述。在多自度系统中,各个自由度彼此相互联系,"牵一发而动全身",某一自由度的振动往往导致整个系统的振动。与此相对应的是,描述系统振动的运动微分的变量之间通常相互耦合,使得求解比单自由度系统困难得多。两自由度是最简单的多自由度系统。从单自由度系统到两自由度系统,振动的性质和研究的方法有质的不同,但从两自由度系统到更多自由度系统的振动,无论是模型的简化、振动的微分方程的建立和求解的一般方法,以及系统响应表现出来的振动特性等,没有什么本质上的差别,而主要是量上的差别,因此多自由度系统的分析,只要将两自由度系统的振动理论加以推广就可以了。

下面以双质量弹簧系统为例,采用达朗贝尔原理来分析系统的振动特性。

图 1 - 3 - 1 为一两自由度系统,要用两个坐标来表示。以两质点的静力平衡位置为原点,建立图示坐标 x_1、x_2,受力分析也如图所示,则根据达朗贝尔原理有

36

$$\begin{cases} m_1\ddot{x}_1 + c_1\dot{x}_1 - c_2(\dot{x}_2 - \dot{x}_1) + k_1x_1 - k_2(x_2 - x_1) - Q_1 = 0 \\ m_2\ddot{x}_2 + c_2(\dot{x}_2 - \dot{x}_1) + c_3\dot{x}_2 + k_2(x_2 - x_1) + k_3x_2 - Q_2 = 0 \end{cases} \qquad (1-3-1)$$

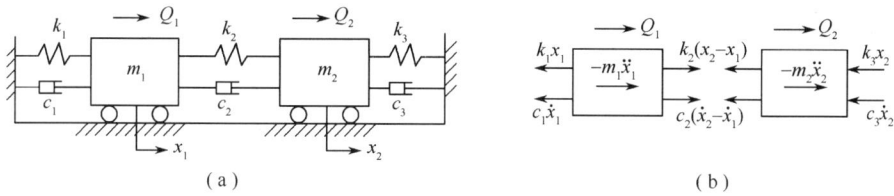

图 1 - 3 - 1　有黏性阻尼的二自由度受迫振动系统

整理后可得

$$\begin{cases} m_1\ddot{x}_1 + (c_1 + c_2)\dot{x}_1 - c_2\dot{x}_2 + (k_1 + k_2)x_1 - k_2x_2 = Q_1 \\ m_2\ddot{x}_2 - c_2\dot{x}_1 + (c_2 + c_3)\dot{x}_2 - k_2x_1 + (k_2 + k_3)x_2 = Q_2 \end{cases} \qquad (1-3-2)$$

上式为一常系数二阶常微分非齐次微分方程组,可改写成矩阵形式,即

$$\begin{bmatrix} m_1 & 0 \\ 0 & m_2 \end{bmatrix}\begin{bmatrix} \ddot{x}_1 \\ \ddot{x}_2 \end{bmatrix} + \begin{bmatrix} c_1 + c_2 & -c_2 \\ -c_2 & c_2 + c_3 \end{bmatrix}\begin{bmatrix} \dot{x}_1 \\ \dot{x}_2 \end{bmatrix} + \begin{bmatrix} k_1 + k_2 & -k_2 \\ -k_2 & k_2 + k_3 \end{bmatrix}\begin{bmatrix} x_1 \\ x_2 \end{bmatrix} = \begin{bmatrix} Q_1 \\ Q_2 \end{bmatrix}$$

如令

$$\boldsymbol{m} = \begin{bmatrix} m_1 & 0 \\ 0 & m_2 \end{bmatrix}, \ \boldsymbol{c} = \begin{bmatrix} c_1 + c_2 & -c_2 \\ -c_2 & c_2 + c_3 \end{bmatrix}, \ \boldsymbol{k} = \begin{bmatrix} k_1 + k_2 & -k_2 \\ -k_2 & k_2 + k_3 \end{bmatrix}$$

则方程可简化为

$$\boldsymbol{m}\ddot{\boldsymbol{x}} + \boldsymbol{c}\dot{\boldsymbol{x}} + \boldsymbol{k}\boldsymbol{x} = \boldsymbol{Q} \qquad (1-3-3)$$

将其推广到多自由度,即若系统的自由度为 n,设系统的位移矢量为位移

$$\boldsymbol{q}(t) = \begin{bmatrix} q_1(t), q_2(t), \cdots, q_i(t), \cdots, q_n(t) \end{bmatrix}^{\mathrm{T}} \qquad (1-3-4)$$

则得 n 个自由度系统的一般方程式为

$$\boldsymbol{m}\ddot{\boldsymbol{q}}(t) + \boldsymbol{c}\dot{\boldsymbol{q}}(t) + \boldsymbol{k}\boldsymbol{q}(t) = \boldsymbol{Q}(t) \qquad (1-3-5)$$

式中:$\ddot{\boldsymbol{q}}(t)$ 为加速度列阵;$\dot{\boldsymbol{q}}(t)$ 为速度列阵;$\boldsymbol{q}(t)$ 为位移列阵;$\boldsymbol{Q}(t)$ 为激振力列阵。它们均为 n 阶列阵。

$\boldsymbol{m}$ 为质量矩阵,其元素 m_{ij} 称为质量影响系数。m_{ij} 为仅在第 j 坐标处有单位加速度时,在第 i 坐标处所产生的惯性力。

$\boldsymbol{c}$ 为阻尼矩阵,其元素 c_{ij} 称为阻尼影响系数。c_{ij} 为仅在第 j 坐标处有单位速度时,在第 i 坐标处产生的阻尼力。

$\boldsymbol{k}$ 为刚度矩阵,其元素 k_{ij} 称为刚度影响系数。k_{ij} 表示仅在第 j 坐标处有单位位移时(其他坐标处位移均等于零),在第 i 坐标处产生的弹性力。

它们均为 n 阶对称方阵。

1.3.1.2 无阻尼自由振动

一、频率方程

讨论如图 1-3-2 所示的两自由度系统的无阻尼自由振动情况,其中两质量块的质量分别为 m_1 和 m_2,弹簧的刚度分别为 k_1、k_2 和 k_3。根据式(1-3-5)可知,多自由度系统无阻尼自由振动的微分方程可写为

$$m\ddot{q}(t) + kq(t) = 0 \qquad (1-3-6)$$

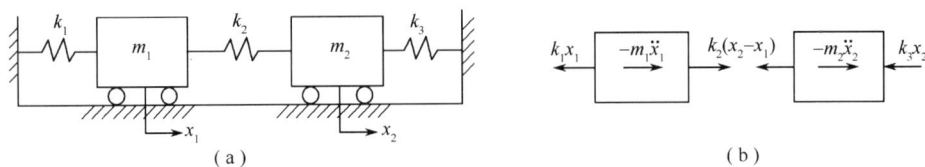

图 1-3-2 无阻尼的二自由度振动系统

故图 1-3-2 所示系统的运动方程为

$$m\ddot{x} + kx = 0 \qquad (1-3-7)$$

即

$$\begin{bmatrix} m_1 & 0 \\ 0 & m_2 \end{bmatrix}\begin{bmatrix} \ddot{x}_1 \\ \ddot{x}_2 \end{bmatrix} + \begin{bmatrix} k_1 + k_2 & -k_2 \\ -k_2 & k_2 + k_3 \end{bmatrix}\begin{bmatrix} x_1 \\ x_2 \end{bmatrix} = \begin{Bmatrix} 0 \\ 0 \end{Bmatrix} \qquad (1-3-8)$$

也就是

$$\begin{cases} m_1\ddot{x}_1 + (k_1 + k_2)x_1 - k_2x_2 = 0 \\ m_2\ddot{x}_2 - k_2x_1 + (k_2 + k_3)x_2 = 0 \end{cases}$$

由于上面方程组是齐次的,因此,如果 $\begin{bmatrix} x_1 \\ x_2 \end{bmatrix}$ 是方程的一个解,则对于任意常数 a,$\begin{bmatrix} ax_1 \\ ax_2 \end{bmatrix}$ 也是方程的解。所以,在方程(1-3-8)中,只能确定出 x_1 和 x_2 的比值。

设在振动时两个质量块按同样频率和相位角作简谐振动。因此,令方程的解为

$$x = A\sin(\omega t + \varphi)$$

即

$$\begin{bmatrix} x_1 \\ x_2 \end{bmatrix} = \begin{bmatrix} A_1 \\ A_2 \end{bmatrix}\sin(\omega t + \varphi)$$

式中:A_1、A_2 为振动的振幅;ω 为固有频率;φ 为初相位。将其代入式(1-3-8)中,可得

$$\begin{bmatrix} k_1 + k_2 - m_1\omega^2 & -k_2 \\ -k_2 & k_2 + k_3 - m_2\omega^2 \end{bmatrix}\begin{bmatrix} A_1 \\ A_2 \end{bmatrix} = \begin{bmatrix} 0 \\ 0 \end{bmatrix}$$

即

$$(k - \omega^2 m)A = 0 \qquad (1-3-9)$$

由于 A_1、A_2 不全为零,即要求上式中的系数矩阵行列式必为零,则有

$$| \boldsymbol{k} - \omega^2 \boldsymbol{m} | = 0 \qquad (1-3-10)$$

此即为系统的频率方程或称为特征方程。它也可写成

$$\begin{vmatrix} k_1 + k_2 - m_1\omega^2 & -k_2 \\ -k_2 & k_2 + k_3 - m_2\omega^2 \end{vmatrix} = 0$$

将上式展开

$$(k_1 + k_2 - m_1\omega^2)(k_2 + k_3 - m_2\omega^2) - k_2 = 0$$

从而可得

$$\omega^4 m_1 m_2 - \omega^2 [m_1(k_2 + k_3) + m_2(k_1 + k_2)] + k_1 k_2 + k_1 k_3 + k_2 k_3 = 0$$

上式为 ω_n^2 的二次式,该方程有两个解,可根据下面的二次式来确定,即

$$\omega_{1,2}^2 =$$

$$\frac{[m_1(k_2 + k_3) + m_2(k_1 + k_2)] \mp \sqrt{[m_1(k_2 + k_3) + m_2(k_1 + k_2)]^2 - 4m_1 m_2(k_1 k_2 + k_1 k_3 + k_2 k_3)}}{2m_1 m_2}$$

为了便于讨论,可令 $m_1 = m_2 = m$,$k_1 = k_2 = k_3 = k$,并令 $\omega_1^2 < \omega_2^2$,则可得

$$\omega_1^2 = \frac{k}{m}, \quad \omega_2^2 = \frac{3k}{m}$$

ω_1 称为第一固有频率,ω_2 称为第二固有频率。

对于 n 自由度系统,求解过程与上述相同,只是由于其频率方程由 n 个方程组成,将其展开后可得 ω^2 的 n 次代数方程式,即

$$\omega^{2n} + a_1\omega^{2(n-1)} + a_2\omega^{2(n-2)} + \cdots + a_{n-1}\omega^2 + a_n = 0$$

式中:$a_1, a_2, \cdots, a_n$ 是由 k_{ij} 和 m_{ij} 组合成的系数。故可解得 ω^2 的 n 个正实根($\omega_1^2, \omega_2^2, \cdots, \omega_n^2$)。由于频率($\omega_1, \omega_2, \cdots, \omega_n$)与初始条件无关而仅取决于系统的固有特性 $\boldsymbol{m}$ 和 $\boldsymbol{k}$,故称为系统的固有频率。将这 n 个固有频率由小到大按次序排列,即

$$\omega_1 < \omega_2 < \cdots < \omega_n$$

分别称为一阶固有频率(基频)、二阶固有频率、…、n 阶固有频率。

二、固有振动、固有振型和主坐标

对应于所求得系统的每一阶固有频率 $\omega_r(r = 1, 2, \cdots, n)$,均存在一个振幅矢量 $\boldsymbol{A}_r$ 和相角 φ_r,即存在一组满足振动微分方程(1-3-10)的特解。将求得的各阶固有频率中的某一阶频率 ω_r 代回式(1-3-9)中,并加以展开

$$\begin{cases} (k_{11} - \omega_r^2 m_{11})A_1^{(r)} + (k_{12} - \omega_r^2 m_{12})A_2^{(r)} + \cdots + (k_{1n} - \omega_r^2 m_{1n})A_n^{(r)} = 0 \\ (k_{21} - \omega_r^2 m_{21})A_1^{(r)} + (k_{22} - \omega_r^2 m_{22})A_2^{(r)} + \cdots + (k_{2n} - \omega_r^2 m_{2n})A_n^{(r)} = 0 \\ \cdots\cdots \\ (k_{n1} - \omega_r^2 m_{n1})A_1^{(r)} + (k_{n2} - \omega_r^2 m_{n2})A_2^{(r)} + \cdots + (k_{nn} - \omega_r^2 m_{nn})A_n^{(r)} = 0 \end{cases}$$

$$(1-3-11)$$

显然,上式是由 n 个齐次代数方程组成的方程组,因此只能求得对应于第 r 阶固有频率的振幅列阵 A_r 的 n 个分量 $A_1^{(r)}$、$A_2^{(r)}$、$\cdots$、$A_n^{(r)}$ 之间的比例关系,即

$$A_1^{(r)}:A_2^{(r)}:\cdots:A_n^{(r)} \tag{1-3-12}$$

而无法求得它们的确定解。这种比例关系称为振幅比。这说明当系统按第 r 阶固有频率 ω_r 作简谐振动时,各振幅值 $A_1^{(r)}$、$A_2^{(r)}$、$\cdots$、$A_n^{(r)}$ 具有确定的比值关系,或者说系统有一定的振动形态。

求解时,将方程组中某一不独立的方程式去掉(如去掉第一个方程式),则可解得

$$\frac{A_1^{(r)}}{\rho_1^{(r)}} = \frac{A_2^{(r)}}{\rho_2^{(r)}} = \cdots = \frac{A_j^{(r)}}{\rho_j^{(r)}}\cdots = \frac{A_n^{(r)}}{\rho_n^{(r)}} \tag{1-3-13}$$

式中:$\rho_j^{(r)}$ 为行列式(1-3-13)第一行第 j 列的元素 $(k_{ij} - \omega^2 M_{ij})$ 的代数余子式,即

$$\rho_j^{(r)} = (-1)^{i+j} \begin{vmatrix} k_{21} - \omega_r^2 m_{21} \cdots k_{2,j-1} - \omega_r^2 m_{2,j-1}, & k_{2,j+1} - \omega_r^2 m_{2,j+1} \cdots k_{2n} - \omega_r^2 m_{2n} \\ k_{31} - \omega_r^2 m_{31} \cdots k_{3,j-1} - \omega_r^2 m_{3,j-1}, & k_{3,j+1} - \omega_r^2 m_{3,j+1} \cdots k_{3n} - \omega_r^2 m_{3n} \\ \vdots \qquad\qquad \vdots & \qquad \vdots \qquad\qquad \vdots \\ k_{n1} - \omega_r^2 m_{n1} \cdots k_{n,j-1} - \omega_r^2 m_{n,j-1}, & k_{n,j+1} - \omega_r^2 m_{n,j+1} \cdots k_{nn} - \omega_r^2 m_{nn} \end{vmatrix}$$

$$\tag{1-3-14}$$

从式(1-3-14)可以看出,A_r 的元素中只有一个是独立的,只要确定了一个,其余 $n-1$ 个就可以从式(1-3-14)中求解。A_r 的方向已确定,只是它的大小尚未确定,如果用一个比例系数 $p^{(r)}$ 来表示其大小,则式(1-3-14)又可写成

$$A_r = p^{(r)} \rho_r \tag{1-3-15}$$

式中

$$\rho_r = [\rho_1^{(r)}, \rho_2^{(r)}, \cdots, \rho_n^{(r)}]^\mathrm{T}$$
$$A_r = [A_1^{(r)}, A_2^{(r)}, \cdots, A_n^{(r)}]^\mathrm{T}$$

因为 ρ_r 由式(1-3-15)确定,只要比例系数 $p^{(r)}$ 被确定,A_r 就可以确定,这样一来对于每一个 ω_r^2 都可以得到如下的微分方程特解:

$$q_r = A_r \sin(\omega_r t + \varphi_r) \tag{1-3-16}$$

或

$$q_r = p^{(r)} \rho_r \sin(\omega_r t + \varphi_r) \tag{1-3-17}$$

共可得 n 组特解,将这 n 组特解相加,可得到系统振动的一般解,即

$$\begin{cases} q_1 = A_1^{(1)} \sin(\omega_1 t + \varphi_1) + A_1^{(2)} \sin(\omega_2 t + \varphi_2) + \cdots + A_1^{(n)} \sin(\omega_n t + \varphi_n) \\ q_2 = A_2^{(1)} \sin(\omega_1 t + \varphi_1) + A_2^{(2)} \sin(\omega_2 t + \varphi_2) + \cdots + A_2^{(n)} \sin(\omega_n t + \varphi_n) \\ \cdots\cdots \\ q_n = A_n^{(1)} \sin(\omega_1 t + \varphi_1) + A_n^{(2)} \sin(\omega_2 t + \varphi_2) + \cdots + A_n^{(n)} \sin(\omega_n t + \varphi_n) \end{cases}$$

$$\tag{1-3-18}$$

上式也可写成

$$q = \rho p \qquad (1-3-19)$$

式中

$$q = [q_1, q_2, \cdots, q_n]^{\mathrm{T}}$$

$$p = \begin{bmatrix} p^{(1)}\sin(\omega_1 t + \varphi_1) \\ p^{(2)}\sin(\omega_2 t + \varphi_2) \\ \vdots \\ p^{(n)}\sin(\omega_n t + \varphi_n) \end{bmatrix}$$

$$\rho = [\{\rho_1\}, \{\rho_2\}, \cdots, \{\rho_n\}] = \begin{bmatrix} \rho_1^{(1)} \cdots \rho_1^{(i)} \cdots \rho_1^{(n)} \\ \rho_2^{(1)} \cdots \rho_2^{(i)} \cdots \rho_2^{(n)} \\ \vdots \\ \rho_n^{(1)} \cdots \rho_n^{(i)} \cdots \rho_n^{(n)} \end{bmatrix}$$

在式(1-3-18)(或式(1-3-19))中有 $2n$ 个积分常数 A_r(或 $p^{(r)}$)ρ_r($r=1,2,3,\cdots,n$),它们由下列初始条件确定,即

$$q(0) = [q_1(0), q_2(0), \cdots, q_n(0)]^{\mathrm{T}}$$

$$\dot{q}(0) = [\dot{q}_1(0), \dot{q}_2(0), \cdots, \dot{q}_n(0)]^{\mathrm{T}}$$

如果系统在某一个特殊的初始条件下,若积分常数 $p^{(r)}$($r=1,2,3,\cdots,n$)中除了 $p^{(1)}$ 以外均等于 0,也即 A_r 中除了 A_1 外都等于 0,则式(1-3-19)所表示的系统一般解将仅保留第一项,成为以下形式,即

$$\begin{cases} q_1 = A_1^{(1)}\sin(\omega_1 t + \varphi_1) \\ q_2 = A_2^{(1)}\sin(\omega_1 t + \varphi_1) \\ \cdots\cdots \\ q_n = A_n^{(1)}\sin(\omega_1 t + \varphi_1) \end{cases} \qquad (1-3-20)$$

也可写为

$$q = q_1 = \rho_1 p^{(1)}\sin(\omega_1 t + \varphi_1) \qquad (1-3-21)$$

这时,每一坐标均以同一固有频率 ω_1 及同一相位角 φ_1 作简谐振动,在振动过程中各坐标同时经过平衡位置,也同时达到最大的偏离值,各坐标值在任何瞬时都保持固定不变的比值,即恒有

$$\frac{q_1}{A_1^{(1)}} = \frac{q_2}{A_2^{(1)}} = \cdots = \frac{q_n}{A_n^{(1)}}$$

因此,A_1 各元素比值 ρ_1 完全确定了系统的振动形态,ρ_1 与初始条件无关,而仅仅取决于系统的固有特性 m 和 k,因而称它为第一阶固有振型(或模态)或称为第一阶主振型。式(1-3-21)描述的系统运动,称为第一阶固有振动或第一阶主振动。类似地,当系统在某些特殊的初始条件下,系统还可以产生对应于固有频率 ω_2、ω_3、$\cdots$、ω_n 的第二阶、第三

阶…、第 n 阶主振动,它们分别具有第二阶主振型、第三阶主振型…、第 n 阶主振型。在一般初始条件下,系统的自由振动不表现哪一个固有振动,而是由 n 个线性独立的固有振动叠加而成的振动(见式(1-3-20)或式(1-3-21))。

由于固有振型只表示固有振动形状,它反映了系统作固有振动时各坐标之间固定不变的比值关系,所以振型矢量 $\boldsymbol{\rho}_r$ 乘上任意常数 C_r 之后仍为第 r 个固有振型 $C_r\boldsymbol{\rho}_r$,而对振型无影响。

系统作固有振动时,由于各坐标之间存在固定不变的比例关系,所以每一个固有振动可以用一个独立变量来表示,因而表示一个固有振动只需要一个独立坐标。描述固有振动的独立变量称为主坐标。有几个自由度就有几个主坐标,令主坐标矢量为 $\boldsymbol{q}$,则对于第 r 阶主振动其主坐标为

$$q_r(t) = p^{(r)}\sin(\omega_r t + \varphi_r) \qquad (1-3-22)$$

广义坐标 $\boldsymbol{q}$ 与主坐标列阵 $\boldsymbol{p}$ 的关系由式(1-3-22)来确定。

固有振动、固有振型和主坐标是多自由度系统以及无限自由度系统振动理论中很重要的基本概念。

三、固有振型的正交性

由无阻尼自由振动微分方程知

$$(\boldsymbol{k} - \omega^2\boldsymbol{m})\boldsymbol{A} = \boldsymbol{0}$$

则由式(1-3-15)可得

$$(\boldsymbol{k} - \omega^2\boldsymbol{m})\boldsymbol{\rho} = \boldsymbol{0}$$

令系统的第 r 阶固有振型为 $\boldsymbol{\rho}_r$,第 s 阶固有振型为 $\boldsymbol{\rho}_s$,则

$$\boldsymbol{k}\boldsymbol{\rho}_r = \omega_r^2\boldsymbol{m}\boldsymbol{\rho}_r \qquad (1-3-23)$$

$$\boldsymbol{k}\boldsymbol{\rho}_s = \omega_s^2\boldsymbol{m}\boldsymbol{\rho}_s \qquad (1-3-24)$$

将式(1-3-23)前乘 $\boldsymbol{\rho}_s^{\mathrm{T}}$,式(1-3-24)前乘 $\boldsymbol{\rho}_r^{\mathrm{T}}$,然后两式相减,得

$$\boldsymbol{\rho}_s^{\mathrm{T}}\boldsymbol{k}\boldsymbol{\rho}_r - \boldsymbol{\rho}_r^{\mathrm{T}}\boldsymbol{k}\boldsymbol{\rho}_s - \omega_r^2\boldsymbol{\rho}_s^{\mathrm{T}}\boldsymbol{m}\boldsymbol{\rho}_r + \omega_s^2\boldsymbol{\rho}_r^{\mathrm{T}}\boldsymbol{m}\boldsymbol{\rho}_s = 0 \qquad (1-3-25)$$

因为刚度矩阵 $\boldsymbol{k}$ 与质量矩阵 $\boldsymbol{m}$ 都是对称矩阵,$\boldsymbol{\rho}_r$ 与 $\boldsymbol{\rho}_s$ 又都是列向量,所以

$$\begin{cases} \boldsymbol{\rho}_s^{\mathrm{T}}\boldsymbol{k}\boldsymbol{\rho}_r = \boldsymbol{\rho}_r^{\mathrm{T}}\boldsymbol{k}\boldsymbol{\rho}_s \\ \boldsymbol{\rho}_s^{\mathrm{T}}\boldsymbol{m}\boldsymbol{\rho}_r = \boldsymbol{\rho}_r^{\mathrm{T}}\boldsymbol{m}\boldsymbol{\rho}_s \end{cases}$$

式(1-3-25)可化为

$$(\omega_s^2 - \omega_r^2)\boldsymbol{\rho}_r^{\mathrm{T}}\boldsymbol{m}\boldsymbol{\rho}_s = 0$$

由于 $\omega_r \neq \omega_s$,因此

$$\boldsymbol{\rho}_r^{\mathrm{T}}\boldsymbol{m}\boldsymbol{\rho}_s = 0, \quad r \neq s \qquad (1-3-26)$$

上式称为对于质量 $\boldsymbol{m}$ 的固有振型正交条件,或简称主振型关于质量的正交性。

将式(1-3-26)前乘 $\boldsymbol{\rho}_r^{\mathrm{T}}$,并运用式(1-3-25),即得

$$\boldsymbol{\rho}_r^{\mathrm{T}}\boldsymbol{k}\boldsymbol{\rho}_s = 0 \quad (r \neq s) \qquad (1-3-27)$$

上式称为对于刚度 k 的固有振型正交条件,或简称主振型关于刚度的正交性。

式(1-3-26)和式(1-3-27)统称为固有振型的正交性。在振动的理论分析和实际计算中常会用到固有振型的这种正交性质。

现将式(1-3-27)前乘 $\boldsymbol{\rho}_r$ 的转置矩阵 $\boldsymbol{\rho}_r^{\mathrm{T}}$ 得到

$$\boldsymbol{\rho}_r^{\mathrm{T}} \boldsymbol{k} \boldsymbol{\rho}_r = \omega_r^2 \boldsymbol{\rho}_r^{\mathrm{T}} \boldsymbol{m} \boldsymbol{\rho}_r \qquad (1-3-28)$$

因质量矩阵是正定的,令

$$\boldsymbol{\rho}_r^{\mathrm{T}} \boldsymbol{m} \boldsymbol{\rho}_r = M_{pr} \qquad (1-3-29)$$

M_{pr} 总是一个正实数,称为第 r 阶主质量。将式(1-3-28)和式(1-3-29)合并,可得

$$\boldsymbol{\rho}^{\mathrm{T}} \boldsymbol{m} \boldsymbol{\rho} = \boldsymbol{M}_p \qquad (1-3-30)$$

式中: $\boldsymbol{M}_p = \begin{bmatrix} m_{p1} & & & 0 \\ & m_{p2} & & \\ & & \ddots & \\ 0 & & & m_{pn} \end{bmatrix}$ 是一个对角阵,称为主质量矩阵。

对正定系统来说,刚度矩阵也是正定的,令

$$\boldsymbol{\rho}_r^{\mathrm{T}} \boldsymbol{k} \boldsymbol{\rho}_r = K_{pr} \qquad (1-3-31)$$

K_{pr} 也是一个正实数,称为第 r 阶主刚度。将式(1-3-29)和式(1-3-30)合并,可得

$$\boldsymbol{\rho}^{\mathrm{T}} \boldsymbol{k} \boldsymbol{\rho} = \boldsymbol{K}_p \qquad (1-3-32)$$

式中: $\boldsymbol{K}_p = \begin{bmatrix} k_{p1} & & & 0 \\ & k_{p2} & & \\ & & \ddots & \\ 0 & & & k_{pn} \end{bmatrix}$ 是一个对角阵,称为主质量矩阵。

另外,由式(1-3-32)可得

$$\omega_r^2 = \frac{\boldsymbol{\rho}_r^{\mathrm{T}} \boldsymbol{k} \boldsymbol{\rho}_r}{\boldsymbol{\rho}_r^{\mathrm{T}} \boldsymbol{m} \boldsymbol{\rho}_r} = \frac{K_{pr}}{M_{pr}} \qquad (1-3-33)$$

也就是说,第 r 阶固有频率平方的值 ω_r^2 等于第 r 阶主刚度 K_{pr} 与第 r 阶主质量 M_{pr} 的比值。这与单自由度系统的固有频率表达式是一致的。固有频率和刚度与质量的变化趋势,不论自由度数是多少总是相同的。

现在来考察系统的能量表达式。系统的动能用一般广义坐标可表示为

$$T = \frac{1}{2} \dot{\boldsymbol{q}}^{\mathrm{T}} \boldsymbol{m} \dot{\boldsymbol{q}}$$

由式(1-3-33)可得

$$T = \frac{1}{2} \dot{\boldsymbol{p}}^{\mathrm{T}} \boldsymbol{\rho}^{\mathrm{T}} \boldsymbol{m} \boldsymbol{\rho} \dot{\boldsymbol{p}} = \frac{1}{2} \dot{\boldsymbol{p}}^{\mathrm{T}} \boldsymbol{M}_p \dot{\boldsymbol{p}} = \frac{1}{2} \sum_{r=1}^{n} M_{pr} \dot{p}_r^2(t)$$

上式的物理意义是,系统的总动能等于各主振型的动能之和,或叫做系统动能的振型分解。

系统的势能用一般广义坐标可表示为

$$V = \frac{1}{2} \boldsymbol{q}^{\mathrm{T}} \boldsymbol{k} \boldsymbol{q}$$

同样,由式(1 − 3 − 33)可得

$$V = \frac{1}{2} \boldsymbol{p}^{\mathrm{T}} \boldsymbol{\rho}^{\mathrm{T}} \boldsymbol{k} \boldsymbol{\rho} \boldsymbol{p} = \frac{1}{2} \boldsymbol{p}^{\mathrm{T}} \boldsymbol{K}_p \boldsymbol{p} = \frac{1}{2} \sum_{r=1}^{n} K_{pr} p_r^2(t)$$

从上式也可以看出,系统的总势能等于各主振型的势能之和,这是系统势能的振型分解。

总之,对于保守系统来说,系统的总能量可以按振型分解。也就是说,在计算系统的动能或势能时,可以先独立地计算每个主振动产生的动能和势能,然后叠加起来,就得到总的动能和势能。同时,在系统运动过程中,每一个主振动内部的动能与势能可以互相转化,就像一个独立的单自由度系统振动时的情况一样,各阶主振动之间不会发生能量的传递,也就是说,对于主振动来说,它的动能和势能之和永远是常数。因此,从能量的观点来看,各阶主振动之间是相互独立的。这就是主振型正交性的物理意义。

从上面也可以看出,变换到主坐标,可以将质量矩阵 $\boldsymbol{m}$ 和刚度矩阵 $\boldsymbol{k}$ 对角化,这表明各固有振型既没有惯性耦合(动耦合)也没有弹性耦合(静耦合)。因此,在无阻尼自由振动情况下,各主坐标之间是独立无关的。用主坐标表示的拉格朗日函数,可以表示成

$$L = \frac{1}{2} \sum_{r=1}^{n} M_{pr} \dot{p}_r^2(t) - \frac{1}{2} \sum_{r=1}^{n} K_{pr} p_r^2(t)$$

应用拉格朗日方程得

$$\frac{d}{dt} \left(\frac{\partial L}{\partial \dot{p}_r} \right) - \frac{\partial L}{\partial p_r} = M_{pr} \ddot{p}_r(t) + K_{pr} p_r(t) = 0 ; r = 1, 2, \cdots, n$$

上式表明,整个系统的无阻尼自由振动可以用 n 个独立的无阻尼二阶方程组来描述,也即可以按每一个主振型化为一个个单自由度系统来处理,每个振型的固有频率为

$$\omega_r^2 = \frac{K_{pr}}{M_{pr}} ; r = 1, 2, \cdots, n$$

它与式(1 − 3 − 33)是一致的。

四、正则振型

根据前述固有振型的特性,固有振型矢量 $\boldsymbol{\rho}_r$ 乘上一个常数 C_r 之后,$C_r \boldsymbol{\rho}_r$ 仍表示此固有振型,因此,只要适当选择常数 C_r 总可以使振型 $\boldsymbol{\varphi}_r = C_r \boldsymbol{\rho}_r$ 满足:

$$\boldsymbol{\varphi}_r^{\mathrm{T}} \boldsymbol{m} \boldsymbol{\varphi}_r = 1 \qquad\qquad (1 - 3 - 34)$$

由式(1 − 3 − 34)显然有

$$C_r = \frac{1}{\sqrt{M_{pr}}}$$

此时,固有振型 $\boldsymbol{\varphi}_r$ 称为正则振型。很明显,$\boldsymbol{\varphi}_r$ 满足振动方程:

$$(\boldsymbol{k} - \omega_r^2 \boldsymbol{m}) \boldsymbol{\varphi}_r = 0 \qquad\qquad (1 - 3 - 35)$$

方程(1 − 3 − 35)为一个线性齐次代数方程组,由该方程不能求得其绝对值而只能求得矢量 $\boldsymbol{\varphi}_r$ 中各元素的比值,由于增加了正则条件式(1 − 3 − 35),则矢量 $\boldsymbol{\varphi}_r$ 的全部元素可

求得。

在方程 $(\boldsymbol{k} - \omega_r^2 \boldsymbol{m})\boldsymbol{\varphi}_r = 0$ 之前乘上 $\boldsymbol{\varphi}_r^{\mathrm{T}}$，即

$$\boldsymbol{\varphi}_r^{\mathrm{T}}(\boldsymbol{k} - \omega_r^2 \boldsymbol{m})\boldsymbol{\varphi}_r = 0$$

使用正则条件

$$\boldsymbol{\varphi}_r^{\mathrm{T}}\boldsymbol{m}\boldsymbol{\varphi}_r = 1$$

所以

$$\boldsymbol{\varphi}_r^{\mathrm{T}}\boldsymbol{k}\boldsymbol{\varphi}_r = \omega_r^2 \qquad (1-3-36)$$

因为正则振型为固有振型的一种特定形式，故正则振型也满足正交条件。所以对于正则振型有

$$\boldsymbol{\varphi}_r^{\mathrm{T}}\boldsymbol{m}\boldsymbol{\varphi}_s = \begin{cases} 0, & r \neq s \\ 1, & r = s \end{cases}$$

$$\boldsymbol{\varphi}_r^{\mathrm{T}}\boldsymbol{k}\boldsymbol{\varphi}_s = \begin{cases} 0, & r \neq s \\ \omega_r^2, & r = s \end{cases}$$

也即

$$\boldsymbol{\varphi}^{\mathrm{T}}\boldsymbol{m}\boldsymbol{\varphi} = \boldsymbol{I} = \begin{bmatrix} 1 & & & 0 \\ & 1 & & \\ & & \ddots & \\ 0 & & & 1 \end{bmatrix} \qquad (1-3-37)$$

式中：$\boldsymbol{I}$ 为 n 阶单位矩阵。

$$\boldsymbol{\varphi}^{\mathrm{T}}\boldsymbol{k}\boldsymbol{\varphi} = \boldsymbol{\omega}^2 = \begin{bmatrix} \omega_1^2 & & & 0 \\ & \omega_2^2 & & \\ & & \ddots & \\ 0 & & & \omega_n^2 \end{bmatrix} \qquad (1-3-38)$$

式中：$\boldsymbol{\omega}^2$ 为 n 个固有频率平方所组成的对角矩阵。

从上面可以看出，正则振型实际上是一种标准形式的固有振型。

例 1-3-1 讨论图 1-3-2 所示的两自由度系统的无阻尼自由振动情况。其中两质量块的质量分别为 m_1 和 m_2，弹簧刚度分别为 k_1、k_2 和 k_3。试求该系统固有振型 $\boldsymbol{\rho}_r$，并检查其正交性，使固有振型正则化。

解：(1) 固有振型和主坐标。

求此系统的固有振型要先求系统的固有频率。系统的固有频率前面已求出，这里为了讨论方便仍假定 $m_1 = m_2 = m$，$k_1 = k_2 = k_3 = k$，则系统的固有频率为

$$\omega_1^2 = \frac{k}{m}, \quad \omega_2^2 = \frac{3k}{m}$$

将 ω_1 代入式 $(1-3-37)$，有

$$\frac{A_1^{(1)}}{k_2 + k_3 - m_2\omega_1^2} = \frac{A_2^{(1)}}{k_2.}$$

上式两分母分别为式(1-3-37)的代数余子式,记为 $\rho_1^{(1)}$、$\rho_2^{(1)}$,则有

$$\frac{A_1^{(1)}}{\rho_1^{(1)}} = \frac{A_2^{(1)}}{\rho_2^{(1)}} = p^{(1)}$$

所以

$$\begin{bmatrix} A_1^{(1)} \\ A_2^{(1)} \end{bmatrix} = p^{(1)} \begin{bmatrix} \rho_1^{(1)} \\ \rho_2^{(1)} \end{bmatrix}$$

可得对应于第一固有频率的第一固有振型为

$$\boldsymbol{\rho}_1 = \begin{bmatrix} \rho_1^{(1)} \\ \rho_2^{(1)} \end{bmatrix} \tag{1-3-39}$$

将 ω_2 代入式(1-3-39),同理可得

$$\begin{bmatrix} A_1^{(2)} \\ A_2^{(2)} \end{bmatrix} = p^{(2)} \begin{bmatrix} \rho_1^{(2)} \\ \rho_2^{(2)} \end{bmatrix}$$

对应于第二固有频率的第二固有振型为

$$\boldsymbol{\rho}_2 = \begin{bmatrix} \rho_1^{(2)} \\ \rho_2^{(2)} \end{bmatrix} \tag{1-3-40}$$

由此可知,系统的第一固有振动为

$$\boldsymbol{x}^{(1)} = \begin{bmatrix} x_1^{(1)} \\ x_2^{(1)} \end{bmatrix} = \begin{bmatrix} A_1^{(1)} \\ A_2^{(1)} \end{bmatrix} \sin(\omega_1 t + \varphi_1) =$$

$$\begin{bmatrix} \rho_1^{(1)} \\ \rho_2^{(1)} \end{bmatrix} p^{(1)} \sin(\omega_1 t + \varphi_1) = \boldsymbol{\rho}_1 p_1(t)$$

系统的第二固有振动为

$$\boldsymbol{x}^{(2)} = \begin{bmatrix} x_1^{(2)} \\ x_2^{(2)} \end{bmatrix} = \begin{bmatrix} A_1^{(2)} \\ A_2^{(2)} \end{bmatrix} \sin(\omega_2 t + \varphi_2) = \begin{bmatrix} \rho_1^{(2)} \\ \rho_2^{(2)} \end{bmatrix} p^{(2)} \sin(\omega_2 t + \varphi_2) = \boldsymbol{\rho}_2 p_2(t)$$

方程(1-3-40)的通解为

$$\boldsymbol{x} = \begin{bmatrix} x_1 \\ x_1 \end{bmatrix} = \begin{bmatrix} x_1^{(1)} + x_1^{(2)} \\ x_2^{(1)} + x_2^{(2)} \end{bmatrix} = \begin{bmatrix} A_1^{(1)} & A_1^{(2)} \\ A_2^{(1)} & A_2^{(2)} \end{bmatrix} \begin{bmatrix} \sin(\omega_1 t + \varphi_1) \\ \sin(\omega_2 t + \varphi_2) \end{bmatrix}$$

$$= \begin{bmatrix} \rho_1^{(1)} & \rho_1^{(2)} \\ \rho_2^{(1)} & \rho_2^{(2)} \end{bmatrix} \begin{bmatrix} p^{(1)} \sin(\omega_1 t + \varphi_1) \\ p^{(2)} \sin(\omega_2 t + \varphi_2) \end{bmatrix} = \begin{bmatrix} \rho_1^{(1)} & \rho_1^{(2)} \\ \rho_2^{(1)} & \rho_2^{(2)} \end{bmatrix} \begin{bmatrix} p_1(t) \\ p_2(t) \end{bmatrix}$$

$$= \begin{bmatrix} \boldsymbol{\rho}_1 & \boldsymbol{\rho}_2 \end{bmatrix} \boldsymbol{p}(t) \tag{1-3-41}$$

若 $m_1 = m_2 = m, k_1 = k_2 = k_3 = k$,则有

$$\begin{cases} \dfrac{A_1^{(1)}}{k} = \dfrac{A_2^{(1)}}{k} = p^{(1)} \\[3mm] \dfrac{A_1^{(2)}}{-k} = \dfrac{A_2^{(2)}}{k} = p^{(2)} \end{cases}$$

所以第一、第二固有振型为

$$\begin{cases} \boldsymbol{\rho}_1 = \begin{bmatrix} 1 \\ 1 \end{bmatrix} \\[5mm] \boldsymbol{\rho}_2 = \begin{bmatrix} -1 \\ 1 \end{bmatrix} \end{cases}$$

此时,若系统按第一主振型进行振动,则两质点同时向同方向运动,它们同时经过平衡位置,又同时达到最大偏离位置。若系统按第二主振型进行振动,则两质点的相位相反,因此两质点同时向相反方向运动,它们一会儿相互分离,一会儿又相向运动。这样,在连接质量块 m_1 和 m_2 之间的弹簧上就会出现这样的一点,它在整个第二主振动的任一瞬间的位置都不会改变,即存在一个"节点"。在一般的情况下,按式(1-3-41)进行振动,式中未知量由初始条件来确定。

(2)检验该系统的固有振型的正交性。

根据正交性原理,有

$$\boldsymbol{\rho}_1^{\mathrm{T}} \boldsymbol{m} \boldsymbol{\rho}_2 = \begin{bmatrix} 1 & 1 \end{bmatrix} \begin{bmatrix} m_1 & 0 \\ 0 & m_2 \end{bmatrix} \begin{bmatrix} -1 \\ 1 \end{bmatrix}$$

$$= -m_1 + m_2 = -m + m = 0$$

另外

$$\boldsymbol{\rho}_1^{\mathrm{T}} \boldsymbol{k} \boldsymbol{\rho}_2 = \begin{bmatrix} 1 & 1 \end{bmatrix} \begin{bmatrix} k_1 + k_2 & -k_2 \\ -k_2 & k_2 + k_3 \end{bmatrix} \begin{bmatrix} -1 \\ 1 \end{bmatrix}$$

$$= -(k_1 + k_2 - k_2) + (-k_2 + k_2 + k_3) = -k_1 + k_3 = -k + k = 0$$

由此可得两个固有振型满足正交条件。

(3)使两个固有振型正则化。

令第一正则振型为 $\boldsymbol{\varphi}_1 = C_1 \boldsymbol{\rho}_1$,第二正则振型为 $\boldsymbol{\varphi}_2 = C_2 \boldsymbol{\rho}_2$,其中 C_1 与 C_2 为待定系数。根据正则条件 $\boldsymbol{\varphi}_r^{\mathrm{T}} \boldsymbol{m} \boldsymbol{\varphi}_r = 1$ 有

$$(C_1 \boldsymbol{\rho}_1^{\mathrm{T}}) \boldsymbol{m} (C_1 \boldsymbol{\rho}_1) = 1$$

$$C_1^2 \begin{bmatrix} 1 & 1 \end{bmatrix} \begin{bmatrix} m & 0 \\ 0 & m \end{bmatrix} \begin{bmatrix} 1 \\ 1 \end{bmatrix} = 1$$

解得

$$C_1^2 = \frac{1}{m + m} = \frac{1}{2m}$$

$$C_1 = \frac{1}{\sqrt{2m}}$$

同样可得

$$C_2 = \frac{1}{\sqrt{2m}}$$

最终得正则振型为

$$\boldsymbol{\varphi}_1 = C_1\boldsymbol{\rho}_1 = \frac{1}{\sqrt{2m}}\begin{bmatrix} 1 \\ 1 \end{bmatrix} = \begin{bmatrix} \dfrac{1}{\sqrt{2m}} \\ \dfrac{1}{\sqrt{2m}} \end{bmatrix}$$

$$\boldsymbol{\varphi}_2 = C_2\boldsymbol{\rho}_2 = \frac{1}{\sqrt{2m}}\begin{bmatrix} -1 \\ 1 \end{bmatrix} = \begin{bmatrix} -\dfrac{1}{\sqrt{2m}} \\ \dfrac{1}{\sqrt{2m}} \end{bmatrix}$$

五、初始条件

在求得系统的固有频率及固有振型、正则振型后,可利用式(1 - 3 - 41)进行坐标变换,这时多自由度系统自由振动方程变为

$$M\boldsymbol{\rho}\,\ddot{\boldsymbol{p}} + K\boldsymbol{\rho}\boldsymbol{p} = 0$$

• 用 $\boldsymbol{\rho}^{\mathrm{T}}$ 前乘上式,则可得

$$\begin{bmatrix} m_{p1} & & & 0 \\ & m_{p2} & & \\ & & \ddots & \\ 0 & & & m_{pn} \end{bmatrix}\begin{bmatrix} \ddot{p}_1(t) \\ \ddot{p}_2(t) \\ \vdots \\ \ddot{p}_n(t) \end{bmatrix} + \begin{bmatrix} k_{p1} & & & 0 \\ & k_{p2} & & \\ & & \ddots & \\ 0 & & & k_{pn} \end{bmatrix}\begin{bmatrix} p_1(t) \\ p_2(t) \\ \vdots \\ p_n(t) \end{bmatrix} = \begin{bmatrix} 0 \\ 0 \\ \vdots \\ 0 \end{bmatrix}$$

即

$$M_p\,\ddot{\boldsymbol{p}} + K_p\boldsymbol{p} = 0 \qquad\qquad (1 - 3 - 42)$$

也可写成

$$\begin{cases} m_{p1}\,\ddot{p}_1(t) + k_{p1}p_1(t) = 0 \\ m_{p2}\,\ddot{p}_2(t) + k_{p2}p_2(t) = 0 \\ \cdots\cdots \\ m_{pn}\,\ddot{p}_n(t) + k_{pn}p_n(t) = 0 \end{cases}$$

也就是说,方程化为对应于主振型的用主坐标表示的单自由度系统。按单自由度系统可很容易求出各主坐标的一般解,即

$$p_r = A_r\cos\omega_r t + B_r\sin\omega_r t \;; r = 1,2,\cdots,n \qquad (1 - 3 - 43)$$

式中,待定系数 A_r 和 B_r 可由初始时刻 $t = 0$ 时各主坐标的初始值 p_{r0} 和 $\dot{p}_{r0}$ 表示,即式(1 - 3 - 43)可以表示成

$$p_r = p_{r0}\cos\omega_r t + \frac{\dot{p}_{r0}}{\omega_r}\sin\omega_r t, r = 1,2,\cdots,n$$

因此,剩下的问题就是如何将广义坐标的初始值转化为用主坐标表示的初始值。

由于广义坐标和主坐标之间是由式(1 – 3 – 42)及 $q = \rho p$ 进行变换的,因此有

$$\boldsymbol{\rho}^{\mathrm{T}}\boldsymbol{m}\boldsymbol{q} = \boldsymbol{\rho}^{\mathrm{T}}\boldsymbol{m}\boldsymbol{\rho}\boldsymbol{p}$$

由式(1 – 3 – 30)可得

$$\boldsymbol{\rho}^{\mathrm{T}}\boldsymbol{m}\boldsymbol{q} = \boldsymbol{M}_p\boldsymbol{p}$$

由于 $\boldsymbol{M}_p$ 为对称矩阵,故可得

$$\boldsymbol{p} = \boldsymbol{M}_p^{-1}\boldsymbol{\rho}^{\mathrm{T}}\boldsymbol{m}\boldsymbol{q}$$

所以用主坐标表示的初始条件为

$$\begin{cases} \boldsymbol{p}(0) = \boldsymbol{M}_p^{-1}\boldsymbol{\rho}^{\mathrm{T}}\boldsymbol{m}\boldsymbol{q}(0) \\ \dot{\boldsymbol{p}}(0) = \boldsymbol{M}_p^{-1}\boldsymbol{\rho}^{\mathrm{T}}\boldsymbol{m}\dot{\boldsymbol{q}}(0) \end{cases} \qquad (1 – 3 – 44)$$

若多自由度系统的运动方程是利用正则振型 $\boldsymbol{\varphi}$ 进行变换的,则有

$$\ddot{\boldsymbol{p}} + \boldsymbol{\omega}^2\boldsymbol{p} = \boldsymbol{0} \qquad (1 – 3 – 45)$$

这时主坐标表示的初始条件变为

$$\begin{cases} \boldsymbol{p}(0) = \boldsymbol{\varphi}^{\mathrm{T}}\boldsymbol{m}\boldsymbol{q}(0) \\ \dot{\boldsymbol{p}}(0) = \boldsymbol{\varphi}^{\mathrm{T}}\boldsymbol{m}\dot{\boldsymbol{q}}(0) \end{cases} \qquad (1 – 3 – 46)$$

1.3.2　有阻尼多自由度系统自由振动

1.3.2.1　方程的求解

上一节讨论了多自由度系统无阻尼自由振动的情况,但系统在振动时总是受到各种阻尼力的作用,如材料阻尼、结构阻尼、介质黏性阻尼等,考虑阻尼后,参照式(1 – 3 – 5),多自由度系统有阻尼自由振动微分方程可写为

$$\boldsymbol{m}\ddot{\boldsymbol{q}} + \boldsymbol{c}\dot{\boldsymbol{q}} + \boldsymbol{k}\boldsymbol{q} = \boldsymbol{0} \qquad (1 – 3 – 47)$$

一般来说,对于持续时间很短的激发过程中很小的阻尼量,对系统反应的影响多半是不重要的。当激发的频率与系统的固有频率不接近时,阻尼对周期激振力的影响也很小。但是,当激振力的频率与固有频率相近时,阻尼是很重要的,必须予以考虑。

现在来讨论具有 n 个自由度系统的阻尼自由振动的求解方法。式(1 – 3 – 47)中 $\boldsymbol{c}$ 为阻尼矩阵,其具体表达式为

$$\boldsymbol{c} = \begin{bmatrix} c_{11} & c_{12} & c_{13} & \cdots & c_{1n} \\ c_{21} & c_{22} & c_{23} & \cdots & c_{2n} \\ c_{31} & c_{32} & c_{33} & \cdots & c_{3n} \\ & & \vdots & & \\ c_{n1} & c_{n2} & c_{n3} & \cdots & c_{nn} \end{bmatrix} \qquad (1 – 3 – 48)$$

设方程(1 − 3 − 48)的解为

$$q = A\mathrm{e}^{\omega t}$$

将其代入式(1 − 3 − 48)中,可得特征方程为

$$(\omega^2 m + \omega c + k)A = 0 \qquad (1 − 3 − 49)$$

若 A 具有非零解,则必有

$$| \omega^2 m + \omega c + k | = 0 \qquad (1 − 3 − 50)$$

将上式展开后可得 ω^2 的 n 次方程式,由此可得 ω 的 n 对共轭复根,对应地,可得到 n 对共轭复振型 $A^{(r)}$。通过这些解,利用线性叠加原理即求得系统的一般解。但这种求解方法比较复杂,所以通常用振型叠加法求解有阻尼的多自由度系统的振动问题。

振型叠加法是用主坐标求解振动的方法,在计算时,设 φ 为相应系统在无阻尼时的正则振型,然后作坐标变换,令

$$q = \varphi p \qquad (1 − 3 − 51)$$

将上式代入式(1 − 3 − 47),得

$$m\varphi \ddot{p} + c\varphi \dot{p} + k\varphi p = 0 \qquad (1 − 3 − 52)$$

用 φ^{T} 乘式(1 − 3 − 52),得

$$\varphi^{\mathrm{T}} m\varphi \ddot{p} + \varphi^{\mathrm{T}} c\varphi \dot{p} + \varphi^{\mathrm{T}} k\varphi p = 0 \qquad (1 − 3 − 53)$$

参照正则振型式(1 − 3 − 52)和式(1 − 3 − 53),上式可化成

$$I\ddot{p} + D\dot{p} + \omega^2 p = 0 \qquad (1 − 3 − 54)$$

式中

$$D = \varphi^{\mathrm{T}} c\varphi \qquad (1 − 3 − 55)$$

式中:I 和 ω^2 为对角阵,但正则振型的阻尼矩阵 D 一般不是对角阵,故方程(1 − 3 − 55)成为速度项相互耦合的方程式。若 D 为对角阵,则方程(1 − 3 − 55)就化成了 n 个互相独立的微分方程,即

$$\ddot{p}_i + 2n_i \dot{p}_i + \omega_i^2 p_i = 0; i = 1,2,3,\cdots,n \qquad (1 − 3 − 56)$$

式中:p_i 为第 i 阶振动的主坐标;n_i 为第 i 阶正则振型的衰减系数。

令 $\zeta_i = \dfrac{n_i}{\omega_i}$,$\zeta_i$ 称为正则振型的相对阻尼系数,则式(1 − 3 − 56)可写为

$$\ddot{p}_i + 2\zeta_i \omega_i \dot{p}_i + \omega_i^2 p_i = 0 \; ; \quad i = 1,2,3,\cdots,n) \qquad (1 − 3 − 57)$$

此时,正则振型的阻尼矩阵为

$$D = 2 \begin{bmatrix} \zeta_1 \omega_1 & & & & 0 \\ & \zeta_2 \omega_2 & & & \\ & & \zeta_3 \omega_3 & & \\ & & & \ddots & \\ 0 & & & & \zeta_n \omega_n \end{bmatrix} \qquad (1 − 3 − 58)$$

将阻尼系统用主坐标化成互相不耦合的单独的一个自由度系统的充要条件是:阻尼矩阵 c 可用固有振型矩阵 $\boldsymbol{\varphi}$ 转化为对角阵,只要求 D 为对角阵,与阻尼的大小无关。

当微分方程组转化为互不耦合的方程组之后,则方程组展开后的每一个方程即成为独立的单自由度系统的阻尼自由振动方程,这样一来可以用单自由度阻尼自由振动解,即

$$p_i(t) = \mathrm{e}^{-\zeta_i\omega_i t}\left(p_i(0)\cos\omega_{di}t + \frac{\dot{p}_i(0) + \zeta_i\omega_i p_i(0)}{\omega_{di}}\sin\omega_{di}t\right); \quad i = 1,2,3,\cdots,n$$

$$(1 - 3 - 59)$$

式中:$\omega_{di} = \omega_i\sqrt{1 - \zeta_i^2}$ 为第 i 阶有阻尼自由振动频率。

式(1-3-59)中的积分常数 $p_i(0)$、$\dot{p}_i(0)$($i = 1,2,3,\cdots,n$)由初始条件确定。若初始条件给出的是广义坐标的初始位移和速度,则需用式(1-3-52)求得正则坐标下的初始条件。

1.3.2.2 阻尼的处理

一、比例阻尼

如果阻尼矩阵 c 是与质量矩阵 m 和刚度矩阵 k 成比例的线性系统,即满足

$$c = am + bk \qquad (1 - 3 - 60)$$

式中,a 与 b 为常数,此种阻尼称为比例阻尼,其化成 D 后便是对角矩阵。

这是因为

$$\boldsymbol{\varphi}^{\mathrm{T}}c\boldsymbol{\varphi} = \boldsymbol{\varphi}^{\mathrm{T}}(am + bk)\boldsymbol{\varphi} = a\boldsymbol{\varphi}^{\mathrm{T}}m\boldsymbol{\varphi} + b\boldsymbol{\varphi}^{\mathrm{T}}k\boldsymbol{\varphi} = a\boldsymbol{I} + b\boldsymbol{\omega}^2$$

故

$$\boldsymbol{D} = a\boldsymbol{I} + b\boldsymbol{\omega}^2 = \begin{cases} a + b\omega_1^2 & & & \\ & a + b\omega_2^2 & & \\ & & \ddots & \\ & & & a + b\omega_n^2 \end{cases} \qquad (1 - 3 - 61)$$

二、近似替代法

在一般情况下 D 并非对角矩阵,但由于工程上大多数振动系统中的阻尼都比较小,而且由于各种阻尼的机理至今还没有完全搞清楚,还不能精确测定阻尼的大小,因此,当阻尼矩阵中的非对角线上的元素很小,并且系统的各固有频率值彼此不等且不非常接近时,可将非对角元素全改为零,则 D 变成一对角阵,近似地得到互不耦合的方程组,这样既方便了计算也不会引起很大的误差。

1.4　多自由度系统强迫振动

1.4.1　外力激振下系统的响应

多自由度系统在外界干扰作用下的响应分析称为动力响应分析。下面先研究最简单

的情况,即具有黏性阻尼的多自由度系统,在它各广义坐标上作用有同频率、同相位,但幅值不同的简谐力时系统的响应。此时,参照式(1-3-5),其运动方程可写为

$$m\ddot{q} + c\dot{q} + kq = Q\sin\omega t \qquad (1-4-1)$$

因为有阻尼的存在,与系统初始条件有关的自由振动要随时间的增长而衰减消失,故只讨论系统的稳态解。在简谐力作用下,有阻尼系统的各坐标运动的频率与干扰力的频率相同,但有相位差,且各坐标之间的相位角也不同,因此其解可写为

$$q = A_1\sin\omega t + A_2\cos\omega t \qquad (1-4-2)$$

将其代入方程(1-4-1)中,可得

$$(-mA_1\omega^2 - cA_2\omega + kA_1)\sin\omega t + (-mA_2\omega^2 + cA_1\omega + kA_2)\cos\omega t = Q\sin\omega t$$

由方程两边系数相等可得到两个方程,即

$$\begin{cases} (k - \omega^2 m)A_1 - \omega cA_2 = Q \\ cA_1\omega + (k - \omega^2 m)A_2 = 0 \end{cases}$$

这是一组 $2n$ 个未知数的联立方程式,可解出具有 n 个元素的列阵,即

$$A_1 = \begin{Bmatrix} A_{11} \\ A_{21} \\ \vdots \\ A_{n1} \end{Bmatrix}, \quad A_2 = \begin{Bmatrix} A_{12} \\ A_{22} \\ \vdots \\ A_{n2} \end{Bmatrix}$$

代入式(1-4-2)中,可得

$$q_i = A_{i1}\sin\omega t + A_{i2}\cos\omega t; \quad i = 1,2,3,\cdots,n \qquad (1-4-3)$$

上式的解显然可写成

$$q_i = A_i\sin(\omega t - \varphi_i)$$

式中 $\begin{cases} A_i = \sqrt{A_{i1}^2 + A_{i2}^2} \\ \varphi_i = \arctan\dfrac{A_{i2}}{A_{i1}} \end{cases}$

若系统各坐标上作用的外界干扰力仅频率相同,但相角不同,如广义坐标 q_i 上作用的干扰力为 $Q_i\sin(\omega t - \varphi_i)$,则需将外力分解成 $Q_{i1}\sin\omega t + Q_{i2}\cos\omega t$ 的形式,式中 $Q_{i1} = Q_i\cos\varphi_i$,$Q_{i2} = Q_i\sin\varphi_i$。系统的方程可写为

$$m\ddot{q} + c\dot{q} + kq = Q_1\sin\omega t + Q_2\cos\omega t \qquad (1-4-4)$$

然后,可按方程(1-4-1)类似的方法进行求解。

若系统各坐标上作用的是同周期的周期力,则可先将外力按博里叶级数展开,求出外力各谐波分量所引起的系统各稳态强迫振动的解,然后将各解叠加起来,就得到系统在周期力作用下的响应。

当系统各坐标上作用的是随时间任意变化的外力时,要求方程的一般解得分析表达式是困难的,通常采用数值积分的方法求解。

1.4.2 振型叠加法求系统的响应

对于具有 n 个自由度系统的有阻尼强迫振动,其方程可表示为

$$m\ddot{q} + c\dot{q} + kq = Q \tag{1-4-5}$$

根据正则振型 φ 进行正则变换 $q = \varphi p$,则上式可以化为

$$m\varphi\ddot{p} + c\varphi\dot{p} + k\varphi p = Q$$

用 φ^T 前乘上方程,可得

$$\varphi^T m\varphi\ddot{p} + \varphi^T c\varphi\dot{p} + \varphi^T k\varphi p = \varphi^T Q$$

考虑正则振型的性质,若 $D = \varphi^T c\varphi$ 为对角阵,则上式变为

$$\ddot{p} + 2n\dot{p} + \omega^2 p = F \tag{1-4-6}$$

式中: $F = \varphi^T Q$; $\tag{1-4-7}$

ω^2 为固有频率平方对角阵。

式(1-4-7)为对应于主坐标 p 的广义力列阵,其 n 个分量为 $F_i(i=1,2,3,\cdots,n)$。

这样,利用坐标变换,n 个自由度系统的强迫振动方程(1-4-5)就化为 n 个互不耦合的单自由度系统的方程:

$$\ddot{p}_i + 2n_i\dot{p}_i + \omega_i^2 p_i = F_i$$

或写成

$$\ddot{p}_i(t) + 2\zeta_i\omega_i\dot{p}_i + \omega_i^2 p_i(t) = F_i; \quad i = 1,2,3,\cdots,n \tag{1-4-8}$$

(1) 若作用在系统上的广义力为简谐力,即

$Q_i(t) = Q_{i0}\sin\omega t; \quad i = 1,2,3,\cdots,n$

则由式(1-4-7)可知,F_i 也为一简谐力,故系统强迫振动在主坐标下的稳态解为

$$p_i(t) = \frac{F_{i0}}{\omega_{di}^2} \frac{1}{\sqrt{(1-\gamma_i^2)^2 + (2\zeta_i\gamma_i)^2}}\sin(\omega t - \beta_i) \tag{1-4-9}$$

$$\beta_i = \arctan\frac{2\zeta_i\gamma_i}{1-\gamma_i^2} \tag{1-4-10}$$

式中 $\gamma_i = \dfrac{\omega}{\omega_{di}}$, $\zeta_i = \dfrac{n_i}{\omega_{di}}$

$$F_{i0} = \varphi_i^T Q_0 = \begin{bmatrix} \varphi_i^{(1)} & \varphi_i^{(2)} & \cdots & \varphi_i^{(n)} \end{bmatrix}\begin{bmatrix} Q_{10} \\ Q_{20} \\ \vdots \\ Q_{n0} \end{bmatrix} \text{为广义力幅值。}$$

于是由 $q = \varphi p$ 可得广义坐标的稳态特解,即

$$\begin{bmatrix} q_1 \\ q_2 \\ \vdots \\ q_n \end{bmatrix} = \begin{bmatrix} \varphi_1^{(1)} & \varphi_1^{(2)} & \cdots & \varphi_1^{(n)} \\ \varphi_2^{(1)} & \varphi_2^{(2)} & \cdots & \varphi_2^{(n)} \\ \vdots & \vdots & & \vdots \\ \varphi_n^{(1)} & \varphi_n^{(2)} & \cdots & \varphi_n^{(n)} \end{bmatrix}\begin{bmatrix} p_1(t) \\ p_2(t) \\ \vdots \\ p_n(t) \end{bmatrix} \tag{1-4-11}$$

从式(1-4-9)可以看出,与单自由度系统一样,多自由度系统稳态振动的频率与干扰力的频率 ω 相同,但 n 个自由度系统的固有频率有 n 个,当干扰力的频率 ω 与任一固有频率 ω_i 相等时系统将发生共振,故 n 个自由度系统有 n 个共振点,即有 n 个共振峰。

(2) 若作用在系统上的是周期性外力,利用振型叠加法将多自由度系统转化为单自由度系统来求解也非常方便,对周期性干扰力可按第 2 章单自由度系统所述的方法来处理。

(3) 若作用在系统上的外力是随时间任意变化的,则可由式(1-4-8)解得,即

$$p_i(t) = \mathrm{e}^{-\zeta_i\omega_i t}\left(p_i(0)\cos\omega_{\mathrm{d}i}t + \frac{\dot{p}_i(0) + \zeta_i\omega_i p_i(0)}{\omega_{\mathrm{d}i}}\sin\omega_{\mathrm{d}i}t\right)$$

$$+ \frac{1}{\omega_i}\int_0^t F_i(\tau)\mathrm{e}^{-\zeta_i\omega_i(t-\tau)}\sin\omega_{\mathrm{d}i}(t-\tau)\mathrm{d}\tau; i = 1,2,3,\cdots,n$$

$$(1-4-12)$$

由式(1-4-12)求得主坐标的响应后,同样可根据 $\boldsymbol{q} = \boldsymbol{\varphi}\boldsymbol{p}$ 求得广义坐标 $\boldsymbol{q}$ 的响应。其中,主坐标的 $2n$ 个积分常数 $p_i(0)$、$\dot{p}_i(0)$ 可由广义坐标的初始条件 $q_i(0)$、$\dot{q}_i(0)$ 来确定。

以上通过坐标变换把 n 个自由度系统的运动方程变换成一组 n 个互不相关的单自由度方程来得出系统响应的过程称为振型分析或模态分析,这种方法也称为主坐标法。

例 1-4-1 设在如图 1-4-1 所示的两自由度系统上,质量块 m_1 上作用一简谐干扰力 $Q_1(t) = Q_{10}\sin\omega t$,仍假定 $m_1 = m_2 = m, k_1 = k_2 = k_3 = k$,试求其无阻尼稳态强迫振动。

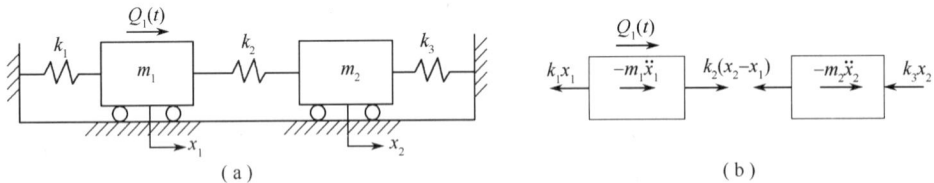

图 1-4-1 无阻尼的二自由度受迫振动系统

在例 1-3-1 中已求出了此系统的固有频率和正则振型,现用正则振型变换将广义坐标化成主坐标来求解。

由式(1-4-5)可知,其强迫振动微分方程式可表示为

$$\boldsymbol{m}\ddot{\boldsymbol{x}} + \boldsymbol{k}\boldsymbol{x} = \boldsymbol{Q}$$

可改写为

$$\begin{bmatrix} m_1 & 0 \\ 0 & m_2 \end{bmatrix}\begin{bmatrix} \ddot{x}_1 \\ \ddot{x}_2 \end{bmatrix} + \begin{bmatrix} k_1 + k_2 & -k_2 \\ -k_2 & k_2 + k_3 \end{bmatrix}\begin{bmatrix} x_1 \\ x_2 \end{bmatrix} = \begin{bmatrix} Q_1(t) \\ 0 \end{bmatrix}$$

在例 1-3-1 中已求得其正则振型矩阵为

$$\boldsymbol{\varphi} = \frac{1}{\sqrt{2m}}\begin{bmatrix} 1 & -1 \\ 1 & 1 \end{bmatrix}$$

用坐标变换 $x = \varphi p$ 可得

$$m\varphi\ddot{p} + k\varphi p = Q$$

再前乘 φ^{T},则有

$$\varphi^{\mathrm{T}}m\varphi\ddot{p} + \varphi^{\mathrm{T}}k\varphi p = \varphi^{\mathrm{T}}Q$$

得

$$\ddot{p} + \omega^2 p = F$$

式中

$$\omega^2 = \begin{bmatrix} \omega_1^2 & 0 \\ 0 & \omega_2^2 \end{bmatrix}$$

$$F = \varphi^{\mathrm{T}}Q = \frac{1}{\sqrt{2m}}\begin{bmatrix} 1 & 1 \\ -1 & 1 \end{bmatrix}\begin{bmatrix} Q_1(t) \\ 0 \end{bmatrix} = \frac{1}{\sqrt{2m}}\begin{bmatrix} Q_1(t) \\ -Q_1(t) \end{bmatrix}$$

则可根据单自由度系统强迫振动稳态特解得

$$\begin{bmatrix} p_1(t) \\ p_2(t) \end{bmatrix} = \begin{bmatrix} \dfrac{Q_1(t)}{\sqrt{2m}\omega_1^2} \cdot \dfrac{1}{1 - \omega^2/\omega_1^2} \cdot \sin\omega t \\[3mm] \dfrac{-Q_1(t)}{\sqrt{2m}\omega_2^2} \cdot \dfrac{1}{1 - \omega^2/\omega_2^2} \cdot \sin\omega t \end{bmatrix}$$

故无阻尼强迫振动的稳态解为

$$\begin{bmatrix} x_1(t) \\ x_2(t) \end{bmatrix} = \frac{1}{\sqrt{2m}}\begin{bmatrix} 1 & -1 \\ 1 & 1 \end{bmatrix}\begin{bmatrix} p_1(t) \\ p_2(t) \end{bmatrix} = \begin{bmatrix} \dfrac{Q_1(t)}{2m\omega_1^2} \cdot \dfrac{1}{1 - \omega^2/\omega_1^2} + \dfrac{Q_1(t)}{2m\omega_2^2} \cdot \dfrac{1}{1 - \omega^2/\omega_2^2} \\[3mm] \dfrac{Q_1(t)}{2m\omega_1^2} \cdot \dfrac{1}{1 - \omega^2/\omega_1^2} - \dfrac{Q_1(t)}{2m\omega_2^2} \cdot \dfrac{1}{1 - \omega^2/\omega_2^2} \end{bmatrix}\sin\omega t$$

1.4.3 用能量法求解多自由度系统无阻尼强迫振动的运动方程

无阻尼强迫振动在实际工程中是不存在的,但在某种特殊的情况下(例如,在结构物遭受某些冲击载荷或当干扰的频率与系统的固有频率相差较大时)往往可以忽略阻尼的影响。当固有振型已知时,对于多自由度系统的无阻尼强迫振动,使用能量法比较方便。因为 n 个自由度系统的振动可视为 n 个主振动叠加的结果,即用 n 个独立的主坐标叠加而求得 n 个自由度系统的振动,在此情况下可将系统视为 n 个单自由度的等效系统来处理。每一个等效系统对应一个系统的主振动,其坐标即为主坐标(图 $1-4-2$)。

令第 r 主振动的固有振型为

$$\boldsymbol{\rho}_r = \begin{bmatrix} \rho_1^{(r)} & \rho_2^{(r)} & \cdots & \rho_n^{(r)} \end{bmatrix}^{\mathrm{T}}$$

第 r 主振动的广义坐标矢量为

$$\boldsymbol{q}_r = \boldsymbol{\rho}_r p_r$$

式中:p_r 为第 r 主坐标。

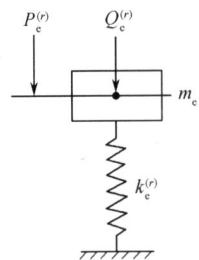

图 $1-4-2$ 多自由度系统
的单个自由度的等效模式

其动能与势能分别为

$$T^{(r)} = \frac{1}{2} \dot{\boldsymbol{q}}_r^{\mathrm{T}} \boldsymbol{m} \dot{\boldsymbol{q}}_r = \frac{1}{2} (\boldsymbol{\rho}_r^{\mathrm{T}} \boldsymbol{m} \boldsymbol{\rho}_r) \dot{p}_r^2 \qquad (1-4-13)$$

$$V^{(r)} = \frac{1}{2} \boldsymbol{q}_r^{\mathrm{T}} \boldsymbol{k} \boldsymbol{q}_r = \frac{1}{2} (\boldsymbol{\rho}_r^{\mathrm{T}} \boldsymbol{k} \boldsymbol{\rho}_r) p_r^2 \qquad (1-4-14)$$

广义力 $\boldsymbol{Q}$ 对广义坐标第 r 主振动所做的虚功为

$$\delta W^{(r)} = \boldsymbol{Q}^{\mathrm{T}} \delta \boldsymbol{q}_r = \boldsymbol{Q}^{\mathrm{T}} \boldsymbol{\rho}_r \delta p_r \qquad (1-4-15)$$

第 r 等效系统的动能、势能及干扰力的虚功为

$$\begin{cases} T_{\mathrm{e}}^{(r)} = \frac{1}{2} M_{\mathrm{e}}^{(r)} \dot{p}_r^2 \\[2mm] V_{\mathrm{e}}^{(r)} = \frac{1}{2} K_{\mathrm{e}}^{(r)} p_r^2 \\[2mm] \delta W_{\mathrm{e}}^{(r)} = Q_{\mathrm{e}}^{(r)} \delta p_r \end{cases} \qquad (1-4-16)$$

比较式(1-4-16)与式(1-4-13)~式(1-4-15),可得

$$\begin{cases} \frac{1}{2} M_{\mathrm{e}}^{(r)} \dot{p}_r^2 = \frac{1}{2} (\boldsymbol{\rho}_r^{\mathrm{T}} \boldsymbol{m} \boldsymbol{\rho}_r) \dot{p}_r^2 \\[2mm] \frac{1}{2} K_{\mathrm{e}}^{(r)} p_r^2 = \frac{1}{2} (\boldsymbol{\rho}_r^{\mathrm{T}} \boldsymbol{k} \boldsymbol{\rho}_r) p_r^2 \\[2mm] Q_{\mathrm{e}}^{(r)} \delta p_r = \boldsymbol{Q}^{\mathrm{T}} \boldsymbol{\rho}_r \delta p_r \end{cases}$$

于是由能量相等的条件可得出对应于主坐标 p_r 的等效系统的质量、刚度和干扰力,即

$$\begin{cases} M_{\mathrm{e}}^{(r)} = \boldsymbol{\rho}_r^{\mathrm{T}} \boldsymbol{m} \boldsymbol{\rho}_r \\[2mm] K_{\mathrm{e}}^{(r)} = \boldsymbol{\rho}_r^{\mathrm{T}} \boldsymbol{k} \boldsymbol{\rho}_r \\[2mm] Q_{\mathrm{e}}^{(r)} = \boldsymbol{Q}^{\mathrm{T}} \boldsymbol{\rho}_r \end{cases} \qquad (1-4-17)$$

这样对第 r 等效系统可有

$$M_{\mathrm{e}}^{(r)} \ddot{p}_r + K_{\mathrm{e}}^{(r)} p_r = Q_{\mathrm{e}}^{(r)} \qquad (1-4-18)$$

用能量法计算时,固有振型多半是按几何约束条件近似地选取,因此这种方法所得的结果一般地说是近似的,其精确性取决于固有振型的选取。

例 1-4-2 设在如图 1-4-3 所示的双质量块梁上的一个质量块上作用一简谐干扰力 $Q_1(t) = Q_{10} \sin \omega t$,试求出无阻尼稳态强迫振动。

设该梁在作第 r 主振动时的挠曲线为

$$w^{(r)}(x,t) = w^{(r)}(x) p_r(t), \ r = 1,2$$

式中: $w^{(r)}(x)$ 代表该主振动时梁的挠曲线,即为第 r 个固有振型; $p_r(t)$ 为第 r 主坐标,则梁在强迫振动时的挠曲线为各主振动挠曲线之和,即

56

$$w(x,t) = \sum_{r=1}^{2} w^{(r)}(x)p_r(t); \quad r = 1,2$$

根据梁两端简支的约束条件,近似地取 $w^{(r)}(x) = \sin\dfrac{r\pi x}{l}, r = 1,2$,对于第一主振动,

原系统的动能为

$$
\begin{aligned}
T^{(1)} &= \frac{1}{2}\sum_{j=1}^{2} M_j(\dot{w}^{(1)}(x,t))^2 \\
&= \frac{M}{2}\left(\sin^2\frac{\pi}{3} + \sin^2\frac{2\pi}{3}\right)\dot{p}_1^2(t) \\
&= \frac{3}{4}M\dot{p}_1^2(t)
\end{aligned}
$$

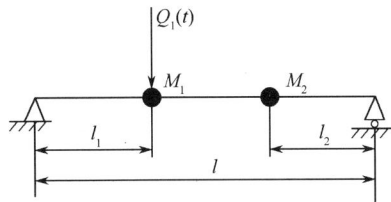

图 1-4-3 双质量梁强迫振动

等效系统的动能为

$$T_e^{(1)} = \frac{1}{2}M_e^{(1)}\dot{p}_1^2(t)$$

所以得等效质量为

$$M_e^{(1)} = \frac{3}{2}M$$

原系统的势能为

$$V^{(1)} = \frac{1}{2}\int_0^1 EI\left[\frac{\partial^2 w^{(1)}(x,t)}{\partial x^2}\right]^2 \mathrm{d}x = \frac{1}{2}EI\int_0^l\left(-\frac{\pi^2}{l^2}\sin\frac{\pi x}{l}\right)^2 p_1^2(t)\,\mathrm{d}x = \frac{EI\pi^4}{4l^3}p_1^2(t)$$

等效系统的势能为

$$V_e^{(1)} = \frac{1}{2}K_e^{(1)}p_1^2(t)$$

所以得等效刚度为

$$K_e^{(1)} = \frac{EI\pi^4}{2l^3}$$

原干扰力之虚功为

$$\delta\overline{W}^{(1)} = Q_{10}\sin\omega t\,\delta w^{(1)}\left(\frac{l}{3},t\right) = Q_{10}\frac{\sqrt{3}}{2}\sin\omega t\,\delta p_1(t)$$

等效系统干扰力虚功为

$$\delta\overline{W}_e^{(1)} = Q_e^{(1)}\delta p_1(t)$$

所以得等效干扰力为

$$Q_e^{(1)} = \frac{\sqrt{3}}{2}Q_{10}\sin\omega t$$

同样,对第二主振动有

$$
\begin{cases}
M_e^{(2)} = \dfrac{3}{2}M \\[2mm]
K_e^{(2)} = 8\,\dfrac{EI\pi^4}{l^3} \\[2mm]
Q_e^{(2)} = \dfrac{\sqrt{3}}{2}Q_{10}\sin\omega t
\end{cases}
$$

于是,可得两个等效系统的振动微分方程为

$$\begin{cases} M_e^{(1)} \ddot{p}_1(t) + K_e^{(1)} p_1(t) = Q_e^{(1)} \\ M_e^{(2)} \ddot{p}_2(t) + K_e^{(2)} p_2(t) = Q_e^{(2)} \end{cases}$$

$$\begin{cases} \dfrac{3}{2} M \ddot{p}_1(t) + \dfrac{\pi^4}{2l^3} EI p_1(t) = \dfrac{\sqrt{3}}{2} Q_{10} \sin\omega t \\ \dfrac{3}{2} M \ddot{p}_2(t) + \dfrac{8\pi^4}{l^3} EI p_2(t) = \dfrac{\sqrt{3}}{2} Q_{10} \sin\omega t \end{cases}$$

最后可得强迫振动的稳态解为

$$w(x,t) = \sum_{r=1}^{2} w^{(r)}(x) p_r(t) = \sum_{r=1}^{2} \frac{Q_{10} \sin\dfrac{r\pi x}{l}}{\sqrt{3} M \omega_r^2} \frac{1}{1 - \dfrac{\omega^2}{\omega_r^2}} \sin\omega t$$

当 $x = \dfrac{l}{3}$ 时,则可得

$$w_1(t) = \frac{Q_{10} \sin\dfrac{\pi}{3}}{\sqrt{3} M \omega_1^2} \frac{1}{1 - \dfrac{\omega^2}{\omega_1^2}} \sin\omega t + \frac{Q_{10} \sin\dfrac{2\pi}{3}}{\sqrt{3} M \omega_2^2} \frac{1}{1 - \dfrac{\omega^2}{\omega_2^2}} \sin\omega t$$

$$= \left(\frac{Q_{10}}{2M\omega_1^2} \frac{1}{1 - \dfrac{\omega^2}{\omega_1^2}} + \frac{Q_{10}}{2M\omega_2^2} \frac{1}{1 - \dfrac{\omega^2}{\omega_2^2}} \right) \sin\omega t$$

当 $x = \dfrac{2l}{3}$ 时,则有

$$w_2(t) = \left(\frac{Q_{10}}{2M\omega_1^2} \frac{1}{1 - \dfrac{\omega^2}{\omega_1^2}} + \frac{Q_{10}}{2M\omega_2^2} \frac{1}{1 - \dfrac{\omega^2}{\omega_2^2}} \right) \sin\omega t$$

1.5 弹性体振动

1.5.1 梁的振动

各种工程结构物都是由质量和刚度连续分布的物体组成的,也就是说它们都是弹性体,也称为连续系统。在很多情况下,为了使问题简化、计算方便,都采用上一章的办法,即将它们简化成多自由度的离散系统来进行分析,因而它们的计算结果是近似的。但在有些工程实践中,要对弹性体振动作严密的分析,对计算的结果要求更精确一些,这时就不能对它进行离散化处理,需要采用弹性体的分析方法,即采用无限多自由度系统来进行分析。这时,要确定弹性体上各点的位置需要无限多个广义坐标。

多自由度系统(离散系统)和弹性体(连续系统)是对同一个客观事物(某一工程结

构物)的不同分析方法。因此尽管它们采用的分析方法不同,但它们的动力性态却是相似的。对于图 1 - 5 - 1 所示的系统,采用多自由度的分析方法是将其离散化,把它分成若干段,每段的质量分成两半,分别加在两端的集中质量上。两个集中质量之间则用不计质量、只计刚度的弹性元件相连。每个集中质量用广义坐标 $y_i(t)$ 表示其振动位移,形成了具有 n 个集中质量($m_1, m_2, \cdots, m_n$) 和 $n-1$ 个弹簧($k_1, k_2, \cdots, k_{n-1}$) 所组成的 n 个自由度系统,因而其运动方程是一个方程数与自由度数相等的常系数线性微分方程组。当上述系统的分段数 $n \to \infty$ 时,离散系统就变成连续系统。这时需要同时用坐标位置和时间的连续函数来描述它的运动状态,因而所得的运动方程是偏微分方程。理论上,当自由度增加到无限多时,其解收敛于实际弹性结构的精确解,但实际上这种方法是行不通的。不同的弹性体其振动方程是不同的,只有对一些简单的、规则的弹性体才能得到微分方程的精确解。对于大多数实际的弹性体结构需按固有振型将其离散化,转化为与一个个与固有振型有关的单自由度系统来处理,然后叠加在一起,得出近似的结果。

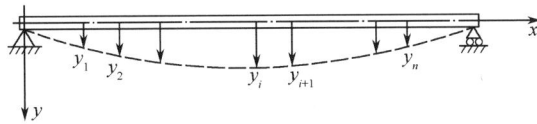

图 1 - 5 - 1 梁的离散化

1.5.1.1 梁的振动

梁是弹性体中最常见的、最基本的构件。梁的振动可能包括横向弯曲振动、纵向振动、扭转振动、剪切振动以及它们之间的各种耦合振动。本节首先介绍梁的横向振动。

一、一般情况

图 1 - 5 - 2 为一变截面直梁,假此定梁长为 l,取梁的中和轴为 Ox 轴,并将原点取在梁的左端,在该坐标系中梁的单位长度分布质量为 $m(x)$,弯曲刚度为 $EI(x)$,单位长度的横向振动载荷为 $F(x,t)$。若梁的横剖面对称于 xy 平面,则在载荷 $F(x,t)$ 作用下,梁在 xy 平面内发生横向振动。设梁中和轴上的横向位移为 $y(x,t)$,若此位移是从梁在自重作用下静平衡位置量起的,则在计算动力响应时,自重的影响可以不予考虑。

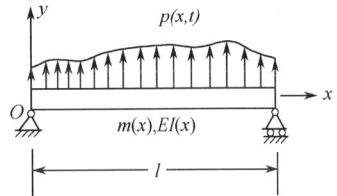

图 1 - 5 - 2 变截面直梁

下面用哈密尔顿原理来推导运动方程。

梁在振动时的动能为

$$T = \frac{1}{2} \int_0^l m(x) \left(\frac{\partial y}{\partial t} \right)^2 \mathrm{d}x \qquad (1 - 5 - 1)$$

梁在振动时的势能为

$$V = \frac{1}{2} \int_0^l EI(x) \left(\frac{\partial^2 y}{\partial x^2} \right)^2 \mathrm{d}x \qquad (1 - 5 - 2)$$

外载荷 $F(x,t)$ 所做的功为

$$W = \int_0^l F(x,t) y(x,t) \, \mathrm{d}x \qquad (1-5-3)$$

根据哈密尔顿原理,有

$$\int_{t_1}^{t_2} \delta(T-V) \, \mathrm{d}t + \int_{t_1}^{t_2} \delta W \mathrm{d}t = 0 \qquad (1-5-4)$$

将式(1 - 5 - 1) ~ 式(1 - 5 - 3)代入式(1 - 5 - 4),进行分部积分,有

$$\int_{t_1}^{t_2} \delta T \mathrm{d}t = \int_{t_1}^{t_2} \frac{1}{2} \int_0^l m(x) \delta \left(\frac{\partial y}{\partial t} \right)^2 \mathrm{d}x \mathrm{d}t = \int_{t_1}^{t_2} \int_0^l m(x) \dot{y} \delta \dot{y} \mathrm{d}x \mathrm{d}t$$

$$= \int_0^l m(x) \dot{y} \delta y \Big|_{t_1}^{t_2} \mathrm{d}x - \int_{t_1}^{t_2} \int_0^l m(x) \ddot{y} \delta y \mathrm{d}x \mathrm{d}t$$

$$= - \int_{t_1}^{t_2} \int_0^l m(x) \ddot{y} \delta y \mathrm{d}x \mathrm{d}t = - \int_{t_1}^{t_2} \int_0^l m(x) \frac{\partial^2 y}{\partial t^2} \delta y \mathrm{d}x \mathrm{d}t \qquad (1-5-5)$$

$$\int_{t_1}^{t_2} \delta V \mathrm{d}t = \int_{t_1}^{t_2} \frac{1}{2} \int_0^l EI(x) \delta \left(\frac{\partial^2 y}{\partial x^2} \right)^2 \mathrm{d}x \mathrm{d}t = \int_{t_1}^{t_2} \int_0^l EI(x) y'' \delta y'' \mathrm{d}x \mathrm{d}t$$

$$= \int_{t_1}^{t_2} \left\{ EI(x) y'' \delta y' \Big|_0^l - \int_0^l \frac{\partial}{\partial x} [EI(x) y''] \delta y' \mathrm{d}x \right\} \mathrm{d}t$$

$$= \int_{t_1}^{t_2} \left\{ EI(x) y'' \delta y' \Big|_0^l - \frac{\partial}{\partial x} [EI(x) y''] \delta y \Big|_0^l + \int_0^l \frac{\partial^2}{\partial x^2} [EI(x) y''] \delta y \mathrm{d}x \right\} \mathrm{d}t$$

$$= \int_{t_1}^{t_2} \int_0^l \frac{\partial^2}{\partial x^2} [EI(x) y''] \delta y \mathrm{d}x \mathrm{d}t = \int_{t_1}^{t_2} \int_0^l \frac{\partial^2}{\partial x^2} \left[EI(x) \frac{\partial^2 y}{\partial x^2} \right] \delta y \mathrm{d}x \mathrm{d}t \quad (1-5-6)$$

$$\int_{t_1}^{t_2} \delta W \mathrm{d}t = \int_{t_1}^{t_2} \int_0^l F(x,t) \delta y \mathrm{d}x \mathrm{d}t \qquad (1-5-7)$$

则式(1 - 5 - 4)可写成

$$- \int_{t_1}^{t_2} \int_0^l m(x) \frac{\partial^2 y}{\partial t^2} \delta y \mathrm{d}x \mathrm{d}t - \int_{t_1}^{t_2} \int_0^l \frac{\partial^2}{\partial x^2} \left[EI(x) \frac{\partial^2 y}{\partial x^2} \right] \delta y \mathrm{d}x \mathrm{d}t + \int_{t_1}^{t_2} \int_0^l F(x,t) \delta y \mathrm{d}x \mathrm{d}t = 0$$

整理后可得

$$\int_{t_1}^{t_2} \int_0^l \left\{ - m(x) \frac{\partial^2 y}{\partial t^2} - \frac{\partial^2}{\partial x^2} \left[EI(x) \frac{\partial^2 y}{\partial x^2} \right] + F(x,t) \right\} \delta y \mathrm{d}x \mathrm{d}t = 0$$

因为 δy 为任意的,故要使上式成立,必须有

$$- m(x) \frac{\partial^2 y}{\partial t^2} - \frac{\partial^2}{\partial x^2} \left[EI(x) \frac{\partial^2 y}{\partial x^2} \right] + F(x,t) = 0$$

即

$$\frac{\partial^2}{\partial x^2} \left[EI(x) \frac{\partial^2 y}{\partial x^2} \right] + m(x) \frac{\partial^2 y}{\partial t^2} = F(x,t) \qquad (1-5-8)$$

上式即为梁横向振动的微分方程。

此外,在建立梁横向振动的运动微分方程时,也可以采用上一节弦的振动方程的建立

方法,即利用动力平衡条件来获得梁的运动方程。

现从梁上 x 截面处截取微元段 dx,并根据静力学中的平衡原理分析其受力状态,如图 1-5-3 所示。若设 x 截面上作用的剪力为 N,弯矩为 M,则在 $x+dx$ 截面上作用的剪力为 $N+\dfrac{\partial N}{\partial x}dx$,弯矩为 $M+\dfrac{\partial M}{\partial x}dx$。此外,微段上还作用有分布的外荷重 $F(x,t)$ 及分布的惯性力 $-m(x)\dfrac{\partial^2 y}{\partial t^2}$。

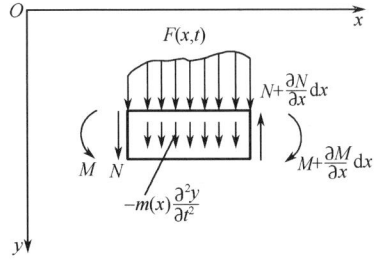

图 1-5-3 梁的弯曲振动

根据达朗贝尔原理,并考虑微段上的平衡条件,可得出以下关系式:

$$\sum F = 0$$

$$N + \frac{\partial N}{\partial x}dx - N + m(x)\frac{\partial^2 y}{\partial t^2}dx - F(x,t)dx = 0 \quad \frac{\partial N}{\partial x} + m(x)\frac{\partial^2 y}{\partial t^2} - F(x,t) = 0$$

$$(1-5-9)$$

$$\sum M = 0$$

$$M + \frac{\partial M}{\partial x}dx - M - Ndx - \frac{1}{2}dx F(x,t)dx - \frac{1}{2}dx\, m(x)\frac{\partial^2 y}{\partial t^2}dx = 0$$

$$\frac{\partial M}{\partial x}dx - Ndx - \frac{1}{2}dx F(x,t)dx - \frac{1}{2}dx\, m(x)\frac{\partial^2 y}{\partial t^2}dx = 0$$

略去上式中的二阶无穷小量,可得

$$N = \frac{\partial M}{\partial x} \qquad (1-5-10)$$

将上式对 x 微分,则

$$\frac{\partial N}{\partial x} = \frac{\partial^2 M}{\partial x^2} \qquad (1-5-11)$$

将其代入式(1-5-10)中,得

$$\frac{\partial^2 M}{\partial x^2} = F(x,t) - m(x)\frac{\partial^2 y}{\partial t^2} = 0 \qquad (1-5-12)$$

或

$$\frac{\partial^2 M}{\partial x^2} + m(x)\frac{\partial^2 y}{\partial t^2} = F(x,t)$$

根据材料力学中梁的弯曲理论可知:

$$M = EI(x)\frac{\partial^2 y}{\partial x^2} \qquad (1-5-13)$$

将式(1-5-13)代入式(1-5-12)中,得

$$\frac{\partial^2}{\partial x^2}\left[EI(x)\frac{\partial^2 y}{\partial x^2}\right] + m(x)\frac{\partial^2 y}{\partial t^2} = F(x,t) \qquad (1-5-14)$$

61

此式与方程(1-5-8)是一致的。

若 $EI(x)$ 和 $m(x)$ 为常量,则式(1-5-14)可写成

$$EI \frac{\partial^4 y}{\partial x^4} + m \frac{\partial^2 y}{\partial t^2} = F(x,t) \qquad (1-5-15)$$

二、轴向力和弹性基础对梁横向振动的影响

图1-5-4(a)所示的梁,除受到横向分布载荷 $F(x,t)$ 外,还受到轴向力 $T(x,t)$ 的作用而产生横向弯曲振动。振动时,由于梁的弯曲,轴向力 T 的作用点发生改变,于是轴力做功为

$$W_T = \frac{1}{2} \int_0^l T(x,t) \left(\frac{\partial y}{\partial x} \right)^2 dx$$

将上式与式(1-5-3)所表达的外力功加在一起,再应用哈密尔顿原理式(1-5-4),经过多次分部积分后可得

$$\int_{t_1}^{t_2} \int_0^l \left\{ - m(x) \frac{\partial^2 y}{\partial t^2} - \frac{\partial^2}{\partial x^2} \left[EI(x) \frac{\partial^2 y}{\partial x^2} \right] - \frac{\partial}{\partial x} \left[T(x,t) \frac{\partial y}{\partial x} \right] + F(x,t) \right\} \delta y \, dx \, dt = 0$$

仍由 δy 的任意性,可得

$$\frac{\partial^2}{\partial x^2} \left[EI(x) \frac{\partial^2 y}{\partial x^2} \right] + \frac{\partial}{\partial x} \left[T(x,t) \frac{\partial y}{\partial x} \right] + m(x) \frac{\partial^2 y}{\partial t^2} = F(x,t) \quad (1-5-16)$$

上式即为考虑轴向力 T 作用时的梁横向振动方程。显然,利用动平衡条件(梁的微元受力分析如图1-5-4(b)所示),同样也可得到上式,这里就不再介绍。

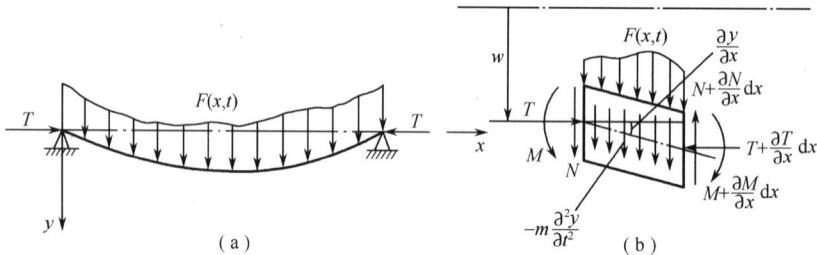

图1-5-4 有弹性基础和轴向力作用的梁的弯曲振动

当 $EI(x)$、$m(x)$ 和 $T(x,t)$ 为常量时,则式(1-5-13)可写成

$$EI \frac{\partial^4 y}{\partial x^4} + T \frac{\partial^2 y}{\partial x^2} + m \frac{\partial^2 y}{\partial t^2} = F(x,t) \qquad (1-5-17)$$

三、剪切变形和转动惯量对梁横向振动的影响

我们所研究的梁的横向弯曲振动,除了横荷重和弯曲变形外,其他载荷对梁的弯曲振动也有影响。其中剪切和剖面转动惯量的影响对短梁和高谐调振动来说必须计及,这对梁的弯曲振动有很重要的意义。

取均匀梁上的一个微段,如图1-5-5所示。x 轴平行于梁的中心线的初始位置,坐标系如图1-5-5所示,微段所受的力、力矩及其位移、转角均以图示方向为正。设梁断面中心的垂向弯曲位移为 y,梁的横剖面因弯曲而使剖面有一个转角 θ,并产生转动惯量 mr^2

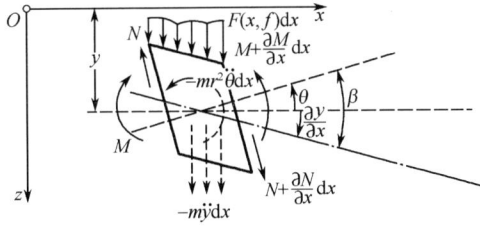

图 1-5-5 计及剪切变形和剖面转动的梁的弯曲

$\dot{\theta}dx,r$ 是梁剖面的回转半径,除转动惯量外,微段的左右两端还分别作用着剪力 N 和 $N+(\partial N/\partial x)dx$ 与弯矩 M 和 $M+(\partial M/\partial x)dx$,此外,微段的垂向振动惯性力为 $-m\ddot{y}dx$,外力为 $F(x,t)dx$。

如果没有剪切,横剖面仍与弹性轴垂直,剖面转角 θ 就等于弹性线的倾角 $\dfrac{\partial y}{\partial x}$。若计及剪切变形,仍设横剖面保持平面,剪切角为 β,故梁的弹性轴和平衡位置的倾角为 $\dfrac{\partial y}{\partial x}=\beta-\theta$。由此,可列出关系式

$$\begin{cases} M = EI\,\dfrac{\partial\theta}{\partial x} \\[2mm] N = GA_{\mathrm{e}}\left(\theta+\dfrac{\partial y}{\partial x}\right) \end{cases} \qquad (1-5-18)$$

式中:E 为材料弹性模量;G 为材料剪切弹性模量;I 为梁剖面惯性矩;A_{e} 为等效剪切面积,$A_{\mathrm{e}}=\chi A$,A 为截面积,系数 χ 通常定义为整个截面上的平均剪切应变与中心点处剪应变之比,它依赖于截面形状,严格地说,取决于振动模态。

于是梁的动能和应变能分别为

$$T = \frac{1}{2}\int_0^l m\left(\frac{\partial y}{\partial t}\right)^2 dx + \frac{1}{2}\int_0^l mr^2\left(\frac{\partial\theta}{\partial t}\right)^2 dx$$

$$V = \frac{1}{2}\int_0^l EI\left(\frac{\partial\theta}{\partial x}\right)^2 dx + \frac{1}{2}\int_0^l GA_{\mathrm{e}}\left(\theta+\frac{\partial y}{\partial x}\right)^2 dx$$

外力所做的功为

$$W = \int_0^l F(x,t)y(x,t)\,dx$$

把以上三个式子代入式(1-5-4)中,得

$$\delta\int_{t_1}^{t_2}\left\{\frac{1}{2}\int_0^l m\left(\frac{\partial y}{\partial t}\right)^2 dx + \frac{1}{2}\int_0^l mr^2\left(\frac{\partial\theta}{\partial t}\right)^2 dx - \frac{1}{2}\int_0^l EI\left(\frac{\partial\theta}{\partial x}\right)^2 dx\right.$$

$$\left. - \frac{1}{2}\int_0^l GA_{\mathrm{e}}\left(\theta+\frac{\partial y}{\partial x}\right)^2 dx\right\}dt + \int_{t_1}^{t_2}\int_0^l F(x,t)\delta y\,dx\,dt = 0$$

对上式进行多次分部积分后,并注意到 $\delta y\,|_{t=t_1}=\delta y\,|_{t=t_2}=0$ 和 $\delta\theta\,|_{t=t_1}=\delta\theta\,|_{t=t_2}=0$,可得

$$\int_{t_1}^{t_2} \int_0^l \left\{ -m \frac{\partial^2 y}{\partial t^2} + GA_e \left(\frac{\partial \theta}{\partial x} + \frac{\partial^2 y}{\partial x^2} \right) + F(x,t) \right\} \delta y \mathrm{d}x \mathrm{d}t$$

$$+ \int_{t_1}^{t_2} \left[-mr^2 \frac{\partial^2 \theta}{\partial t^2} + EI \frac{\partial^2 \theta}{\partial x^2} - GA_e \left(\theta + \frac{\partial y}{\partial x} \right) \right] \delta\theta \mathrm{d}x \mathrm{d}t$$

由于 δy 和 $\delta\theta$ 的任意性,故有

$$\begin{cases} m \dfrac{\partial^2 y}{\partial t^2} - GA_e \left(\dfrac{\partial \theta}{\partial x} + \dfrac{\partial^2 y}{\partial x^2} \right) = F(x,t) \\[3mm] EI \dfrac{\partial^2 \theta}{\partial x^2} = GA_e \left(\theta + \dfrac{\partial y}{\partial x} \right) + mr^2 \dfrac{\partial^2 \theta}{\partial t^2} \end{cases} \qquad (1-5-19)$$

式 $(1-5-19)$ 中的第一式可改写成

$$\frac{\partial \theta}{\partial x} = -\frac{\partial^2 y}{\partial x^2} - \frac{1}{GA_e} \left[F(x,t) - m \frac{\partial^2 y}{\partial t^2} \right] \qquad (1-5-20)$$

将式 $(1-5-19)$ 中的第二式对 x 求导一次,并考虑式 $(1-5-19)$ 中第一式和式 $(1-5-20)$,可得

$$\begin{aligned}
EI \frac{\partial^3 \theta}{\partial x^3} &= EI \frac{\partial^2}{\partial x^2} \left\{ -\frac{\partial^2 y}{\partial x^2} - \frac{1}{GA_e} \left[F(x,t) - m \frac{\partial^2 y}{\partial t^2} \right] \right\} \\
&= -EI \frac{\partial^4 y}{\partial x^4} - \frac{EI}{GA_e} \frac{\partial^2}{\partial x^2} \left[F(x,t) - m \frac{\partial^2 y}{\partial t^2} \right] \\
&= \frac{\partial}{\partial x} \left[GA_e \left(\theta + \frac{\partial y}{\partial x} \right) + mr^2 \frac{\partial^2 \theta}{\partial t^2} \right] = GA_e \left(\frac{\partial \theta}{\partial x} + \frac{\partial^2 y}{\partial x^2} \right) + mr^2 \frac{\partial^3 \theta}{\partial x \, \partial t^2} \\
&= -F(x,t) + m \frac{\partial^2 y}{\partial t^2} + mr^2 \frac{\partial^3 \theta}{\partial x \, \partial t^2} \\
&= -F(x,t) + m \frac{\partial^2 y}{\partial t^2} + mr^2 \frac{\partial^2}{\partial t^2} \left\{ -\frac{\partial^2 y}{\partial x^2} - \frac{1}{GA_e} \left[F(x,t) - m \frac{\partial^2 y}{\partial t^2} \right] \right\} \\
&= -F(x,t) + m \frac{\partial^2 y}{\partial t^2} - mr^2 \frac{\partial^4 y}{\partial x^2 \, \partial t^2} - \frac{mr^2}{GA_e} \frac{\partial^2}{\partial t^2} \left[F(x,t) - m \frac{\partial^2 y}{\partial t^2} \right]
\end{aligned}$$

整理后可得

$$\frac{\partial^4 y}{\partial x^4} - \frac{F - m \dfrac{\partial^2 y}{\partial t^2}}{EI} - \frac{mr^2}{EI} \frac{\partial^4 y}{\partial x^2 \, \partial t^2} + \frac{1}{GA_e} \frac{\partial^2}{\partial x^2} \left(F - m \frac{\partial^2 y}{\partial t^2} \right) - \frac{mr^2}{EIGA_e} \frac{\partial^2}{\partial t^2} \left(F - m \frac{\partial^2 y}{\partial t^2} \right) = 0$$

$$(1-5-21)$$

此便为计及剪切与剖面转动惯量影响的梁的横振动微分方程,也就是著名的 Timoshenko 梁的振动微分方程。此式前两项表示不计及剪切与剖面转动的情况,第三项表示剖面转动惯量的影响,第四项表示剪切的影响,最后一项表示剪切变形和剖面转动的耦合影响项。从物理意义上说,剪切的作用使系统的刚度下降,转动惯量使系统的有效质量增加,这两方面的影响均使系统的固有频率降低。其中剪切变形的影响大于转动惯量的影响。

四、黏性阻尼对梁横向振动的影响

在前面所讨论的梁的振动问题中,都没有考虑梁振动时的能量逸散,即梁在振动的过

程中不受阻尼的作用。这种简化处理对一般的小阻尼自由振动的结构特征值的计算所带来的误差是很小的。但是对于强迫振动问题,特别是接近共振时的动力响应计算,则必须计及阻尼的影响。黏性阻尼是最容易处理和经常遇到的,其他非黏性阻尼,可采用等效阻尼来处理。在这里,主要考虑两种形式的黏性阻尼,即黏性外阻尼和黏性内阻尼,图1-5-6表示了这两种类型的黏性阻尼,它们分别导致了梁横向位移的黏性阻力与梁材料应变的黏性阻力。

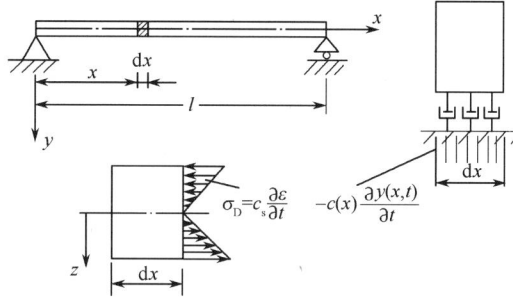

图1-5-6 简支梁力学分析简图

黏性外阻尼与速度成正比,假定黏性在梁上 x 处单位长度的外阻尼系数为 $c(x)$,则梁微段所受的阻尼力为 $c(x)\dfrac{\partial y}{\partial t}$。由于外阻尼的存在,垂向力的平衡条件变为

$$\frac{\partial N}{\partial x} = F(x,t) - m(x)\frac{\partial^2 y}{\partial t^2} - c(x)\frac{\partial y}{\partial t} \qquad (1-5-22)$$

考虑材料的非弹性阻尼,按福赫脱假设,它与应变速度成正比,从而使应力 — 应变关系变为

$$\sigma = E\varepsilon + c_s\dot{\varepsilon} \qquad (1-5-23)$$

式中:c_s 为应变速度的阻尼系数,$\sigma_D = c_s\dot{\varepsilon}$ 即为阻尼应力。

假设应变沿截面高度成线性分布,则剖面上离中和轴高度为 z 处的应变为

$$\varepsilon = z\frac{\partial^2 y}{\partial x^2} \qquad (1-5-24)$$

而

$$M = \int_A \sigma z\mathrm{d}A \qquad (1-5-25)$$

$$M = \int_A (E\varepsilon + c_s\dot{\varepsilon})z\mathrm{d}A = \int_A \left(E\frac{\partial^2 y}{\partial x^2} + c_s\frac{\partial^3 y}{\partial x^2\,\partial t}\right)z^2\mathrm{d}A$$

$$= \left(E\frac{\partial^2 y}{\partial x^2} + c_s\frac{\partial^3 y}{\partial x^2\,\partial t}\right)\int_A z^2\mathrm{d}A = \left(E\frac{\partial^2 y}{\partial x^2} + c_s\frac{\partial^3 y}{\partial x^2\,\partial t}\right)I$$

$$= EI\frac{\partial^2 y}{\partial x^2} + c_s I\frac{\partial^3 y}{\partial x^2\,\partial t} \qquad (1-5-26)$$

上式中前一项为弹性力矩项,后一项为非弹性阻尼力矩项,所以

$$N = \frac{\partial M}{\partial x} = \frac{\partial}{\partial x}\Big(EI\frac{\partial^2 y}{\partial x^2} + c_s I\frac{\partial^3 y}{\partial x^2 \partial t}\Big) \qquad (1-5-27)$$

$$\frac{\partial^2}{\partial x^2}\Big(EI\frac{\partial^2 y}{\partial x^2} + c_s I\frac{\partial^3 y}{\partial x^2 \partial t}\Big) + m\frac{\partial^2 y}{\partial t^2} + c\frac{\partial y}{\partial t} = F(x,t) \qquad (1-5-28)$$

此即为计及黏性内阻尼及黏性外阻尼时梁的振动微分方程式。

五、支座的扰动

除了梁上作用的外载荷使梁振动之外,有些扰动是通过支座的运动引起的,例如,支撑于地面上的结构物的地震效应,行驶中的车辆的振动等。当梁的振动是由支座引起的,此时可以把梁的总位移 $y_t(x,t)$ 表示为两种位移之和:一种是静力地进行支座运动产生的位移 $y_s(x,t)$,也称为伪静力位移;另一种是动力效应所产生的附加位移 $y(x,t)$。因此有

$$y_t(x,t) = y_s(x,t) + y(x,t) \qquad (1-5-29)$$

于是,可得

$$\frac{\partial^2}{\partial x^2}\Big(EI\frac{\partial^2 y_t}{\partial x^2} + c_s I\frac{\partial^3 y_t}{\partial x^2 \partial t}\Big) + m\frac{\partial^2 y_t}{\partial t^2} + c\frac{\partial y_t}{\partial t} = 0 \qquad (1-5-30)$$

$$\frac{\partial^2}{\partial x^2}\Big(EI\frac{\partial^2 y}{\partial x^2} + c_s I\frac{\partial^3 y}{\partial x^2 \partial t}\Big) + m\frac{\partial^2 y}{\partial t^2} + c\frac{\partial y}{\partial t} = p_{eff}(x,t) \qquad (1-5-31)$$

式中

$$p_{eff}(x,t) = -\frac{\partial^2}{\partial x^2}\Big(EI\frac{\partial^2 y_s}{\partial x^2} + c_s I\frac{\partial^3 y_s}{\partial x^2 \partial t}\Big) - m\frac{\partial^2 y_s}{\partial t^2} - c\frac{\partial y_s}{\partial t} \qquad (1-5-32)$$

代表由于支座的扰动引起作用在梁段上的有效载荷。

伪静力位移 $y_s(x,t)$ 是有效载荷的根源,它由下列四部分组成:

(1) 由左侧支座发生竖向位移 $\delta_1(t)$ 所引起的部分 $y_{s1}(x,t)$。设当左侧支座发生单位竖向位移 $\delta_1 = 1$ 时,所引起的梁的弹性挠曲线为 $\varphi_1(x)$(可由结构静力学中的静力挠曲分析方法算得),则梁左侧发生竖向位移 $\delta_1(t)$ 所引起的梁的 $y_{s1}(x,t) = \delta_1(t)\varphi_1(x)$。

(2) 由左侧支座发生转角 $\delta_2(t)$ 所引起的部分 $y_{s2}(x,t)$。设当左侧支座发生单位转角 $\delta_2 = 1$ 时,所引起的梁的弹性挠曲线为 $\varphi_2(x)$,则梁左侧发生转角 $\delta_2(t)$ 所引起的梁的 $y_{s2}(x,t) = \delta_2(t)\varphi_2(x)$。

(3) 同理,由右侧支座发生竖向位移 $\delta_3(t)$ 所引起的部分 y_{s3} 为 $y_{s3}(x,t) = \delta_3(t)\varphi_3(x)$。

(4) 由右侧支座发生转角 $\delta_4(t)$ 所引起的部分 $y_{s4}(x,t)$ 为 $y_{s4}(x,t) = \delta_4(t)\varphi_4(x)$。

所以伪静力挠度可写成

$$y_s(x,t) = \delta_1(t)\varphi_1(x) + \delta_2(t)\varphi_2(x) + \delta_3(t)\varphi_3(x) + \delta_4(t)\varphi_4(x)$$

或

$$y_s(x,t) = \sum_{i=1}^{4}\delta_i(t)\varphi_i(x) \qquad (1-5-33)$$

将上式代入式(1-5-32)中,可得

$$p_{eff}(x,t) = -\sum_{i=1}^{4}\frac{d^2}{dx^2}\Big[EI\frac{d^2\varphi_i(x)}{dx^2}\Big]\delta_i(t)$$

$$- \sum_{i=1}^{4} \left\{ \frac{\partial^2}{\partial x^2} \left[c_s I \frac{d^2 \varphi_i(x)}{dx^2} \ddot{\delta}_i(t) \right] + m \varphi_i(x) \ddot{\delta}_i(t) + c \varphi_i(x) \dot{\delta}_i(t) \right\}$$

因为在实际的静力支座位移状态中,不可能引起有效载荷,所以上式第一项为零,故有

$$p_{\text{eff}}(x,t) = - \sum_{i=1}^{4} \left\{ m \varphi_i(x) \ddot{\delta}_i(t) + c \varphi_i(x) \dot{\delta}_i(t) + \frac{\partial^2}{\partial x^2} \left[c_s I \frac{d^2 \varphi_i(x)}{dx^2} \dot{\delta}_i(t) \right] \right\}$$

$$(1 - 5 - 34)$$

在大多数情况下,阻尼对有效荷载的影响远小于惯性的影响,因此通常将式(1-5-34)后两项略去,可得

$$p_{\text{eff}}(x,t) = - \sum_{i=1}^{4} m \varphi_i(x) \ddot{\delta}_i(t) \qquad (1 - 5 - 35)$$

在分析管道系统的地震影响时,会在许多点上引入不同的支座运动,就要用到上式。

1.5.1.2 梁的无阻尼振动

梁的无阻尼振动可分为自由振动和强迫振动,本小节分别介绍这两种振动,首先介绍无阻尼自由振动。

一、均匀直梁的无阻尼自由振动

在式(1-5-8)中,若 $F(x,t) = 0$,则得

$$\frac{\partial^2}{\partial x^2} \left[EI(x) \frac{\partial^2 y}{\partial x^2} \right] + m(x) \frac{\partial^2 y}{\partial t^2} = 0$$

此即为直梁横向自由振动微分方程。因 $EI(x)$ 和 $m(x)$ 是变化的,故该方程是变系数的线性偏微分方程,一般无法求出精确解,而只能用能量法或其他近似解法。但对于质量与刚度均匀分布的直梁,因为 $m(x)$ 及 $EI(x)$ 均为常数,此时方程变为

$$EI \frac{\partial^4 y}{\partial x^4} + m \frac{\partial^2 y}{\partial t^2} = 0 \qquad (1 - 5 - 36)$$

上述的振动方程为四阶常系数的线性偏微分方程,在数学上可用分离变量法求其精确解。

设式(1-5-33)的解为

$$y(x,t) = \varphi(x) p(t) \qquad (1 - 5 - 37)$$

式中:$\varphi(x)$ 为仅取决于位置 x 的函数,称为振型函数,即主振动形式;$p(t)$ 为仅取决于时间 t 的函数,称为坐标函数,即主坐标。

将上式对 t 和 x 分别求二次和四次偏导,可得

$$\frac{\partial^2 y(x,t)}{\partial t^2} = \varphi(x) \frac{d^2 p(t)}{dt^2}$$

$$\frac{\partial^4 y(x,t)}{\partial x^4} = p(t) \frac{d^4 \varphi(x)}{dx^4}$$

把以上两式代入式(1-5-36)中,则有

$$EI \frac{d^4 \varphi(x)}{dx^4} p(t) + m \varphi(x) \frac{d^2 p(t)}{dt^2} = 0$$

应用分离变量法可将上式改写成

$$\frac{EI\dfrac{\mathrm{d}^4\varphi(x)}{\mathrm{d}x^4}}{m\varphi(x)} = -\frac{\dfrac{\mathrm{d}^2p(t)}{\mathrm{d}t^2}}{p(t)} = \omega^2 \qquad (1-5-38)$$

等式左边项只是 x 的函数,右边项只是 t 的函数,且式对任意的 x 和 t 均满足,故此值必是常数,且仅当常数为正值(以 ω^2 表示)时才有振动形式之解。由式$(1-5-38)$可得

$$EI\frac{\mathrm{d}^4\varphi(x)}{\mathrm{d}x^4} - m\omega^2\varphi(x) = 0 \qquad (1-5-39)$$

$$\frac{\mathrm{d}^2p(t)}{\mathrm{d}t^2} + \omega^2p(t) = 0 \qquad (1-5-40)$$

式$(1-5-40)$为关于坐标函数 $p(t)$ 的二阶常微分方程,可以改写为

$$\ddot{p}(t) + \omega^2p(t) = 0$$

此即为单自由度系统无阻尼自由振动方程,故 ω^2 表示振动的固有频率,$p(t)$ 为主坐标。

式$(1-5-39)$为关于振型函数 $\varphi(x)$ 的四阶常微分方程,设

$$a^4 = \frac{m\omega^2}{EI} \qquad (1-5-41)$$

式中:l 为梁的跨度。则由式$(1-5-39)$可得

$$\varphi^{\mathrm{IV}}(x) = a^4\varphi(x) \qquad (1-5-42)$$

上式为一个四阶常系数齐次微分方程,可设其解为

$$\varphi(x) = \mathrm{e}^{rx}$$

则

$$\varphi^{\mathrm{IV}}(x) = r^4\mathrm{e}^{rx}$$

将以上两式代入式$(1-5-42)$中,可得特征方程为

$$r^4 - a^4 = 0$$

从上式解出方程的四个特征根为

$$r_{1,2} = \pm\mathrm{i}a, \quad r_{3,4} = \pm a$$

故方程$(1-5-42)$的解可以写成

$$\varphi(x) = A'\mathrm{e}^{-\mathrm{i}ax} + B'\mathrm{e}^{\mathrm{i}ax} + C'\mathrm{e}^{-ax} + D'\mathrm{e}^{ax} \qquad (1-5-43)$$

因为

$$\mathrm{e}^{\pm\mathrm{i}ax} = \cos ax \pm \mathrm{i}\sin ax$$

$$\mathrm{e}^{\pm ax} = \mathrm{ch}ax \pm \mathrm{sh}ax$$

将以上两式代入式$(1-5-43)$,得

$$\varphi(x) = \mathrm{i}(B' - A')\sin ax + (B' + A')\cos ax + (D' - C')\mathrm{sh}ax + (D' + C')\mathrm{ch}ax$$

可将上式改写为

$$\varphi(x) = A\sin ax + B\cos ax + C\sh ax + D\ch ax \tag{1-5-44}$$

上式中的四个积分常数由四个边界条件确定。对于梁来说，一般简单的边界条件为

自由端 $\qquad\qquad \varphi''(x) = 0, \; \varphi'''(x) = 0$

固定端 $\qquad\qquad \varphi(x) = 0, \; \varphi'(x) = 0 \tag{1-5-45}$

简支端 $\qquad\qquad \varphi(x) = 0, \; \varphi''(x) = 0$

除了上面几种比较简单的边界条件外，还可能有其他一些更复杂的边界条件。图 1-5-7 表示了梁端部有质量块、线约束弹簧和转动约束弹簧，其中 $\overline{m}$、J、k 和 K 分别表示梁端部质量块的质量、质量块的转动惯量、线约束弹簧和转动约束弹簧的刚度。脚标 L 和 R 分别表示梁的左端和右端。

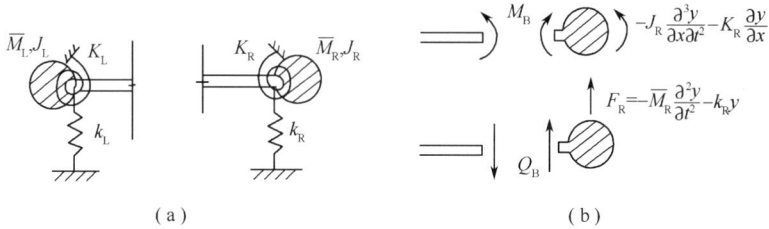

图 1-5-7　复杂边界时简支梁力学分析简图
（a）梁的左端；（b）梁的右端。

根据图 1-5-7(b)，可以写出梁右端的边界条件为

$$\begin{cases} M = -J_{\mathrm{R}}\dfrac{\partial^3 y}{\partial x \partial t^2} - K_{\mathrm{R}}\dfrac{\partial y}{\partial x} \\[3mm] N = \overline{m}_{\mathrm{R}}\dfrac{\partial^2 y}{\partial t^2} - k_{\mathrm{R}}y \end{cases}$$

由式(1-5-37)，可将上两式写成

$$\begin{cases} EIp(t)\left(\dfrac{\mathrm{d}^2\varphi}{\mathrm{d}x^2}\right)_{x=l} = p(t)(\omega^2 J_{\mathrm{R}} - K_{\mathrm{R}})\left(\dfrac{\mathrm{d}\varphi}{\mathrm{d}x}\right)_{x=l} \\[3mm] EIp(t)\left(\dfrac{\mathrm{d}^3\varphi}{\mathrm{d}x^3}\right)_{x=l} = p(t)(-\omega^2\overline{m}_{\mathrm{R}} + k_R)\varphi_{x=l} \end{cases}$$

或写成

$$\begin{cases} EI\left(\dfrac{\mathrm{d}^2\varphi}{\mathrm{d}x^2}\right)_{x=l} = (\omega^2 J_{\mathrm{R}} - K_{\mathrm{R}})\left(\dfrac{\mathrm{d}\varphi}{\mathrm{d}x}\right)_{x=l} \\[3mm] EI\left(\dfrac{\mathrm{d}^3\varphi}{\mathrm{d}x^3}\right)_{x=l} = (-\omega^2\overline{m}_{\mathrm{R}} + k_{\mathrm{R}})\varphi_{x=l} \end{cases} \tag{1-5-46}$$

同理，可写出梁左端的边界条件为

$$\begin{cases} EI\left(\dfrac{\mathrm{d}^2\varphi}{\mathrm{d}x^2}\right)_{x=0} = (-\omega^2 J_{\mathrm{L}} - K_{\mathrm{L}})\left(\dfrac{\mathrm{d}\varphi}{\mathrm{d}x}\right)_{x=0} \\[3mm] EI\left(\dfrac{\mathrm{d}^3\varphi}{\mathrm{d}x^3}\right)_{x=0} = (\omega^2\overline{m}_{\mathrm{L}} - K_{\mathrm{L}})\varphi_{x=0} \end{cases} \tag{1-5-47}$$

这样,根据 $\varphi(x)$ 所满足的 4 个边界条件可以得到 4 个关于 A、B、C、D 的线性代数方程组。方程组中有 A、B、C、D 和 a 这 5 个未知量,由 4 个常系数有非零解的条件,即发生振动的条件,方程式组的系数矩阵行列式必须为零,于是得到只包括着固有频率 ω(或频率参数 a)的频率方程式。因为它是一个超越方程,故有无穷个解。由此方程解得的频率 $\omega_j(j = 1,2,3,\cdots)$ 是该梁所固有的,它们是由该梁特定的物理性质、几何尺寸与边界条件所限定的。当这些因素确定后它便是一个定值,故称为固有频率。求得固有频率 ω_j 后,再用线性齐次代数方程式组求得与固有频率相应的常数 A_j、B_j、C_j、D_j,从而确定了与固有频率 ω_j 相应的振型函数 $\varphi_j(x)$。

固有振型 $\varphi_j(x)$ 为在固有载荷 $m\omega^2\varphi_j(x)$ 作用下梁的挠曲线。因弹性体有无限个固有频率,因此主坐标的解式(1 - 5 - 39)也应有无限个。于是,对于第 j 个固有频率的振动

$$y_j(x,t) = \varphi_j(x)p_j(t) = \varphi_j(x)p_j\sin(\omega_j t + \beta_j); \quad j = 1,2,3,\cdots \qquad (1 - 5 - 48)$$

称为梁的第 j 个主振动。

梁振动的位移表达式则可写成

$$y(x,t) = \sum_{j=1}^{\infty} \varphi_j(x)p_j(t) = \sum_{j=1}^{\infty} \varphi_j(x)p_j\sin(\omega_j t + \beta_j) \qquad (1 - 5 - 49)$$

二、简支梁的固有频率和固有振型

由式(1 - 5 - 45)可知,在 $x = 0$ 和 $x = l$ 处简支梁的边界条件分别为

$$\begin{cases} \varphi(0) = 0, \varphi''(0) = 0 \\ \varphi(l) = 0, \varphi''(l) = 0 \end{cases}$$

将式(1 - 5 - 44)代入上述边界条件中,可得确定积分常数的 4 个线性齐次方程式。

由 $x = 0$ 处的边界条件,可有

$$\begin{cases} \varphi(0) = A \times 0 + B \times 1 + C \times 0 + D \times 1 = 0 \\ \varphi''(0) = - Aa^2 \times 0 - Ba^2 \times 1 - Ca^2 \times 0 + Da^2 \times 1 \end{cases}$$

由此得

$$\begin{cases} B + D = 0 \\ - B + D = 0 \end{cases}$$

因而有

$$B = D = 0$$

而由 $x = l$ 处的边界条件,可有

$$\begin{cases} \varphi(l) = A\sin al + B\cos al + C\text{sh} al + D\text{ch} al = 0 \\ \varphi''(l) = - Aa^2\sin al + Ba^2\cos al + Ca^2\text{sh} al + Da^2\text{ch} al = 0 \end{cases}$$

因为

$$B = D = 0$$

所以

$$\begin{cases} A\sin al + C\text{sh} al = 0 \\ - A\sin al + C\text{sh} al = 0 \end{cases} \qquad (1 - 5 - 50)$$

将其改写成矩阵形式为

$$\begin{bmatrix} \sin al & \mathrm{sh}al \\ -\sin al & \mathrm{sh}al \end{bmatrix} \begin{bmatrix} A \\ C \end{bmatrix} = \begin{bmatrix} 0 \\ 0 \end{bmatrix}$$

因为 A、C 不能全为零,于是 A 和 C 的系数行列式为零,即得频率方程式为

$$\begin{vmatrix} \sin al & \mathrm{sh}al \\ -\sin al & \mathrm{sh}al \end{vmatrix} = 0$$

即

$$2\sin al \cdot \mathrm{sh}al = 0$$

在上式中,由于 $\mathrm{sh}al \neq 0$,故

$$\sin al = 0$$

解得

$$al = \mathrm{j}\pi; j = 1,2,3,\cdots \tag{1-5-51}$$

再由式 $(1-5-41)$ 可得简支梁的固有频率为

$$\omega_j = a^2 \sqrt{\frac{EI}{m}} = \left(\frac{\mathrm{j}\pi}{l}\right)^2 \sqrt{\frac{EI}{m}} \tag{1-5-52}$$

将式 $(1-5-50)$ 代入式 $(1-5-49)$ 中的任一式,可得 $C = 0$。于是最后可求得第 j 谐调固有振型为

$$\varphi_j(x) = A_j \sin \frac{\mathrm{j}\pi x}{l}; j = 1,2,3,\cdots \tag{1-5-53}$$

从理论上讲,这样的固有振型也有无限多个。图 $1-5-8$ 是简支梁的最初三个谐调的振型图。由于线性代数方程式 $(1-5-49)$ 中的未知数(A、C 和 a)要比方程的个数多一个。因此最后求得的振型式 $(1-5-52)$ 中包含了一个待定常数,此常数 A_j 由运动的初始条件确定。

由式 $(1-5-52)$ 可知,在梁的各谐调固有振型上,总是存在着若干在主振动时静止不动的点,称为节点(边界支点除外)。

对简支梁,第 1 谐调振型为 1 个半波,节点数为 0;第 2 谐调振型为两个半波,节点数为 1,节点位于中点;第 3 谐调振型为 3 个半波,节点数为 2,节点位置从中点向两侧移动。总之,第 j 谐调固有振型为 j 个半波,节点数为 $(j-1)$。并且相邻的两

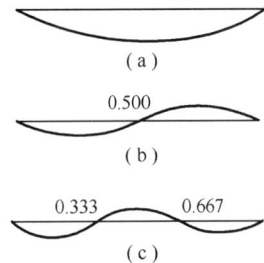

图 $1-5-8$ 简支梁的
固有振型

固有振型的各节点位置不会重合而是互相交错排列的,这就是固有振型的节点定理。对于其他边界条件的梁,只要梁有足够约束而不发生刚体位移,这个结论都是正确的。

三、其他简单边界条件梁的固有频率和固有振型

除了简支梁外,能够求得精确解的简单边界条件梁还有悬臂梁、两端刚性固定的梁、一端刚性固定另一端简支的梁、全自由梁,它们振型表达式的另外一种等价的形式为

$$\varphi(x) = A(\cos ax + \mathrm{ch}ax) + B(\cos ax + \mathrm{ch}ax)$$

$$+ C(\sin ax + \mathrm{sh}ax) + D(\sin ax + \mathrm{sh}ax) \qquad (1-5-54)$$

可按与求简支梁固有频率相同的解法,求得上述的几种边界条件相应的固有频率参数 a_j,其结果列于表 1 – 5 – 1 中。

表 1 – 5 – 1

	a_1	a_2	a_3	a_4	$a_n(n>4)$
悬臂梁	1.875/l	4.694/l	7.855/l	10.966/l	$(2j-1)\pi/2l$
两端固定梁	4.730/l	7.853/l	10.996/l	14.137/l	$(2j+1)\pi/2l$
一端固定梁、一端简支梁	3.927/l	7.069/l	10.210/l	13.352/l	$(4j+1)\pi/2l$
两端全自由梁	4.730/l	7.853/l	10.996/l	14.137/l	$(2j+1)\pi/2l$

表中还列出了当谐调数 $j>4$ 时频率参数的近似计算公式。在求得 a_j 的值后,这些梁的各个固有频率可按式(1 – 5 – 41)求得。它们的第一、第二、第三谐调的固有振型分别绘于图 1 – 5 – 9 ~ 图 1 – 5 – 12 中。振型图上的数字表示了节点距左端的距离与梁长 l 的比值。

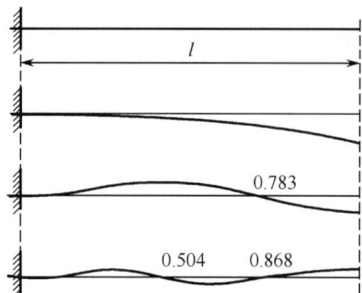

图 1 – 5 – 9 悬臂梁及其最初 3 个谐调的振型

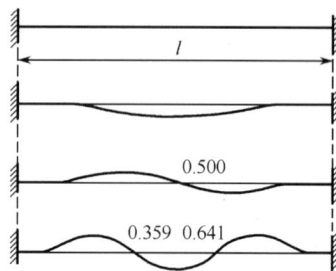

图 1 – 5 – 10 两端固定梁及其最初
3 个谐调的振型

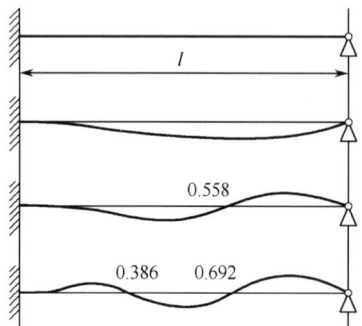

图 1 – 5 – 11 一端固定、另一端简支梁
及其最初 3 个谐调的振型

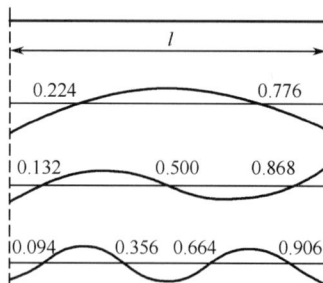

图 1 – 5 – 12 两端全自由梁及其最初
3 个谐调的振型

四、常量轴向力作用下梁的无阻尼自由振动

令式(1 – 5 – 17)中右边的 $F(x,t)=0$,则有

$$EI\frac{\partial^4 y}{\partial x^4} + T\frac{\partial^2 y}{\partial x^2} + m\frac{\partial^2 y}{\partial t^2} = 0 \qquad (1-5-55)$$

此即为 $EI(x)$、$m(x)$ 和 $T(x,t)$ 为常量时,考虑轴向力的梁的自由振动方程。

设 $y(x,t) = \varphi(x)p(t)$,并代入式(1-5-54)中,得

$$EI\frac{\mathrm{d}^4\varphi(x)}{\mathrm{d}x^4}p(t) + T\frac{\mathrm{d}^2\varphi(x)}{\mathrm{d}x^2}p(t) + m\varphi(x)\frac{\mathrm{d}^2p(t)}{\mathrm{d}t^2} = 0$$

应用分离变量法可将上式改写成

$$\frac{EI\frac{\mathrm{d}^4\varphi(x)}{\mathrm{d}x^4}}{m\varphi(x)} + \frac{T\frac{\mathrm{d}^2\varphi(x)}{\mathrm{d}x^2}}{m\varphi(x)} = -\frac{\frac{\mathrm{d}^2p(t)}{\mathrm{d}t^2}}{p(t)} = \omega^2 \qquad (1-5-56)$$

由此可得到两个独立的方程,即

$$EI\frac{\mathrm{d}^4\varphi(x)}{\mathrm{d}x^4} + T\frac{\mathrm{d}^2\varphi(x)}{\mathrm{d}x^2} - m\omega^2\varphi(x) = 0 \qquad (1-5-57)$$

$$\frac{\mathrm{d}^2p(t)}{\mathrm{d}t^2} + \omega^2p(t) = 0 \qquad (1-5-58)$$

方程(1-5-57)的解为

$$p(t) = C_1\cos\omega t + C_2\sin\omega t$$

式中,常数 C_1 和 C_2 由初始条件确定。

设

$$a^4 = \frac{m\omega^2}{EI}, g^2 = \frac{T}{EI} \qquad (1-5-59)$$

则由式(1-5-56)可得

$$\varphi^{\mathrm{IV}}(x) + g^2\varphi'' - a^4\varphi(x) = 0 \qquad (1-5-60)$$

可设其解为

$$\varphi(x) = Ae^{rx}$$

将上式代入式(1-5-60)中,可得特征方程为

$$r^4 + g^2 - a^4 = 0$$

从上式解出方程的4个特征根为

$$r_{1,2} = \pm\mathrm{i}\delta, r_{3,4} = \pm\varepsilon$$

式中

$$\delta = \sqrt{\left(a^4 + \frac{g^4}{4}\right)^{\frac{1}{2}} + \frac{g^2}{2}}, \varepsilon = \sqrt{\left(a^4 + \frac{g^4}{4}\right)^{\frac{1}{2}} - \frac{g^2}{2}}$$

故方程(1-5-60)的解最后可以写成

$$\varphi(x) = A\sin\delta x + B\cos\delta x + C\mathrm{sh}\varepsilon x + D\mathrm{ch}\varepsilon x \qquad (1-5-61)$$

上式中的4个常数也由边界条件确定。

当轴向力 $T = 0$ 时,则 $g = 0$,于是 $\delta = \varepsilon = a$,而式(1-5-61)显然恢复为式(1-5-44);另一方面,对于静力情况,即 $\omega = 0$ 时,$a = 0$,$\delta = g$,而 $\varepsilon = 0$,此时有

$$\varphi(x) = A \sin gx + B \cos gx + Cx + D \qquad (1-5-62)$$

代入边界条件,可求得这种情况的临界屈曲载荷。例如,对于简支梁,其边界条件分别为

$$\begin{cases} \varphi(0) = 0, \varphi''(0) = 0 \\ \varphi(l) = 0, \varphi''(l) = 0 \end{cases}$$

由 $x = 0$ 处的边界条件式,可有

$$\begin{cases} \varphi(0) = A \times 0 + B \times 1 + C \times 0 + D \times 1 = 0 \\ \varphi''(0) = -Ag^2 \times 0 - Bg^2 \times 1 = 0 \end{cases}$$

由此得

$$\begin{cases} B + D = 0 \\ B = 0 \end{cases}$$

因而有

$$B = D = 0$$

而由 $x = l$ 处的边界条件,可有

$$\begin{cases} A \sin gl + Cl = 0 \\ -Ag^2 \sin gl = 0 \end{cases}$$

所以由上式可得 $C = 0$,$-A \sin gl = 0$。因此,若使式(1 - 5 - 61)有非零解,则

$$\sin gl = 0$$

$$gl = j\pi; j = 1, 2, 3, \cdots$$

因为 $g^2 = \dfrac{T}{EI}$,所以 $g^2 = \left(\dfrac{j\pi}{l}\right)^2 = \dfrac{T}{EI}$,故可得临界压力为

$$T_{\text{cr}} = \frac{\pi^2 EI}{l^2}$$

此外,还可求得在轴向力作用下梁的固有频率。仍以简支梁为例,由其在 $x = 0$ 处的边界条件,可得

$$\begin{cases} B + D = 0 \\ -B\delta^2 + D\varepsilon^2 = 0 \end{cases}$$

因而有

$$B = D = 0$$

而由 $x = l$ 处的边界条件,可有

$$\begin{cases} A \sin \delta l + C \operatorname{sh} \varepsilon l = 0 \\ -A\delta^2 \sin \delta l + C\varepsilon^2 \operatorname{sh} \varepsilon l = 0 \end{cases} \qquad (1-5-63)$$

将其改写成矩阵形式,即

$$\begin{bmatrix} \sin \delta l & \operatorname{sh} \varepsilon l \\ -\delta^2 \sin \delta l & \varepsilon^2 \operatorname{sh} \varepsilon l \end{bmatrix} \begin{bmatrix} A \\ C \end{bmatrix} = \begin{bmatrix} 0 \\ 0 \end{bmatrix}$$

若有非零解,则 A 和 C 的系数行列式为零,即得频率方程式为

$$\begin{vmatrix} \sin\delta l & \mathrm{sh}\varepsilon l \\ -\delta^2\sin\delta l & \varepsilon^2\mathrm{sh}\varepsilon l \end{vmatrix} = 0$$

即

$$\sin\delta l\,\mathrm{sh}\varepsilon l\,(\delta^2 + \varepsilon^2) = 0$$

所以

$$\sin\delta l = 0$$

$$\delta l = \mathrm{j}\pi\,;j = 1,2,3,\cdots$$

因为 $\sin\delta l = 0$,故由式(1-5-62)可得 $C = 0$,因而振型函数为

$$\varphi(x) = A\sin\frac{\mathrm{j}\pi}{l}x \qquad\qquad (1-5-64)$$

将其代入式(1-5-56),可得

$$AEI\left(\frac{\mathrm{j}\pi}{l}\right)^4\sin\frac{\mathrm{j}\pi}{l}x - AT\left(\frac{\mathrm{j}\pi}{l}\right)^2\sin\frac{\mathrm{j}\pi}{l}x - Am\omega^2\sin\frac{\mathrm{j}\pi}{l}x = 0$$

上式可改写成

$$EI\left(\frac{\mathrm{j}\pi}{l}\right)^4 - T\left(\frac{\mathrm{j}\pi}{l}\right)^2 - m\omega^2 = 0$$

因而可得

$$\omega_j = \left(\frac{\mathrm{j}\pi}{l}\right)^2\sqrt{\frac{EI}{m}}\sqrt{1 - \frac{T}{j^2\dfrac{EI\pi^2}{l^2}}} = \omega_j^*\sqrt{1 - \frac{T}{j^2 T_{\mathrm{cr}}}} \qquad (1-5-65)$$

式中:ω_j^* 为无轴向力时简支梁的第 j 阶固有频率;T_{cr} 为两端铰支压杆的临界载荷。

从式中可以看出,轴向压力可使频率降低。当 $T \to T_{\mathrm{cr}}$ 时,基频 $\omega_1 \to 0$,此时梁处于平衡分支状态。

当 T 为拉力时,则有

$$\omega_j = \left(\frac{j\pi}{l}\right)^2\sqrt{\frac{EI}{m}}\sqrt{1 + \frac{Tl^2}{j^2 EI\pi^2}}$$

可见,轴向拉力可使频率增加。

五、考虑剪切变形和转动惯量时梁的无阻尼自由振动

令式(1-5-21)中的 $F(x,t) = 0$,可得考虑剪切变形和转动惯量的梁的自由振动方程,即

$$\frac{\partial^4 y}{\partial x^4} + \frac{m}{EI}\frac{\partial^2 y}{\partial t^2} - \frac{mr^2}{EI}\frac{\partial^4 y}{\partial x^2\,\partial t^2} - \frac{m}{GA_{\mathrm{e}}}\frac{\partial^4 y}{\partial x^2\,\partial t^2} + \frac{m^2 r^2}{EIGA_{\mathrm{e}}}\frac{\partial^4 y}{\partial t^4} = 0$$

为了使分析得到简化,假定位移 $y(x,t) = \varphi(x)\sin\omega t$,并代入上式,可得

$$\varphi^{(4)}(x) - \frac{m\omega^2}{EI}\varphi(x) + \frac{mr^2\omega^2}{EI}\varphi''(x) - \frac{m\omega^2}{GA_e}\varphi''(x) + \frac{m^2r^2\omega^4}{EIGA_e}\varphi(x) = 0$$

仍令 $a^4 = m\omega^2/EI$,则上式可写成

$$\varphi^{(4)}(x) - a^4\varphi(x) + a^4r^2\varphi''(x) + \frac{m\omega^2}{GA_e}[\varphi''(x) + a^4r^2\varphi(x)] = 0$$

$$(1-5-66)$$

对于具有任意边界条件的梁,求解上式是困难的。但是对于简支梁,则容易求解,通过它可估计剪切和转动惯量影响的大小。这些因素对简支等截面梁的振型没有影响,仍设

$$\varphi(x) = A\sin\frac{j\pi}{l}x$$

将其代入式(1-5-62),整理后可得

$$\left(\frac{j\pi}{l}\right)^4 - a^4 - a^4r^2\left(\frac{j\pi}{l}\right)^2\left(1 + \frac{E}{\chi G}\right) + a^4r^2\left(a^4r^2\frac{E}{\chi G}\right) = 0 \qquad (1-5-67)$$

应当指出,上式的前两项代表以前得到的简单情况的初等结果,即

$$a^4 = \left(\frac{j\pi}{l}\right)^4, \quad \omega_j = \left(\frac{j\pi}{l}\right)^2\sqrt{\frac{EI}{m}}$$

第三项说明了转动惯量和剪切变形的主要影响,它们分别由括号内的 1 和 $E/\chi G$ 来表示。对于典型材料的矩形截面的梁,$E/\chi G \approx 3$,这就说明剪切变形的影响约为转动惯量的 3 倍。暂且略去式(1-5-67)中的最后一项,有

$$a^4 = \left(\frac{j\pi}{l}\right)^4\left[\frac{1}{1 + r^2\left(\frac{j\pi}{l}\right)^2\left(1 + \frac{E}{\chi G}\right)}\right]$$

上式方括号内的是考虑了剪切和转动惯量后对结果的修正。从式中可以看出,当振型序号 j 增大或梁的长细比 l/r 减小时,修正也随之减小。当 nr/l 很小时,上述表达式可近似写成

$$a^4 \approx \left(\frac{j\pi}{l}\right)^4\left[1 - \left(\frac{jr\pi}{l}\right)^2\left(1 + \frac{E}{\chi G}\right)\right]$$

因而有

$$\omega_j \approx \left(\frac{j\pi}{l}\right)^2\left[1 - \frac{1}{2}\left(\frac{jr\pi}{l}\right)^2\left(1 + \frac{E}{\chi G}\right)\right]\sqrt{\frac{EI}{m}} \qquad (1-5-68)$$

现再来看式(1-5-67)中最后一项的影响。注意 nr/l 很小时,有 $a^4 \approx \left(\frac{j\pi}{l}\right)^4$,于是,最后一项可写成

$$a^4r^2\left(a^4r^2\frac{E}{\chi G}\right) \approx a^4r^2\left(\frac{j\pi}{l}\right)^2\left[\left(\frac{j\pi r}{l}\right)^2\frac{E}{\chi G}\right]$$

显然,在式(1-5-67)中,由于 nr/l 和 1 相比是很小的,所以它和前一项相比也是很小的,即

$$a^4 r^2 \left(\frac{j\pi}{l}\right)^2 \left[\left(\frac{j\pi r}{l}\right)^2 \frac{E}{\chi G}\right] \ll a^4 r^2 \left(\frac{j\pi}{l}\right)^2 \left(1 + \frac{E}{\chi G}\right)$$

六、固有振型的正交性

前面已介绍过非均匀直梁弯曲振动的微分方程

$$\frac{\partial^2}{\partial x^2}\left[EI(x)\,\frac{\partial^2 y}{\partial x^2}\right] + m(x)\,\frac{\partial^2 y}{\partial t^2} = F(x,t)$$

如令 $F(x,t) = 0$,则可得非均匀直梁自由振动的微分方程为

$$\frac{\partial^2}{\partial x^2}\left[EI(x)\,\frac{\partial^2 y}{\partial x^2}\right] + m(x)\,\frac{\partial^2 y}{\partial t^2} = 0 \qquad (1-5-69)$$

对于第 j 谐调主振动,可像均匀等直梁一样假设为

$$y_j(x,t) = \varphi_j(x)p_j\sin(\omega_j t + \beta_j)$$

将其代入式$(1-5-69)$,得到关于 $\varphi_j(x)$ 的微分方程式为

$$\frac{\mathrm{d}^2}{\mathrm{d}x^2}\left[EI(x)\,\frac{\mathrm{d}^2 \varphi_j}{\mathrm{d}x^2}\right] = \omega_j^2 m(x)\varphi_j \qquad (1-5-70)$$

同样,第 s 谐调固有振型有

$$\frac{\mathrm{d}^2}{\mathrm{d}x^2}\left[EI(x)\,\frac{\mathrm{d}^2 \varphi_s}{\mathrm{d}x^2}\right] = \omega_s^2 m(x)\varphi_s \qquad (1-5-71)$$

将式$(1-5-70)$等号两边乘以 φ_s,而式$(1-5-71)$等号两边乘 φ_j 然后沿全梁积分,得

$$\int_0^l \varphi_s\,\frac{\mathrm{d}^2}{\mathrm{d}x^2}\left[EI(x)\,\frac{\mathrm{d}^2 \varphi_j}{\mathrm{d}x^2}\right]\mathrm{d}x = \omega_j^2 \int_0^l m(x)\varphi_j\varphi_s\mathrm{d}x \qquad (1-5-72)$$

$$\int_0^l \varphi_j\,\frac{\mathrm{d}^2}{\mathrm{d}x^2}\left[EI(x)\,\frac{\mathrm{d}^2 \varphi_s}{\mathrm{d}x^2}\right]\mathrm{d}x = \omega_s^2 \int_0^l m(x)\varphi_s\varphi_j\mathrm{d}x \qquad (1-5-73)$$

对式$(1-5-72)$及式$(1-5-73)$左边作分部积分,得

$$\left| \varphi_s\,\frac{\mathrm{d}^2}{\mathrm{d}x^2}\left[EI(x)\,\frac{\mathrm{d}^2 \varphi_j}{\mathrm{d}x^2}\right] - \frac{\mathrm{d}\varphi_s}{\mathrm{d}x}\left[EI(x)\,\frac{\mathrm{d}^2 \varphi_j}{\mathrm{d}x^2}\right] \right|_0^l + \int_0^l EI(x)\,\frac{\mathrm{d}^2 \varphi_j}{\mathrm{d}x^2}\frac{\mathrm{d}^2 \varphi_s}{\mathrm{d}x^2}\mathrm{d}x$$

$$= \omega_j^2 \int_0^l m(x)\varphi_j\varphi_s\mathrm{d}x \qquad (1-5-74)$$

$$\left| \varphi_j\,\frac{\mathrm{d}^2}{\mathrm{d}x^2}\left[EI(x)\,\frac{\mathrm{d}^2 \varphi_s}{\mathrm{d}x^2}\right] - \frac{\mathrm{d}\varphi_j}{\mathrm{d}x}\left[EI(x)\,\frac{\mathrm{d}^2 \varphi_s}{\mathrm{d}x^2}\right] \right|_0^l + \int_0^l EI(x)\,\frac{\mathrm{d}^2 \varphi_j}{\mathrm{d}x^2}\frac{\mathrm{d}^2 \varphi_s}{\mathrm{d}x^2}\mathrm{d}x$$

$$= \omega_s^2 \int_0^l m(x)\varphi_j\varphi_s\mathrm{d}x \qquad (1-5-75)$$

对式$(1-5-45)$中各种边界条件的任意组合,上两式中已积部分始终为零,因此两式相减,有

$$(\omega_j^2 - \omega_s^2)\int_0^l m(x)\varphi_j\varphi_s\mathrm{d}x = 0 \qquad (1-5-76)$$

当 $j \neq s$ 时,因为 $\omega_j^2 \neq \omega_s^2$,所以有

$$\int_0^l m(x)\varphi_j\varphi_s \mathrm{d}x = 0 \qquad\qquad (1-5-77)$$

将上式代入式(1-5-74)及式(1-5-75),得

$$\int_0^l EI(x)\frac{\mathrm{d}^2\varphi_j}{\mathrm{d}x^2}\frac{\mathrm{d}^2\varphi_s}{\mathrm{d}x^2}\mathrm{d}x = 0,j \neq s \qquad\qquad (1-5-78)$$

将上式代入式(1-5-72)或式(1-5-73)中得

$$\int_0^l \varphi_s \frac{\mathrm{d}^2}{\mathrm{d}x^2}\Big[EI(x)\frac{\mathrm{d}^2\varphi_j}{\mathrm{d}x^2}\Big]\mathrm{d}x = 0 \qquad\qquad (1-5-79)$$

式(1-5-77)为对应于多自由度系统的质量正交条件,它称为动能形式的正交条件。其物理意义是:由于梁横振动的所有主振动是彼此独立的,因此一个主振动的惯性力对其他主振动的挠度不做功。式(1-5-79)为对应于多自由度系统的刚度正交条件,称为势能形式的正交条件。其物理意义同样是由于梁横振动的所有主振动是彼此独立的,因此一个主振动的弹性力对其他主振动的弹性变位上不做功。

对于一般边界条件,也可以采用同样的方法来求振型的正交条件。但这时要用式(1-5-43)和式(1-5-47)来代替式(1-5-74)和式(1-5-75)中的

$$\left| \varphi_s \frac{\mathrm{d}^2}{\mathrm{d}x^2}\Big[EI(x)\frac{\mathrm{d}^2\varphi_j}{\mathrm{d}x^2}\Big] - \frac{\mathrm{d}\varphi_s}{\mathrm{d}x}\Big[EI(x)\frac{\mathrm{d}^2\varphi_j}{\mathrm{d}x^2}\Big] \right|_0^l$$

七、初始条件的应用

在求得固有频率 ω_j 以及固有振型 $\varphi_j(x)$ 之后,将它们叠加在一起,则可得等直梁自由振动的全解的一般形式为

$$y(x,t) = \sum_{j=1}^{\infty}\varphi_j(x)p_j(t) = \sum_{j=1}^{\infty}\varphi_j(x)p_j\sin(\omega_j t + \beta_j) \qquad (1-5-80)$$

该式也可写成等价形式

$$y(x,t) = \sum_{j=1}^{\infty}(A_j\cos\omega_j t + B_j\sin\omega_j t)\varphi_j(x) \qquad (1-5-81)$$

式中

$$\begin{cases} A_j = p_j\sin\beta_j \\ B_j = p_j\cos\beta_j \end{cases} \qquad\qquad (1-5-82)$$

其中:A_j、B_j、p_j 及 β_j 为常数,由初始条件确定。

初始条件,即在 $t=0$ 时刻的位移和速度条件,一般可写为

$$y(x,0) = \xi(x) \ , \ \dot{y}(x,0) = \eta(x)$$

式中:$\xi(x)$ 与 $\eta(x)$ 为梁的位移与速度沿 x 轴的初始分布值。

将 $t = 0$ 代入式(1-5-81)中,并应用初始条件的表达式,得

$$y(x,0) = \sum_{j=1}^{\infty} A_j \varphi_j(x) = \xi(x) \qquad (1-5-83)$$

$$\dot{y}(x,0) = \sum_{j=1}^{\infty} B_j \omega_j \varphi_j(x) = \eta(x) \qquad (1-5-84)$$

将式(1-5-83)与式(1-5-84)两边均乘以 $\varphi_s(x)$,沿全梁积分,并根据正交条件可得

$$\begin{cases} A_j = \dfrac{\displaystyle\int_0^l \xi(x) \varphi_j(x) \, \mathrm{d}x}{\displaystyle\int_0^l \varphi_j^2(x) \, \mathrm{d}x} \\[4ex] B_j = \dfrac{\displaystyle\int_0^l \eta(x) \varphi_j(x) \, \mathrm{d}x}{\omega_j \displaystyle\int_0^l \varphi_j^2(x) \, \mathrm{d}x} \end{cases} \qquad (1-5-85)$$

这样便可得等直梁自由振动的全解的一般表达形式为

$$y(x,t) = \sum_{j=1}^{\infty} \left(\frac{\displaystyle\int_0^l \xi(x) \varphi_j(x) \, \mathrm{d}x}{\displaystyle\int_0^l \varphi_j^2(x) \, \mathrm{d}x} \cos\omega_j t + \frac{\displaystyle\int_0^l \eta(x) \varphi_j(x) \, \mathrm{d}x}{\omega_j \displaystyle\int_0^l \varphi_j^2(x) \, \mathrm{d}x} \sin\omega_j t \right) \varphi_j(x)$$

$$(1-5-86)$$

需要指出的是:当在某一特定的初始条件下,例如,当初速度的分布函数 $\eta(x) = 0$ 时,初始位置的形状等于某个主振型 $\varphi_s(x)$,然后让其自由振动。那么,应用均匀梁的正交条件可知,除了 $A_s \neq 0$ 外,其余 A_j 与 B_j 均为零,因此,梁的位移表达式最终变为

$$y(x,t) = A_s \varphi_s(x) \cos\omega_s t \qquad (1-5-87)$$

即此时梁的自由振动呈现第 s 阶主振动。

下面介绍梁的无阻尼强迫振动。

我们再回到不计剪切变形和剖面转动惯量的梁,现讨论该梁在任意分布力 $F(x,t)$ 作用下的响应,其振动偏微分方程为

$$\frac{\partial^2}{\partial x^2} \left[EI(x) \frac{\partial^2 y}{\partial x^2} \right] + m(x) \frac{\partial^2 y}{\partial t^2} = F(x,t) \qquad (1-5-88)$$

这是一个非齐次偏微分方程,其全解同样包括两部分:一部分是对应于齐次方程的通解,即自由振动的解,这在前面已讨论过,只要给定初始条件,即可求得相应的响应;另一部分是对应于非齐次项的特解,在给定激励 $F(x,t)$ 后,可求得激励的响应。

设其全解,即一般解为

$$y(x,t) = \sum_{s=1}^{\infty} \varphi_s(x) p_s(t) \qquad (1-5-89)$$

式中:$\varphi_s(x)$ 为求解自由振动所得梁的固有振型;$P_s(t)$ 为待求的强迫振动的主坐标。

将式(1-5-89)代入式(1-5-88),等式两边乘以 $\varphi_j(x)$,然后对沿全梁积分,可得

$$\int_0^l \varphi_j(x) \sum_{s=1}^{\infty} \frac{\mathrm{d}^2}{\mathrm{d}x^2} \Big[EI(x) \frac{\mathrm{d}^2 \varphi_s(x)}{\mathrm{d}x^2} \Big] p_s(t)\,\mathrm{d}x + \int_0^l m(x) \varphi_j(x) \sum_{s=1}^{\infty} \varphi_s(x)\,\ddot{p}_s(t)\,\mathrm{d}x$$

$$= \int_0^l \varphi_j(x) F(x,t)\,\mathrm{d}x \qquad\qquad (1-5-90)$$

应用正交条件,当 $s \neq j$ 时,有

$$\int_0^l \varphi_j(x) \frac{\mathrm{d}^2}{\mathrm{d}x^2} \Big[EI(x) \frac{\mathrm{d}^2 \varphi_s(x)}{\mathrm{d}x^2} \Big] \mathrm{d}x = 0$$

$$\int_0^l m(x) \varphi_j(x) \varphi_s(x)\,\mathrm{d}x = 0$$

因而在式 $(1-5-90)$ 的和式中,只留下了 $s = j$ 的项,所以得

$$\int_0^l \varphi_j(x) \frac{\mathrm{d}^2}{\mathrm{d}x^2} \Big[EI(x) \frac{\mathrm{d}^2 \varphi_j(x)}{\mathrm{d}x^2} \Big] p_j(t)\,\mathrm{d}x + \int_0^l m(x) \varphi_j^2(x)\,\ddot{p}_j(t)\,\mathrm{d}x$$

$$= \int_0^l \varphi_j(x) F(x,t)\,\mathrm{d}x \qquad\qquad (1-5-91)$$

又因式 $(1-5-70)$,有

$$\frac{\mathrm{d}^2}{\mathrm{d}x^2} \Big[EI(x) \frac{\mathrm{d}^2 \varphi_j(x)}{\mathrm{d}x^2} \Big] = \omega_j^2 m(x) \varphi_j(x)$$

因而可得以主坐标表示的振动方程为

$$M_j \ddot{p}_j(t) + k_j p_j(t) = F_j(t)\,; \quad j = 1,2,3,\cdots \qquad (1-5-92)$$

式中: $M_j = \int_0^l m(x) \varphi_j^2(x)\,\mathrm{d}x$ 为第 j 谐调的广义质量; $k_j = M_j \omega_j^2 = \omega_j^2 \int_0^l m(x) \varphi_j^2(x)\,\mathrm{d}x$ 为第 j 谐调广义刚度; $F_j(t) = \int_0^l F(x,t) \varphi_j(x)\,\mathrm{d}x$ 为第 j 谐调的广义干扰力。

式 $(1-5-92)$ 也可改写成

$$\ddot{p}_j(t) + \omega_j^2 p_j(t) = f_j(t) \qquad\qquad (1-5-93)$$

式中: $f_j(t) = \dfrac{F_j(t)}{M_j}$ 为与单位广义质量对应的广义干扰力。

式 $(1-5-93)$ 为二阶非齐次方程,由它可以求出主坐标 $p_j(t)$,即

$$p_j(t) = a_j \cos \omega_j t + b_j \sin \omega_j t + \frac{1}{\omega_j} \int_0^t f_j(\tau) \sin \omega_j(t-\tau)\,\mathrm{d}\tau \qquad (1-5-94)$$

式中: a_j、b_j 为积分常数,由初始条件来确定。

由于梁有无限多自由度,因而主坐标方程及它的解都有无限个。求得其解后代入式 $(1-5-89)$,即可最后求得梁的强迫振动的全解。

这种对梁动力响应的分析法称为主坐标法或模态(振型)叠加法。方法的关键在于将具有分布参数的连续系统按其固有振型离散化,将问题转化为一个个与固有振型有关的主坐标系统来处理。求得主坐标的动力响应,然后将一个个主振动的响应线性叠加,从而求得弹性系统的响应。由于实际上需要考虑的是对动力响应贡献大的分量,因此问题转化为有限个主坐标的离散参数系统。这种方法的应用,必须首先求得弹性系统的固有频率和

80

固有振型,然后才能按各固有振型分析,主坐标实际上只代表了各振型的响应幅值,而其之所以能离散为一个个单自由度系统来处理,关键在于各主振型是正交的,或者说各主振动是互相独立的。

若干扰力是一个集中干扰力 $Q(t)$,作用梁上 $x = c$ 点处,则只要认为它在 c 点的一个微段 Δx 里作用一个均布的干扰力 $Q(t)/\Delta x(\Delta x \to 0)$,即可得相应的广义力为

$$F_j(t) = Q(t)\varphi_j(c) \qquad (1-5-95)$$

然后按上述同样的步骤求解。

如若梁上受到的是分布简谐激振力,即

$$F(x,t) = F(x)\sin\omega t \qquad (1-5-96)$$

则式 $(1-5-93)$ 可进一步简化为

$$\ddot{p}_j + \omega_j^2 p_j = f_j\sin\omega t \qquad (1-5-97)$$

式中

$$f_j = \frac{\int_0^l F(x)\varphi_j(x)\,\mathrm{d}x}{\int_0^l m(x)\varphi_j^2(x)\,\mathrm{d}x} \qquad (1-5-98)$$

上式的稳态解为

$$p_j(t) = \frac{f_j}{\omega_j^2 - \omega^2}\sin\omega t \qquad (1-5-99)$$

将其代入式 $(1-5-89)$,即可得梁的稳态振动的动挠度为

$$y(x,t) = \sum_{j=1}^{\infty}\varphi_j(x)p_j(t) = \sum_{j=1}^{\infty}\varphi_j(x)\frac{f_j}{\omega_j^2 - \omega^2}\sin\omega t$$

$$= \sin\omega t\sum_{j=1}^{\infty}\frac{f_j}{\omega_j^2}\varphi_j(x)\alpha_j \qquad (1-5-100)$$

式中

$$\alpha_j = \frac{1}{1 - \left(\dfrac{\omega}{\omega_j}\right)^2} \qquad (1-5-101)$$

为第 j 谐调的无阻尼动力放大系数。

由式 $(1-5-100)$ 和式 $(1-5-101)$ 可见,当 $\omega = \omega_j$ 时,第 j 谐调的动力放大系数趋向于无限大,即发生第 j 谐调的共振。此时除第 j 谐调以外,其他各谐调的解可忽略不计,故梁的稳态振动近似为

$$y(x,t) \approx \frac{f_j}{\omega_j^2 - \omega^2}\varphi_j(x)\sin\omega t \qquad (1-5-102)$$

此时,梁的振动频率与激振力频率相同,也就是第 j 谐调固有频率,而其振型则近似为第 j 谐调的固有振型。

如果第 j 谐调的广义激振力 $f_j = 0$(激振力对第 j 谐调振动的分量等于零),则即使

$\omega = \omega_j$，仍不会发生第 j 谐调共振。这与单自由度系统的共振不同，其原因是外载荷对第 j 谐调振型不做功，即

$$F_j = M_j f_j = \int_0^l F(x) \varphi_j(x) \,\mathrm{d}x = 0 \qquad (1-5-103)$$

因为激振力频率总是有限的，且随着谐调数的提高，广义刚度将相应提高，所以式 $(1-5-100)$ 中，不发生共振的情况下，高谐调分量占整个振动位移中的比例较小，故在对实际的梁进行分析时，其动力响应常近似地取式 $(1-5-100)$ 级数中的最初几个谐调。

1.5.1.3 梁的有阻尼强迫振动

在实际的振动系统中总是存在着阻力的作用，它使得自由振动受到阻滞而逐渐衰减。这种使系统的振动受到阻滞和减弱，系统的能量随运动或时间而损耗的阻力称为阻尼或阻尼力。

考虑阻尼的影响，梁的强迫振动微分方程依然可用振型叠加法来求解。

设微分方程的一般解为

$$y(x,t) = \sum_{s=1}^{\infty} \varphi_s(x) p_s(t) \qquad (1-5-104)$$

式中：$\varphi_s(x)$ 为无阻尼自由振动的固有振型；$p_s(t)$ 为有阻尼强迫振动的主坐标。应该指出，它虽然与无阻尼时的一般解形式完全一样，但其内容却有区别。这表示仍把强迫振动分解为一系列主振动 $\varphi_s(x) p_s(t)$ 的级数和，将其代入梁的强迫振动微分方程，可得

$$\sum_{s=1}^{\infty} m(x)\varphi_s(x)\ddot{p}_s(t) + \sum_{s=1}^{\infty} c(x)\varphi_s(x)\dot{p}_s(t) + \sum_{s=1}^{\infty} \frac{\mathrm{d}^2}{\mathrm{d}x^2}\left(c_s I(x) \frac{\mathrm{d}^2 \varphi_s(x)}{\mathrm{d}x^2} \right)\dot{p}_s(t)$$

$$+ \sum_{s=1}^{\infty} \frac{\mathrm{d}^2}{\mathrm{d}x^2}\left(EI(x) \frac{\mathrm{d}^2 \varphi_s(x)}{\mathrm{d}x^2} \right)p_s(t) = F(x,t) \qquad (1-5-105)$$

将此式等号两边乘以固有振型 $\varphi_j(x)$（$j=1,2,3,\cdots$），然后沿全梁积分，计及正交条件，有

$$\int \varphi_s(x)\varphi_j(x) = 0$$

并考虑到

$$\frac{\mathrm{d}^2}{\mathrm{d}x^2}\left[EI(x) \frac{\mathrm{d}^2 \varphi_j(x)}{\mathrm{d}x^2} \right] = m(x)\omega_j^2 \varphi_j(x)$$

便可得到

$$M_j \ddot{p}_j(t) + \sum_{s=1}^{\infty} \int_0^l \varphi_j(x)\left\{ c(x)\varphi_s(x) + \frac{\mathrm{d}^2}{\mathrm{d}x^2}\left[c_s I(x) \frac{\mathrm{d}^2 \varphi_s(x)}{\mathrm{d}x^2} \right] \right\}\mathrm{d}x\,\dot{p}_s(t)$$

$$+ \omega_j^2 M_j p_j(t) = F_j(t) \quad ; j=1,2,3,\cdots \qquad (1-5-106)$$

式中

$$M_j = \int_0^l m(x)\varphi_j^2(x)\,\mathrm{d}x \qquad (1-5-107)$$

$$F_j(t) = \int_0^l F(x,t)\varphi_j(x)\mathrm{d}x \qquad (1-5-108)$$

讨论如下:

(1) 以上式中 ω_j 为第 j 谐调无阻尼振动的固有频率;M_j、$F_j(t)$ 为第 j 谐调广义质量和广义激振力。由式(1-5-103)可以看出,由于内阻尼和黏性阻尼的存在,因而系统不同振型的运动之间将存在耦合作用,即不同阶的振型不能分离,因此 $p_j(t)$ 不是主坐标。

(2) 如令阻尼系数与刚度、质量分布成正比,这样可使式(1-5-103)中的不同振型的耦合解除,即令

$$\begin{cases} c(x) = a_0 m(x) \\ c_s = a_1 E \end{cases} \qquad (1-5-109)$$

式中:a_0、a_1 分别为具有时间的倒数和时间因次的比例系数,可通过实验求得,代入式(1-5-103),得

$$M_j \ddot{p}_j(t) + \sum_{s=1}^{\infty} \int_0^l \varphi_j(x) \left\{ a_0 m(x)\varphi_s(x) + \frac{\mathrm{d}^2}{\mathrm{d}x^2}\left[a_1 EI(x) \frac{\mathrm{d}^2\varphi_s(x)}{\mathrm{d}x^2} \right] \right\}\mathrm{d}x\, \dot{p}_s(t)$$
$$+ \omega_j^2 M_j p_j(t) = F_j(t); j = 1,2,3,\cdots \qquad (1-5-110)$$

考虑正交条件,可知:和式中仅 $j=s$ 项存在以及式 $EI\varphi_s^{iV} = m\omega_s^2\varphi_s(x)$,得

$$M_j \ddot{p}_j(t) + (a_0 M_j + a_1\omega_j^2 M_j)\dot{p}_j(t) + \omega_j^2 M_j p_j(t) = F_j(t); j = 1,2,3,\cdots$$
$$(1-5-111)$$

在此种情况下便将耦合解除,此时 $p_j(t)$ 为主坐标。

(3) 对式(1-5-111)除以广义质量 M_j,并引入无因次阻尼比 ζ_j,使

$$\zeta_j = \frac{a_0}{2\omega_j} + \frac{a_1\omega_j}{2} \qquad (1-5-112)$$

则式(1-5-111)变为

$$\ddot{p}_j(t) + (a_0 + a_1\omega_j^2)\dot{p}_j(t) + \omega_j^2 p_j(t) = \frac{F_j(t)}{M_j}$$

引入 ζ_j,得

$$\ddot{p}_j(t) + 2\zeta_j\omega_j\dot{p}_j(t) + \omega_j^2 p_j(t) = f_j(t) \qquad (1-5-113)$$

式中

$$f_j(t) = \frac{F_j(t)}{M_j}$$

式(1-5-113)即为单自由度系统阻尼强迫振动的标准形式,其解为

$$p_j(t) = \mathrm{e}^{-\zeta_j\omega_j t}(a_j\sin\omega_{\mathrm{d}j}t + b_j\cos\omega_{\mathrm{d}j}t)$$
$$+ \frac{1}{\omega_{\mathrm{d}j}}\int_0^l f_j(\tau)\mathrm{e}^{-\zeta_j\omega_j(t-\tau)}\sin\omega_{\mathrm{d}j}(t-\tau)\mathrm{d}\tau \qquad (1-5-114)$$

式中

$$\omega_{dj} = \omega_j \sqrt{1 - \zeta_j^2} \qquad (1-5-115)$$

（4）当分布力为简谐激振力，即 $F(x,t) = F(x)\sin\omega t$ 时，则式（1-5-113）变为

$$\ddot{p}_j(t) + 2\zeta_j\omega_j \dot{p}_j(t) + \omega_j^2 p_j(t) = f_j\sin\omega t \qquad (1-5-116)$$

式中

$$f_j = \frac{\int_0^l F(x)\varphi_j(x)\,\mathrm{d}x}{\int_0^l m\varphi_j^2(x)\,\mathrm{d}x} \qquad (1-5-117)$$

由第 1 章所介绍的内容，并令频率比 $\dfrac{\omega}{\omega_j} = \gamma_j$，不难得到式（1-5-113）强迫振动的稳态特解，即

$$p_j(t) = A_j\sin(\omega t - \beta_j) \qquad (1-5-118)$$

式中

$$\begin{cases} A_j = \dfrac{f_j}{\omega_j^2} \dfrac{1}{\sqrt{(1 - \gamma_j^2)^2 + 4\zeta_j^2\gamma_j^2}} \\[4mm] \beta_j = \arctan\dfrac{2\zeta_j\gamma_j}{1 - \gamma_j^2} \end{cases}$$

于是，系统强迫振动的稳态解为

$$y(x,t) = \sum_{j=1}^\infty \varphi_j(x)p_j(t) = \sum_{j=1}^\infty \frac{f_j}{\omega_j^2} \frac{\varphi_j(x)}{\sqrt{(1 - \gamma_j^2)^2 + 4\zeta_j^2\gamma_j^2}}\sin(\omega t - \beta_j)$$

$$(1-5-119)$$

（5）当 $\omega = \omega_j$，j 很小，即系统发生第 j 低谐调共振时，系统的共振响应近似为

$$y(x,t) \approx -\frac{f_j}{\omega_j^2} \frac{\varphi_j(x)}{2\zeta_j}\cos\omega t \qquad (1-5-120)$$

这表明，有阻尼系统的实际共振振幅响应不会趋于无穷大，而是趋向于一个较大的有限值。

1.5.1.4 梁的纵向振动

前面讨论了梁的弯曲振动，本节主要是以直梁的纵向自由振动为例来讨论梁纵向振动的特点。这种情形的一个典型的例子就是打桩。

一、等直梁纵向自由振动的微分方程及其求解

如图 1-5-13 所示，直梁在平面内作纵向自由振动，其要求为梁长度 l 与横向尺寸相比足够大，梁剖面上各点的横向位移与纵向位移相比可以近似忽略。因而梁的任一剖面 x 在任意时刻 t 可以由 $u(x,t)$ 来单值地确定。

在梁上取一个单元段 $\mathrm{d}x$，此时梁只受轴向力作用，设纵向位移为

$$u = u(x,t) \qquad (1-5-121)$$

轴向力为

$$T = T(x,t) \qquad (1-5-122)$$

两者的方向取与剖面外法线方向一致,因此,由单向应力状态的胡克定律可知,剖面上各点的应力——应变关系为

$$\sigma = E\varepsilon = E\frac{\partial u}{\partial x} \qquad (1-5-123)$$

式中:E 为弹性模量。

从而得剖面上的轴向力为

$$T = \sigma A = AE\frac{\partial u}{\partial x} \qquad (1-5-124)$$

式中:A 为梁的横剖面面积。

由达朗贝尔原理建立平衡条件为

$$T + f_1 \mathrm{d}x - \left(T + \frac{\partial T}{\partial x}\mathrm{d}x\right) = 0$$

$$(1-5-125)$$

式中:f_1 为单位长度的惯性力,可以写成

$$f_1 = m\frac{\partial^2 u}{\partial t^2} = \frac{\gamma A}{g}\frac{\partial^2 u}{\partial t^2}$$

式中:γ 为直梁的材料重度;g 为重力加速度。

故式(1-5-125)可改写成

$$\frac{\partial T}{\partial x} = \frac{\gamma A}{g}\frac{\partial^2 u}{\partial t^2} \qquad (1-5-126)$$

将式(1-5-124)代入式(1-5-126)中,便可得等直梁的纵向自由振动的微分方程式为

$$AE\frac{\partial^2 u}{\partial x^2} = \frac{\gamma A}{g}\frac{\partial^2 u}{\partial t^2} \qquad (1-5-127)$$

进一步简化,得

$$\frac{\partial^2 u}{\partial t^2} = \frac{gE}{\gamma}\frac{\partial^2 u}{\partial x^2} = c^2\frac{\partial^2 u}{\partial x^2} \qquad (1-5-128)$$

式中:c 为在梁中传播的波速,可表示成

$$c = \sqrt{\frac{gE}{\gamma}} = \sqrt{\frac{E}{\rho}} \qquad (1-5-129)$$

其中:ρ 为直梁的材料密度;

仍然用分离变量法来求解方程,设方程(1-5-128)的解为

$$u(x,t) = \varphi(x)p(t) \qquad (1-5-130)$$

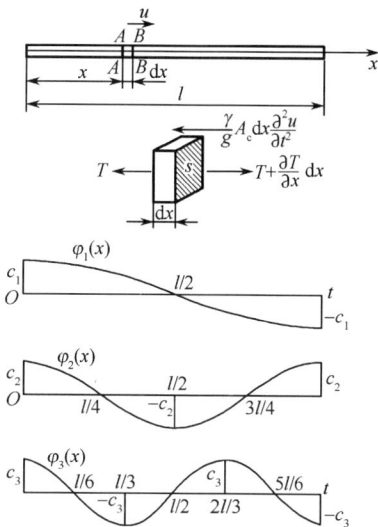

图 1-5-13 直杆的纵向振动

代入方程(1 – 5 – 128)中,得

$$\frac{c^2 \dfrac{\mathrm{d}^2 \varphi(x)}{\mathrm{d}x^2}}{\varphi(x)} = \frac{\dfrac{\mathrm{d}^2 p(t)}{\mathrm{d}t^2}}{p(t)} \qquad (1 – 5 – 131)$$

上式中当有振动形式解时,必须令式(1 – 5 – 101)之比例值为一负实数 $-\omega_n^2$,于是由式(1 – 5 – 101)可得关于主坐标 $p(t)$ 及主振型 $\varphi(x)$ 的微分方程,即

$$\begin{cases} \ddot{p}(t) + \omega^2 p(t) = 0 \\ \varphi''(x) + \dfrac{\omega^2}{c^2} \varphi(x) = 0 \end{cases} \qquad (1 – 5 – 132)$$

令

$$\mu = \frac{\omega}{c} = \omega \sqrt{\frac{\rho}{E}} \qquad (1 – 5 – 133)$$

为梁纵向自由振动的频率参数。

主坐标方程的解为

$$p(t) = p\sin(\omega t + \theta) = \overline{A}\cos\omega t + \overline{B}\sin\omega t \qquad (1 – 5 – 134)$$

式中:ω 为固有频率;p、$\theta(\overline{A}、\overline{B})$ 分别为由初始条件确定的积分常数。

主振型方程的解为

$$\varphi(x) = C\cos\mu x + D\sin\mu x \qquad (1 – 5 – 135)$$

式中:C、D、μ 分别为由边界条件确定的积分常数。

二、典型的边界条件

(1) 自由端。纵向力(或应力)为零,即有

$$\frac{\partial u}{\partial x} = 0$$

也可以表示成

$$\varphi'(x) = 0 \qquad (1 – 5 – 136)$$

(2) 固定端。纵向位移为零,即有

$$u = 0$$

同样,也可以表示成

$$\varphi(x) = 0 \qquad (1 – 5 – 137)$$

(3) 弹性支承端。设梁的右端为弹性支承,如图 1 – 5 – 14(a) 所示,则此处轴向内力等于弹性力,即

$$ku(l,t) = -EA\frac{\partial u(l,t)}{\partial x}$$

也可以写成

$$k\varphi(l) = -EA\varphi'(l) \qquad (1 – 5 – 138)$$

(4) 惯性载荷。设梁的右端附一集中质量块,如图 1 – 5 – 14(b) 所示,则此处的轴向

内力等于质量的惯性力,即

$$m\frac{\partial^2 u(l,t)}{\partial t^2} = -EA\frac{\partial u(l,t)}{\partial x}$$

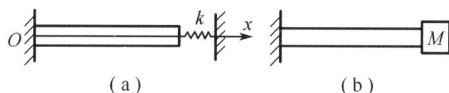

图 1 – 5 – 14　两类边界条件

等直梁纵向振动的固有频率与梁的材料(介质)有关,可以以特定梁的两端边界条件,来求得频率方程,固有频率和振型常数的比例求解的步骤与梁的横振动问题相类似,而且更加简单。因梁的纵向振动是二阶微分方程,因此只需要两个边界条件即可确定。

下面以两端全自由的梁为例来说明纵向自由振动的求解过程,此时,梁的两端边界条件可写成

$$\begin{cases} \varphi'(0) = 0 \\ \varphi'(l) = 0 \end{cases} \qquad (1-5-139)$$

由式(1 – 5 – 135)可得

$$\varphi'(x) = -C\mu\sin\mu x + D\mu\cos\mu x \qquad (1-5-140)$$

将式(1 – 5 – 140)代入式(1 – 5 – 139)所示的边界条件可得

$$\begin{cases} \varphi'(0) = D\mu = 0 \\ \varphi'(l) = -C\mu\sin\mu l + D\mu\cos\mu l = 0 \end{cases} \qquad (1-5-141)$$

由于频率参数 μ 不能为零,因此由式(1 – 5 – 141)可得

$$\begin{cases} D = 0 \\ C\mu\sin\mu l = 0 \end{cases}$$

由于参数 C、D 不能全为零,即有 $C \neq 0$,故由上式可得

$$\sin\mu l = 0 \qquad (1-5-142)$$

式(1 – 5 – 142)即为两端全自由梁的频率方程,由此可得

$$\mu_j l = j\pi$$

即

$$\mu_j = \frac{j\pi}{l}$$

将上式代入式(1 – 5 – 133),可得

$$\mu_j = \frac{\omega_j}{c} = \frac{j\pi}{l}; j = 1,2,3,\cdots,n \qquad (1-5-143)$$

再应用 $c = \sqrt{\dfrac{E}{\rho}}$,进一步可得

$$\omega_j = \frac{j\pi}{l}\sqrt{\frac{E}{\rho}}; j = 1,2,3,\cdots,n \qquad (1-5-144)$$

当 $j = 0$ 时,得到一个零频率,则系统不振动,表明梁在 x 轴方向的刚体运动。在求得固有频率 ω_j 后,进而可求得固有振型 $\varphi_j(x)$,应用式 $(1-5-135)$,得

$$\varphi_j(x) = C_j\cos\mu_j x + D_j\sin\mu_j x$$

因为 $D = 0$,即 $D_j = 0$。所以

$$\varphi_j(x) = C_j\cos\mu_j x$$

将式 $(1-5-144)$ 代入上式,可得

$$\varphi_j(x) = C_j\cos\frac{j\pi}{l}x; j = 1,2,3,\cdots,n \qquad (1-5-145)$$

于是便可得到纵向自由振动的全解为

$$w(x,t) = \sum_{j=1}^{\infty}\varphi_j(x)p_j(t) = \sum_{j=1}^{\infty}C_j\cos\frac{j\pi}{l}x\left(\overline{A}_j\cos\frac{j\pi at}{l} + \overline{B}_j\sin\frac{j\pi at}{l}\right)$$

$$(1-5-146)$$

上式振型 $\varphi_j(x)$ 前的待定常数已并入 $\overline{A}_j$ 与 $\overline{B}_j$ 中,可由初始条件确定。其处理方法与梁的横振动完全一致。这样,梁的纵向振动的一般解便可以得到了。

应该指出,梁纵向振动的固有频率(参见式 $(1-5-144)$ 与声波在介质中的传播速度 $c\left(c = \sqrt{\dfrac{E}{\rho}}\right)$ 成比例,它取决于材料的性质和梁的长度,而与其横剖面尺寸无关。这是梁的纵向振动和横向振动的一个显著的不同之处。

1.5.1.5 梁的扭转振动

一、梁扭转振动的方程

假定梁的截面是圆的,在其扭转时,每一个截面绕过截面形心的轴线转动一个角度 θ,横截面仍保持为平面。振动时,扭转角 θ 不仅依赖于空间坐标 x,而且依赖于时间 t。横截面上每一点的位移由该截面的扭转角唯一确定。扭转角 θ 可以作为截面的广义坐标。设梁长为 l,单位体积的质量为 ρ,横截面对其扭转中心的极惯性矩为 J_p,材料的剪切弹性模量为 G。在坐标为 x 的截面处,取一长度为 $\mathrm{d}x$ 的微段,其受力如图 $1-5-15(\mathrm{b})$ 所示。由此可列出运动微分方程为

$$T - \left(T + \frac{\partial T}{\partial x}\mathrm{d}x\right) + \rho J_\mathrm{p}\frac{\partial^2\theta}{\partial t^2}\mathrm{d}x = 0$$

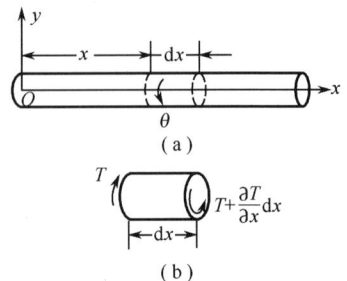

图 $1-5-15$ 轴的扭振

化简后可得

$$\frac{\partial T}{\partial x} = \rho J_\mathrm{p}\frac{\partial^2\theta}{\partial t^2} \qquad (1-5-147)$$

由材料力学可知,扭矩与转角的关系为

$$T = GJ_\mathrm{p}\frac{\partial\theta}{\partial x} \qquad (1-5-148)$$

将其代入式 $(1-5-147)$ 中,可得

$$\frac{\partial}{\partial x}\left[GJ_{\mathrm{p}}\frac{\partial\theta}{\partial x}\right] = \rho J_{\mathrm{p}}\frac{\partial^2\theta}{\partial t^2} \qquad (1-5-149)$$

上式即为圆轴扭转振动方程。当为等截面圆梁时,GJ_{p} 为常量,则上式又可写成

$$\frac{\partial^2\theta}{\partial x^2} = \frac{1}{c^2}\frac{\partial^2\theta}{\partial t^2} \qquad (1-5-150)$$

式中:$c = \sqrt{\dfrac{G}{\rho}}$ 为材料中剪切波的传播速度。

二、扭转振动常见的边界条件

常见的扭转振动的边界条件有以下几种:

(1)自由端。该处的扭矩为零,即

$$\frac{\partial\theta(x,t)}{\partial x} = 0 \qquad (1-5-151)$$

(2)固定端。该处的转角为零,即

$$\theta(x,t) = 0 \qquad (1-5-152)$$

(3)弹性支承。若梁的右端通过刚度为 K 的扭簧与固定点相连,则

$$K\theta(l,t) = -GJ_{\mathrm{p}}\frac{\partial\theta(l,t)}{\partial x} \qquad (1-5-153)$$

(4)惯性载荷。若梁的右端附有一个圆盘,则有

$$J_0\frac{\partial^2\theta(l,t)}{\partial t^2} = -GJ_{\mathrm{p}}\frac{\partial\theta(l,t)}{\partial x} \qquad (1-5-154)$$

其中:J_0 为圆盘对转轴的转动惯量。

例 1 - 5 - 1 设轴的一端固定、另一端附有圆盘,如图 1 - 5 - 16 所示。圆盘对转轴的转动惯量为 J_0,试考察这一系统的扭转固有频率与振型函数。

解:用分离变量法求解,设轴的扭转振动可表示为

$$\theta(x,t) = \varphi(x)\theta(t)$$

将其代入方程(1 - 5 - 150),可得

$$\begin{cases} \theta(t) = A\cos\omega t + B\sin\omega t \\ \varphi(x) = C\cos\mu x + D\sin\mu x \end{cases}$$

图 1 - 5 - 16 带圆盘的轴

式中

$$\mu = \frac{\omega}{c}$$

轴左端为固定端,其边界条件为 $\theta(0,t) = 0$,也可写成

$$\varphi(0) = 0 \qquad (1-5-155)$$

轴右端有附加载荷,其边界条件为

$$J_0\frac{\partial^2\theta(l,t)}{\partial t^2} = -GJ_{\mathrm{p}}\frac{\partial\theta(l,t)}{\partial x}$$

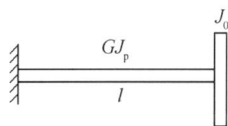

也可写成

$$J_0\omega^2\varphi(l) = -GJ_p\varphi'(l) \qquad\qquad (1-5-156)$$

由式(1-5-152)可得

$$D = 0$$

由式(1-5-156)可得

$$J_0\omega^2\sin\mu l = GJ_p\mu\cos\mu l$$

也可写成

$$\beta\tan\beta = \alpha$$

式中：$\alpha = \dfrac{\rho J_p l}{J_0}$，其物理意义为轴的转动惯量与圆盘转动惯量之比。上式即为轴的频率方程。对于给定的 α 值，不难找出轴系固有频率的数值解。

1.5.1.6 梁的剪切振动

本节主要是以高腹板直梁的剪切自由振动为例来讨论直梁剪切振动的特点。若梁的长度 l 与高度 h 的比值小到一定程度时，此时梁主要发生剪切变形，而弯曲变形却大大减小，相对其可忽略不计，这种梁称为高腹板梁，这种运动称为剪切振动。

在梁上取一微段 $\mathrm{d}x$，如图 1-5-17 所示，不考虑梁上的弯矩以及由它引起的剖面转动（$\theta = 0$），若令 $F(x,t) = 0$，则根据达朗贝尔原理，可得其垂向力的平衡条件，即

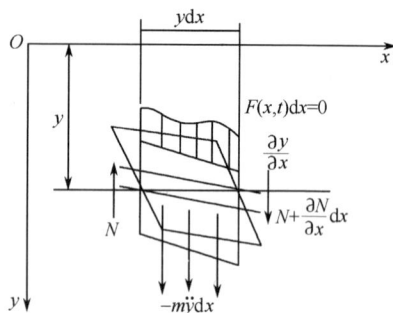

图 1-5-17　高腹梁的剪切变形

$$\sum F = 0$$

$$N + \frac{\partial N}{\partial x}\mathrm{d}x - N - m\ddot{y}\mathrm{d}x = 0$$

进一步得

$$\frac{\partial N}{\partial x} - m\ddot{y} = 0$$

即有

$$\frac{\partial N}{\partial x} = m\frac{\partial^2 y}{\partial t^2}$$

从而上式可改写成

$$\frac{\partial N}{\partial x} = \frac{\gamma A}{g}\frac{\partial^2 y}{\partial t^2} \qquad\qquad (1-5-157)$$

式中：A 为梁的横剖面面积；γ 为梁的材料重度；g 为重力加速度。
再由剪力公式

$$N = k_0 GA \frac{\partial y}{\partial x} \qquad (1-5-158)$$

式中:k_0 为与横剖面形状尺寸有关的系数。

将式(1 – 5 – 158)代入式(1 – 5 – 157)中,可得

$$\frac{\partial}{\partial x}\left(k_0 GA \frac{\partial y}{\partial x}\right) = \frac{\gamma A}{g} \frac{\partial^2 y}{\partial t^2}$$

即有

$$\frac{k_0 Gg}{\gamma} \frac{\partial^2 y}{\partial x^2} = \frac{\partial^2 y}{\partial t^2} \qquad (1-5-159)$$

由于梁材料的密度 $\rho = \dfrac{\gamma}{g}$,将其代入上式,可得

$$\frac{k_0 G}{\rho} \frac{\partial^2 y}{\partial x^2} = \frac{\partial^2 y}{\partial t^2} \qquad (1-5-160)$$

再令 $c^2 = \dfrac{k_0 G}{\rho}$,即

$$c = \sqrt{\frac{k_0 G}{\rho}}$$

式中:c 为高腹梁剪切波的传播速度。

这样,式(1 – 5 – 160)可改写为

$$\frac{\partial^2 y}{\partial t^2} = c^2 \frac{\partial^2 y}{\partial x^2} \qquad (1-5-161)$$

方程(1 – 5 – 161)即为剪切振动方程,该方程与纵向振动方程(1 – 5 – 128)和扭转振动式(1 – 5 – 150)相类似,求解方法与解的形式也类似。

1.5.2 板的振动

1.5.2.1 微分方程

薄板是指厚度比其他尺度小得多的板,板的上、下表面之间的对称面称为板的中面。现假定薄板是由各向同性弹性材料做成的,以板变形前的中面为 Oxy 平面,建立如图 1 – 5 – 18 所示的坐标。同时,假定板在振动时的挠度比它的厚度要小,这样板中面力的影响可以忽略,而且在变形前垂直于中面的法线在变形的过程中始终垂直于当时的中面。在以上这些假设的前提下,根据应力、应变与位移之间的关系,可得在直角坐标下,薄板在静荷载 $F(x,y)$ 作用下的平衡方程为

$$D\left(\frac{\partial^4 w}{\partial x^4} + 2\frac{\partial^4 w}{\partial x^2 \partial y^2} + \frac{\partial^4 w}{\partial y^4}\right) = F(x,y)$$

$$(1-5-162)$$

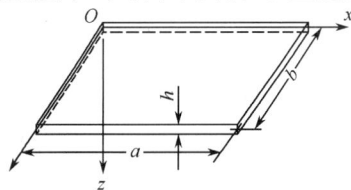

图 1 – 5 – 18 板的 Oxy 坐标平面

式中:w 为板的中面挠度,$w = w(x,y)$;D 为薄板的抗弯刚度,$D = \dfrac{Eh^3}{12(1-\mu^2)}$;$\mu$ 为泊松比;h 为平板的厚度。

而对于平板的横向弯曲振动问题,有

$$\begin{cases} F = F(x,y,t) \\ w = w(x,y,t) \end{cases}$$

根据达朗贝尔原理,计入平板在横振动时所产生的惯性力 $f_{\mathrm{I}} = -\rho h \dfrac{\partial^2 w}{\partial t^2}$,则由式(1 − 5 − 162)可得板的横向振动微分方程为

$$D\left(\frac{\partial^4 w}{\partial x^4} + 2\frac{\partial^4 w}{\partial x^2 \partial y^2} + \frac{\partial^4 w}{\partial y^4} \right) + \rho h \frac{\partial^2 w}{\partial t^2} = F(x,y,t) \qquad (1-5-163)$$

式中:ρ 为薄板单位体积的质量;$F(x,y,t)$ 为板单位面积上的动力载荷。

1.5.2.2 矩形薄板简单的边界条件

对于矩形板,其简单的边界条件有:

(1)自由边。

在 $x = 0$,$x = a$ 处,有

$$\begin{cases} \dfrac{\partial^2 w}{\partial x^2} + v\dfrac{\partial^2 w}{\partial y^2} = 0 \\[3mm] \dfrac{\partial^3 w}{\partial x^3} + (2-v)\dfrac{\partial^3 w}{\partial x \partial y^2} = 0 \end{cases} \qquad (1-5-164)$$

在 $y = 0$,$y = b$ 处,有

$$\begin{cases} \dfrac{\partial^2 w}{\partial y^2} + v\dfrac{\partial^2 w}{\partial x^2} = 0 \\[3mm] \dfrac{\partial^3 w}{\partial y^3} + (2-v)\dfrac{\partial^3 w}{\partial x^2 \partial y} = 0 \end{cases} \qquad (1-5-165)$$

(2)固定边。

在 $x = 0$,$x = a$ 处,有

$$\begin{cases} w = 0 \\[3mm] \dfrac{\partial w}{\partial x} = 0 \end{cases} \qquad (1-5-166)$$

在 $y = 0$,$y = b$ 处,有

$$\begin{cases} w = 0 \\[3mm] \dfrac{\partial w}{\partial y} = 0 \end{cases} \qquad (1-5-167)$$

（3）简支边。

在 $x = 0, x = a$ 处,有

$$
\begin{cases}
w = 0 \\
\dfrac{\partial^2 w}{\partial x^2} = 0
\end{cases}
\qquad (1 - 5 - 168)
$$

在 $y = 0, y = b$ 处,有

$$
\begin{cases}
w = 0 \\
\dfrac{\partial^2 w}{\partial y^2} = 0
\end{cases}
\qquad (1 - 5 - 169)
$$

1.5.2.3　矩形薄板的自由振动

当外界激振力 $F(x, y, t) = 0$ 时,方程$(1 - 5 - 163)$ 变为

$$
D\left(\frac{\partial^4 w}{\partial x^4} + 2\frac{\partial^4 w}{\partial x^2 \partial y^2} + \frac{\partial^4 w}{\partial y^4} \right) + \rho h \frac{\partial^2 w}{\partial t^2} = 0 \qquad (1 - 5 - 170)
$$

这就是矩形平板横向自由振动方程。下面以四周简支矩形平板的自由振动为例,来讨论平板振动的解的形式。

设方程$(1 - 5 - 170)$ 的解为

$$
w(x, y, t) = \sum_j \sum_s A_{js} \sin\frac{j\pi x}{a} \sin\frac{s\pi x}{b} \sin(\omega_{js} t + \theta_{js}). \qquad (1 - 5 - 171)
$$

很显然,该解是满足边界条件的。将式$(1 - 5 - 171)$ 代入方程$(1 - 5 - 170)$ 中并消去相同项,整理后可得

$$
D\left[\left(\frac{j\pi}{a}\right)^4 + 2\left(\frac{j\pi}{a}\right)^2 \left(\frac{s\pi}{b}\right)^2 + \left(\frac{s\pi}{b}\right)^4 \right] + \rho h(-\omega_{js}^2) = 0
$$

即

$$
D\left[\left(\frac{j\pi}{a}\right)^2 + \left(\frac{s\pi}{b}\right)^2 \right]^2 = \rho h \omega_{js}^2
$$

从而可得

$$
\omega_{js}^2 = \frac{D}{\rho h}\left[\left(\frac{j\pi}{a}\right)^2 + \left(\frac{s\pi}{b}\right)^2 \right]^2 \qquad (1 - 5 - 172)
$$

所以有

$$
\omega_{js} = \left[\left(\frac{j\pi}{a}\right)^2 + \left(\frac{s\pi}{b}\right)^2 \right]\sqrt{\frac{D}{\rho h}}; j = 1, 2, 3, \cdots, s = 1, 2, 3, \cdots \qquad (1 - 5 - 173)
$$

ω_{js} 即为四周简支矩形平板横向自由振动的固有频率,相应的固有振型为

$$
\varphi_{js}(x, y) = A_{js} \sin\frac{j\pi x}{a} \sin\frac{s\pi y}{b}; j = 1, 2, 3\cdots, s = 1, 2, 3, \cdots \qquad (1 - 5 - 174)
$$

对于其他边界条件情况,例如,有一对边简支的矩形板,设在 $y = 0$ 和 $y = b$ 处简支,而

另一对边任意支承时,则其自由振动的解可写成

$$w(x,y,t) = \varphi(x,y)\sin(\omega t + \theta) = X(x)\sin\frac{s\pi y}{b}\sin(\omega t + \theta) \qquad (1-5-175)$$

若四边均任意支承,则可设解为

$$w(x,y,t) = X(x)Y(y)\sin(\omega t + \theta) \qquad (1-5-176)$$

显然,由此解方程(1-5-162)和方程(1-5-170)在数学上是困难的,可应用能量法或有限元法解。

现仍以四边简支矩形板为例说明能量法的应用。与梁的振动一样,板的振动也是由无限多个主振动叠加而成的,而对于每一个主振动,可以把它看成是一个单自由度系统的振动,因此同样可采用等效法求出等效系统的刚度和质量,从而求得频率。

现在求首谐固有频率。设板自由弯曲振动首谐主振型为

$$w(x,y) = \sin\frac{\pi x}{a}\sin\frac{\pi y}{b} \qquad (1-5-177)$$

自由振动的挠度方程为

$$w(x,y,t) = \sin\frac{\pi x}{a}\sin\frac{\pi y}{b}\sin(\omega t + \theta)$$

取板的中点$\left(x = \dfrac{a}{2}, y = \dfrac{b}{2}\right)$作诱导点,可求得等效质量和等效刚度分别为

$$M_e = \int_0^a\int_0^b\left[\sin\frac{\pi x}{a}\sin\frac{\pi y}{b}\right]^2 \mathrm{d}x\mathrm{d}y = \rho h\frac{ab}{4} \qquad (1-5-178)$$

$$K_e = \frac{\pi^2}{4}Dab\left(\frac{1}{a^2} + \frac{1}{b^2}\right) \qquad (1-5-179)$$

因此,板的自由振动频率为

$$\omega_n^2 = \frac{K_e}{M_e} = \pi^4\frac{D}{\rho h}\left(\frac{1}{a^2} + \frac{1}{b^2}\right) \qquad (1-5-180)$$

可见,与解析解的结果式(1-5-172)一致。

*1.5.3 迁移矩阵法

1.5.3.1 概述

迁移矩阵法是一种适宜于电子计算机的数值解法。原则上,它对离散系统或连续系统都是合适的。它的基本方法是将复杂的弹性系统分解为一些具有简单的弹性和动力性质的部件,将这些部件的结合点处作为考察点,根据不同的问题和要求,列出结合点处的状态矢量,并根据振动时弹性系统部件之间的传递关系列出迁移矩阵,利用弹性系统的边界条件,从而求得振动系统的数值解。

工程实际中的一些弹性件,如连续梁、曲轴等,可以视为一系列弹性部件的链状结合,这类问题用迁移矩阵是很适宜的。因为解这样的问题,大量的运算是矩阵相乘,而矩阵的阶数只取决于系统的微分方程的阶数,因此链接结构的中间情况及自由度的数目将不会

造成困难。虽然迁移矩阵法对于处理分枝系统和耦合系统也是可以的,但对复杂的问题,用有限元法更为方便。本节将限于讨论梁的弯曲振动的迁移矩阵法。

1.5.3.2　梁自由弯曲振动的场迁移矩阵

所谓状态矢量,即是各部件连接点处(称为节点)状态(包括该点的变形与内力的大小)参数所构成的列阵。对于梁的弯曲,其一点的状态参数为挠度 ω、转角 θ、弯矩 M 及剪力 N,故状态矢量为

$$z = \left[\omega, \theta, M, N \right] \qquad (1-5-181)$$

在这种排列方法中,位移参数放在上半列,而内力参数则放在下半列,相对于列的中心是镜面对称的。其他各种具体问题的状态矢量都是因问题而异的,此处不予讨论。

为导出梁的迁移矩阵,必须规定坐标与符号规则。此处用右手坐标系,从梁上切出两个表面,外法线方向指向 x 轴正向的为正面,反之则为负面。认定和坐标轴正向方向一致的位移矢量为正。约定作用于正面上的力矢量(或力矩矢量)与坐标轴正方向一致为正。

将研究的变断面梁划分和简化为若干长为 l_j 的均匀等直梁段,利用均匀等直梁的弯曲微分方程及其解,将梁段两端的状态矢量以矩阵形式联系起来,即得到场迁移矩阵。下面推导梁弯曲的场迁移矩阵。

计及剪切变形和剖面转动惯量影响的梁的弯曲振动微分方程的解为

$$\omega(x,t) = \omega(x)\sin(\lambda t + \beta) \qquad (1-5-182)$$

式中:λ 为振动频率;$\omega(x)$ 为振型。

将上式变形得

$$\frac{\mathrm{d}^4\omega}{\mathrm{d}x^4} + \frac{m\lambda^2}{EI}\left(\frac{EI}{Gk'A_c} + r^2\right)\frac{\mathrm{d}^2\omega}{\mathrm{d}x^2} - \frac{m\lambda^2}{EI}\left(1 - \frac{mr^2\lambda^2}{Gk'A_c}\right)\omega = 0 \qquad (1-5-183)$$

令

$$\sigma = \frac{m\lambda^2}{Gk'A_c}l^2 \qquad (1-5-184)$$

$$\tau = \frac{mr^2\lambda^2}{EI}l^2 \qquad (1-5-185)$$

$$\beta^4 = \frac{m\lambda^2}{EI}l^4 \qquad (1-5-186)$$

于是,式(1-5-183)可改写为

$$\frac{\mathrm{d}^4\omega}{\mathrm{d}x^4} + \frac{\sigma+\tau}{l^2}\frac{\mathrm{d}^2\omega}{\mathrm{d}x^2} - \frac{\beta^4-\sigma\tau}{l^4}\omega = 0 \qquad (1-5-187)$$

这是四阶常系数线性齐次常微分方程式,其解为

$$\omega = \bar{c}\mathrm{e}^{sx/l} \qquad (1-5-188)$$

式中:$\bar{c}$ 为常数。

将其解代入式(1-5-183),可得关于 s 的特征方程,即

$$s^4 + (\sigma + \tau)s^2 - (\beta^4 - \sigma\tau) = 0 \qquad (1 - 5 - 189)$$

此方程的根为 $\pm s_1$ 和 $\pm s_2$,而

$$s_{1,2} = \left\{\left[(\beta^4 - \sigma\tau) + \frac{1}{4}(\sigma + \tau)^2\right]^{\frac{1}{2}} \mp (\sigma + \tau)\right\}^{\frac{1}{2}} \qquad (1 - 5 - 190)$$

故方程(1 − 5 − 183)的全解为

$$\omega(x) = \bar{c}_1 e^{s_1 x/l} + \bar{c}_2 e^{-s_1 x/l} + \bar{c}_3 e^{is_2 x/l} + \bar{c}_4 e^{-is_2 x/l} \qquad (1 - 5 - 191)$$

另一种与它等价的形式为

$$\omega(x) = c_1 \mathrm{ch}(s_1 x/l) + c_2 \mathrm{sh}(s_1 x/l) + c_3 \cos(s_2 x/l) + c_4 \sin(s_2 x/l)$$

$$(1 - 5 - 192)$$

若 $\omega(x)$ 确定后,$\theta(x)$、$M(x)$ 和 $N(x)$ 均可推出。由于这 4 个物理量之间的关系是线性的,而且后 3 个量与 $\omega(x)$ 的关系只是由 $\omega(x)$ 的导数的线性关系式所组成,而 $\omega(x)$ 的导数仍然是关于双曲函数和三角函数的 4 项组合,即表观形式是相同的,故也可先写出切力式,然后再利用它们之间的关系,写出其他 3 个物理量。

对于自由振动,切力也是简谐变化的,故

$$N(x,t) = N(x)\sin(\lambda t + \beta) \qquad (1 - 5 - 193)$$

其中,$N(x)$ 可写成和方程(1 − 5 − 192) 的 $\omega(x)$ 相类似的形式,即

$$N(x) = A_1 \mathrm{ch}(s_1 x/l) + A_2 \mathrm{sh}(s_1 x/l) + A_3 \cos(s_2 x/l) + A_4 \sin(s_2 x/l)$$

$$(1 - 5 - 194)$$

对自由振动有

$$\omega(x) = -\frac{1}{m\lambda^2}\frac{\mathrm{d}N}{\mathrm{d}x} \qquad (1 - 5 - 195)$$

将式(1 − 5 − 193) 代入上式,可得

$$\omega(x) = -\frac{l^4}{\beta^4 EI}\left[A_1 \frac{s_1}{l}\mathrm{sh}(s_1 x/l) + A_2 \frac{s_1}{l}\mathrm{ch}(s_1 x/l) - A_3 \frac{s_2}{l}\sin(s_2 x/l) + A_4 \cos(s_2 x/l)\right]$$

$$(1 - 5 - 196)$$

同样,可得

$$\theta(x) = \frac{l^2}{\beta^4 EI}(\sigma + s_1^2)\left[A_1 \mathrm{ch}(s_1 x/l) + A_2 \mathrm{sh}(s_1 x/l)\right]$$

$$+ (\sigma - s_1^2)\left[A_3 \cos(s_2 x/l) + A_4 \sin(s_2 x/l)\right] \qquad (1 - 5 - 197)$$

$$M(x) = \frac{l^2}{\beta^4}(\sigma + s_1^2)\frac{s_1}{l}\left[A_1 \mathrm{ch}(s_1 x/l) + A_2 \mathrm{sh}(s_1 x/l)\right]$$

$$- (\sigma - s_1^2)\left[A_3 \cos(s_2 x/l) - A_4 \sin(s_2 x/l)\right] \qquad (1 - 5 - 198)$$

将式(1 − 5 − 195) ~ 式(1 − 5 − 197) 和式(1 − 5 − 193) 写成矩阵式,即

$$
\begin{bmatrix} \omega(x) \\ \theta(x) \\ M(x) \\ N(x) \end{bmatrix}
$$

$$
= \underbrace{\begin{bmatrix}
-\dfrac{l^3 s_1}{\beta^4 EI}\mathrm{sh}(s_1 x/l) & \dfrac{-l^3 s_1}{\beta^4 EI}\mathrm{ch}(s_1 x/l) & \dfrac{l^3 s_2}{\beta^4 EI}\sin(s_2 x/l) & \dfrac{-l^3 s_2}{\beta^4 EI}\cos(s_2 x/l) \\[2mm]
\dfrac{l^2(\sigma+s_1^2)}{\beta^4 EI}\mathrm{ch}(s_1 x/l) & \dfrac{l^2(\sigma+s_1^2)}{\beta^4 EI}\mathrm{sh}(s_1 x/l) & \dfrac{l^2(\sigma-s_1^2)}{\beta^4 EI}\cos(s_2 x/l) & \dfrac{l^2(\sigma-s_1^2)}{\beta^4 EI}\sin(s_2 x/l) \\[2mm]
\dfrac{ls_1(\sigma+s_1^2)}{\beta^4}\mathrm{sh}(s_1 x/l) & \dfrac{ls_1(\sigma+s_1^2)}{\beta^4}\mathrm{ch}(s_1 x/l) & \dfrac{-ls_2(\sigma-s_1^2)}{\beta^4}\sin(s_2 x/l) & \dfrac{l^2 s_2(\sigma-s_1^2)}{\beta^4}\cos(s_2 x/l) \\[2mm]
\mathrm{ch}(s_1 x/l) & \mathrm{sh}(s_1 x/l) & \cos(s_2 x/l) & \sin(s_2 x/l)
\end{bmatrix}}_{B(x)}
\begin{bmatrix} A_1 \\ A_2 \\ A_3 \\ A_4 \end{bmatrix}
$$

$$(1-5-199)$$

或者将其缩写为

$$z(x) = B(x) \cdot A \qquad\qquad (1-5-200)$$

式中

$$z(x) = \begin{bmatrix} \omega(x) & \theta(x) & M(x) & N(x) \end{bmatrix}^{\mathrm{T}} \qquad (1-5-201)$$

$$A = \begin{bmatrix} A_1 & A_2 & A_3 & A_4 \end{bmatrix} \qquad (1-5-202)$$

而 $B(x)$ 也为对应的矩阵,在式(1-5-199)中已标出。将梁段的左端取为坐标原点($x=0$),该处状态矢量为

$$z^{\mathrm{L}} = z(0) \qquad\qquad (1-5-203)$$

即

$$
\begin{bmatrix} \omega(0) \\ \theta(0) \\ M(0) \\ N(0) \end{bmatrix}
=
\begin{bmatrix}
0 & \dfrac{-l^3 s_1}{\beta^4 EI} & 0 & \dfrac{-l^3 s_2}{\beta^4 EI} \\[2mm]
\dfrac{l^2(\sigma+s_1^2)}{\beta^4 EI} & 0 & \dfrac{l^2(\sigma-s_1^2)}{\beta^4 EI} & 0 \\[2mm]
0 & \dfrac{ls_1(\sigma+s_1^2)}{\beta^4} & 0 & \dfrac{l^2 s_2(\sigma-s_1^2)}{\beta^4} \\[2mm]
1 & 0 & 1 & 0
\end{bmatrix}
\begin{bmatrix} A_1 \\ A_2 \\ A_3 \\ A_4 \end{bmatrix}
$$

$$(1-5-204)$$

由此可解出列矩阵 A,即

$$A = B^{-1}(0)z^{\mathrm{L}} \qquad\qquad (1-5-205)$$

将此式代入式(1-5-200),有

$$z(x) = B(x)B^{-1}(0)z^{\mathrm{L}} \qquad\qquad (1-5-206)$$

而梁段右段的状态矢量 z^{R},即 $x=l$ 处的状态矢量为

$$z^{\mathrm{R}} = z(l) \qquad\qquad (1-5-207)$$

故由式$(1-5-206)$得

$$z^{\mathrm{R}} = \boldsymbol{B}(l)\boldsymbol{B}^{-1}(0)z^{\mathrm{L}} = Fz^{\mathrm{L}} \qquad (1-5-208)$$

式中

$$\boldsymbol{F} = \boldsymbol{B}(l)\boldsymbol{B}^{-1}(0) \qquad (1-5-209)$$

这就是该梁段内的场迁移矩阵。显然,对于讨论的梁的弯曲振动,它是一个 4×4 的方阵。

迁移矩阵 $\boldsymbol{F}$ 中的 $\boldsymbol{B}(l)$ 是容易求得的,只需要将 $x=l$ 代入 $\boldsymbol{B}(x)$ 矩阵即可。关键在于求得逆矩阵 $\boldsymbol{B}^{-1}(0)$。对于此处讨论的梁的弯曲振动,由于 $\boldsymbol{B}(0)$ 矩阵中有规则的零元素,因此,将其分割为两个子矩阵来求逆阵 $\boldsymbol{B}^{-1}(0)$ 是比较方便的。将式$(1-5-204)$分割后,可以写为下列两个二阶的矩阵式,即

$$\begin{bmatrix} \omega(0) \\ M(0) \end{bmatrix} = \begin{bmatrix} b_{12} & b_{14} \\ b_{32} & b_{34} \end{bmatrix} \begin{bmatrix} A_2 \\ A_4 \end{bmatrix} \qquad (1-5-210)$$

$$\begin{bmatrix} \theta(0) \\ N(0) \end{bmatrix} = \begin{bmatrix} b_{21} & b_{23} \\ b_{41} & b_{43} \end{bmatrix} \begin{bmatrix} A_1 \\ A_3 \end{bmatrix} \qquad (1-5-211)$$

式中:$b_{ij}(i,j=1,2,3,4)$ 为矩阵 $\boldsymbol{B}(0)$ 的元素。

故有

$$\begin{bmatrix} A_2 \\ A_4 \end{bmatrix} = \frac{1}{b_{12}b_{34}-b_{14}b_{32}} \begin{bmatrix} b_{34} & -b_{14} \\ -b_{32} & b_{34} \end{bmatrix} \begin{bmatrix} \omega(0) \\ M(0) \end{bmatrix} \qquad (1-5-212)$$

$$\begin{bmatrix} A_1 \\ A_3 \end{bmatrix} = \frac{1}{b_{21}b_{43}-b_{23}b_{41}} \begin{bmatrix} b_{43} & -b_{23} \\ -b_{41} & b_{21} \end{bmatrix} \begin{bmatrix} \theta(0) \\ N(0) \end{bmatrix} \qquad (1-5-213)$$

写成 4×4 方阵,可得逆矩阵 $\boldsymbol{B}^{-1}(0)$ 为

$$B^{-1}(0) = \begin{bmatrix} 0 & \beta^4\Lambda\dfrac{EI}{l^2} & 0 & \Lambda_2 \\[2ex] -\beta^4\dfrac{\Lambda_2 EI}{s_1 l^3} & 0 & \dfrac{\beta^4\Lambda_2}{s_1 l} & 0 \\[2ex] 0 & -\beta^2\Lambda\dfrac{EI}{l^2} & 0 & \Lambda_1 \\[2ex] -\beta^4\dfrac{\Lambda_1 EI}{s_2 l^3} & 0 & \dfrac{-\beta^4\Lambda_2}{s_1 l} & 0 \end{bmatrix} \qquad (1-5-214)$$

式中

$$\Lambda = \frac{1}{s_1^2+s_2^2} \qquad (1-5-215)$$

$$\Lambda_1 = \frac{\sigma+s_1^2}{s_1^2+s_2^2} \qquad (1-5-216)$$

$$\Lambda_2 = \frac{s^2-\sigma}{s_1^2+s_2^2} \qquad (1-5-217)$$

最后，由计算 $\boldsymbol{B}(l)\boldsymbol{B}^{-1}(0)$，可求得梁段两端的迁移矩阵为

$$
\boldsymbol{F} = \begin{bmatrix} c_0 - \sigma c_2 & -l[c_1 - (\sigma + \tau)c_3] & -ac_2 & -\dfrac{al}{\beta^4}[-\sigma c_1 + (\beta^4 + \sigma^2)c_3] \\[3mm] -\dfrac{\beta^4}{l}c_3 & c_0 - \tau c_2 & \dfrac{a(c_1 - \tau c_3)}{l} & ac_2 \\[3mm] -\dfrac{\beta^4}{a}c_3 & \dfrac{l}{a}[-\tau c_1 + (\beta^4 + \tau^2)c_3] & c_0 - \tau c_2 & -l[c_1 - (\sigma + \tau)c_3] \\[3mm] \dfrac{-\beta^4}{al}(c_1 - \sigma c_3) & \dfrac{\beta^4}{a}c^2 & \dfrac{\beta^4}{l}c_3 & c_0 - \tau c_2 \end{bmatrix}
$$

$$
(1 - 5 - 218)
$$

式中

$$
c_0 = \Lambda s_2^2 \mathrm{ch}(s_1 + s_2^2 \cos s_2) \qquad (1 - 5 - 219)
$$

$$
c_1 = \Lambda \left(\frac{s_2^2}{s_1} \mathrm{sh} s_1 + \frac{s_1^2}{s_2} \mathrm{sin} s_2 \right) \qquad (1 - 5 - 220)
$$

$$
c_2 = \Lambda (\mathrm{ch} s_1 - \cos s_2) \qquad (1 - 5 - 221)
$$

$$
c_3 = \Lambda \left(\frac{1}{s_1} \mathrm{sh} s_1 - \frac{1}{s_2} \mathrm{sin} s_2 \right) \qquad (1 - 5 - 222)
$$

$$
a = l^2 / EI \qquad (1 - 5 - 223)
$$

于是所考察梁段右端的状态矢量 $\boldsymbol{z}^{\mathrm{R}}$ 与右端状态矢量 $\boldsymbol{z}^{\mathrm{L}}$ 之间，便由式（1 - 5 - 208）和式（1 - 5 - 218）完全规定了。只需在计算式（1 - 5 - 218）时，所有有关物理量全部用该段的参数代入即可。故不同的梁段，其迁移矩阵表达式是一样的，只是物理参数不同，因而具体的场迁移矩阵中每个元素的数值因梁段不同而异。以上场迁移矩阵，对于集中谐干扰力作用的情况，也可以应用，只需记住 λ 要用干扰力频率 ω 代入即可。

1.5.3.3 点迁移矩阵

如果从前面一个梁段（第 i 个梁段）越过节点 i 而到后面一个梁段（$i + 1$ 梁段），则和场迁移矩阵（1 - 5 - 208）相类似，该 i 点的前后两侧的状态矢量可以用点迁移矩阵 $\boldsymbol{P}$ 来联结：

$$
\boldsymbol{z}_{i+1}^{\mathrm{L}} = \boldsymbol{P}_i \boldsymbol{z}_i^{\mathrm{R}} \qquad (1 - 5 - 224)
$$

式中：$\boldsymbol{z}_i^{\mathrm{R}}$ 为第 i 梁段右端的状态矢量；$\boldsymbol{z}_{i+1}^{\mathrm{L}}$ 为第 $i + 1$ 梁段左端的状态矢量；$\boldsymbol{P}_i$ 为第 i 点的点迁移矩阵。

如果在第 i 个节点上有集中质量 M，则节点两端的切力关系式在自由振动时为

$$
N_{i+1}^{\mathrm{R}} = N_i^{\mathrm{R}} - M\lambda^2 \omega \qquad (1 - 5 - 225)
$$

式中：M 和 ω 为节点处的质量和位移值。

由于在节点处位移、转角和曲率是连续的，故可由节点的连续条件和节点处力和力矩的平衡关系式（1 - 5 - 225），得到节点处的点迁移矩阵，即

$$\boldsymbol{P} = \begin{bmatrix} 1 & 0 & 0 & 0 \\ 0 & 1 & 0 & 0 \\ 0 & 0 & 1 & 0 \\ -M\lambda^2 & 0 & 0 & 1 \end{bmatrix} \qquad (1-5-226)$$

如果节点上既有集中质量 M 又有转动惯量 J 以及线弹簧（刚性系数为 K）和转动弹簧（刚性系数为 K^*），那么也就不难写出其点阵，即

$$\boldsymbol{P} = \begin{bmatrix} 1 & 0 & 0 & 0 \\ 0 & 1 & 0 & 0 \\ 0 & K^* - J\lambda^2 & 1 & 0 \\ K^* - M\lambda^2 & 0 & 0 & 1 \end{bmatrix} \qquad (1-5-227)$$

显然，如果节点上无任何集中质量与弹簧，则显然点阵 $\boldsymbol{P}$ 是单位阵。

1.5.3.4 用迁移矩阵法解释梁的自由振动

对于任何梁的弯曲自由振动的分析，首先是将梁划分为若干梁段，如划分为 n 段。每段的长度可以不同，而各段内则认为是均匀的等直梁段，梁段内无集中质量和集中弹性支座。取各梁段之间的连接点为节点。如将梁的艏艉两端也作为节点，首端编号为 0 尾端编号为 n，则梁共有 $n+1$ 个节点。自然，节点处可以有集中质量或弹性支撑，这是最简单的链式结构。此外，我们认定编号是依次递增的。

因此，对于梁的各个节点和各个梁段，均可写出其状态矢量的关系式，即

$$\begin{cases} z_1^{\mathrm{L}} = \boldsymbol{P}_0 z_0 \\ z_1^{\mathrm{R}} = \boldsymbol{F}_1 z_1^{\mathrm{L}} \\ z_2^{\mathrm{L}} = \boldsymbol{P}_1 z_1^{\mathrm{R}} \\ z_2^{\mathrm{R}} = \boldsymbol{F}_2 z_2^{\mathrm{L}} \\ \cdots\cdots \\ z_n^{\mathrm{L}} = \boldsymbol{P}_{n-1} z_{n-1}^{\mathrm{R}} \\ z_n^{\mathrm{R}} = \boldsymbol{F}_n z_n^{\mathrm{L}} \\ z_n = \boldsymbol{P}_n z_n^{\mathrm{R}} \end{cases} \qquad (1-5-228)$$

式中：z_0、z_n 分别为首、尾两端的状态矢量；z_n^{L}、z_n^{R} 分别为分别为第 n 端左端和右端的状态矢量；$\boldsymbol{F}_n$ 为第 n 梁段的场迁移矩阵；$\boldsymbol{P}_n$ 为第 n 梁段的点迁移矩阵。

依次计算方程(1-5-228)中各式，并从上到下依次代入，最后得

$$z_n = \boldsymbol{P}_n \boldsymbol{F}_n \boldsymbol{P}_{n-1} \boldsymbol{F}_{n-1} \cdots \boldsymbol{P}_j \boldsymbol{F}_j \boldsymbol{P}_{j-1} \boldsymbol{F}_{j-1} \cdots \boldsymbol{P}_1 \boldsymbol{F}_1 \boldsymbol{P}_0 z_0 \qquad (1-5-229)$$

或写为

$$z_n = \Pi z_0$$

式中

$$\Pi = P_n F_n P_{n-1} F_{n-1} \cdots P_j F_j P_{j-1} F_{j-1} \cdots P_1 F_1 P_0$$

它是一连串点阵和场阵的矩阵连乘,称为整个链状结构的迁移矩阵。由于这样的连乘,将中间状态矢量各行消去,所以它也可以是一种消去法;最终在式 1-5-229 中出现的仅是首、尾两端的状态矢量和 Π 矩阵,对梁弯曲问题,艇舰状态矢量是 4×1 的列阵。因此 Π 是 4×4 的方阵。由式(1-5-229)出发,利用梁两端的边界条件,消去艇舰的某些已知边界条件所含的物理量,然后再利用非零解条件即可得到频率方程。由频率方程求出固有频率,然后再求出各点的状态矢量。由于频率方程是超越方程,故有无穷多个固有频率和无穷多个固有振型。

例 1-5-2 求两端全自由梁的频率方程及振型。

解:整个梁的迁移矩阵为

$$z_0 = \Pi z_0$$

即

$$\begin{bmatrix} \omega \\ \theta \\ M \\ N \end{bmatrix}_n = \begin{bmatrix} \Pi_{11} & \Pi_{12} & \Pi_{13} & \Pi_{14} \\ \Pi_{21} & \Pi_{22} & \Pi_{23} & \Pi_{24} \\ \Pi_{31} & \Pi_{32} & \Pi_{33} & \Pi_{34} \\ \Pi_{41} & \Pi_{42} & \Pi_{43} & \Pi_{44} \end{bmatrix} \begin{bmatrix} \omega \\ \theta \\ M \\ N \end{bmatrix}_0 \qquad (1-5-230)$$

自由梁的边界条件为

$$M_n = N_n = 0 \qquad (1-5-231)$$

$$M_0 = N_0 = 0 \qquad (1-5-232)$$

这两个边界条件代入式(1-5-230),可得

$$\begin{cases} \Pi_{31}\omega_0 + \Pi_{32}\theta_0 = 0 \\ \Pi_{41}\omega_0 + \Pi_{42}\theta_0 = 0 \end{cases} \qquad (1-5-233)$$

由 ω_0 和 θ_0 不同为零的条件,式(1-5-233)的系数行列式必须为零,于是得出频率方程为

$$D(\lambda^2) = \begin{vmatrix} \Pi_{31} & \Pi_{32} \\ \Pi_{41} & \Pi_{42} \end{vmatrix} = 0 \qquad (1-5-234)$$

由此方程可解出固有频率 $\lambda_j(j = 1,2\cdots)$。对于每一个 λ_j 可由式(1-5-233)求出该第 j 谐调的首端状态矢量。因为

$$\theta_0 = -\frac{\Pi_{31}}{\Pi_{32}}\omega_0 = -\frac{\Pi_{41}}{\Pi_{42}}\omega_0 \qquad (1-5-235)$$

可假设 $\omega_0 = 1$,则 $\theta_0 = -\dfrac{\Pi_{31}}{\Pi_{32}}$,故首端状态矢量为

$$z_0 = \left[1, -\frac{\Pi_{31}}{\Pi_{32}}, 0, 0 \right]^{\mathrm{T}} \qquad (1-5-236)$$

将求得 λ_j 代入式(1-5-218),即得场迁移矩阵 $\mathbf{F}_i(i=1,2,3,\cdots)$。如果节点上无集中质量等,则 $\mathbf{P}_i = \mathbf{I}(i=1,2,\cdots,n)$,再利用式(1-5-228),由上至下逐个求出各点的状态矢量 z_i,从而即可得出用节点位移值来表示的离散振型值。

应该指出,迁移矩阵法是目前我国普遍采用的计算船体的固有频率和振型的有效方法,本节阐明了使用的理论基础。

1.5.3.5 简谐干扰作用下的强迫振动

一、位移激励

对位移激励的情况,因梁上无直接的外力载荷,故振动方程形式类同,可直接引用对自由振动求得的场矩阵和点矩阵。只是要注意,由于强迫振动的频率 ω 已经给定,故 F 和 P 都是确定的(而自由振动时它们包含着待求的固有频率 λ)。将边界条件代入整个梁的迁移矩阵方程(1-5-230)后,可以首先求得首端的状态矢量,而后即可求得全部的动力响应。

二、谐干扰力激励

对此情况,只需将干扰力作用点取为节点,并将状态矢量与迁移矩阵的阶数加以扩展,即可用来解强迫振动。

若某 i 节点处作用了一正方向的谐干扰力 $Q\sin\omega t$,则由节点处力的平衡条件可知,该点处切力有突变,于是该节点两侧的状态矢量可以写为

$$\begin{bmatrix} \omega \\ \theta \\ m \\ n \end{bmatrix}_{i+1}^{\mathrm{L}} = \begin{bmatrix} 1 & 0 & 0 & 0 \\ 0 & 1 & 0 & 0 \\ 1 & 0 & 1 & 0 \\ 0 & 0 & 0 & 1 \end{bmatrix} \begin{bmatrix} \omega \\ \theta \\ M \\ N \end{bmatrix}^{\mathrm{R}} + \begin{bmatrix} 0 \\ 0 \\ 0 \\ -Q \end{bmatrix}_i \qquad (1-5-237)$$

可以将此式的状态矩阵和点矩阵扩展,写成为

$$\begin{bmatrix} \omega \\ \theta \\ m \\ n \\ \cdots \\ 1 \end{bmatrix}_{i+1}^{\mathrm{L}} = \begin{bmatrix} 1 & 0 & 0 & 0 & \vdots & 0 \\ 0 & 1 & 0 & 0 & \vdots & 0 \\ 0 & 0 & 1 & 0 & \vdots & 0 \\ 0 & 0 & 0 & 1 & \vdots & -Q \\ \cdots & \cdots & \cdots & \cdots & \vdots & \cdots \\ 0 & 0 & 0 & 0 & \vdots & 1 \end{bmatrix} \begin{bmatrix} \omega \\ \theta \\ M \\ N \\ \cdots \\ 1 \end{bmatrix}_i^{\mathrm{R}} \qquad (1-5-238)$$

或简写为

$$\tilde{z}_{i+1}^{\mathrm{L}} = \tilde{\mathbf{P}}_i \tilde{z}_i^{\mathrm{R}} \qquad (1-5-239)$$

这里的扩展状态矢量及扩展点阵用带"~"号来表示。于是,它与自由振动时的点阵式(1-5-224)形式一致。虽然式(1-5-239)与式(1-5-224)相比,阶数高了,但更为紧凑。同样,可相应地将场矩阵扩展为

$$\widehat{\boldsymbol{F}} = \begin{pmatrix} F & \vdots & 0 \\ \cdots & \cdots & \cdots \\ 0 & \vdots & 1 \end{pmatrix} \qquad (1-5-240)$$

然后,采用类似于自由振动中的步骤,建立艉舯两端状态矢量之间的关系,即

$$\tilde{\boldsymbol{z}}_n = \widetilde{\boldsymbol{P}}_n \widehat{\boldsymbol{F}}_n \widetilde{\boldsymbol{P}}_{n-1} \widehat{\boldsymbol{F}}_{n-1} \cdots \widetilde{\boldsymbol{P}} \widehat{\boldsymbol{F}}_1 \widetilde{\boldsymbol{P}}_0 \tilde{\boldsymbol{z}}_0 = \widetilde{\boldsymbol{\Pi}} \tilde{\boldsymbol{z}}_0 \qquad (1-5-241)$$

其中 $\widetilde{\boldsymbol{\Pi}}$ 是阶数已扩展为 5×5 的扩展梁迁移矩阵。

如果写出上式的显式,即

$$\begin{bmatrix} \omega \\ \theta \\ m \\ n \\ \vdots \\ 1 \end{bmatrix}_n = \begin{bmatrix} \Pi_{11} & \Pi_{12} & \Pi_{13} & \Pi_{14} & \cdots & \Pi_{15} \\ \Pi_{21} & \Pi_{22} & \Pi_{23} & \Pi_{24} & \cdots & \Pi_{25} \\ \Pi_{31} & \Pi_{32} & \Pi_{33} & \Pi_{34} & \cdots & \Pi_{35} \\ \Pi_{41} & \Pi_{42} & \Pi_{43} & \Pi_{44} & \cdots & \Pi_{45} \\ \vdots & \vdots & \vdots & \vdots & & \vdots \\ 0 & 0 & 0 & 0 & \cdots & 1 \end{bmatrix} \begin{bmatrix} \omega \\ \theta \\ M \\ N \\ \vdots \\ 1 \end{bmatrix}_0 \qquad (1-5-242)$$

此方程是非齐次的,只要不发生共振($\omega \neq \lambda$),在应用边界条件后,即可求出首、尾两端的状态矢量,再用各段的场迁移矩阵和各点的点迁移矩阵,即可求出各节点处的状态矢量。如果梁上作用了横向荷重,则场迁移矩阵需另行推导。

*1.5.4　能量法

1.5.4.1　假设模态法

对于许多复杂的弹性结构,能量法是一种有效的方法。假设模态法是一种弹性体振动离散化处理的一种方法,这种离散化的方法是将解表示为与空间有关的函数和与时间的函数的乘积的多项级数。例如,对于梁的弯曲振动,可将其解(振动位移)表示为

$$\omega(x,t) = \sum_{j=1}^{n} \tilde{\varphi}_j(x) q_j(t) \qquad (1-5-243)$$

式中:$\tilde{\varphi}_j(x)$ 为假设的(预先选取的)、满足几何约束边界条件的基函数,也称假设模态;$q_j(t)$ 为相应的广义坐标。这样做即是将一个连续系统用一个等效的离散系统来取代。

连续系统的动能与势能根据不同的问题可以表示为不同的形式,例如,对于梁弯曲振动,若不计剖面转动,则动能为

$$T = \frac{1}{2} \int_0^l m(x) \dot{\omega}^2(x,t) \mathrm{d}x \qquad (1-5-244)$$

若不计剪切变形,则梁的弯曲势能为

$$V = \frac{1}{2} \int_0^l EI(x) \omega''^2(x,t) \mathrm{d}x \qquad (1-5-245)$$

将式(1-5-243)代入式(1-5-244)和式(1-5-245),可得

$$T = \frac{1}{2} \sum_{j=1}^{n} \sum_{s=1}^{n} M_{js} \dot{q}_j(t) \dot{q}_s(t) \qquad (1-5-246)$$

$$V = \frac{1}{2} \sum_{j=1}^{n} \sum_{s=1}^{n} M_{js} \dot{q}_j(t) \dot{q}_s(t) \qquad (1-5-247)$$

式中

$$M_{js} = \int_0^l m(x) \widetilde{\varphi}_j(x) \widetilde{\varphi}_s(x) \, \mathrm{d}x \qquad (1-5-248)$$

$$K_{js} = \int_0^l EI(x) \widetilde{\varphi}''_j(x) \widetilde{\varphi}''_s(x) \, \mathrm{d}x \qquad (1-5-249)$$

M_{js} 称为影响系数,它取决于系统的质量分布与所假设的模态,并具有对称性 $M_{js} = M_{sj}$;K_{js} 称为刚性影响系数,它取决于系统的刚性分布与所假设的模态,同时也具有对称性 $K_{js} = K_{sj}$。一般地说,K_{js} 中包含 $\widetilde{\varphi}_j(x)$ 的导数的阶数是连续系统微分方程导数阶数的一半(例如,弯曲振动方程是四阶的,此处 K_{js} 中则是二阶微分)。当然,上述动能和势能也可写成为矩阵的形式,即

$$T = \frac{1}{2} \dot{\boldsymbol{q}}^{\mathrm{T}} \boldsymbol{M} \dot{\boldsymbol{q}} \qquad (1-5-250)$$

$$V = \frac{1}{2} \boldsymbol{q}^{\mathrm{T}} \boldsymbol{K} \boldsymbol{q} \qquad (1-5-251)$$

式中:$\boldsymbol{q} = [q_1, q_2, \cdots, q_n]^{\mathrm{T}}$;$\boldsymbol{M}$ 为元素 M_{js} 的对称质量矩阵;$\boldsymbol{K}$ 为元素 K_{js} 的对称刚度矩阵。

对于自由振动问题,只要将 $\boldsymbol{T}$、$\boldsymbol{V}$ 的表达式代入拉格朗日第二类方程,可得保守系统的微振动方程式,即

$$\boldsymbol{M} \ddot{\boldsymbol{q}} + \boldsymbol{K} \boldsymbol{q} = 0 \qquad (1-5-252)$$

如果是强迫振动计算,则尚需按虚功原理来计算广义力。对于梁的弯曲振动,实际的干扰力可以是分布的横向力 $F(x,t)$,或是集中的干扰力 $Q_r(t)(r=1,2,\cdots,h)$,即重力的作用点 $x = x_r(r=1,2,\cdots,h)$。因此,外力虚功为

$$\delta W = \int_0^l F(x,t) \delta \omega(x,t) \, \mathrm{d}x + \sum_{r=1}^{h} Q_r(t) \delta \omega(x,t) \qquad (1-5-253)$$

将式(1-5-243)代入式(1-5-253),有

$$\delta W = \sum_{j=1}^{n} \left[\int_0^l F(x,t) \widetilde{\varphi}_j(x) \, \mathrm{d}x + \sum_{r=1}^{h} Q_r(t) \widetilde{\varphi}_j(x_r) \right] \delta q_j(t) \qquad (1-5-254)$$

故广义力为

$$F_j(t) = \int_0^l F(x,t) \widetilde{\varphi}_j(x) \, \mathrm{d}x + \sum_{r=1}^{h} Q_r(t) \widetilde{\varphi}_j(x_r) ; j = 1,2,\cdots,3$$

$$(1-5-255)$$

如用矢量表示则可写为

$$\boldsymbol{F} = \begin{bmatrix} F_1(t) & F_2(t) & \cdots & F_n(t) \end{bmatrix}^{\mathrm{T}} \qquad (1-5-256)$$

将它和动能、位移的表达式一并代入非保守系的拉格朗日方程式,可得矩阵形式的无阻尼强迫振动方程式,即

$$M\ddot{q} + Kq = F \qquad (1-5-257)$$

于是,问题也就转化为 n 个自由度系统的强迫振动问题。

由以上假设模态法的分析,可以引申几个重要的问题及结论:

(1)质量影响系数和刚度影响系数是因问题的不同而改变的。在梁上 $x = c$ 处有集中质量,在 $x = d$ 处有刚度为 K 的弹性支承,可以得到

$$M_{js} = \int_0^l m(x)\,\widetilde{\varphi}_j(x)\,\widetilde{\varphi}_s(x)\,\mathrm{d}x + M\,\widetilde{\varphi}_j(c)\,\widetilde{\varphi}_s(c) \qquad (1-5-258)$$

$$K_{js} = \int_0^l EI(x)\,\widetilde{\varphi}''_j(x)\,\widetilde{\varphi}''_s(x)\,\mathrm{d}x + K\,\widetilde{\varphi}_j(d)\,\widetilde{\varphi}_s(d) \qquad (1-5-259)$$

(2)如果令动能与位移表达式中,广义坐标的交乘项的系数为零,也就是令质量影响系数和刚性影响系数 M_{js} 和 $K_{js}(j \neq s)$ 为零,即得到正交条件。例如,对于梁的弯曲振动,由式(1-5-258)和式(1-5-259)可得正交条件为

$$\int_0^l m(x)\,\widetilde{\varphi}_j(x)\,\widetilde{\varphi}_s(x)\,\mathrm{d}x = 0 \qquad (1-5-260)$$

$$\int_0^l EI(x)\,\widetilde{\varphi}''_j(x)\,\widetilde{\varphi}''_s(x)\,\mathrm{d}x = 0 \qquad (1-5-261)$$

因此,假设模态方法可以方便地用来得到系统的正交条件。

(3)如果假设模态满足正交条件,那么假设模态 $\widetilde{\varphi}(x)$ 即固有振型 $\varphi(x)$,而广义坐标 $q(t)$ 即为主坐标。因此,式(1-5-258)和式(1-5-259)所包含的各方程是独立而无耦合的。

(4)如果假设模态 $\varphi_j(x)$ 不满足正交条件,但人为地认为它是"正交"的,那么,对每一假设的近似振型 $\varphi_j(x)$,可引出一个近似的、等效的(又称为"相当的")系统。此时,式(1-5-259)可近似地化为

$$M_j\ddot{q}_j + K_jq_j = F_j;j = 1,2,\cdots,n \qquad (1-5-262)$$

例 1-5-3 试用假设模态法求出船底板架的质量影响系数和刚度影响系数,并用等效系统求出其固有频率。

解:此矩形板架振动时的挠曲面,可写成下列形式的级数,即

$$\omega(x,y,t) = \sum_j X_j(x)Y_j(y)q_j(t) \qquad (1-5-263)$$

式中:$X_j(x)$、$Y_j(y)$ 为预先假定的满足边界几何约束条件的函数,通常取边界条件与板架相同的、的均匀直杆的固有振型作为近似的振型函数;$q_j(t)$ 为广义坐标。如果略去机器的转动惯量及肋板和船底纵桁的剪切变形和剖面转动惯量的影响,则板架振动时的动能和势能可写为

$$T = \frac{1}{2}\left[\sum_h \int_0^B m_h\left(\frac{\partial\omega_h}{\partial t}\right)^2\mathrm{d}y + \sum_k \int_0^l m_k\left(\frac{\partial\omega_k}{\partial t}\right)^2\mathrm{d}x \right.$$

$$+ \int_0^l \int_0^B m_g \left(\frac{\partial \omega}{\partial t} \right)^2 \mathrm{d}x\mathrm{d}y + \sum_e M_e \left(\frac{\partial \omega_e}{\partial t} \right)^2 \Big] \qquad (1-5-264)$$

$$V = \frac{E}{2} \Big[\sum_h \int_0^B I_h \left(\frac{\partial^2 \omega_h}{\partial y^2} \right)^2 \mathrm{d}y + \sum_k \int_0^l I_k \left(\frac{\partial^2 \omega_k}{\partial x^2} \right)^2 \mathrm{d}x \Big] \qquad (1-5-265)$$

式中:m_h 为第 h 根肋板单位长度的质量;m_k 为第 k 根船底纵桁单位长度的质量;m_g 为船底外板单位面积质量 m_0 和单位面积上的附连水质量 m_a 之和,即 $m_g = m_0 + m_a$;其中 M_j 代替了标识符 M_{jj},而 K_j 代替了 K_{jj}。M_e 为第 e 个机器的质量;ω_h 为第 h 根肋板处的位移;ω_k 为第 k 根纵桁处的位移;ω_e 为第 e 个机器处的位移;I_h 为第 h 根肋板的剖面惯性矩;I_k 为第 k 根船底纵桁的剖面惯性矩;l、B 分别板架支承周界沿 x 轴和 y 轴的长度。

将式($1-5-263$)代入式($1-5-264$)和式($1-5-265$),使系统的能量写为式($1-5-246$)和式($1-5-247$)的一般形式,而其中

$$M_{js} = \sum_h X_j(x_h) X_s(x_h) \int_0^B m_h Y_j(y) Y_s(y) \mathrm{d}y + \sum_k Y_j(y_k) Y_s(y_k) \int_0^l m_k X_j(x) X_s(x) \mathrm{d}x$$

$$+ \int_0^l \int_0^B m_g X_j(x) X_s(x) Y_j(y) Y_s(y) \mathrm{d}x\mathrm{d}y + \sum_e M_e X_j(x_e) X_s(x_e) Y_j(y_e) Y_s(y_e)$$

$$(1-5-266)$$

$$K_{js} = \sum_h X_j(x_h) X_s(x_h) \int_0^B EI_h Y_j''(y) Y_s''(y) \mathrm{d}y$$

$$+ \sum_h Y_j(y_k) Y_s(y_k) \int_0^l EI_k X_j''(x) X_s''(x) \mathrm{d}x \qquad (1-5-267)$$

式($1-5-266$)和式($1-5-267$)表示了这个板架的质量影响系数和刚度影响系数。

若使

$$M_{js} = 0, \quad j \neq s \qquad (1-5-268)$$

$$K_{js} = 0, \quad j \neq s \qquad (1-5-269)$$

即满足正交条件,则广义坐标 $q_j(t)$ 即主坐标 $p_j(t)$,于是,动能和势能可写为主坐标的完全平方和,即

$$T = \frac{1}{2} \sum_{j=1}^{\infty} M_{jj} p_j^2 \qquad (1-5-270)$$

$$V = \frac{1}{2} \sum_{j=1}^{\infty} K_{jj} p_j^2 \qquad (1-5-271)$$

式中:M_{jj}、K_{jj} 分别为第 j 谐调的等效质量和等效刚度,只要令式($1-5-266$)和式($1-5-267$)中 $j = s$ 即得。由此,将 T、V 代入拉格朗日第二类方程,可得

$$M_{jj} \ddot{p}_j + K_{jj} p_j = 0; \quad j = 1,2,\cdots,\infty \qquad (1-5-272)$$

于是,第 j 谐调板架的固有频率为

$$\lambda_i^2 = \frac{K_{jj}}{M_{jj}} \qquad (1-5-273)$$

但是,由于一般所选取的振型函数 $X_j(x) Y_j(y)$ 并不是真正的固有振型。因此,按式

106

（1 – 5 – 273）计算的固有频率是近似的等效系统的固有频率。例如，若此板架四周为简支，则其自由振动的近似振型函数取

$$\omega(x,y,t) = \sin\frac{m\pi x}{l}\sin\frac{n\pi y}{l}\sin\lambda t \qquad (1-5-274)$$

即可。但是，要注意的是，沿主向梁的长度方向，取一个半波并不总是对应着最低频率，因为若交叉构件刚度相当大，则板架最小固有振型将反对称于该交叉构件；或者也可将此交叉构件作为一边界，此板架再划分为两个小板架，然后分别计算小板架的固有频率。

1.5.4.2 瑞利法

假设模态法中，若级数式（1 – 5 – 243）只取一项，则矩阵方程变为单自由度系统的振动方程显然，由此式可以直接求出弹性体的固有频率，即

$$\lambda^2 = \frac{K}{M} \qquad (1-5-275)$$

对于梁的弯曲振动，若不计剪切和剖面转动惯量的影响，则由式（1 – 5 – 258）和式（1 – 5 – 259）中，令 $j = s$ 而得，即

$$K_j = \int_0^l EI(x)\widetilde{\varphi}_j''^2(x)\,\mathrm{d}x \qquad (1-5-276)$$

$$M_j = \int_0^l m(x)\widetilde{\varphi}_j^2(x)\,\mathrm{d}x \qquad (1-5-277)$$

将以上两式代入式（1 – 5 – 275）可求得第 j 谐调的固有频率的近似值，即

$$\lambda_j^2 = \frac{\displaystyle\int_0^l EI(x)\widetilde{\varphi}_j''^2(x)\,\mathrm{d}x}{\displaystyle\int_0^l m(x)\widetilde{\varphi}_j^2(x)\,\mathrm{d}x} \qquad (1-5-278)$$

以梁的横振动为例，只要首先假设一个近似振型 $\widetilde{\varphi}_j(x)$，那么当梁作第 j 谐调主振动时，其振动位移为

$$\omega(x,t) = \widetilde{\varphi}_j(x)\sin(\omega t + \beta) \qquad (1-5-279)$$

然后，代入梁的动能和势能表达式（1 – 5 – 244）和式（1 – 5 – 245）。据能量守恒定律，在主振动时可以写为

$$T_{\max} = V_{\max} \qquad (1-5-280)$$

于是便可得出频率计算公式，即

$$\lambda^2 = R(\widetilde{\varphi}) = \frac{V_{\max}}{T^*} \qquad (1-5-281)$$

式中

$$V_{\max} = \frac{1}{2}\int_0^l EI(x)\widetilde{\varphi}''^2(x)\,\mathrm{d}x \qquad (1-5-282)$$

$$T^* = \frac{T_{\max}}{\lambda^2} = \frac{1}{2}\int_0^l m(x)\widetilde{\varphi}^2(x)\,\mathrm{d}x \qquad (1-5-283)$$

此处 $R(\widetilde{\varphi})$ 称为瑞利商式或瑞利函数。式(1-5-281)的瑞利商式对所有的弹性体振动都是成立的,只是其中的 $V_{\max}$ 和 T^* 因问题而异。对于弹性系统,只要写出其动能和势能的表示式,则不难分别求得相应的瑞利商式 $R(\varphi)$。如果弹性体的某固有振型 $\varphi(x)$ 事先已知,则瑞利商给出了该谐调的固有频率的精确值。当然,一般如不可能在求固有频率之前就能获知其固有振型的场合,必须用假设的模态 $\widetilde{\varphi}$ 来代替真实振型 φ,然后代入瑞利商式,从而获得系统某一谐调的固有频率的近似值。

近似频率的准确性,取决于假设振型 $\widetilde{\varphi}$ 与真实振型的接近程度,一般在选择近似振型时,必须使其满足几何的边界条件,而如果对于其他力的边界条件也满足,其结果必然更精确。但是除非假设振型 $\widetilde{\varphi}$ 即为固有振型,否则它是不满足平衡微分方程的。

这里所讲的瑞利法和 1.1 节中所讲的瑞利法之间的差别主要在于连续系统和离散系统的区别,因而导致了表达瑞利商式的形式上也有连续系统(用函数和积分的形式) 和离散系统的差异。

例 1-5-4 设有一均匀等直杆,材料弹性模量为 E,杆的横剖面面积为 A_0,单位长度上质量为 m,杆长为 l。在杆端有一集中质量 M。试推导出此系统沿杆轴线方向作纵向振动时的瑞利商式,并求出其第一谐调固有频率的近似值。

解:设此杆纵向振动的振型为 $\varphi(x)$,则杆在纵向振动为主振动时的最大势能为

$$V_{\max} = \frac{1}{2}EA_0\int_0^l \varphi'^2(x)\,\mathrm{d}x \qquad (1-5-284)$$

而

$$T^* = \frac{1}{2}\int_0^l m\varphi^2(x)\,\mathrm{d}x + \frac{1}{2}M\varphi^2(l) \qquad (1-5-285)$$

故瑞利商式为

$$\lambda^2 = R(\varphi) = \frac{V_{\max}}{T^*} = \frac{EA\displaystyle\int_0^l \varphi'^2(x)\,\mathrm{d}x}{m\displaystyle\int_0^l \varphi^2(x)\,\mathrm{d}x + M\varphi^2(l)} \qquad (1-5-286)$$

第一主振动时,通常设等直杆各截面位移呈线性规律,即

$$\widetilde{\varphi}(x) = u_0\frac{x}{l} \qquad (1-5-287)$$

式中:u_0 为杆端质量的位移。

将式(1-5-287) 代入式(1-5-286) 可有

$$\widetilde{\lambda}_1^2 = \frac{EA_c}{l}\frac{1}{M+ml/3} \qquad (1-5-288)$$

1.5.4.3 里茨法

里茨法是瑞利法的引申,它的基本思想是计算弹性系统瑞利商的极小值。但是它描述

108

振型的位移函数不是预先取定一个假设振型,而是用包含着多个未知参数的基函数的级数和来表示,例如,对于梁的弯曲振动,其近似振型为

$$\widetilde{\varphi}(x) = \sum_{j=1}^{n} A_j \psi_j(x) \qquad (1-5-289)$$

式中:A_j 为待定系数,或称为广义坐标;$\psi_j(x)$ 为空间坐标 x 的已知函数,称为基函数。

基函数必须满足梁的几何边界条件而不需要满足微分方程,它们是相互独立且连续可导的,可导的阶数应等于势能中出现的对 x 的导数阶数,然后使瑞利商为极小来选取参数 A_j,从而使近似振型与固有振型接近。因此,一旦 $\psi_j(x)$ 取定后,即将求 $\widetilde{\varphi}(x)$ 的问题转化为求 n 个待定参数 A_j 的问题,从而将无限自由度系统转化为 n 个自由度的离散系统来处理。

将式(1-5-289)代入式(1-5-281)中,可得

$$\lambda^2 = R(\widetilde{\varphi}) = \frac{V_{\max}(\widetilde{\varphi})}{T^*(\widetilde{\varphi})} = \frac{V_{\max}(A_1, A_2, \cdots, A_n)}{T^*(A_1, A_2, \cdots, A_n)} \qquad (1-5-290)$$

由于瑞利函数由上式转化为普通参数 A_j 的函数,故对其求极值的问题就从求泛函极值转化为普通的极值问题,于是,极值条件为

$$\frac{\partial R}{\partial A_j} = 0; \quad j = 1, 2, \cdots, n \qquad (1-5-291)$$

故由式(1-5-290),有

$$T^* \frac{\partial V_{\max}}{\partial A_j} - V_{\max} \frac{\partial T^*}{\partial A_j} = 0; j = 1, 2, \cdots, n \qquad (1-5-292)$$

两边除以 T^*,计及式(1-5-290),则有

$$\frac{\partial V_{\max}}{\partial A_j} - \lambda^2 \frac{\partial T^*}{\partial A_j} = 0 \qquad (1-5-293)$$

$$\frac{\partial}{\partial A_j}(V_{\max} - \lambda^2 T^*) = 0 \qquad (1-5-294)$$

记

$$\widetilde{S} = V_{\max} - \lambda^2 T^* \qquad (1-5-295)$$

记式(1-5-291)的等效形式

$$\frac{\partial \widetilde{S}}{\partial A_j} = 0; \quad j = 1, 2, \cdots, n \qquad (1-5-296)$$

对于梁的弯曲振动,有

$$\widetilde{S} = \int_0^l EI(x) \widetilde{\varphi}''^2 \mathrm{d}x - \lambda^2 \int_0^l m(x) \widetilde{\varphi}^2(x) \mathrm{d}x \qquad (1-5-297)$$

注意到式(1-5-289),故上式可写为

$$\widetilde{S}(A_1, A_2, \cdots, A_n) = \sum_{j=1}^{n} \sum_{s=1}^{n} K_{js} A_j A_s - \lambda^2 \sum_{j=1}^{n} \sum_{s=1}^{n} M_{js} A_j A_s \qquad (1-5-298)$$

式中

$$K_{js} = \int_0^l EI(x) \psi_j''(x)_j \psi_s''(x)_j \mathrm{d}x \qquad (1-5-299)$$

$$M_{js} = \int_0^l m(x) \psi_j(x)_j \psi_s(x)_j \mathrm{d}x \qquad (1-5-300)$$

系数 K_{ij} 和 M_{ij} 是常系数,并具有对称性,即 $K_{ij} = K_{ji}$,$M_{ij} = M_{ji}$。将式$(1-5-298)$代入式$(1-5-296)$式后,可得关于 A_j 的线性齐次代数方程,即

$$\sum_{i=1}^n (K_{ij} - \lambda^2 M_{ij}) A_j = 0; s = 1,2,\cdots,n \qquad (1-5-301)$$

式中:A_j 为未知的待定系数;λ^2 为固有频率(特征值)。

它的等价矩阵形式为

$$(\boldsymbol{K} - \lambda^2 \boldsymbol{M}) A = 0 \qquad (1-5-302)$$

可见,它和无阻尼自由振动的线性齐次代数方程是一样的。这样,问题即归结为求 n 个自由度系统的特征值问题。$\boldsymbol{K}$ 和 $\boldsymbol{M}$ 为 $n \times n$ 的常数对称矩阵,分别表示刚度矩阵和质量矩阵。由式$(1-5-301)$或式$(1-5-302)$可求出 n 个特征值 λ_j^2 与特征矢量 $A_j (j = 1,2,\cdots,n)$。它们分别为连续系统前 n 谐调频率的近似值。而第 s 谐调固有振型的近似表达式为

$$\widetilde{\varphi}^{(s)}(x) = \sum_{j=1}^n A_j^{(s)} \psi_j(x); s = 1,2,\cdots,n \qquad (1-5-303)$$

应该指出的是,本章中所讨论的里茨法的各种性质,对于连续系统也是成立的。

实际上由里茨极值公式而导出的式$(1-5-301)$或式$(1-5-302)$,与用假设模态法得到的代数方程有一样的形式,只是用不同的方式而已。如果假设模态法中的近似振型函数与里茨法中的基函数完全取得一样,那么两种方法得到的特征值和特征矢量也相同。

参 考 文 献

[1] 陆鑫森,金咸定,刘涌康. 船体振动学. 北京:国防工业出版社,1980.

[2] 翁长俭,张保玉. 船体振动学. 北京:人民交通出版社,1981.

[3] 俞载道. 结构动力学基础. 上海:同济大学出版社,1987.

[4] 杨弗康. 结构动力学. 北京:人民交通出版社,1987.

[5] 金咸定,赵德有. 船体振动学. 上海:上海交通出版社,2000.

第2章 船体振动的基本特征

2.1 概 述

船舶是一种复杂的水上建筑物,其结构及质量分布很不规则,是变截面的空心梁,因此当船体受到干扰而振动时情况较为复杂,船体周围的水对船体振动也产生种种影响,这就使船体的振动更为复杂。

为研究方便,通常将船体振动人为地分为总振动与局部振动两大类。整个船体的振动称为总振动,这时将船体视为一根两端自由的变截面空心梁。而船体局部结构,如板架、梁、板格等对于船体所做的附加振动称为局部振动。这两类振动往往是同时存在且相互关联的。如由主机的不平衡惯性力构成的扰动力,它既能激起全船整体性的总振动,同时还会激起机舱板架及某些梁、板格的局部振动。当船体总振动固有频率较板架等局部振动固有频率低很多,以及局部振动质量与总振动质量相比较微小时,这种分割是允许的,它不会产生很大的误差。

按振动时不同的受力情况,船体总振动与局部振动都有自由振动和强迫振动这两种不同性质的振动。如在水中航行或停泊的船舶,当受到一个较大的波浪冲击后,就能激起船体的自由振动,振动会由于阻尼存在而很快消失。而在船舶航行中一直受到干扰力作用(如上述的主机不平衡惯性力)而激起的振动为强迫振动。

船舶振动所受到的力有干扰力、弹性恢复力、惯性力和阻尼力。阻尼力的数值相对较小,对低频振动的主振动形式与频率影响不大,故可作为无阻尼振动考虑。高谐调阻尼影响扩大,需考虑阻尼的影响。特别在共振时,不论谐调高低,阻尼力有减低动力放大因数的作用,因而必须予以计及。船体所受的干扰力有周期性和非周期性两种。周期性干扰力(如由主机或螺旋桨引起的干扰力)能使船体产生周期性的振动,是我们讨论的主要内容。非周期性干扰力也能使船体产生振动,但其振动性质不稳定,在本书中不作详细讨论。如船舶在不规则波浪中的振动,由于波浪外力的随机性质,因此其振动规律不能用简单的函数来表示,只能用概率和统计的方法来描述其数量规律。这种在任何未来时刻表征振动物理量的瞬时值不能用概率和统计的方法加以判断的非周期性的持续振动称为随机振动。但当波浪的遭遇频率与船体的受谐垂向固有频率相等时,会出现由波浪对船体的非冲击性水动力作用引起的全船稳态垂向两节点振动(高谐振动阻尼大,消失快),这种振动称为波激振动(也就是自由振动),又称弹振。此外,浪击振动(又称击振)也是一种非周期性振动,它是船体受波浪冲击而出现的弯曲振动现象,由于阻尼的作用而将逐渐消失。

将船体作为一根梁来考虑,梁的各种振动形式在船体总振动中都可以发生,故按其振动形态,将船体总振动分为四种:在船体的纵中剖面内的垂向弯曲振动,称为垂向振动;在船体的水线平面内的水平方向的弯曲振动,称为水平振动。垂向振动和水平振动的振动方向均垂直于船体纵向轴线,故又称为横振动(铅垂方向的横振动和水平方向的横振动)。船体横剖面绕纵向轴线扭转的振动,称为扭转振动;船体横剖面沿其纵向轴线作纵向拉压的往复振动(在纵向轴线方向的伸缩运动),称为纵向振动。当船舶每个横剖面的重心(质心)与船体纵向构件横剖面的形心(弯曲中心)的连线是一条直线时,这四种形式的船体总振动才能各自单独出现。实际船舶并不能满足这一条件,但由于船舶左右对称,两者均在纵中剖面内。因质心与弯曲中心不在一点,从而使弯曲振动与纵向振动耦合;同样,由于弯曲中心与剪切中心不在一点,而使水平弯曲振动与扭转振动耦合。考虑到船舶纵向振动较小,因此垂向振动与纵向振动可以认为是互相独立的。而水平振动与扭转振动之间,只要两者的固有频率相差一定数值,其耦合作用也很小,也可近似地认为是互相独立的。对实船来说,最主要的是垂向弯曲振动,其次是水平弯曲振动;对于大开口船及 B/D 大的内河船,则还必须考虑扭转振动,至于纵向振动则因等效刚度大,故振幅极小。

由于船体是一个弹性体,有无限多个自由度,不管振动的初始条件及干扰力的性质如何,船体总振动都可以分解为无限个主振动的组合。船体总振动时振幅为零的横截面称为节点,各主振动的振型和节点如图 2-1-1 所示。由于船体自由漂浮在水面上,两端完全自由,因此对垂向振动和水平振动有第一谐调两节点、第二谐调三节点、第三谐调四节点……的主振动。对纵向振动和扭转振动则有第一谐调一节点、第二谐调二节点……的主振动。其相应的固有频率称为第一谐调固有频率(又称基频)、第二谐调固有频率……。在这无穷多个固有频率和固有振型中,只有最初几阶才有实际意义。

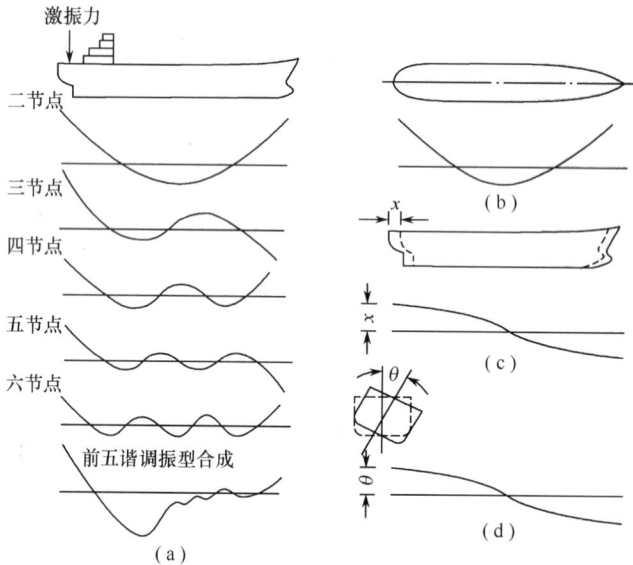

图 2-1-1　振型及节点示意图
(a)垂向振动;(b)水平振动;(c)纵向振动;(d)扭转振动。

较高谐调的主振动具有较多的节点、较高的频率和较短的周期,而较低谐调的主振动则具有较少的节点、较低的频率和较长的周期。

船体主振型可用函数或表格形式表示,它是具有正交性的函数。若主振动函数已知,则可把这种振动体系当作单自由度体系来研究,这种运动只取决于一个广义坐标。这样船体振动可当作无限个单自由度体系的振动的总和,其中每一个单自由度体系均可用具有某一等效质量与某一等效刚度的简单体系来代替。

这些最简单的主振动可以相互独立地发生,并具有不同的振幅和相位。船体振动是这些主振动的叠加,不一定是周期振动,也可能没有任何固定的振动形式。但如果某一谐调的船体主振动相当大,它的振幅比其他主振动的振幅大得多,那么船体振动将近似地按该主振动所固有的频率和形式来振动。

主振型和主频率与振动的初始条件及干扰力的大小无关,它是由振动体系本身——主要是由船体刚性与船舶质量的分布情况决定的。

如果在船体上作用了任何周期性外力,则在任何时刻任意点上的总位移是强迫振动和自由振动的合成。它既包括干扰力的频率,又包括自由振动的频率。自由振动与运动的初始条件无关,并由于阻尼的作用而很快地衰减,最后只剩下频率等于干扰力频率的强迫振动项。假如干扰力是简谐干扰力,那么船体的强迫振动是具有同样频率的简谐振动。

强迫振动的振幅不仅与干扰力的幅值及系统的刚度有关,而且也和干扰力的频率与系统的固有频率的比值有关。强迫振动的振型取决于这种频率关系及船体振动时的阻尼数值。

当船体所受的垂向干扰力或干扰力矩的频率与船体垂向振动某一主振动频率相等时,或者当船体所受到的水平干扰力或干扰力矩的频率与船体水平振动或扭转振动的某一主振动频率相等时,船体将发生该谐调的"共振",故对船体而言,可出现一系列的共振现象。

当干扰力频率较首谐自由振动频率低很多时,振幅的大小与受干扰力的力幅所产生的静变形相同,可当作静力问题来处理。干扰力的频率增加,动力放大系数也随之增大,故振幅逐步增大。当干扰力的频率达到首谐固有频率时,振幅达到第一个高峰。干扰力的频率继续提高,振幅迅速下降,达到较小的程度。随着干扰力频率的继续增加,振幅相继出现峰谷现象。图 2-1-2 为受到振幅不变的垂向简谐干扰力作用时,由实船测得的船上某一点的振幅和干扰力频率的关系曲线。由图可见,第一谐调共振时峰点最高,随着谐调数的增加,共振峰点越来越平坦,越来越不明显。

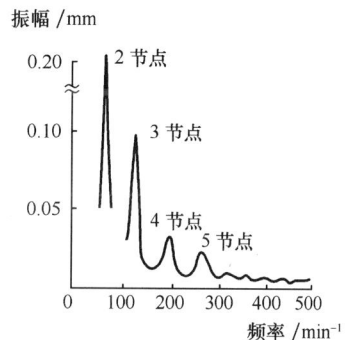

图 2-1-2　幅频响应曲线

这说明船体总振动的阻尼与其振动频率有关,频率越高,阻尼越大。故在船体发生低谐调共振时,不论干扰力幅值的大小,只要设法将干扰力频率与船体的主振动频率错开,即可避免剧烈振动;反之,在船体发生高谐调共振时,则只有设法减小干扰力的幅值,才能使振动有效地减小。

在很多情况下,干扰力可能同时激起各个谐调的固有振动。这时,各谐调的主振型按一定的比例互相叠加在一起,这还与干扰力的作用位置有关,若干扰力作用在某主振动的节点,或干扰力矩作用在主振型的腹点,就不可能激起该谐调的振动。

由于主机和螺旋桨所产生的干扰力与船体的质量和刚度相比较小,因此在非共振时,由主机和螺旋桨等干扰力引起的是微幅总振动,即振动很小的总振动,一般不会产生很大的动弯曲应力,通常,在计算船体总纵弯曲应力时可不考虑由总振动引起的附加应力。但当发生共振,特别是低谐调共振时,其动弯曲应力可能很大(这时不能忽略不计),并可能造成船体结构的疲劳损伤。当船体总振动振幅较大时,还能影响船上设备、仪表的正常工作,并使船员和旅客感到疲劳和不舒适。因为它是全船性的振动,影响面较广,所以就不能不引起人们的重视。

船体除总振动外,还伴随着各种局部振动。按其振动形态也可分为:垂直振动,平行于垂向轴的直线振动;横向振动,平行于左右方向的水平振动;纵向振动,平行于艏艉方向的水平振动。其中横向振动又常称为水平振动。对实船,最主要的是垂向振动,而轴系、桅杆、大功率推(拖)船的驾驶甲板甲板室及上层建筑内的某些刚度很小的横围壁等局部结构还可能产生纵向振动。

局部结构的范围可能很小,也可能很大,如一根梁、一块格板……到整个机舱或整个上层建筑,故首要的问题是如何合理地确定这部分结构的范围和其边界条件;其次是分析与总振动的耦合作用。若质量相对较小、频率相对较高,则可不考虑与总振动的耦合作用,分开计算;反之,如上层建筑及尾机船的尾立体分段,则应考虑与总振动的耦合作用。对于一般的梁、板、板架等振动的计算,除了上一章已讨论外,将在2.4节中专门介绍,这里介绍近年来人们关心的上层建筑振动及尾部振动的一般情况。

大型船常采用尾上层建筑的形式,为了保证驾驶室的视野,高度较高,因而其固有频率较低,应计及与船体总振动的耦合作用。上层建筑除了垂向振动和水平振动以外,还存在纵向振动。对于层数较多的上层建筑,相当于悬臂梁,其纵向振动将较大。图2-1-3表示了上层建筑纵向振动的各组成部分:图(a)表示了由于船体垂向振动和纵向振动所产生的上层建筑的刚体振动;图(b)表示了悬桁梁上层建筑的弯曲及上层建筑各层之间的剪切而引起的上层建筑变形;图(c)表示了支承结构的塑性变形,故总振幅为各分量的矢量和。严重的振动可能来源于船体共振(纵向或垂向),这时刚体运动形成振幅的大部分;或来源于上层建筑的共振,这时弹性变形占主要比重。由于上层建筑对船体的弹性质量效应引起了两种振型:一是上层建筑和船体振动同相位的振型;另一种是不同相位的振型,视干扰力频率小于或大于上层建筑的固有频率而定。若 $\gamma < 1$,位移和干扰力同相(差一相位角 θ);若 $\gamma > 1$,则相位相反。

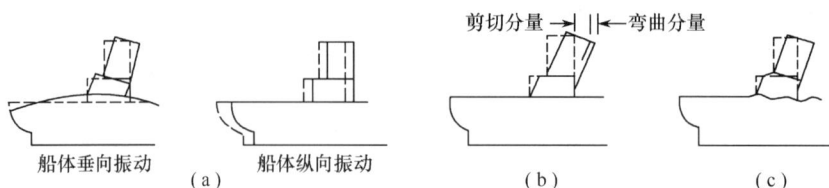

图2-1-3 上层建筑纵向振动示意图

(a)上层建筑的刚体振动;(b)悬桁梁的特性;(c)支承结构的弹性特性。

尾部振动体系指整个尾分段与尾楼的振动。目前大型海船多采用尾机型与尾桥楼结构,此时主机、螺旋桨、轴系等振源集中于此,而人员、设备等也集中于此,加上尾部相对较复杂,使尾部振动更显出其重要性和复杂性。尾部振动的表现形式是船体低谐总振动响应的叠加。当作用于尾部的螺旋桨干扰力的频率较高时,固有频率低于干扰力频率的最初几个谐调的船体总振动在尾部的振动位移,由图2-1-1可知,其相位相同,因此各主振动叠加后尾部的振幅相当大;而在其余部位,由于各个谐调的振动位移其相位不完全相同,所以叠加后相互间具有抵消作用,其振幅较小。此外,阻尼的作用也使尾端振动随着向首部传播而减小。由图2-1-2可见,当干扰力频率大于第五谐调固有频率时,最初五个谐调强迫振动合成的结果,也称为扇形振动。

对于这种尾机型船舶,在计算船体总振动时,可视为梁与空间结构的耦合振动,将船的前部视为梁,而把它的后部作为一复杂的空间结构,考虑两者的耦合,用有限元法来进行振动分析。

此外,若尾部伸出端很长,而刚性又突然变小,使尾部和船体其他部分耦合放松,因而尾部伸出端相对船体发生悬臂梁一样的振动。

2.2　附连水对船体振动的影响

2.2.1　附连水质量工程计算方法

把船体当作一根梁来研究船体总振动时,与一般梁的区别是舷外水将对船体梁振动产生很大的影响。因为船体梁是浮在水面上的,当它振动时,环绕船体周围的水也将处于运动状态。也就是说,它们也将吸收一部分能量,从而使船体总振动频率降低。舷外水对船体总振动的影响可分为重力、阻尼和惯性等三个方面。

重力的影响归结为船体所受浮力的变化,或者说是船体梁振动时如同在一个弹性基础上的梁振动一样。它对水平振动无影响,对垂向振动则由于船体梁振幅较小,浮力变化所引起的这种相当弹性基础的刚度与船体梁本身刚度相比较是很小的,故其影响是可以忽略的。

舷外水阻尼有摩擦阻尼的影响是指舷外水给船体振动以介质阻尼,对船体振动衰减有影响。舷外水阻尼包括兴波阻尼和摩擦阻尼两部分。由于阻尼对自己振动的影响很小,因此一般可忽略不计。但在计算共振区域内强迫振动振幅时,阻尼起着决定性作用,必须计及阻尼,其值相对较小,故计算时一般将其与内阻尼合在一起考虑。

惯性的影响反映在参与船体振动的等效质量的改变。在振动的船舶上似乎附连了相当大的舷外水质量(称为附连水质量),它的总和具有与船体的质量同阶甚至更大的量值,所以它将使船体自由振动频率大大降低。

下面从能量观点来解释附连水质量的物理意义。当一振动体浸于水中时,由于物体周围的水处于连续运动状态,所以必然要消耗能量。且由于周围介质水的密度要比空气大得多,消耗的能量要比空气中大得多,因此它的固有频率要比在空气中小。

当半径为 b 的无限长圆柱体全都浸于无黏性的、无限远处为静止的无限深液体中,以速度 v 作垂直于其长度方向的运动时(图2-2-1),由流体动力学可得出单位长度液体的动能为

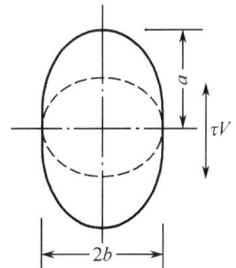

图2-2-1　柱体周围液体示意图

$$T = \frac{1}{2}\rho\pi b^2 v^2 \tag{2-2-1}$$

式中:ρ 为液体的密度。

令 $\rho\pi b^2 = M_1$,可以看出 M_1 为单位长度的圆柱体所排开的液体质量,因此可写为

$$T = \frac{1}{2}M_1 v^2 \tag{2-2-2}$$

直线运动时,如单位长度椭圆柱体受到了外力 p 作用,则能量方程为

$$\frac{\mathrm{d}}{\mathrm{d}t}\left(\frac{1}{2}Mv^2 + \frac{1}{2}M_1 v^2\right) = pv$$

或

$$(M_1 + M)\frac{\mathrm{d}v}{\mathrm{d}t} = p \tag{2-2-3}$$

式中:M 为单位长度椭圆柱体的质量。

上式表明液体的这种影响相当于在单位长度椭圆柱体的质量上附加了一个虚质量,即附连水质量。如将式(2-2-3)改为

$$M\frac{\mathrm{d}v}{\mathrm{d}t} = p - M_1\frac{\mathrm{d}v}{\mathrm{d}t} \tag{2-2-4}$$

可见,液体的各种影响也相当于在单位长度承受了一个与运动方向相反的力 $M_1\dfrac{\mathrm{d}v}{\mathrm{d}t}$。

运动稳定时,有 $\dfrac{\mathrm{d}v}{\mathrm{d}t} = 0$,由液体引起的力也就消失了,因此虚质量效应仅在有加速度运动时,当然也包括振动的情况下才会出现。

以上讨论的是椭圆形剖面的柱体、且基于柱体全部浸没于液体中、液体是二维流动的假定所求得的。然而实际船体的剖面不是椭圆,船体周围的流体运动是三维流动,且船体又并非全部浸入水中,而是一个处于空气和水这两种介质的浮体。考虑到这些因素,刘威士(F. M. Lewis)、陶德(F. H. Todd)等提出计算船舶垂向振动时单位长度上的附连水质量公式为

$$m_{aV} = \frac{1}{2}C_V K_i \pi\rho b^2 \tag{2-2-5}$$

船舶水平振动时单位长度的附连水质量公式为

$$m_{aH} = \frac{1}{2}C_H K_i \pi\rho d^2 \tag{2-2-6}$$

以上两式中:ρ 为水的密度;b 为计算剖面处的水线半宽;d 为计算剖面处的吃水;C_V、C_H 分别为垂向振动和水平振动时,船舶水下部分剖面形状不同于椭圆而引入的无因次修正系数;K_i 为三维流动引入的无因次修正系数;1/2 是考虑到船舶浮在水面,而非全浸于水中而引入的系数,由于空气密度很小,所以船舶振动时附连空气质量忽略不计。

对上述这些修正系数,不少人做了大量的研究工作,得出了许多相近的结果。在计算时,对 C_V 可取陶德的曲线图谱,如图 2-2-2 所示或利用表 2-2-1 的数据。此时,b 应

为计算剖面在水线面处的半宽，d 为计算剖面的吃水，β 为浸没面面积系数，$\beta = S/2bd$，S 为浸没剖面面积。对 C_H 可取自兰德惠勃（L. Landweber）在对刘威士工作基础上所作的曲线图谱，如图 2-2-3 所示，或利用表 2-2-2 的数据。至于 K_i，可由船舶的长宽比 L/B（对垂向振动）或船长吃水比 L/d（对水平振动）用道洛费尤克（C. K.）等在模型实验的基础上所提供的数据，如图 2-2-4（a）所示或表 2-2-3。

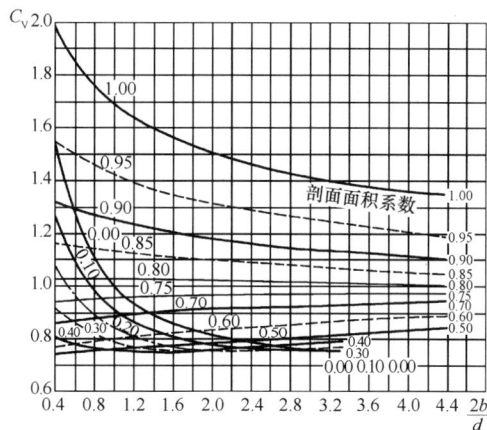

图 2-2-2　垂向振动附连水
质量系数 C_V 曲线图谱

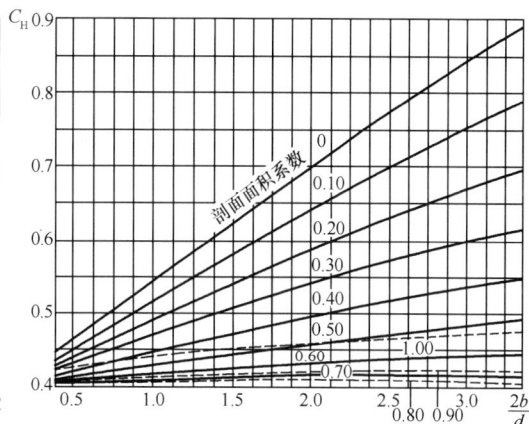

图 2-2-3　水平振动附连水
质量系数 C_H 曲线图谱

表 2-2-1　垂向振动附连水质量系数 C_V

β ＼ d/b	0.2	0.4	0.6	0.8	1.0	1.2	1.4	1.6	1.8	2.0
0	1.520	1.100	0.940	0.855	0.810	0.780	0.762	0.747	0.740	0.740
0.1	1.270	0.980	0.865	0.805	0.770	0.755	0.748	0.742	0.740	0.740
0.2	1.060	0.890	0.805	0.768	0.750	0.742	0.741	0.740	0.740	0.740
0.3	0.920	0.810	0.760	0.745	0.740	0.740	0.740	0.740	0.742	0.742
0.4	0.800	0.765	0.753	0.748	0.753	0.760	0.770	0.782	0.794	0.806
0.5	0.740	0.750	0.760	0.770	0.780	0.790	0.802	0.812	0.822	0.831
0.6	0.762	0.788	0.802	0.820	0.835	0.845	0.854	0.862	0.870	0.878
0.7	0.862	0.880	0.895	0.907	0.918	0.922	0.926	0.930	0.934	0.938
0.8	1.040	1.030	1.027	1.025	1.023	1.021	1.020	1.019	1.014	1.008
0.9	1.320	1.270	1.233	1.205	1.180	1.160	1.144	1.132	1.120	1.108
1.0	1.980	1.760	1.640	1.565	1.510	1.461	1.430	1.402	1.375	1.350

以上确定附连水质量的数据是对船舶在无限宽和无限深的水面上振动的情况所给出的，当船舶在浅水或狭航道中航行时，此附连水质量的数据必须另行修正。此项修正取决于船体离开障碍物（水底、河岸等）的相对距离。对于垂向振动和水平振动，修正系数 α_V

117

表 2-2-2 水平振动附连水质量系数 C_H

$2b/d$ \ β	0.00	0.10	0.20	0.30	0.40	0.50	0.60	0.70	0.80	0.90	1.00
0.375	0.450	0.436	0.430	0.422	0.419	0.411	0.410	0.407	0.403	0.409	0.426
0.875	0.522	0.500	0.479	0.461	0.439	0.421	0.415	0.408	0.404	0.410	0.437
1.375	0.600	0.563	0.529	0.495	0.461	0.435	0.420	0.409	0.405	0.412	0.448
1.875	0.675	0.523	0.572	0.525	0.489	0.450	0.425	0.410	0.406	0.414	0.455
2.375	0.750	0.679	0.615	0.555	0.510	0.465	0.430	0.411	0.407	0.417	0.462
2.875	0.820	0.735	0.655	0.585	0.530	0.480	0.435	0.412	0.408	0.420	0.469
3.375	0.890	0.790	0.693	0.612	0.549	0.490	0.442	0.413	0.409	0.424	0.476

表 2-2-3 附连水质量修正分数 Ki

$L/B,L/d$	第一谐调	第二谐调	第三谐调	第四谐调	第五谐调
5	0.700	0.624	0.551	0.494	0.447
6	0.748	0.678	0.614	0.560	0.515
7	0.786	0.719	0.661	0.611	0.568
8	0.815	0.756	0.698	0.653	0.611
9	0.839	0.784	0.733	0.687	0.647
10	0.858	0.808	0.759	0.716	0.677
11	0.874	0.828	0.782	0.742	0.706
12	0.888	0.845	0.802	0.763	0.730
13	0.899	0.859	0.820	0.783	0.751
14	0.909	0.870	0.835	0.803	0.770
15	0.917	0.883	0.848	0.818	0.788
20	0.947	0.920	0.895	0.876	0.857
25	0.968	0.944	0.925	0.909	0.894
30	0.980	0.958	0.940	0.924	0.910
35	0.987	0.967	0.950	0.934	0.922

和 α_H 可近似地由图 2-2-4(b)求得。此时船舶单位长度的附连水质量按下列公式进行计算:

在垂向振动时,有

$$m'_{aV} = \alpha_V m_{aV} \qquad (2-2-7)$$

118

在水平振动时,有

$$m'_{aH} = \alpha_H m_{aH} \qquad (2-2-8)$$

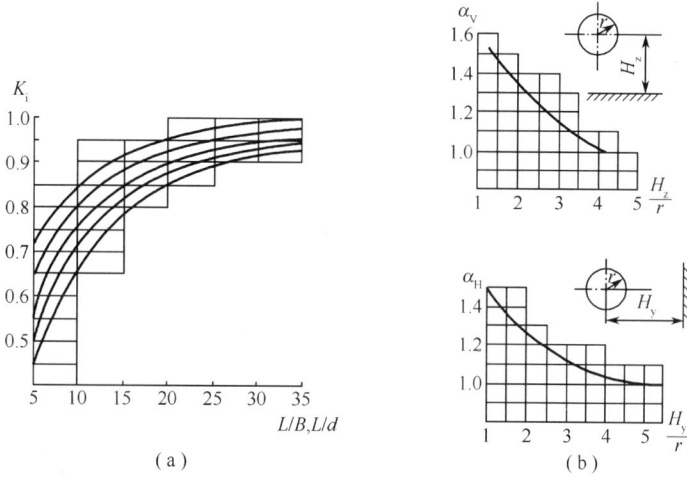

图 $2-2-4$ 　修正系数 K_i、α_V 和 α_H

由此可见,船体固有频率相应降低。

附连水质量计算可按表 $2-2-4$ 进行。

表 $2-2-4$ 　附连水质量计算

水线处半宽(b)/m	每站吃水(d)/m	半剖面积(A)/m²	剖面面积系数 $\beta=\dfrac{A}{b\times d}$	比值 $\dfrac{b}{d}$	系数 C_V	比值 $\dfrac{L}{B}$	系数 K_1	系数 K_2	$m_{aV1}=K_1 C_V \dfrac{\pi\rho b^2}{2}$ /(t/m)	$m_{aV2}=K_2 C_V \dfrac{\pi\rho b^2}{2}$ /(t/m)
4.35	0.30	0.75	0.575	14.5	0.86	5.385	0.719	0.645	18.754	16.824
5.55	2.60	3.20	0.222	2.135	0.75	5.385	0.719	0.645	26.624	23.884
6.05	2.60	6.25	0.397	2.326	0.77	5.385	0.719	0.645	32.481	29.138
6.32	2.60	9.60	0.583	2.430	0.84	5.385	0.719	0.645	38.612	34.687
6.47	2.60	12.05	0.717	2.490	0.92	5.385	0.719	0.645	44.383	39.815
6.50	2.60	13.85	0.818	2.500	1.02	5.385	0.719	0.645	49.665	44.553
…	…	…	…	…	…	…	…	…	…	…
3.80	2.60	7.88	0.797	1.463	1.02	5.385	0.719	0.645	16.974	16.227
2.75	2.60	5.83	0.745	1.058	0.95	5.385	0.719	0.645	8.280	7.428
1.73	2.35	2.93	0.720	0.736	0.91	5.385	0.719	0.645	8.139	2.816
0.80	2.10	1.25	0.743	0.381	0.93	5.385	0.719	0.645	0.686	0.615
0.08	0.20	0.01	0.750	0.400	0.94	5.385	0.719	0.645	0.007	0.006

例 $2-2-1$ 　求申渝线 800 客位客船船体垂向振动附连水质量。

已知船舶主尺度为：

两柱间长   70.00 m

型宽   13.00 m

型深   3.40 m(至主甲板)、5.80 m(至上甲板)

设计吃水   2.40 m(枯水)、2.60 m(洪水)

排水量   1340 t(枯水)、1492 t(洪水)

解：计算按表 2-2-4 进行。由计算结果可见，附连水质量在数值上较大，对船舶总振动而言，它与船体自身质量是同一个量级的。对于 B/d 大的内河船，其垂向振动附连水质量要较船体自身质量还大，故在进行船体总振动计算时必须把它考虑在内。

对于船体局部振动计算，若结构与液体接触，如船体甲板与板格及液体舱的舱壁等，当这些结构振动时，与它们接触的液体(水或油)也随同一起振动，或者说这部分液体也吸收了振动能量，故需视实际情况计入单面或双面附连水质量，为对应于局部结构的质量而增加的附加虚质量。大量的试验和计算表明，局部结构的附连水质量可达结构自身质量的 2 倍~6 倍甚至更大些，因此对结构固有频率的影响相当大，在计算时也必须予以计及。为计算方便，一般认为附连水质量在和水相接触的振动结构上是均匀分布的。

对于一个表面与水相接触的板架或板格，其单位面积上的附连水质量为

$$m_a = k\rho b \tag{2-2-9}$$

式中：ρ 为液体的密度；b 为板架或板格的宽度(短边长)；k 为按板架或板格宽长比由图 2-2-5 所决定的系数。

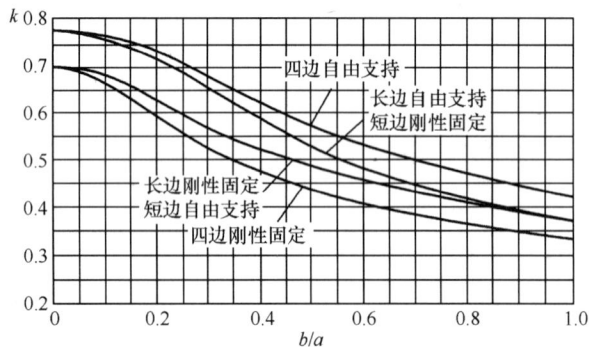

图 2-2-5   附连水系数 k

若板架或板格单面与液体接触，则考虑附连水液体质量后，其自由振动频率为

$$\omega_n^* = \sqrt{\frac{K_e}{M_e + ab\rho}} = \frac{\omega_n}{\sqrt{1 + k\dfrac{b\gamma_0}{h\gamma}}} \tag{2-2-10}$$

式中：M_e 为等效质量；a 为板架或板格长度；b 为板架或板格宽度；γ_0 为液体的密度；γ 为结构材料的密度(钢材 $\gamma = 7.85$)；h 为板格的厚度，对板架而言，为包括骨架及其上载荷的板架平均厚度(以全部载荷除以板架的面积和钢材的密度)。

当板架或板格双面与液体接触时，则其自由振动频率为

$$\omega_n = \frac{\omega_n}{\sqrt{1 + 2k\dfrac{b\gamma_0}{h\gamma}}} \tag{2-2-11}$$

上两式中：ω_n 为板架或板格在空气中的自由振动频率。K_e 为等效刚度。

2.2.2 附连水质量的理论求解

2.2.2.1 模态坐标系下的附加质量

结构的运动方程可离散成下面多自由度系统的运动方程式，即

$$M_s \ddot{w} + C_s \dot{w} + K_s w = L \tag{2-2-12}$$

它的固有频率分别为 λ_{00}、λ_{01}、$\lambda_{02}\cdots$。其中，λ_{00} 为对应 0 阶固有频率；λ_{0i} 为单位时间内 i 阶振型变化的次数。刚体加速运动（包括刚体平动和转动）对应的振型在任何时刻均不发生变化，因此 $\lambda_{00} = 0$。各阶干模态矩阵分别是 $\boldsymbol{\varphi}^{(0)}$、$\boldsymbol{\varphi}^{(1)}$、$\boldsymbol{\varphi}^{(2)}$、$\cdots\boldsymbol{\varphi}^{(n)}$，同理，$\boldsymbol{\varphi}^{(0)}$ 对应刚体运动的模态矢量。对刚体来说，每一点平动速度和转动角速度均相等，所以，$\boldsymbol{\varphi}_0$ 中的每一个元素均为 1。应注意，因为 0 模态是刚体运动的模态矢量，所以 0 模态代表三个平动速度方向和三个转动速度方向，即

$$w = \boldsymbol{\varphi} q \tag{2-2-13}$$

式中

$$\boldsymbol{\varphi} = \left[\boldsymbol{\varphi}^{(0)} \ \boldsymbol{\varphi}^{(1)} \ \boldsymbol{\varphi}^{(2)} \cdots \boldsymbol{\varphi}^{(n)} \right]$$

其中：q 为广义坐标矢量。对 $\boldsymbol{\varphi}^{(0)}$ 来说，q_0 是真实的刚体运动位移，因为 $\boldsymbol{\varphi}^{(0)}$ 矢量中每一个值均为 1。

设结构的阻尼是比例型的瑞利阻尼，则经上述坐标转换并注意到模态矢量的正交性后，结构在流体中的运动方程可化为

$$M \ddot{q} + C \dot{q} + K q = A \tag{2-2-14}$$

式中

$$M = \begin{bmatrix} M_{00} & & & \\ & M_{11} & & \\ & & \ddots & \\ & & & M_{nn} \end{bmatrix} \tag{2-2-15}$$

$$C = \begin{bmatrix} 2\zeta_1 \lambda_{01} M_{00} & & & \\ & 2\zeta_1 \lambda_{02} M_{11} & & \\ & & \ddots & \\ & & & 2\zeta_1 \lambda_{0n} M_{nn} \end{bmatrix}$$

$$K = \begin{bmatrix} K_{00} & & & \\ & K_{11} & & \\ & & \ddots & \\ & & & K_{nn} \end{bmatrix}$$

$$A_r = \varphi_r^{\mathrm{T}} L; r = 0, 1, \cdots, n$$

方程(2-2-14)为模态坐标系下运动方程,通过求解方程(2-2-14)右边的水动力项,可得到模态坐标系下的附加质量。

弹性体振动位移表示为

$$w = \sum_{r=0}^{n} \boldsymbol{\varphi}^{(r)}(x,y,z)q_r \qquad (2-2-16)$$

w 是刚体位移和弹性体位移的线性叠加。

$$A_r = - \iint_{S_1} p(x,y,z,t)\boldsymbol{\varphi}_n^{(r)}(x,y,z)\mathrm{d}S_1 \qquad (2-2-17)$$

式中:$\boldsymbol{\varphi}_n^{(r)}(x,y,z)$ 为第 r 模态的法向矢量;$p(x,y,z,t)$ 为在流、固交界面上的水动压强,且

$$p = \rho \frac{\partial \phi}{\partial t} \qquad (2-2-18)$$

其中:ρ 为流体的密度;g 为重力加速度;ϕ 为速度势。

不计动浮力对附加刚度的影响,有

$$q_0 = \boldsymbol{u} \cdot t + (\boldsymbol{\xi} \times \boldsymbol{r}') \cdot t$$
$$q_r = \mathrm{Re}(\boldsymbol{Q}_r \mathrm{e}^{\mathrm{i}\omega t}) ; r = 1,2,\cdots,n \qquad (2-2-19)$$
$$q = q_0 + q_r$$

式中:$\boldsymbol{Q}_r$ 为复数;q_0 为刚体位移;q_r 为弹性体振动位移;$\boldsymbol{u}$ 为三个方向上的平动速度;$\boldsymbol{\xi}$ 为三个方向上的转动角速度;$\boldsymbol{r}'$ 为从旋转中心出发的位置矢量。

$$\frac{\partial \phi}{\partial n} = \boldsymbol{u} \cdot \boldsymbol{n} + (\boldsymbol{\xi} \times \boldsymbol{r}') \cdot \boldsymbol{n} + \mathrm{i}\omega \sum_{r=1}^{n} Q_r \mathrm{e}^{\mathrm{i}\omega t}$$

u 和 ξ 在直角坐标系下的分量为

$$\boldsymbol{u} = (u_1,u_2,u_3), \boldsymbol{\xi} = (u_4,u_5,u_6)$$

将 n 和 $r' \times n$ 的分量表示为

$$n = (n_1,n_2,n_3), \boldsymbol{r}' \times n = (n_4,n_5,n_6)$$

由于 $(\boldsymbol{\xi} \times \boldsymbol{r}') \cdot n = \boldsymbol{\xi} \times (\boldsymbol{r}' \cdot n)$,所以边界条件可改写为

$$\frac{\partial \phi}{\partial n} = \sum_{i=1}^{6} u_i \cdot n_i + \mathrm{i}\omega \sum_{r=1}^{n} Q_r \mathrm{e}^{\mathrm{i}\omega t}$$

当结构作加速运动并伴有弹性体的振动时,则按线性叠加原理满足拉普拉斯方程和边界条件的速度势为

$$\phi = \sum_{i=1}^{6} u_i \Phi_i + \mathrm{i}\omega \sum_{r=1}^{n} Q_r \varphi_r \mathrm{e}^{\mathrm{i}\omega t} \qquad (2-2-20)$$

式中:Φ_i 为刚体以单位速度作 i 态刚体运动时流体的速度势;i 为三个平动速度方向和三个转动速度方向;ϕ_r 为对应于第 r 干模态的速度势。

$$\begin{cases} \partial \phi_r / \partial n = -\boldsymbol{\varphi}_n^{(r)} \\ \partial \Phi_i / \partial n = -n_i \end{cases} \qquad (2-2-21)$$

故由式(2-2-14)可得第 r 干模态的广义力为

$$
A_r = \begin{cases}
- \operatorname{Re}\Big[\rho \sum\limits_{i=1}^{6} \dot{u}_i(t) \iint_{S_1} \Phi_i n \mathrm{d}S_1 + \rho \sum\limits_{i=1}^{6} u_i(t) \xi \times \iint_{S_1} \Phi_i n \mathrm{d}S_1 \\
\quad - \rho \omega^2 \sum\limits_{S=1}^{n} Q_s \iint_{S_1} \phi_s n \mathrm{d}S_1 \mathrm{e}^{\mathrm{i}\omega t} + \rho \omega \mathrm{i} \sum\limits_{S=1}^{n} Q_s \xi \times \iint_{S_1} \phi_s n \mathrm{d}S_1 \mathrm{e}^{\mathrm{i}\omega t} \Big] \quad (r = 0) \\[4pt]
- \operatorname{Re}\Big[\rho \sum\limits_{i=1}^{6} \dot{u}_i(t) \iint_{S_1} \Phi_i \varphi_n^{(r)} \mathrm{d}S_1 + \rho \sum\limits_{i=1}^{6} u_i(t) \xi \times \iint_{S_1} \Phi_i \varphi_n^{(r)} \mathrm{d}S_1 \\
\quad - \rho \omega^2 \sum\limits_{S=1}^{n} Q_s \iint_{S_1} \phi_s \varphi_n^{(r)} \mathrm{d}S_1 \mathrm{e}^{\mathrm{i}\omega t} + \rho \omega \mathrm{i} \sum\limits_{S=1}^{n} Q_s \xi \times \iint_{S_1} \phi_s \varphi_n^{(r)} \mathrm{d}S_1 \mathrm{e}^{\mathrm{i}\omega t} \Big], \quad (r > 0)
\end{cases}
$$

$$(2-2-22)$$

式中所有水动力项均只为 $\rho \iint_{S_1} \Phi_i n \mathrm{d}S_1$、$\rho \iint_{S_1} \Phi_i \varphi_n^{(r)} \mathrm{d}S_1$、$\rho \iint_{S_1} \phi_s n \mathrm{d}S_1$、$\rho \iint_{S_1} \phi_s \varphi_n^{(r)} \mathrm{d}S_1$ 有关,它们的物理含义如下:

$$
m_{ri} = \begin{cases}
\rho \iint_{S_1} \Phi_i n \mathrm{d}S_1 & (r = 0) \\[8pt]
\rho \iint_{S_1} \Phi_i \varphi_n^{(r)} \mathrm{d}S_1 & (r > 0)
\end{cases}
\qquad (2-2-23)
$$

m_{ri} 表示刚体 i 向运动对 r 阶弹性振动(包括 0 阶,即刚体平动和转动)附加质量的影响。

m_{0i} 也可以写成 $\rho \iint_{S_1} \Phi_i \dfrac{\partial \Phi_j}{\partial n} \mathrm{d}S_1$,这与刚体运动附加质量的计算公式是相一致的,体现了该方法的合理性。同时,也考虑到了各阶弹性振动对刚体运动附加质量的影响。

$$
M_{rs} = \begin{cases}
- \operatorname{Re}\Big[\rho \iint_{S_1} \phi_s n \mathrm{d}S_1 \Big], & r = 0 \\[8pt]
- \operatorname{Re}\Big[\rho \iint_{S_1} \phi_s \varphi_n^{(r)} \mathrm{d}S_1 \Big], & r > 0
\end{cases}
\qquad (2-2-24)
$$

$$
B_{rs} = \begin{cases}
\omega \operatorname{Im}\big[\rho \iint_{S_1} \phi_s n \mathrm{d}S_1 \big], & r = 0 \\[8pt]
\omega \operatorname{Im}\big[\rho \iint_{S_1} \phi_s \varphi_n^{(r)} \mathrm{d}S_1 \big], & r > 0
\end{cases}
\qquad (2-2-25)
$$

M_{rs} 是附加质量矩阵 $\boldsymbol{M}_f$ 的元;$M_{0s}(r=0)$ 是指 s 阶弹性振动对刚体运动附加质量的影响;$M_{rs}(r>0)$ 是指 s 阶弹性振动对 r 阶弹性振动附加质量的影响。B_{rs} 是流体阻尼矩阵 $\boldsymbol{B}_f$ 的元;$B_{0s}(r=0)$ 是指 s 阶弹性振动对刚体运动附加阻尼的影响;$B_{rs}(r>0)$ 是指 s 阶弹性振动对 r 阶弹性振动附加阻尼的影响。

2.2.2.2 物理坐标系下的附加质量

为使计算结果更有实际工程意义,将模态坐标系的附加质量转换成相应的直角坐标系下的附加质量,其推导过程如下:

质量矩阵(2-2-15)中的每一个元素可以通过以下方程求得,即

$$M_{rr} = \begin{bmatrix} \varphi_1^{(r)} & \varphi_2^{(r)} & \cdots & \varphi_n^{(r)} \end{bmatrix}_{1 \times n} \begin{bmatrix} m_{11} & \cdots & \cdots & m_{1n} \\ \vdots & m_{22} & & \vdots \\ \vdots & & \ddots & \vdots \\ m_{n1} & \cdots & \cdots & m_{nn} \end{bmatrix}_{n \times n} \begin{bmatrix} \varphi_1^{(r)} \\ \varphi_2^{(r)} \\ \vdots \\ \varphi_n^{(r)} \end{bmatrix}_{n \times 1}$$

$$(2-2-26)$$

总可以找到一个 $\varphi^{(rr)}$（定义其为质量转换振型），使得 $M_{rr} = M$（干模态真实质量），即

$$M_{rr} = \varphi^{(rr)\mathrm{T}} M_s \varphi^{(rr)} = M$$

$$\varphi^{(rr)} = C_r \varphi^{(r)}$$

所以有

$$\varphi^{(rr)\mathrm{T}} M_s \varphi^{(rr)} = C_r^2 \varphi^{(r)\mathrm{T}} M_s \varphi^{(r)} = C_r^2 M_{rr} = M$$

$$C_r = \sqrt{\frac{M}{M_{rr}}} \qquad (2-2-27)$$

$\varphi^{(rr)}$ 即可求，用 $\varphi^{(rr)}$ 计算得到的附加质量是在直角坐标系中的 r 阶附加质量。

下面讨论一种更加简便求取 C_r 的方法。假设整个结构质量在各个质量点上是均匀分布的，那么结构质量矩阵 M_s 可以写成式（2-2-26）中的形式，r 阶模态质量 M_{rr} 即可解。

$$M_{00} = \begin{bmatrix} 1 & 1 & \cdots & 1 \end{bmatrix}_{1 \times n} \begin{bmatrix} \rho \mathrm{d}v & & & \\ & \rho \mathrm{d}v & & \\ & & \ddots & \\ & & & \rho \mathrm{d}v \end{bmatrix}_{n \times n} \begin{bmatrix} 1 \\ 1 \\ \vdots \\ 1 \end{bmatrix}_{n \times 1} = \rho \mathrm{d}v \times n = M$$

$$(2-2-28a)$$

式中：M 为刚体质量。

可见，将刚体视为无限自由度的弹性体的微分方程和刚体微分方程是一致的，体现了该方法的合理性。应特别注意，模态质量矩阵中的各阶模态质量 M_{rr} 均不是刚体的真实质量。

$$M_{rr} = \begin{bmatrix} \varphi_1^{(r)} & \varphi_2^{(r)} & \cdots & \varphi_n^{(r)} \end{bmatrix}_{1 \times n} \begin{bmatrix} \rho \mathrm{d}v & & & \\ & \rho \mathrm{d}v & & \\ & & \ddots & \\ & & & \rho \mathrm{d}v \end{bmatrix}_{n \times n} \begin{bmatrix} \varphi_1^{(r)} \\ \varphi_2^{(r)} \\ \vdots \\ \varphi_n^{(r)} \end{bmatrix}_{n \times 1}$$

$$= \rho \mathrm{d}v \parallel \varphi^{(r)} \parallel = M \cdot \parallel \varphi^{(r)} \parallel / n = M \cdot \parallel \varphi^{(r)} \parallel / \parallel \varphi^{(0)} \parallel, r > 0$$

$$(2-2-28b)$$

式中：$\varphi^{(r)}$ 为归一化的 r 阶振型；M_{rr} 为 r 阶模态质量；$\parallel \varphi^{(r)} \parallel - \parallel \varphi^{(0)} \parallel$ 为小于 1 的数，那么 M_{rr} 的值必定小于真实的刚体质量 M。因此，将模态坐标下的弹性各阶振动附加质量和用其他方法计算得的附加质量比较时须注意这一点。

为将 r 阶模态附加质量转换成直角坐标系下的真实附加质量，对上式进行转换。令 $M_{rr} = M$，就有

$$\begin{cases} \| \varphi^{(rr)} \| / \| \varphi^{(0)} \| = 1 \\ \varphi^{(rr)} = \varphi^{(r)} \cdot C_r \end{cases}$$

$$\begin{cases} C_r = \sqrt{\dfrac{\| \varphi^{(0)} \|}{\| \varphi^{(r)} \|}} \\ \varphi^{(rr)} = C_r \varphi^{(r)} \end{cases} \qquad (2-2-29)$$

式中:$\varphi^{(rr)}$ 为通过式(2-2-29)构造的转换振型,将其定义为质量转换振型,它已经不再是归一化振型;C_r 为待定常数。

通过求解式(2-2-29),总可以找到 $\varphi^{(rr)}$,将其代入式(2-2-28),得到的 r 阶模态质量 M_{rr} 等于刚体质量 M。再将 $\varphi^{(rr)}$ 代入方程(2-2-27),可得到物理空间下的附加质量。

2.2.2.3 算例

一、刚性体附加质量

取圆柱体水中绕流模型作为刚体附加质量的计算模型,如图2-2-6所示。

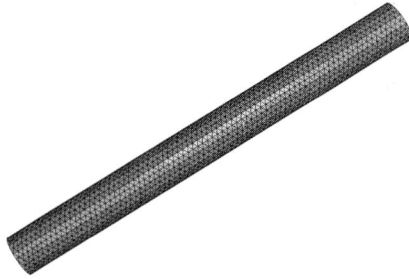

图2-2-6 圆柱体边界元模型

无限长直圆柱水中绕流模型单位长度附加质量的理论值是 πa^2,其中 a 为圆柱体半径。

刚体运动附加质量见表2-2-5。从表2-2-5可以看出,用数值方法计算附加质量存在一定的误差,并且长度与直径比越大,计算所得的附加质量越接近于理论值。这是因为选取的圆柱体模型有限长,而圆柱体水中绕流模型附加质量理论值是基于无限长直圆柱假设而得到的结论。因此,该数值解有较高的精度。

表2-2-5 刚体运动附加质量

圆柱体半径/m	1	1	1
圆柱体长度/m	18	2	13.29
长度与直径比	18	10	6.3
水的密度/(kg/m³)	1000	1000	1000
附加质量数值解/t	111.084	60.231	39.644
附加质量理论值/t	113.097	62.832	41.752
相对误差/%	1.78	4.14	5.05

二、弹性体附加质量

根据中华人民共和国国家军用标准对附加质量的计算,水下潜艇附连水质量的估算公式为

$$\begin{cases} m_{\text{v}} = K_i \mu_{\text{v}}(\alpha, \beta) \pi \rho B^2 \\ m_{\text{h}} = K_i \mu_{\text{h}}(\alpha, \beta) \pi \rho C^2 \end{cases} \qquad (2-2-30)$$

式中:m_{v} 为轴向振动引起的附加质量;$\mu_{\text{v}}(\alpha, \beta)$ 为水下轴向二维附加质量修正系数;m_{h} 为水平方向附加质量;μ_{h} 为水平方向附加质量的修正系数;$\alpha = C/B$;$\beta = S_2/4BC$(S_2 是剖面面积)。

水面舰艇附连水质量估算公式为

$$\begin{cases} m_{\text{v}} = \dfrac{1}{2} \alpha_{\text{v}} K_i C_{\text{v}} \pi \rho b^2 \\ m_{\text{h}} = \dfrac{2}{\pi} \alpha_{\text{h}} K_i C_{\text{h}} \pi \rho d^2 \end{cases} \qquad (2-2-31)$$

式中:m_{v} 为垂向振动时各计算剖面处单位长度上的附连水质量;m_{h} 为水平振动时各计算剖面处单位长度上的附连水质量;α_{v} 为浅水修正系数;α_{h} 为狭航道修正系数;K_i 为三维流动修正系数;C_{v}、C_{h} 为附连水修正系数;ρ 为海水密度;b 为剖面水线处半宽;d 为剖面吃水。

仍以柱体水中绕流模型为例计算弹性体振动附加质量的数值解,并与式(2-2-30)的估算结果相比较。但中华人民共和国国家军用标准是在直角坐标系下对附加质量进行估算,因此又需要将模态空间下的附加质量数值解转化到相应的物理空间下并和估算结果进行比较,结果列于表2-2-6中。

表2-2-6　模型几何尺寸

圆柱体半径/m	1
圆柱体长度/m	13
水的密度/(kg/m³)	1000

弹性体振动附加质量见表2-2-7所列。从表2-2-7可以看出,用边界元法计算弹性体振动附加质量数值解和估算公式结果有一定的差异,但在10%以内,说明该计算方法是可行的。另外,采用大型通用有限元计算软件Abaqus,计算了直角坐标系下弹性体一阶振动附加质量,并和数值计算结果进行对比,列于表2-2-8中。

表2-2-7　弹性体振动附加质量

	经 验 解	数 值 解	相 对 误 差
一阶振动附加质量	26.83t	24.77t	8.3%

表2-2-8　弹性体一阶振动附加质量

	Abaqus 解	数 值 解	相 对 误 差
一阶振动附加质量	25.52t	24.77t	3.01%

从表2-2-8可以看出,用数值计算方法计算弹性体一阶振动附加质量和有限元计算结果相当接近。

三、某型舰附加质量

下面以某型舰为例,计算该模型各阶附加质量,并将其一阶、二阶附加质量和经验公式进行比较。x、y、z 分别表示舰体纵向、横向、垂向刚体运动,即 0 阶模态。1、2 分别表示舰体一阶、二阶弹性自由振动,振动方向为舰体垂向。某型舰附加质量的计算结果如表 2-2-9 所列。

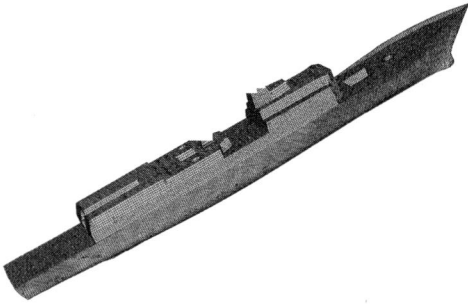

图 2-2-7 某型舰有限元模型

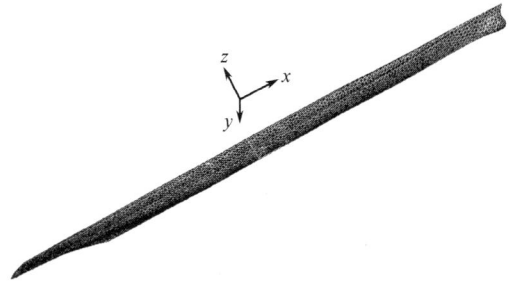

图 2-2-8 某型舰水下部分边界元模型

表 2-2-9 某型舰附加质量(模态坐标)

附加质量/t	x	y	z	1	2
x	39.60	0.22	73.83	59.99	64.58
y	0.23	1223.50	2.31	0.27	1.12
z	72.31	2.29	9456.10	1507.00	144.38
1	59.78	0.25	1510.20	1219.40	408.71
2	65.63	1.11	148.24	406.01	1104.00

将模态坐标下附加质量进行坐标转换可以得到直角坐标下的附加质量,列于表 2-2-10 中。

表 2-2-10 某型舰附加质量(直角坐标)

附加质量/t	x	y	z	1	2
x	39.60	0.22	73.83	125.56	136.99
y	0.23	1223.50	2.31	0.57	2.37
z	72.31	2.29	9456.10	3154.10	306.28
1	125.12	0.53	3160.90	5341.70	1814.50
2	139.22	2.36	314.45	1802.60	4967.80

将数值解和用式(2-2-31)计算得到的经验解进行比较,列于表 2-2-11 中。

表 2-2-11 某型舰弹性振动附加质量

	经验解	数值解	相对误差
一阶振动附加质量	5575.03t	5341.70t	4.19%
二阶振动附加质量	5209.63t	4967.80t	4.64%

从表 2-2-11 可以看出,船体纵向平动附加质量很小,而垂向平动和横向平动附加质量很大(因为船体横剖面面积要远远小于船体纵剖面面积和水线面面积)。另外,船体

垂向平动和纵向平动耦合附加质量相对纵向平动本身较大,而它们与船体横向平动耦合附加质量均很小;船体一阶振动和二阶振动附加质量很大(因为振动方向为船体垂向);船体一阶振动和二阶振动耦合附加质量很大,因此该耦合项不能忽略;弹性振动方向与船体横向平动耦合很小,与垂向平动耦合很大,与纵向平动耦合相对纵向平动本身较大,这与船体水下部分几何形状有关。

用边界元法计算得到的附加质量与经验解十分接近,误差均在5%以内。

2.3　船体振动的激振源

2.3.1　概述

船体作为一个自由漂浮在水上的空心弹性梁,在营运过程中必然要受到各种干扰力(又称激振力)的作用,使船体发生总振动和局部振动。

引起船体振动的主要振源是螺旋桨和主机,它们在运转时将引起周期性的干扰力,使船体发生稳态强迫振动。而波浪的冲击、火炮发射时的后坐力、抛锚等所引起的干扰力则是非周期性的干扰力,因为这些力对船体的作用时间短,只引起船体的衰减振动。

随着船舶吨位及主机功率的不断增加,采用尾机船和尾部作为居住区,船体振动及舒适性问题比以前更加引人关切。内河船船体刚度相对海船为小,但海船采用高强度钢后也使船体刚度下降,因此船体振动可能变得更强烈。

船体产生振动过大的原因可归纳为三个方面:

(1)设计时考虑不周或计算的错误,如主机选择、船舶主尺度、螺旋桨与船体、附属体隙以及与尾部线型的配合、船体结构尺寸、布置和结构的连续性等;

(2)建造质量问题,如螺旋桨制造质量差、轴线不对中、结构连续性被破坏、焊接残余应力与初挠度等;

(3)营运时航行条件及操作管理水平的影响,如浅水或狭窄航道、装(压)载不当、轴系变形、螺旋桨受损、主机各缸燃烧不均匀、更换机和桨不当及个别结构机件磨损、松动等。

由上述可知,有的振动是船舶建造后就存在的,有的则是经过航行一段时间后才产生的,因此不论哪种情况,查清造成振动的原因,不仅是为了制订减振措施,而且也是为营运和维修提供科学依据。

2.3.2　螺旋桨干扰力

螺旋桨工作时所引起的干扰是极其复杂的,它与螺旋桨的形状参数、船体(包括附属体)后体线型和航速有关。

按干扰力的频率,螺旋桨干扰力可分为两类:一类是轴频干扰力,即螺旋桨的干扰频率等于桨轴转速的一阶干扰力;另一类是叶频干扰力或倍叶频干扰力,即干扰频率等于桨轴转速 n 乘以桨叶数 z 或桨叶数倍数的高阶干扰力。引起轴频干扰力的原因是螺旋桨的机械静力不平衡、机械动力不平衡及水动力不平衡。

螺旋桨制造偏差,如加工不准确、材料不均匀、工艺公差分布不均匀、桨叶形状不同等,都会引起各桨叶质量不等,而使螺旋桨重心不在回转轴上,即螺旋桨是静力不平衡。当螺旋桨转动时,就产生一个频率等于桨轴转速的周期性离心力 F,这种离心力在最大轴转速下应不大于螺旋桨自重 G 的 0.01 倍 ~ 0.02 倍,即

$$F = \frac{G\omega^2 l}{g} \leqslant (0.01 \sim 0.02)G \qquad (2-3-1)$$

式中:l 为螺旋桨重心离开回转轴线的距离;ω 为螺旋桨回转角速度;g 为重力加速度。

目前,螺旋桨在加工时,都做了静力平衡校准,精度也能达到要求。但内河船尤其是一些小厂制造的螺旋桨精度较差,其离心力可能很大,此外,船舶在浅区或浅水中航行时,螺旋桨易受冰块或卵石撞击,造成桨叶打断、卷边等;在湖区则桨叶易受水草缠附,这都使螺旋桨的静力平衡受到破坏,激起船体剧烈的一阶(轴频)振动。所以在航行中的船舶,若突然出现一阶振动时,常常是螺旋桨受损的重要征兆。

螺旋桨的重心虽在回转轴上,但由于各桨叶在轴线方向有错位,从而使各桨叶的重心不在同一盘面内,转动时各桨叶离心力形成轴频不平衡力矩,使桨轴产生弯曲振动。为了确保不使这种振动过大,规定这种不平衡力矩 M 不大于桨自重的 0.01 倍与桨叶 $0.7R$ 处轴向长度 f 的乘积,即

$$M \leqslant 0.01Gf \qquad (2-3-2)$$

上述情况称为螺旋桨的动力不平衡。但只有当螺旋桨转速高时,动力不平衡的影响才显著,故目前仅对快艇螺旋桨才要求进行动力平衡试验。

以上螺旋桨的静力平衡和动力平衡统称为螺旋桨的机械平衡。

如果螺旋桨制造不精密,各桨叶的几何要素不相同,即使是机械平衡的螺旋桨,在"敞水"中转动时也会产生动力不平衡,其中尤以螺距的影响为最大。因为水流对各桨

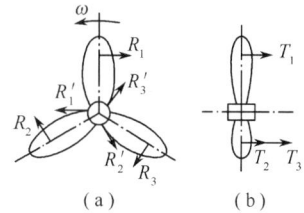

图 2-3-1 螺旋桨转动示意图

叶的冲角不同,每一桨叶上的推力 T 和阻力 R 也不同,则总推力不与桨轴线重合。由于偏心的结果,将形成一个频率等于桨轴转速且使桨周弯曲的力矩。阻力合力不等于零,也将形成一个频率等于桨轴转速,且作用于桨轴的一阶周期干扰力。它们都通过轴系和轴承传给船体,引起船体的横振动和扭转振动,如图 2-3-1 所示。

为了防止过大的干扰力和干扰力矩,螺旋桨的螺距容许误差应符合表 2-3-1 的要求。A、B、C 三级是根据船舶航速划分的。A 级为航速大于 18kn 海船及其他特殊要求的船舶;B 级为航速在 8kn ~ 18kn 的海船及大于 18kn 的内河船舶;C 级为不属于 A 级和 B级的一般船舶。

表 2-3-1　螺距容许误差

名　　　称	偏离图纸上名义值的容许误差/%		
	A 级	B 级	C 级
叶片距离	±1.0	±1.5	±3.0
总平均螺距	±0.75	±1.0	±2.5

综上可知,螺旋桨激起的一阶振动主要和桨叶制造质量有关。提高螺旋桨制造的精度,可使其一阶干扰力或力矩降到最低的程度。若这种干扰力的频率与船体的固有频率

同步时,就可能产生严重的振动。

叶频干扰力与螺旋桨的制造质量无关,这种力可分为两类:一类是螺旋桨转动时经水传至船体表面的脉动水压力,称为螺旋桨脉动压力,其沿船体表面的积分值(合力)称为表面力;另一类是螺旋桨在船后工作时,由于伴流在周向分布的不均匀性,使作用在桨叶上的流体力发生变化而引起的激振力,因它通过桨轴和轴承作用于船体,故称为轴承力。

螺旋桨脉动压力的产生,可从两个方面来解释:一方面是螺旋桨在水中工作时,由于叶面与叶背的压力差在叶梢处形成螺旋涡系(图2-3-2(a)),使螺旋桨临近水中各点的压力呈周期性时大时小的变化,位于压力场内的尾部底板及舵叶等其他结构便受到周期性脉动压力的作用,因为螺旋强度与螺旋桨的载荷(推力和扭矩)有关,所以这一部分脉动压力常称为载荷效应;另一方面是螺旋桨桨叶具有厚度(图2-3-2(b)),在流场中运动时,流场中某一点 P 处的压力将随着桨叶接近和远离该点发生周期性变化,从而使该流场中各点受到脉动压力,这种效应称为叶厚效应。

从上分析还可看出,即使在敞水均匀流场,也存在螺旋桨脉动压力。当螺旋桨在船后不均匀流场中转动时,则会进一步加大压力波动,从而使脉动压力加大。

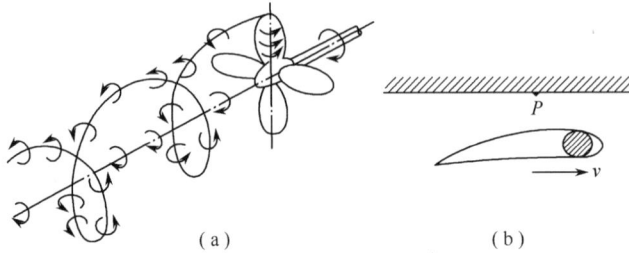

(a)　　　　　　　　　　　(b)

图2-3-2　螺旋桨脉动压力示意图

影响脉动压力大小的主要因素是螺旋桨叶梢与尾壳板的间隙大小及螺旋桨的叶数。增大梢隙比,脉动压力减小将是很明显的,但增大到一定数值时,脉动压力值的减小就变化很少,如图2-3-3(a)所示。螺旋桨叶数增加,脉动压力也将下降,如图2-3-3(b)所示。

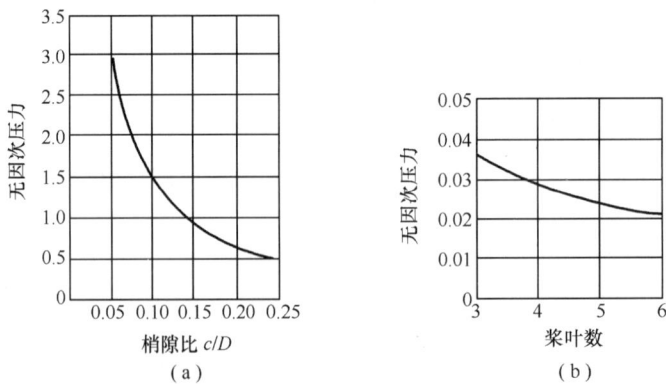

(a)　　　　　　　　　　　(b)

图2-3-3　脉动压力图

海船一般能满足间隙的要求,但内河船因吃水较小,特别是浅水航道船,为了获得较佳的推进效果,螺旋桨直径相对较大,梢隙很小,因此船体尾部的振动往往较为剧烈。

130

螺旋桨脉动水压力作用在外板的范围主要在螺旋桨正上方,面积约为螺旋桨直径的平方。在其上的不同部位,脉动压力的大小及方向均不相同。最大压力的纵向位置是螺旋桨盘面往船艉偏离约 0.1 倍的螺旋桨直径处。横向则呈对称变化。

由于螺旋桨在船后不均匀流场中旋转,桨叶所通过的是进流速度不同的流场,即在任一瞬间各叶的攻角不同,因此将引起桨叶上推力和阻力的变化。由于推力的中心不通过桨轴,因此将产生图 2-3-4(a) 所示的脉动推力和水平、垂向弯矩。由于旋转阻力合力不等于零,将产生如图 2-3-4(b) 所示的分力和扭矩。故轴承力有 3 个脉动分力和 3 个脉动力矩,6 个分力,即推力(p_x)、垂向弯矩(M_y)、水平弯矩(M_z)、转矩(M_x)、水平力(p_y)、垂直力(p_z)。

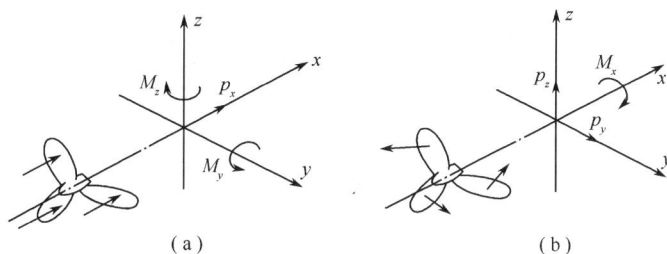

图 2-3-4　螺旋桨受力示意图

周期性变化的推力,会引起轴系、船体和上层建筑的纵向振动;转矩(扭矩)会引起轴系和动力装置的扭转振动侧向力和弯矩则引起轴系和船体的横向振动。

在均匀流场中,对各叶片的几何特征完全相同的螺旋桨,除了恒定的推力和转矩外,其他分力均等于零,因此也不产生轴承力。轴承力只在不均匀的流场中存在,伴流越不均匀,轴承力就越大。

因为叶片每转过一个大小等于两叶片夹角的转角时,螺旋桨便重复一次受力情况,所以表面力和轴承力的频率等于叶数与桨轴转速的乘积,即叶频。表面力、轴承力的大致数值列于表 2-3-2,以便进行比较。

表 2-3-2　螺旋桨脉动幅值为平均推力和扭转的百分数

桨叶数	脉动表面力(F)	脉动轴承力					
		推力(p_x)	垂直力(p_x)	水平力(p_y)	转矩(M_x)	垂向弯矩(M_y)	水平弯矩(M_z)
		平均推力的百分数/%			平均扭矩的百分数/%		
3 叶	$\dfrac{7}{11\sim16}$	$\dfrac{8\sim10}{—}$	—	—	—	—	—
4 叶	$\dfrac{4}{11}$	$\dfrac{16\sim23}{4\sim7}$	$\dfrac{1\sim3}{1}$	$\dfrac{1\sim3}{1}$	$\dfrac{13\sim17}{4\sim5}$	$\dfrac{6\sim8}{2\sim3}$	$\dfrac{2\sim5}{1}$
5 叶	$\dfrac{3.5}{7}$	$\dfrac{4\sim6}{1\sim2}$	$\dfrac{5\sim8}{1\sim3}$	$\dfrac{2\sim7}{1\sim2}$	$\dfrac{3\sim5}{1\sim2}$	$\dfrac{40\sim60}{12\sim18}$	$\dfrac{15\sim25}{6\sim7}$

由表 2-3-2 可以看出,单桨船的轴承力比双桨船普遍较大。推力最大波动出现在 4 叶桨船上,达平均推力的 16% ~23%,弯矩的最大波动出现在 5 叶桨船上,垂向弯矩的最大波动为平均扭矩的 40% ~60%,而水平弯矩的波动为 15% ~25%。双桨船表面力较单桨船大,最大者出现在 3 叶桨船上,达平均推力的 11% ~16%。

有很多内河船在浅水中航行,沿海船也可能遇到浅滩,这时由于浅水效应,尾部流场将更加不均匀,表面力和轴承力均会显著增大。当船舶回转或倒车时,由于水流的变化,均会产生较大的尾部振动。

当螺旋桨负荷加重,在船后不均匀伴流中工作时,随着转速加大,螺旋桨产生空泡虽对轴承力影响不大,但对表面力的影响很大。定常空泡(主要指叶梢片空泡)对表面力的影响,可按脉动的空泡层而引起叶片厚度变化这样一种叶厚效应来处理。对于非定常的变空泡,螺旋桨在不均匀流场中周期地进入高低伴流区,空泡时而产生、时而崩溃,且溃灭的时间很短,使脉动压力幅值变化很大,其幅值可较无空泡时成倍或几十倍地增加。且由于非定常部分所诱导的压力远大于其他因素诱导的压力,特别在空泡体积变化最剧烈时所诱导的高幅值压力波,在水中以声速向四周传播,因此基本上是"同时"到达船体表面各个点,与船体表面脉动压力趋于同相位,自然表面力值要急剧增加。这时脉动压力的分布也发生变化,在纵向,峰值向后移动,空泡数目越小,峰值越在盘面之后,这是由于脉动片空泡越来越长,并在桨后崩溃所致。在横向,呈明显的不对称,压力峰偏向桨叶,离开高伴流区的一边,这是由于空泡在离开高伴流区时迅速崩溃所致。

此外,污底能改变伴流的分布,尤其是接近水面部分的船底。当污底集中在螺旋桨正上方时,有可能引起严重的尾振,这也是某些船舶营运若干年后尾振日益严重的原因之一。

无空泡的脉动压力各谐分量中,以叶频分量幅值为主,其他高频分量幅值小,可略去不计,所以压力波形接近于叶频的正弦波,定常空泡也大致如此。在非定常空泡下,2倍叶频以上的高频分量幅值增大,不能再予以忽视。

由于影响表面力和轴承力的因素众多,故目前一般均采用各种近似估算方法。对于螺旋桨上方为平底的船舶,日本的高桥肇建议船舶设计阶段,无空泡的垂向表面力单幅值可用下式估算:

$$F_S = 4.77 K K_{p0} \frac{\text{SHP}}{nD} \frac{B}{2} \quad (\text{kN}) \qquad (2-3-3)$$

式中:SHP 为螺旋桨轴功率(kW);n 为轴转速(r/min);D 为螺旋桨直径(m);K_{p0} 为无因次系数,是梢隙比 c/D、叶数 Z 与滑脱比 S 的函数(图 2-3-5)。B 为与螺旋桨上方船底形状有关的系数,称固壁系数(图 2-3-5),对于平板,当夹角 $\alpha = 90°$ 时,$B = 2$;K 为与叶数和梢隙比 c/D 有关的系数,有

$$K = 0.73 \frac{c}{D} + 0.08 (3 \text{ 叶})$$

$$K = 0.48 \frac{c}{D} + 0.032 (4 \text{ 叶})$$

$$K = 0.25 \frac{c}{D} + 0.003 (5 \text{ 叶})$$

而最大脉动压力则为

$$p_{\max} = 4.77 K_{p0} \frac{\text{SHP}}{nD^3} \quad (\text{kN/m}^2) \qquad (2-3-4)$$

在设计阶段垂向轴承力单幅值可用下式估算:

$$F_B = K_B \frac{\text{SHP}}{10nD} \quad (\text{kN}) \qquad (2-3-5)$$

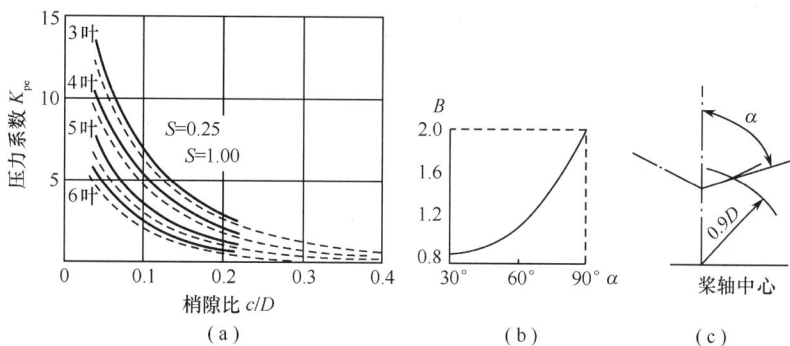

图 2 - 3 - 5 K_{p0}、B、α 系数

式中:K_B 为与叶数有关的系数,$K_B = 8.0$(4 叶),$K_B = 10.7$(5 叶),$K_B = 13.3$(6 叶)。

当空泡非常严重且无伴流分布资料时,表面力单幅值可用下式估算:

$$F = 4.77 K_{p0} \frac{K \times \text{SHP}}{nD} K_A K_{PH} \qquad (2 - 3 - 6)$$

式中:K_A 为幅值修正系数,由实船实测统计,$K_A \approx 3$;K_{PH} 相位差修正系数,由船模试验结果,$K_{PH} \approx 2$;K_{p0}、K、SHP、n、D 含义同式(2 - 3 - 3)。

螺旋桨的干扰力主要激起船体尾部振动。例如,浙江 1600t 沿海客货船,由于尾部线型选择不当,伴流极不均匀,引起较大的脉动压力;加上螺旋桨的非定常空泡,致使表面力极大,造成船体尾部结构多处振裂,影响船舶正常营运。某长江客船,螺旋桨叶梢与船壳板间隙过小,激起较大的尾部振动,造成尾三等舱多个舱室的垂向振动加速度单幅峰值达到 $0.25g$,影响了舒适性。

2.3.3 柴油机干扰力

船舶与一般工程建筑物不同,在机舱与其他舱室中装设了各种类型的动力装置辅机和设备,这些机器和设备运转时都可能引起船体及其局部结构的振动。对一般运输船来说,机舱中最主要的振源是主机,视船舶的大小可以是低速、中速柴油机,也可以是高速柴油机。大、中型船舶机械设备较多,增压器、泵、通风机等也都可能引起局部的振动,下面讨论由柴油机引起的干扰力。

柴油机运转时作用在船体上的周期干扰力主要有两种:一种是运动部件的惯性力产生的不平衡力和不平衡力矩,其幅值及频率取决于运动部件的质量、发火顺序、缸数、冲程数、曲柄排列及转速等;另一种是汽缸内气体爆炸压力产生的对汽缸侧壁的侧向压力和倾覆力矩,其幅值及频率取决于缸径、工作压力、曲柄连杆长度比、缸数和冲程数。

柴油机是一种往复式机械,当它运转时运动部件将产生惯性力。图 2 - 3 - 6 为柴油机的力学简图,O 为柴油机长度中点,坐标轴正向和曲柄转角正向如图所示,力矩按右手螺旋法则定正向。

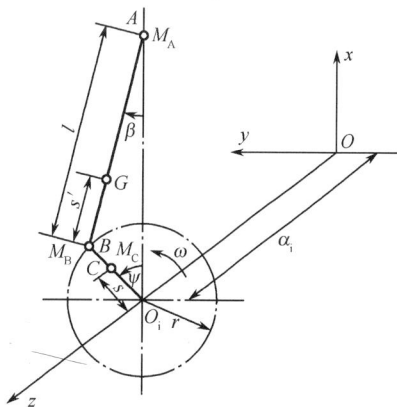

图 2 - 3 - 6 柴油机的力学简图

133

其中活塞组件作直线运动其质量为 M_1；曲柄组件作回转运动其质量为 M_3；连杆组件则作平面运动其质量为 M_2，长度为 l，为处理方便，认为连杆一部分作直线运动，另一部分作回转运动。

1. 单缸情况

直线运动部分的质量（设集中于 A 点）为

$$M_A = M_1 + M_2' = M_1 + \frac{s'}{l}M_2 \qquad (2-3-7)$$

式中：s' 为连杆重心；G 至曲柄端的距离；

回转运动部分的质量（集中于 B 及 C 点）为

$$\begin{cases} M_B = M_2'' = \left(1 - \dfrac{s'}{l}\right)M_2 \\ M_C = M_3 \end{cases} \qquad (2-3-8)$$

质量 M_A 作直线运动，产生的垂向惯性力为

$$F_A = -M_A\frac{\partial^2 x}{\partial t^2} = -\left(M_1 + \frac{s'}{l}M_2\right)\frac{\partial^2 x}{\partial t^2} \qquad (2-3-9)$$

质量 M_B、M_C 作圆周运动，产生的惯性力就是沿半径方向的离心力，即

$$F_B = M_2'' r\omega^2 + M_3 s\omega^2 = \left[r\left(1 - \frac{s'}{l}\right)M_2 + sM_3\right]\omega^2 = Q'\omega^2 \qquad (2-3-10)$$

式中：r 为曲柄半径；s 为曲柄重心至中心的距离；ω 为回转角速度。

一般认为，曲柄作等角速度运转，F_B 只改变方向、不改变大小，其频率等于轴速度，是一阶干扰力。此外，根据图 $2-3-6$ 中的几何关系，可得

$$r\sin\psi = l\sin\beta \qquad (2-3-11)$$

$$x(t) = r\cos\psi + l\cos\beta = r\cos\omega t + \sqrt{l^2 - r^2\sin^2\omega t}$$

$$= r\cos\omega t + \frac{1}{l}\sqrt{1 - \frac{r^2}{l^2}\sin^2\omega t} \qquad (2-3-12)$$

式中：β 为连杆的摆动角；ψ 为曲柄转角，$\psi = \omega t$；t 为从上止点量起的时间。

令 $r/l = \lambda$，通常 $\lambda < 1/4$，故根号内第二项小于 $1/16$，因此根号项按牛顿二项式定理展成幂级数，再利用倍角公式，可得

$$x(t) = l - \frac{r^2}{4l} - \frac{3r^4}{64l^3} + \cdots + r\cos\omega l + \left(\frac{r^2}{4l} + \frac{r^4}{16l^3} + \frac{15r^6}{512l^5} + \cdots\right)\cos 2\omega t$$

$$- \left(\frac{r^4}{64l^3} + \frac{3r^6}{256l^5} + \cdots\right)\cos 4\omega t + \left(\frac{r^6}{512l^5} + \cdots\right)\cos 6\omega t \qquad (2-3-13)$$

由式 $(2-3-13)$ 求得 $\dfrac{\partial^2 x}{\partial t^2}$，再代入式 $(2-3-9)$，得

$$F_A = \left(M_1 + \frac{s'}{l}M_2\right)r\omega^2\left[\cos\omega l + \left(\frac{r}{l} + \frac{r^3}{4l^3} + \frac{15r^5}{128l^5} + \cdots\right)\cos 2\omega t\right.$$

$$\left. - \left(\frac{r^3}{4l^3} + \frac{3r^5}{16l^5} + \cdots\right)\cos 4\omega t + \left(\frac{9r^5}{128l^5} + \cdots\right)\cos 6\omega t + \cdots\right]$$

134

$$F_A = Q\omega^2 \left(\cos\omega t + A_2\cos2\omega t - A_4\cos4\omega t + \cdots \right) \qquad (2-3-14)$$

由此可知,在垂向存在一阶、二阶、四阶等偶数惯性力,它们的特征是只改变大小、不改变方向,始终作用在汽缸中心线上方。略去四阶以上的高阶项,则运动部件产生的惯性力在三个坐标轴的分量为

$$F_{X_i} = \omega^2 \left[(Q + Q')\cos\psi + QA_2\cos2\psi \right] \qquad (2-3-15)$$

$$F_{Y_i} = \omega^2 Q'\sin\psi \qquad (2-3-16)$$

$$F_{Z_i} = 0 \qquad (2-3-17)$$

式中

$$Q = rM_A = r\left(M + \frac{s'}{l}M_2 \right)$$

$$Q' = r\left(1 - \frac{s'}{l} \right)M_2 + SM_3$$

$$A_2 = \lambda + \frac{1}{4}\lambda^3 + \frac{15}{128}\lambda^5 + \cdots$$

2. 多缸机情况

对直列式多缸柴油机在求得各单缸的惯性力后,如机体刚性很大,则可将各缸的惯性力合成,求得整个柴油机的不平衡力和不平衡力矩(图 2-3-7)。当柴油机各曲柄间夹角相等,且各运动部件的质量相等式,6 缸及 6 缸以上的柴油机不平衡力可等于零,而仅剩下不平衡力矩,即

$$p_X = \sum_i F_{X_i} = 0$$

$$p_Y = \sum_i F_{Y_i} = 0$$

式中:p_X 为垂向力(只计及一阶、二阶,三阶为零);p_Y 为水平力(只一阶);

而

$$M_X = -\sum a_i F_{Y_i}$$

$$M_Y = -\sum a_i F_{X_i}$$

式中:pM_X 为水平摇力矩(只一阶);M_Y 为纵摇力矩(只计及一阶、二阶,三阶为零);a_i 为第 i 个缸到柴油机长度中点的距离。

图 2-3-7 柴油机的不平衡力和力矩

同理,运动部件连杆及曲柄组件对 Z 轴有转动惯量,从而可求出以 Z 轴的动量矩 J_i,由动量矩定理可得

$$M_Z = -\sum_i \frac{\mathrm{d}J_i}{\mathrm{d}t} = \omega^2 R(C_1\sin\omega t - C_3\sin3\omega t + \cdots) \qquad (2-3-18)$$

M_Z 为横摇力矩,只计及一阶、三阶,二阶为零。

如果以上的合力和合力矩都等于零(考虑到三阶为止),可认为这一柴油机是平衡的。由于它们的作用形态都是在外面表现出来的,因此也称它们为外力和外力矩。其值取决于运动部件的质量、发火顺序、缸数和曲柄排列等。如能合理地安排发火顺序、自由

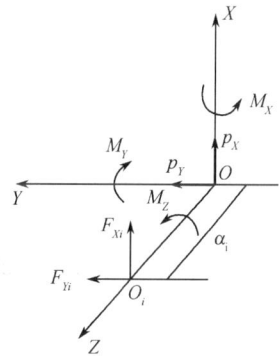

式柄夹角等,可以得到满意的平衡二冲程柴油机的曲柄夹角为 $2\pi/z$(z 为缸数),四冲程柴油机的曲柄夹角为 $2\pi/z$(z 为缸数)。当发火顺序给定后,曲柄图也就确定了。对于常见的中小型船用柴油机不平衡力和不平衡力矩的情况以及大型柴油机的平衡情况可查阅《柴油机动力学》一书。

由式(2 – 3 – 15)~式(2 – 3 – 18)可求得该机存在的不平衡力和力矩,其中,A_2、C_1、C_3 值可由表 2 – 3 – 3 查得。

当选用有不平衡惯性力和力矩阵柴油机作船舶主机时,会激起船体振动。如"长江"3003 型推(拖)船,主机为两台 6ED390 六缸一冲程中速柴油机,存在二阶不平衡纵摇力矩,在额定转速 500r/min,该力矩达 9.0×10^4N·m 以上,使全船发生强烈的振动,经常引起船体振裂。由于振动伴随而来的噪声,也给船员的工作和生活带来严重的影响。自该型推(拖)船投产以来,经常处于停航修理状态,全年营运率很低,经济损失很大。目前该型船大部分已更换主机。至于以 4135 柴油机为主、辅机的船舶,若不采取一定措施,其振动更为剧烈,机舱底板经常振裂。

以上的研究是基于柴油机的曲轴及机身等都是绝对刚体前提下进行的,未曾考虑它的内部受力和变形情况,因此当它的内部受力过大时,仍会由于变形而引起船体振动,下边结合图 2 – 3 – 8 予以讨论。

表 2 – 3 – 3　A_2、C_1、C_3 值

$\frac{1}{\lambda}=\frac{l}{r}$	A_2	C_1	C_3	$\frac{1}{\lambda}=\frac{l}{r}$	A_2	C_1	C_3
2.5	0.4173	1.021	0.066	4.5	0.2250	1.006	0.019
3.0	0.3431	1.014	0.044	5.0	0.2020	1.005	0.015
3.5	0.2918	1.010	0.032	5.5	0.1833	1.004	0.013
4.0	0.2540	1.008	0.024	6.0	0.1678	1.003	0.011

当取多缸机的长度中点为简化中心时,位于中心一边一半缸数的惯性力对该中心的合力矩称为内力矩。内力矩成对地作用在机体上,如图 2 – 3 – 8 所示的上缸柴油机。如果机体为完全刚体,则一对内力矩将在机体内完全抵消。但实际上机体是一个通过底脚螺栓与船体连接在一起的弹性体,船体结构与机体一起在内力矩作用下将出现弹性变形。此时的内力矩将按机体与船体局部结构的刚性比,通过底脚螺栓传递分配作用于机体和该局部结构,从而引起船体局部振动。其振动频率仅计及与主机转速相同,即一阶振动,其对底脚螺栓影响最大,常成为其断裂的主要负荷。这里还须指出,多缸机的平衡是理论上的,实际上由于制造上的误差,以及装配或使用上的磨损等,仍可能有不平衡力和不平衡力矩。考虑其对振动的影响主要是一阶分量和高阶分量,高阶分量较微弱,一般不予考虑。

最后讨论柴油机工作用于活塞顶的燃气压力的合力所引起的侧推力、倾覆力和倾覆力矩。此力矩将使柴油机产生摇摆振动,柴油机所发生的高频率振动,大都是该干扰力矩引起的。图 2 – 3 – 8 表示了这种作用力之间的关系,p_N 和 p_T 是燃气压力合力的分量,作用于汽缸侧壁。根据图 2 – 3 – 8(b),有

$$M_{p_N} = p_N H = p_N (l\cos\beta + \gamma\cos\psi)$$
$$= p_T (l\sin\beta\cos\beta + r\sin\beta\cos\psi)$$
$$= p_T r (\sin\psi\cos\beta + \cos\psi\sin\beta)$$

（a）

（b）

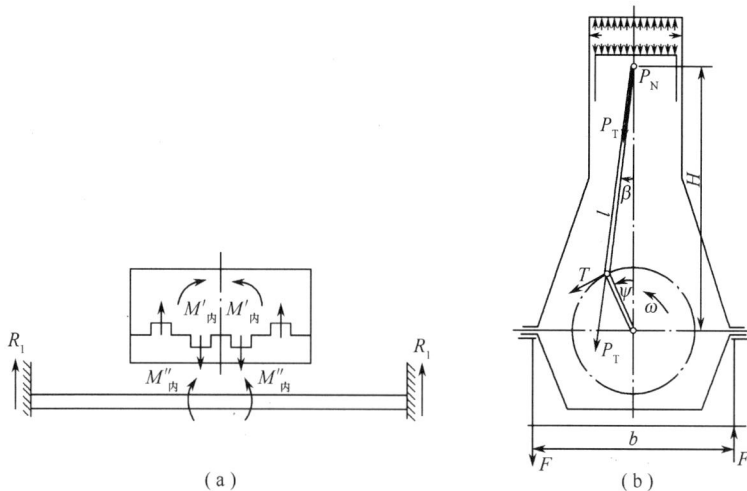

图 2 - 3 - 8　四缸柴油机结构示意图

$$= p_T r \sin(\psi + \beta) = T_r = M_T$$

由此可知,倾覆力矩 M_{pN} 在数值上与发动机的扭矩是完全相同的,只是它们在方向上刚好相反。

由于柴油机间歇工作的脉冲性,燃气压力 p 随时间有剧烈的变化,因此单缸机的扭矩 M_T 或倾覆力矩 M_{PH} 的瞬时值波动很大(缸数趋多,能使之趋于均匀),它的大小与曲柄转角 Ψ 有关,是时间的函数,如图 2 - 3 - 9 所示。用傅里叶级数表示,有

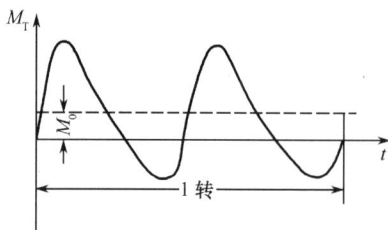

图 2 - 3 - 9　扭矩的函数曲线

$$M_T = M_o + \sum_k M_k \sin(k\omega t + \beta_k)$$

（2 - 3 - 19）

式中: M_0 为平均扭矩; M_k 为第 k 阶次扭矩分量幅值; β_k 为第 k 阶次扭矩分量的相角; k 为阶次数,二冲程机 $k = 1, 2, 3\cdots$,四冲程机 $k = \frac{1}{2}, 1, 1\frac{1}{2}\cdots$。

平均扭矩 M_0,主要用于克服螺旋桨所受的外界水的阻力矩 M,从而使螺旋桨旋转。它使桨轴产生一固定的扭转,但不使轴振动,所以又称为传动扭矩,如图 2 - 3 - 10(a)所示。M 作用在船体上,使船横倾,但横倾角很小,且随之水又对船体作用一恢复力矩 M_1,因此这种横倾角可以不考虑。而 M_T 中各简谐分量则使轴产生扭转振动,如扭振干扰频率与轴系固有频率相等,则会激起轴系扭转共振,不仅使轴强度受到影响,而且会引起船体振动。

引起船体横摇振动的主要是倾覆力矩 M_{PN},它同样可分为平均力矩和简谐分量两部分。平均力矩部分作用在机体上,使机体倾斜一角度 α_m,如图 2 - 3 - 10(b)所示,并被机座反力所平衡,而轴转动。简谐分量使机体绕平衡位置 α_m 作横摇振动,并通过底脚螺栓在机座上产生简谐反作用力矩,而引起船底板架的强迫振动。实际柴油机工作中,倾覆力矩的影响很难做到有效的消除。但在多缸机中它们多为高谐次的,其简谐的阶数为 $z \times k$,

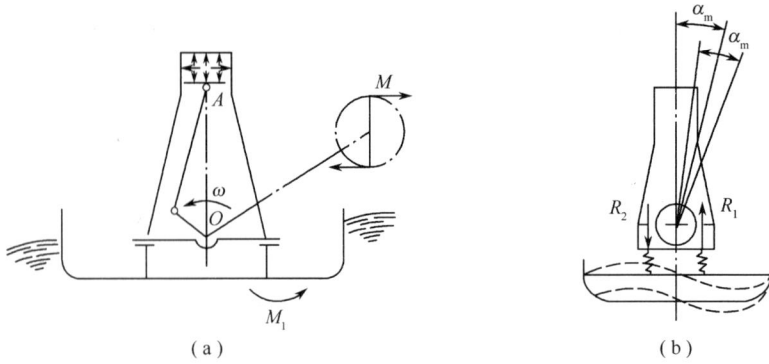

图 2 - 3 - 10　传动扭矩示意图

z 为缸数,对四冲程　$k = \dfrac{1}{2}, 1, 1\dfrac{1}{2}, 3\cdots$;对二冲程　$k = 1, 2, 3\cdots$。这也是柴油机振动的重要特性之一。

当船底板架刚度较大,而机体横向弯曲刚度较小时,汽缸的侧向推力作用在机体方向的不同位置,其力矩可使机体产生 H、X 和 x 三种固有振型,如图 2 - 3 - 11 所示。当机体的某一振型的固有频率与汽缸侧向力的频率相等时,机器将发生共振。这时不仅机器振动很大,而且机器质量所产生的惯性力将引起船体剧烈的水平振动和扭转振动或上层建筑的振动。

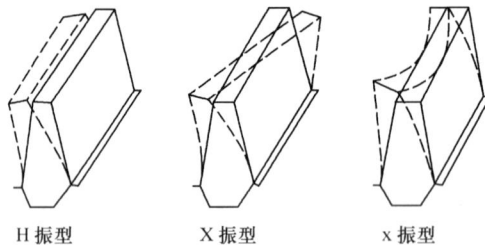

H 振型　　　X 振型　　　x 振型

图 2 - 3 - 11　三种固有振型

2.3.4　其他干扰力

引起船体振动的干扰力,除螺旋桨和主机两个主要振源外,还有下列经常遇到的因素。

当轴存在初弯曲或中间轴用法兰连接后轴线不直,而用轴承固定并转动时,轴承上将产生不断改变方向的周期性干扰力,其频率等于轴转速。船舶由于装(压)载不合理、海损事故,使船体弯曲变形而影响轴承,也将引起轴系产生一阶干扰力。这在弯曲刚度较小的海船和长深比较大的内河船上常常出现。

机舱中的强迫振动还可能来自柴油机排气。由于排气脉冲的作用,不仅会引起排气管道,而且常常激起相邻结构的振动,其脉冲频率为

$$N = m \cdot n \cdot z \qquad\qquad (2 - 3 - 20)$$

式中：m 为冲程系数，四冲程 $m = \dfrac{1}{2}$，二冲程 $m = 1$；n 为曲轴每分钟转数；z 为柴油机汽缸数。

船舶在航行中由于波浪而激起船体的振动可分为以下两类：

(1) 由于波浪的冲击引起的船体衰减振动，称为击振或冲荡。如船艏出、入水，船艏侧板外漂所受的波浪冲击。特别是肥大船型和平底压浪船型，其冲击力较大，可使船舶整体或局部结构产生较大的振动。但以上的振动由于阻尼的作用，随着冲击力的消失，振动也将很快消失。

(2) 船舶在波浪中航行时，船舶的第一谐调固有频率与波浪的遭遇频率相等或相近时，将发生波激振动。此时，波浪并不大，但可引起船体稳态垂向二节点振动。波激振动对海上的巨型油船及肥大型货船最为突出。

在桨后变动的尾流中工作的舵上，将产生脉动力和力矩，它们通过舵轴引起船体特别是尾部的振动。

船舶在浅水航道航行时，振动将显著增大，即浅水效应。当龙骨下水深小于 5 倍螺旋桨直径时，脉动压力就开始增大。内河浅水船龙骨下水深甚至小于螺旋桨直径，故脉动压力及振幅值均大大增加。

除以上几点外，还有发电机、电动机、通风机、冷藏装置、空调、舵机、起货机和齿轮箱等各种辅助机械与设备以及各种管道、泵，在运转时都能产生机械、电磁和流体激振力。这些激振力频率各异，频率范围很广。其原因可能是设计、制造、安装和使用不当等所造成的。

2.3.5 结构响应和振源分析

上几节讨论了激起船体振动的干扰力——外因，而与振动大小有关的另一重要方面，则是结构的响应——内因。

船体梁和其局部结构（板架、梁、板格等）有两种不同性质的振动，即共振和强迫振动。如螺旋桨上方和机舱船底板格的共振，常是该处外板振裂的原因。有些虽不是显著的振源，但由于振动系统的动力放大作用，也可能引起振动问题。

强迫振动，不论对总体或局部结构，其振动大小除与干扰力大小有关外，还与结构本身的刚度（弯曲和剪切刚度）、质量和阻尼有关。其中，与以刚度影响最大，刚度小者振动大。随着船舶强度计算方法的进步以及高强度钢的广泛应用，船体结构尺寸的减小也使其刚度相对减弱（内河船的刚度较海船更小），这是振动增大的原因之一，因此在船舶设计时，对刚度必须予以足够重视。船舶施工时装配及焊接质量的好坏，对刚度的影响也相当大，常见的有纵向连接构件脱焊及板的初挠度等。

阻尼的存在对强迫振动和共振均有影响，一般情况下，阻尼越大则振幅越小越多，在共振区时，其作用尤为明显。

引起船体振动的因素很多，而且往往是多个振源同时作用和相互影响，它既给查找振动的原因造成困难，又使减振和消除振动的方法复杂化。图 2-3-12 说明了主要激振力、传递、船体振动等之间的关系。为了减小振动，有针对性地制订减振措施，必须进行振源分析。表 2-3-4 列出了船体各结构的局部振动及可能的振源，至于船体总振动的振源，则主要是主机和螺旋桨所引起的。

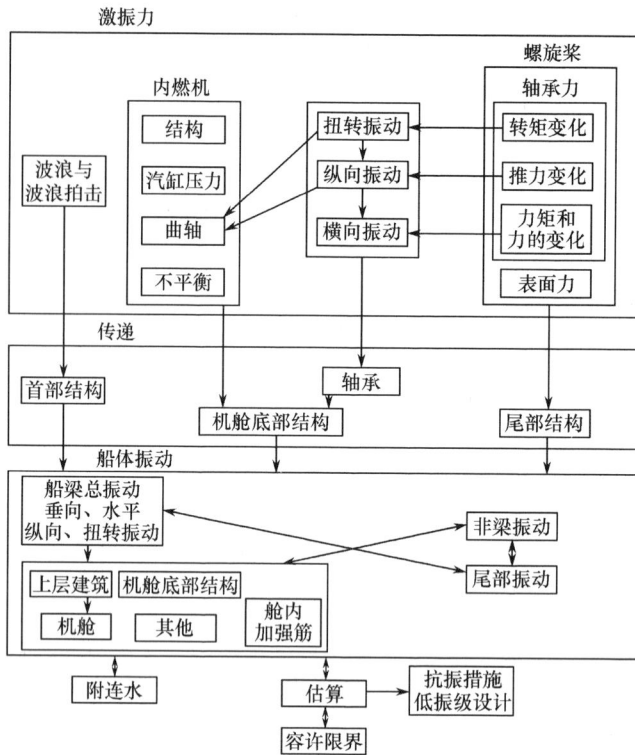

激振力

内燃机
结构
汽缸压力
曲轴
不平衡

扭转振动
纵向振动
横向振动

螺旋桨
轴承力
转矩变化
推力变化
力矩和力的变化
表面力

波浪与波浪拍击

传递
首部结构
轴承
机舱底部结构
尾部结构

船体振动
船梁总振动 垂向、水平 纵向、扭转振动
非梁振动
尾部振动

上层建筑 机舱底部结构
机舱 其他 舱内加强筋

附连水
估算
抗振措施 低振级设计
容许限界

图 2-3-12　激振力传递示意图

表 2-3-4　结构的局部振动及振源

结 构 名 称	振　源	结 构 名 称	振　源
螺旋桨区内的船底板架	螺旋桨	操舵装置	螺旋桨、舵
机舱内的船底板架	螺旋桨、动力装置、轴系	平台和舱壁	螺旋桨、动力装置、机械设备
外板板格	螺旋桨、机器	甲板板架	螺旋桨、机器、船体总振动
双桨船的螺旋桨支架	螺旋桨、轴系	上层建筑	船体总振动、动力装置、螺旋桨
轴系	螺旋桨、主机、轴系	桅杆、天线	船体总振动

　　除了个别极其明显的情况外,一般情况下需要进行振动测试。当有快速傅里叶变换(FFT)分析仪时,则可利用有关测点的相关分析,更精确地找出引起该测点振动的振源。为了正确地判断振源,还可对主机、辅机、螺旋桨等主要振源进行分别测试,以排除相互干扰。

　　振源明确后,查明振动的历史情况也是必要的。如振动是何时出现或加剧的,振动严重时的主机转速,船舶空载和满载航行时振动有何变化等,以确定振动和干扰力变化的性质。为了便于判断还需要调查或了解船体结构刚度、船体尾型、螺旋桨距船体间隙、轴系对中、主机型号及燃气情况等。只有综合各方面的因素并加以判断分析,才能找出振动原因,从而采取有效的减振措施。

140

2.4 船体结构自由振动

2.4.1 船体总振动

船体总振动计算通常是把船体视为一根漂浮在水中、两端完全自由、质量及剖面惯性矩沿船长变化的变截面梁,求解计及剪切和剖面转动惯量影响的变截面梁自由振动方程。但由于船体质量和剖面惯性矩变化的复杂性,无法精确求解这一微分方程,这就有赖于这种近似计算方法。

就手工计算而言用的最广泛的是能量法。

$$\omega_j^2 = \frac{\int_0^l EI(x)\varphi_j''^2(x)\,\mathrm{d}x}{\int_0^l m(x)\varphi_j^2(x)\,\mathrm{d}x} \quad ;j = 1,2\cdots \qquad (2-4-1)$$

瑞利法的关键是选取良好的近似振型 $\varphi_j(x)$。第一谐调振动的近似振型可取为

$$\varphi_1(x) = \delta_1 + \beta_1\left(\frac{x}{L} - \frac{1}{2}\right) + \sin\frac{\pi x}{L} \qquad (2-4-2)$$

式中:$\delta_1 + \beta_1\left(\dfrac{x}{L} - \dfrac{1}{2}\right)$ 表示船舶的刚体位移;$\sin\dfrac{\pi x}{L}$ 表示船体的弹性变形。近似振型应该满足几何边界条件。对于两端全自由的梁,由于无任何几何约束,因此改为船体作自由振动时全部惯性力之和等于零,即

$$\int_0^L m(x)g\varphi_1(x)\,\mathrm{d}x = 0 \qquad (2-4-3a)$$

全部惯性力对任一点的力矩之和等于零,即

$$\int_0^L m(x)g\varphi_1(x)x\,\mathrm{d}x = 0 \qquad (2-4-3b)$$

称为船体振动的动平衡条件。由动平衡条件可求得式(2-4-2)中的两个待定系数。

和梁振动的不同处是:第一,船梁单位长度的质量中应包括附连水质量,故 $m(x)$ 对各个谐调是不同的;第二,应计及剪切和剖面转动惯量对船梁振动的影响,高谐调振动更需考虑对剪切和剖面转动惯量影响的修正。

与其他方法比较,能量法计算比较方便,且其计算结果与实测值相比,对于第一谐调固有频率在工程上已经足够精确,但对于第二谐调及第二谐调以上的高次谐调则需考虑正交条件,用迭代法将逐次迭代后的振型作为近似振型,以尽可能使选取的振型接近真实振型。这样,随着谐调数的增大,计算越来越复杂,且计算误差也不可避免地越来越大,故利用能量法手工计算仅适用于求船体低谐调振动固有频率。为了更迅速、准确地计算船体各个谐调的固有频率,必须借助于电子计算机进行电算。

采用电子计算机求解船体梁振动微分方程目前有各种近似计算方法,如能量法、积分方程法、迁移矩阵法和有限元法。其中迁移矩阵法计算简便,精度能满足工程要求。当需考虑上层建筑或尾部振动的耦合作用时,用有限元法比较适宜,以梁与空间结构模态综合

进行计算。

迁移矩阵法计算梁振动的基本原理已在第1.5节中作了详细介绍,即为适宜于用电子计算机进行计算的一种数值解法。这里需要说明的是,该原理也同样适用于船梁总振动的计算。在用迁移矩阵法计算船体总振动固有频率时,把整个船体视为一根空心的变截面梁,然后将船体梁分为若干段,一般是按理论站号将船体沿其长度划分为20段,在每一段中假定质量与刚度是均布的,即把船体视为阶梯形变截面梁。当分段足够多时,这种划分是具有足够精确度的。又因为其中每段都是变截面梁,因而可以列出弯曲振动微分方程并求出其精确解,然后运用各段之间的变形连续条件及船体梁两端的边界条件求解整个船体梁的振动问题。

现选取第 i 段船体梁来讨论,第 i 段船梁的参数为:

l_i —— 第 i 段船梁的长度;

A_{ei} —— 第 i 段船梁的等效剪切面;

I_i —— 第 i 段船梁剖面面积惯性矩;

r_i —— 第 i 段船梁剖面回转半径;

m_{gi} —— 第 i 段船梁单位长度总质量,$m_{gi} = m_i + m_{ai}$,其中,m_i 为第 i 段船梁单位长度的固有质量,m_{ai} 为第 i 段船梁单位长度的附连水质量。

由于将船梁分为逐段等截面的,因此在第 i 段船梁的上述参数为一常数。

坐标系统与符号法则如图 2-4-1 所示。力与位移以图示方向为正。

同样,按照第1章介绍的方法将 i 段船梁的相应参数代入计及剪切与剖面转动的梁振动微分方程。其中 m 以 $m_{gi} = m_i + m_{ai}$ 代之,得

$$\frac{\partial^4 \omega_i}{\partial x^4} + \frac{m_{gi}}{EI_i}\frac{\partial^2 \omega_i}{\partial t^2} - \frac{m_{gi}}{EI_i}\left(\frac{EI_i}{GA_{e_i}} + r_i^2\right)\frac{\partial^4 \omega_i}{\partial x^2 \partial t^2}$$

$$+ \frac{m_{gi}^2 r_i^2}{EI_i GA_{e_i}}\frac{\partial^4 w_i}{\partial t^4} = 0$$

$$(2-4-4a)$$

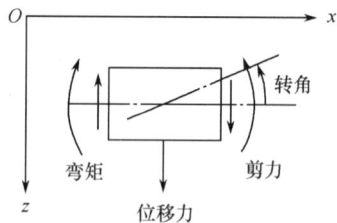

图 2-4-1 等截面受力示意图

式中,转动惯量中的质量本应为船梁本身的固有质量 m_i,但为了求解方程方便,也用 m_{gi} 代替。对于自由振动又有

$$\omega_i(x,t) = w_i(x)\sin(\omega_n t + \varphi) \qquad (2-4-4b)$$

式中:$w_i(x)$ 为自由振动的振型;ω_n 为自由振动的频率;φ 为振动相位角。

将式(2-4-4b)代入式(2-4-4a),得

$$\frac{\mathrm{d}^4 w_i}{\mathrm{d}x^4} + \frac{m_{gi}\omega_n^2}{EI_i}\left(\frac{EI_i}{GA_{e_i}} + r_i^2\right)\frac{\mathrm{d}^2 w_i}{\mathrm{d}x^2} - \frac{m_{gi}\omega_n^2}{EI_i}\left(1 - \frac{m_{gi}r_i^2\omega_n^2}{GA_{e_i}}\right)w_i = 0 \qquad (2-4-5)$$

令

$$\sigma_i = \frac{m_{gi}\omega_n^2}{GA_{e_i}}l_i^2, \tau_i = \frac{m_{gi}r_i^2\omega_n^2}{EI_i}l_i^2, \beta_i^4 = \frac{m_{gi}\omega_n^2}{EI_i}l_i^4 \qquad (2-4-6)$$

得

$$\frac{\mathrm{d}^4 w_i}{\mathrm{d}x^4} + \frac{\sigma_i + \tau_i}{l_i^2} \cdot \frac{\mathrm{d}^2 w_i}{\mathrm{d}x^2} - \frac{\beta_i^4 - \sigma\tau_i}{l_i^4} w_i = 0 \qquad (2-4-7)$$

这是一个四阶常系数线性齐次微分方程,其解可写成

$$w_i = \bar{c}\,\mathrm{e}^{\frac{sx}{l_i}}$$

式中:$\bar{c}$ 为常数。将上式代入式(2-4-7),则得关于 S 的特征方程,即

$$S^4 + (\sigma + \tau)S^2 - (\beta^4 - \sigma\tau) = 0 \qquad (2-4-8)$$

此方程的根为 $\pm S_1$ 和 $\pm \mathrm{i}S_2$,而

$$S_{1,2} = \left\{ \left[(\beta^4 - \sigma\tau) + \frac{1}{4}(\sigma + \tau)^2 \right]^{1/2} \mp \frac{1}{2}(\sigma + \tau) \right\}^{1/2} \qquad (2-4-9)$$

故方程(2-4-8)的全解为

$$w_i(x) = \bar{c}_1 \mathrm{e}^{\frac{s_1 x}{l_i}} + \bar{c}_2 \mathrm{e}^{-\frac{s_1 x}{l_i}} + \bar{c}_3 \mathrm{e}^{\frac{\mathrm{i}s_2 x}{l_i}} + \bar{c}_4 \mathrm{e}^{-\frac{\mathrm{i}s_2 x}{l_i}} \qquad (2-4-10)$$

写成以三角函数与双曲函数表示的等价形式,即

$$w_i(x) = c_1 \mathrm{ch}\frac{S_1 x}{l_i} + c_2 \mathrm{sh}\frac{S_1 x}{l_i} + c_3 \cos\frac{S_2 x}{l_i} + c_4 \sin\frac{S_2 x}{l_i} \qquad (2-4-11)$$

若 $w_i(x)$ 确定后,$\theta_i(x)$、$M_i(x)$、$N_i(x)$ 均可推导出。由于这 4 个物理量的关系是线性的,而且后 3 个量与 $w_i(x)$ 的关系是由 $w_i(x)$ 的导数的线性关系式所组成,而 $w_i(x)$ 的导数仍然是关于三角函数和双曲函数的 4 项组合,即表现形式是相同的。因此,剪力推导 $w_i(x)$、$\theta(x)$、$M(x)$ 最为简便,故也像第 1 章介绍的那样从剪力开始讨论。

对于自由振动剪力也是简谐变化的,即

$$N_i(x,t) = N_i(x)\sin(\omega_n t + \varphi) \qquad (2-4-12)$$

$N_i(x)$ 可写成和式(2-4-11)相类似的形式,即

$$N_i(x) = A_1 \mathrm{ch}\frac{S_1 x}{l_i} + A_2 \mathrm{sh}\frac{S_1 x}{l_i} + A_3 \cos\frac{S_2 x}{l_i} + A_4 \sin\frac{S_2 x}{l_i} \qquad (2-4-13)$$

同样,由式 $\frac{\partial N}{\partial x} = m\ddot{\omega}$ 及式(2-4-4b)得

$$\frac{\partial N(x,t)}{\partial x} = m_{g_i}\frac{\partial^2 \omega_i}{\partial t^2} = -\omega_n^2 m_{g_i} w_i(x)\sin(\omega_n t + \varphi)$$

所以

$$\frac{\mathrm{d}N_i(x)}{\mathrm{d}x} = -\omega_n^2 m_{g_i} w_i(x)$$

则:

$$w_i(x) = -\frac{1}{m_{g_i}\omega_n^2}\frac{\mathrm{d}N_i(x)}{\mathrm{d}x} = \frac{l_i^4}{\beta^4 EI_i}\frac{\mathrm{d}N_i(x)}{\mathrm{d}x} \quad (\beta \text{ 由梁边界条件确定})$$

将式(2-4-13)代入上式,可得

$$w_i(x) = -\frac{l_i^4}{\beta^4 EI_i}\left[A_1 \frac{S_1}{l_i}\mathrm{sh}\frac{S_1 x}{l_i} + A_2 \frac{S_1}{l_i}\mathrm{ch}\frac{S_1 x}{l_i} \right.$$

$$-A_3 \frac{S_2}{l_i} \sin\frac{S_2 x}{l_i} + A_4 \frac{S_2}{l_i}\cos\frac{S_2 x}{l_i}\Big] \qquad (2-4-14)$$

由式 $N = GA_e\left(\theta + \dfrac{\partial\omega}{\partial x}\right)$，$\theta(x_1 t) = \theta_i(x)\sin(\omega_n + \varphi)$，与式 $(2-4-12)$、式 $(2-4-14)$，可得

$$\theta_i(x) = \frac{N_i(x)}{GA_{e_i}} - \frac{\partial w_i}{\partial x} = \frac{\sigma l_i^2}{\beta^4 EI_i}N_i(x) - \frac{\partial w_i}{\partial x}$$

所以

$$\theta_i(x) = \frac{\sigma l_i^2}{\beta^4 EI_i}\Big[A_1 \mathrm{ch}\frac{S_1 x}{l_i} + A_2 \mathrm{sh}\frac{S_1 x}{l_i} + A_3\cos\frac{S_2 x}{l_i} + A_4\sin\frac{S_2 x}{l_i}\Big]$$

$$+ \frac{l_i^4}{\beta^4 EI_i}\Big[A_1 \frac{S_1^2}{l_i^2}\mathrm{ch}\frac{S_1 x}{l_i} + A_2 \frac{S_1^2}{l_i^2}\mathrm{sh}\frac{S_1 x}{l_i} - A_3 \frac{S_2^2}{l_i^2}\cos\frac{S_2 x}{l_i} - A_4 \frac{S_2^2}{l_i^2}\sin\frac{S_2 x}{l_i}\Big]$$

$$= \frac{l_i^2}{\beta^4 EI_i}\Big\{ (\sigma + S_1^2)\Big[A_1 \mathrm{ch}\frac{S_1 x}{l_i} + A_2 \mathrm{sh}\frac{S_1 x}{l_i}\Big]$$

$$+ (\sigma - S_2^2)\Big[A_3\cos\frac{S_2 x}{l_i} + A_4\sin\frac{S_2 x}{l_i}\Big]\Big\} \qquad (2-4-15)$$

由 $M = EI\dfrac{\partial\theta}{\partial x}$ 得

$$M_i(x) = \frac{l_i^2}{\beta^4}\Big\{ (\sigma + S_1^2)\frac{S_1}{l_i}\Big[A_1 \mathrm{sh}\frac{S_1 x}{l_i} + A_2 \mathrm{ch}\frac{S_1 x}{l_i}\Big]$$

$$- (\sigma - S_2^2)\frac{S_2}{l_i}\Big[A_3\sin\frac{S_2 x}{l_i} - A_4\cos\frac{S_1 x}{l_i}\Big]\Big\} \qquad (2-4-16)$$

将式 $(2-4-13)$~式 $(2-4-16)$ 写成矩阵形式，即

$$\begin{Bmatrix} w_i(x) \\ \theta_i(x) \\ M_i(x) \\ N_i(x) \end{Bmatrix} =$$

$$\begin{pmatrix} \dfrac{-l_i^3 S_1}{\beta^4 EI_i}\mathrm{sh}\dfrac{S_1 x}{l_i} & \dfrac{-l_i^3 S_1}{\beta^4 EI_i}\mathrm{ch}\dfrac{S_1 x}{l_i} & \dfrac{l_i^3 S_2}{\beta^4 EI_i}\sin\dfrac{S_2 x}{l_i} & \dfrac{l_i^3 S_2}{\beta^4 EI_i}\cos\dfrac{S_2 x}{l_i} \\[2mm] \dfrac{l_i^2(\sigma + S_1^2)}{\beta^4 EI_i}\mathrm{ch}\dfrac{S_1 x}{l_i} & \dfrac{l_i^2(\sigma + S_1^2)}{\beta^4 EI_i}\mathrm{sh}\dfrac{S_1 x}{l_i} & \dfrac{l_i^2(\sigma - S_2^2)}{\beta^4 EI_i}\cos\dfrac{S_2 x}{l_i} & \dfrac{l_i^2(\sigma - S_2^2)}{\beta^4 EI_i}\sin\dfrac{S_2 x}{l_i} \\[2mm] \dfrac{l_i S_1(\sigma + S_1^2)}{\beta^4}\mathrm{sh}\dfrac{S_1 x}{l_i} & \dfrac{l_i S_1(\sigma + S_1^2)}{\beta^4}\mathrm{ch}\dfrac{S_1 x}{l_i} & \dfrac{-l_i S_2(\sigma - S_2^2)}{\beta^4}\sin\dfrac{S_2 x}{l_i} & \dfrac{l_i S_2(\sigma - S_2^2)}{\beta^4}\cos\dfrac{S_2 x}{l_i} \\[2mm] \mathrm{ch}\dfrac{S_1 x}{l_i} & \mathrm{sh}\dfrac{S_1 x}{l_i} & \cos\dfrac{S_2 x}{l_i} & \sin\dfrac{S_2 x}{l_i} \end{pmatrix}\begin{Bmatrix} A_1 \\ A_2 \\ A_3 \\ A_4 \end{Bmatrix}$$

简写为

$$\boldsymbol{Z}_i(x) = \boldsymbol{B}_i(x)\boldsymbol{A} \qquad (2-4-17)$$

式中

$$\boldsymbol{A} = \begin{bmatrix} A_1 & A_2 & A_3 & A_4 \end{bmatrix}^{\mathrm{T}}$$

$$\boldsymbol{Z}_i(x) = \begin{bmatrix} w_i(x) & \theta_i(x) & M_i(x) & N_i(x) \end{bmatrix}^{\mathrm{T}}$$

为该截面上的力和变形列阵(列矢量),它刻画了该截面的状态,故称为状态矢量。而 $[\boldsymbol{B}_i(x)]$ 也为式(2-4-17)中对应的矩阵。今将船梁该梁段的左端取为坐标原点($x=0$),该处的状态矢量为

$$\boldsymbol{Z}_i^{\mathrm{L}} = \boldsymbol{Z}_i(0) \qquad (2-4-18)$$

故由式(2-4-18)可有

$$\boldsymbol{Z}_i^{\mathrm{L}} = \boldsymbol{B}_i(0)\boldsymbol{A} \qquad (2-4-19)$$

即

$$\begin{bmatrix} \omega(0) \\ \theta(0) \\ M(0) \\ N(0) \end{bmatrix} = \begin{bmatrix} 0 & \dfrac{-l_i^3 S_1}{\beta^4 EI_i} & 0 & \dfrac{-l_i^3 S_2}{\beta^4 EI_i} \\ \dfrac{l_i^2(\sigma+S_1^2)}{\beta^4 EI_i} & 0 & \dfrac{l_i^2(\sigma+S_2^2)}{\beta^4 EI_i} & 0 \\ 0 & \dfrac{l_i^8 S_1(\sigma+S_1^2)}{\beta^4} & 0 & \dfrac{l_i S_2(\sigma-S_2^2)}{\beta^4} \\ 1 & 0 & 1 & 0 \end{bmatrix} \begin{bmatrix} A_1 \\ A_2 \\ A_3 \\ A_4 \end{bmatrix}$$

$$(2-4-20)$$

由此,可解出列矩阵为

$$\boldsymbol{A} = \boldsymbol{B}_i(0)^{-1} \boldsymbol{Z}_i^{\mathrm{L}} \qquad (2-4-21)$$

将此上式代入式(2-4-20),可得

$$\boldsymbol{Z}_i(x) = \boldsymbol{B}_i(x)\boldsymbol{B}_i(0)^{-1}\boldsymbol{Z}_i^{\mathrm{L}} \qquad (2-4-22)$$

而该船梁该端右端的状态矢量 $\boldsymbol{Z}_i^{\mathrm{R}}$,即 $x=l_1$ 的状态矢量为

$$\boldsymbol{Z}_i^{\mathrm{R}} = \boldsymbol{Z}_i(l_i) \qquad (2-4-23)$$

由式(2-4-23)得

$$\boldsymbol{Z}_i^{\mathrm{R}} = \boldsymbol{B}_i(l_i)\boldsymbol{B}_i(0)^{-1}\boldsymbol{Z}_i^{\mathrm{L}} = \boldsymbol{F}_i\boldsymbol{Z}_i^{\mathrm{L}} \qquad (2-4-24)$$

这样,梁端右端的状态矢量就通过矩阵 $\boldsymbol{F}_i$ 的线性变换与梁段左段的状态矢量联系起来,变换矩阵把状态矢量从一个截面迁移到另一个截面,因此称为迁移矩阵。$\boldsymbol{F}_i$ 为船梁第 i 梁段的跨间迁移矩阵,也称为场迁移矩阵。由此,矩阵求解的关键是求逆矩阵 $\boldsymbol{B}_i(0)^{-1}$。

对于此处讨论的船梁的弯曲振动,由于 $\boldsymbol{B}_i(0)$ 矩阵中有规则的零元素,因此可分割为两个子矩阵来求逆矩阵 $\boldsymbol{B}_i(0)^{-1}$,由式(2-4-24),可分割为

$$\begin{bmatrix} w(0) \\ M(0) \end{bmatrix} = \begin{bmatrix} b_{12} & b_{14} \\ b_{32} & b_{34} \end{bmatrix} \begin{bmatrix} A_2 \\ A_4 \end{bmatrix} \qquad (2-4-25)$$

$$\begin{bmatrix} \theta(0) \\ N(0) \end{bmatrix} = \begin{bmatrix} b_{21} & b_{23} \\ b_{41} & b_{43} \end{bmatrix} \begin{bmatrix} A_1 \\ A_3 \end{bmatrix} \qquad (2-4-26)$$

式中:$b_{ij}(i,j=1,2,3,4)$ 为矩阵 $\boldsymbol{B}_i(0)$ 的元素。故有

$$\begin{bmatrix} A_2 \\ A_4 \end{bmatrix} = \frac{1}{b_{12}b_{34}-b_{14}b_{32}} \begin{bmatrix} b_{34} & -b_{14} \\ -b_{41} & b \end{bmatrix} \begin{bmatrix} w(0) \\ M(0) \end{bmatrix} \qquad (2-4-27)$$

$$\begin{bmatrix} A_1 \\ A_4 \end{bmatrix} = \frac{1}{b_{21}b_{43}-b_{23}b_{41}} \begin{bmatrix} b_{43} & -b_{32} \\ -b_{41} & b_{21} \end{bmatrix} \begin{bmatrix} \theta(0) \\ N(0) \end{bmatrix} \qquad (2-4-28)$$

将式 $(2-4-27)$ 和式 $(2-4-28)$ 重新合并,写成 4×4 的方阵,并令

$$\Lambda = \frac{1}{S_1^2+S_2^2},\ \Lambda_1 = \frac{\sigma+S_1^2}{S_1^2+S_2^2},\ \Lambda_2 = \frac{S_2^2-\sigma}{S_1^2+S_2^2}$$

则得逆矩阵为

$$\boldsymbol{B}_i(0)^{-1} = \begin{bmatrix} 0 & \beta^4 EI_i\dfrac{\Lambda}{l_i^2} & 0 & \Lambda_2 \\[2mm] -\beta^4\dfrac{\Lambda_2 EI_i}{S_1 l_i^3} & 0 & \beta^4\dfrac{\Lambda}{S_1 l_i} & 0 \\[2mm] 0 & -\beta EI_i\dfrac{\Lambda}{l_i^2} & 0 & \Lambda_2 \\[2mm] -\beta^4\dfrac{\Lambda_1 EI_i}{S^2 l_i^3} & 0 & -\beta^4\dfrac{\Lambda}{S_2 l_i} & 0 \end{bmatrix} \qquad (2-4-29)$$

计算 $\boldsymbol{B}_i(l_i)\boldsymbol{B}_i(0)^{-1}$ 可求得梁段的跨间迁移矩为

$$\boldsymbol{F}_i = \left\{ \begin{array}{cccc} C_0-\sigma C_2 & -l_i[C_1-(\sigma+\tau)C_3] & -a_1 C_2 & \dfrac{-a_1 l_i}{\beta^4}[-\sigma C_1+(\beta^4+\sigma^2)C_3] \\[3mm] \dfrac{-\beta^4}{l_i}C_3 & C_0-\tau C_2 & \dfrac{a_1(C_1-\tau C_3)}{l_i} & a_1 C_2 \\[3mm] \dfrac{-\beta^4}{a_1}C_2 & \dfrac{l_i}{a_1}[-\tau C_1+(\beta^4+\tau^2)C_3] & C_0-\tau C_2 & l[C_1-(\sigma+\tau)C_3] \\[3mm] \dfrac{-\beta^4}{a_1 l_i}(C_1-\sigma C_3) & \dfrac{\beta^4}{a_1}C_2 & \dfrac{\beta^4}{l_i}C & C_0-\sigma C_2 \end{array} \right\}$$

$$(2-4-30)$$

式中

$$\left\{ \begin{array}{l} C_0 = \Lambda(S_2^2 \mathrm{ch}S_1 + S_1^2 \cos S_2) \\[2mm] C_1 = \Lambda\left(\dfrac{S_2^2}{S_1}\mathrm{sh}S_1 + \dfrac{S_1^2}{S_2}\sin S_2\right) \\[2mm] C_2 = \Lambda(\mathrm{ch}S_1 - \cos S_2) \\[2mm] C_3 = \Lambda\left(\dfrac{1}{S_1}\mathrm{sh}S_1 - \dfrac{1}{S_2}\sin S_2\right) \\[2mm] a = \dfrac{l_i^2}{EI_i} \end{array} \right. \qquad (2-4-31)$$

于是,所考察的梁段右端的状态矢量 $\boldsymbol{Z}_i^{\mathrm{R}}$ 与左端状态矢量 $\boldsymbol{Z}_i^{\mathrm{L}}$ 之间便由式 $(2-4-23)$

和式(2-4-30)完全规定了。只需在计算式(2-4-30)时,所有有关物理量全部用该段的参数式代入即可。故不同的梁段其场迁移矩阵表达式是一样的,仅矩阵中每个元素的数值因梁段不同而异。式(2-4-30)中,σ、τ、β 中包含未知数 ω_n,A_{e_i}、G、E、I_i、m_{g_i}、r_i、l_i 均为已知数。

上述的场迁移矩阵是将截面的状态矢量从一个梁段的左段迁移到右端。再从第 i 个梁段的右端越过节点而迁移到 $(i+1)$ 梁段的左端,则该 i 点前后两侧的状态矢量可以用点迁移矩阵 $\boldsymbol{P}$ 来连接(图2-4-2)。

$$\boldsymbol{Z}_{i+1}^{\mathrm{L}} = \boldsymbol{P}_i \boldsymbol{Z}_i^{\mathrm{R}} \qquad (2-4-32)$$

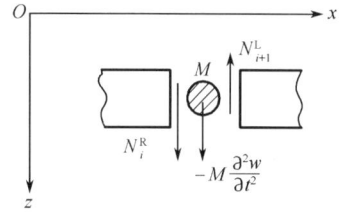

图2-4-2 截面处的受力示意图

式中:$\boldsymbol{Z}_i^{\mathrm{R}}$ 为第 i 梁段右端的状态矢量;$\boldsymbol{Z}_1^{\mathrm{L}}$ 为第 $(i+1)$ 梁段左端的状态矢量;$\boldsymbol{P}_i$ 为第 i 点的点迁移矩阵。

如在第 i 个节点上有集中质量 M,则在自由振动时节点两端的剪力关系式为

$$N_{i+1}^{\mathrm{L}} = N_i^R + M\frac{\partial^2 \omega}{\partial t^2} = N_i^R - M\omega_n^2 \omega \qquad (2-4-33)$$

式中:M、ω 分别为节点处的质量和位移。

由于在节点处位移、转角和曲率是连续的,因此可由节点处的连续条件和节点处力和力矩的平衡关系式为

$$\begin{cases} \omega_{i+1}^{\mathrm{L}} = \omega_i^{\mathrm{R}} \\ \theta_{i+1}^{\mathrm{L}} = \theta_i^{\mathrm{R}} \\ M_{i+1}^{\mathrm{L}} = M_i^{\mathrm{R}} \\ N_{i+1}^{\mathrm{L}} = N_i^{\mathrm{R}} \end{cases}$$

得到节点处的点迁移矩阵式为

$$\boldsymbol{P} = \begin{bmatrix} 1 & 0 & 0 & 0 \\ 0 & 1 & 0 & 0 \\ 0 & 0 & 1 & 0 \\ -M\omega_n^2 & 0 & 0 & 1 \end{bmatrix} \qquad (2-4-34)$$

如果节点上既有集中质量 M,又有转动惯量 J,以及刚度系数为 K 的线弹簧和刚度系数为 K_φ 的扭簧,则

$$M_{i+1}^{\mathrm{L}} = M_i^{\mathrm{R}} - K_\varphi \theta - J\frac{\partial^2 \theta}{\partial t^2} = M_i^{\mathrm{R}} + (K_\varphi - J\omega_n^2)\theta$$

$$N_{i+1}^{\mathrm{L}} = N_i^{\mathrm{R}} + K\omega + M\frac{\partial^2 \omega}{\partial t^2} = N_i^{\mathrm{R}} + (K - M\omega_n^2)\omega$$

故

$$[\boldsymbol{P}] = \begin{bmatrix} 1 & 0 & 0 & 0 \\ 0 & 1 & 0 & 0 \\ 0 & K_\varphi - J\omega_n^2 & 1 & 0 \\ K - M\omega_n^2 & 0 & 0 & 1 \end{bmatrix} \qquad (2-4-35)$$

显然,如果节点上无任何集中质量与弹簧,则点迁移矩阵 $\boldsymbol{P}$ 是单位矩阵,船体总振动计算即是如此。

这样,对于船梁各个节点和各段均可写出其状态矢量的关系式,即

$$
\begin{cases}
\boldsymbol{Z}_1^{\mathrm{L}} = \boldsymbol{P}_0 \boldsymbol{Z}_0 \\
\boldsymbol{Z}_1^{\mathrm{R}} = \boldsymbol{F}_1 \boldsymbol{Z}_1^{\mathrm{L}} \\
\boldsymbol{Z}_2^{\mathrm{L}} = \boldsymbol{P}_1 \boldsymbol{Z}_1^{\mathrm{R}} \\
\boldsymbol{Z}_2^{\mathrm{R}} = \boldsymbol{F}_2 \boldsymbol{Z}_2^{\mathrm{L}} \\
\cdots\cdots \\
\boldsymbol{Z}_n^{\mathrm{L}} = \boldsymbol{P}_{n-1} \boldsymbol{Z}_{n-1}^{\mathrm{R}} \\
\boldsymbol{Z}_n^{\mathrm{R}} = \boldsymbol{F}_n \boldsymbol{Z}_n \\
\boldsymbol{Z}_n = \boldsymbol{P}_2 \boldsymbol{Z}_n
\end{cases}
\tag{2-4-36}
$$

式中:$\boldsymbol{Z}_0$、$\boldsymbol{Z}_n$ 分别为船梁首、尾两端的状态矢量。

依次计算式 (2-4-36) 中各式,取 $n=20$,并从上到下依次代入,最后可得

$$
\boldsymbol{Z}_{20} = \boldsymbol{P}_{20} \boldsymbol{F}_{20} \boldsymbol{P}_{19} \boldsymbol{F}_{19} \cdots \boldsymbol{P}_1 \boldsymbol{F}_1 \boldsymbol{P}_0 \boldsymbol{Z}_0 = \boldsymbol{\varPi} \boldsymbol{Z}_0
\tag{2-4-37}
$$

因为 $\boldsymbol{P}_{20}$、$\boldsymbol{P}_{19}$、$\cdots \boldsymbol{P}_0$ 均为单位矩阵,所以 $\boldsymbol{\varPi}$ 矩阵是一连串场迁移矩阵的连乘,称为整个船梁的迁移矩阵,对于简单全自由梁情况式 (2-4-37) 可写为

$$
\begin{Bmatrix} w \\ \theta \\ M \\ N \end{Bmatrix}_n = \begin{bmatrix} \varPi_{11} & \varPi_{12} & \varPi_{13} & \varPi_{14} \\ \varPi_{21} & \varPi_{22} & \varPi_{23} & \varPi_{24} \\ \varPi_{31} & \varPi_{32} & \varPi_{33} & \varPi_{34} \\ \varPi_{41} & \varPi_{42} & \varPi_{43} & \varPi_{44} \end{bmatrix} \begin{Bmatrix} w \\ \theta \\ M \\ N \end{Bmatrix}_0
\tag{2-4-38}
$$

船梁两端的边界条件为

$$
\begin{cases} M_n = M_0 = 0 \\ N_n = N_0 = 0 \end{cases}
\tag{2-4-39}
$$

将其代入式 (2-4-38),可得

$$
\begin{cases} \varPi_{31} w_0 + \varPi_{32} \theta_0 = 0 \\ \varPi_{41} w_0 + \varPi_{42} \theta_0 = 0 \end{cases}
\tag{2-4-40}
$$

由于 w_0 和 θ_0 不同时为零,因此必须使方程组的系数行列式为零,即

$$
C = \begin{vmatrix} \varPi_{31} & \varPi_{32} \\ \varPi_{41} & \varPi_{42} \end{vmatrix} = 0
\tag{2-4-41}
$$

式 (2-4-41) 即为船体梁的频率方程,满足该方程的根 ω_j 即为所求的船体垂向振动的固有频率。由于是超越方程,因此有无限多个根。

求得 ω_j 后,可由式 (2-4-38) 求出该谐调的首端状态矢量,设 $w_0 = 1$,则 $\theta_0 = -\dfrac{\varPi_{31}}{\varPi_{32}}$,

故首端状态矢量为

$$Z_0 = \begin{bmatrix} 1 & -\dfrac{\Pi_{31}}{\Pi_{32}} & 0 & 0 \end{bmatrix}^{\mathrm{T}} \qquad (2-4-42)$$

将求得的 ω_j 代入式（2-4-42），即得场迁移矩阵 F_i（$i=1,2,\cdots,n$），再利用式（2-4-36）由上而下逐行求出各梁段端点，即船梁各站的状态矢量，从而得出以节点位移值表示的离散振型值，即船梁各谐调的振型曲线 $w_i(x)$。

由于频率方程中 π 为超越函数，因此方程包含大量的运算，一般用试凑法求根。因为计算繁复，若用手工计算根本无法求解，需利用电子计算机计算。针对不同的机型与语言，国内有好几个迁移矩阵法求解船体总振动的源程序，读者可根据机型选用。因附连水质量按试验资料目前还只能算到第 5 谐调，所以船梁固有频率也只能算到第 5 谐调，实际上更高谐调的理论已不适用。

计算原始数据的选取如下：

（1）取两柱间长 L 为船梁的长度，一般等分 20 段，$l = L/20$。各段内看作均匀等直梁。

（2）每一梁段的剖面惯性矩取为该梁段两端剖面惯性矩的算术平均值。至于各站剖面惯性矩的计算，以往一般即取强度计算的结果。但强度计算中，剖面惯性矩只计入强力甲板及其以下的纵向构件。实际上强力甲板以下的各层上层建筑都不同程度地参加总纵弯曲。其次从振动角度，因是微幅弯曲振动，故纵向构件计入计算剖面的要求要较强度计算为低，凡长度不小于型深的纵向构件和支持在三个刚性构件上的甲板室，甚至舭龙骨、舷墙与较长的舱口围板均可计入。此外，在强度计算中，计入条件严些、计入少些，则计算方便，结果偏于安全。但振动计算却要求精确，不存在偏于安全的问题。振动剖面惯性矩与强度计算不同，对上层建筑规模较大的客船，尤其是有多层上层建筑的长江客船，其值相差更大，计算表明，首谐调率值可相差 10%。故这类船应重新计算剖面惯性矩，一是要增加纵向构件计入的数量；二是要考虑上层建筑参与弯曲振动的程度。为简化计算，对海洋货船剖面惯性矩仍可取与强度计算相同。

（3）分布质量为各梁段的船体本身质量（包括结构及载重）和附连水质量之和，船体本身的质量可按强度计算中的质量曲线求得。质量分布对船体固有频率的影响较大，故各项质量的纵向质心要尽可能接近其正确位置，精确地确定船体质量并不困难。由以往的计算实践知道，只要保证船体总质量的纵向质心位置不变（相对误差允许范围为0.5%），各类质量大致符合原来的分布位置，依据设计阶段质量表进行分配，这样计算得出的频率仍具有足够的精度。计算各梁段单位长度上的附连水质量时，取相应两站值的算术平均值，对不同谐调应分别计算。

（4）船梁的剪切等效面积取为各梁段两端面积的平均值。对垂向振动取船侧板和纵舱壁板的剖面面积作为剪切等效面积，曲线部分则取在垂直方向上的投影面积。全船各剖面实际剪切面积的求取在设计初期也是困难的，但剪切对各谐振动频率影响较大，尤其高谐振动时整个船体梁被节点分为若干部分，剪切的影响更大。如不计及剪切的影响，则对计算结果将带来不允许的误差。但可简化为取全船的剪切等效面积等于船舯剖面的剪切等效面积，对于具有平行中体或线性变化不大的船舶，这样的近似取法是可行的，计算表明误差一般也在 3% 以下。

（5）梁段内的剖面回转半径取为两端站号剖面的回转半径的算术平均值。计算表明，剖面转动惯量对固有频率的影响不大，尤其对低谐调振动，故可将船梁简化成宽为 B、

高为 D 的均匀等直梁。对这样的梁,垂向振动时的剖面转动惯量 $I_V = \dfrac{BD^3}{12}$,而剖面面积 $A_C = BD$,由此可得剖面的回转半径为

$$r^2 = \frac{I_V}{A_C} = \frac{D^2}{12} \qquad (2-4-43)$$

用这种均匀分布的回转半径对船梁作剖面转动的修正已符合工程精度的要求。

应用迁移矩阵法程序计算船体垂向总振动需输入下列已知数据:船长 L、船宽 B、型深 D、首吃水 d_s、尾吃水 d_w、各站实际水线半宽 $b(x)$、各站实际吃水 $d(x)$、各站实际水下半横剖面面积 $a(x)$、船体各段的分布质量 $m(x)$、第一船体各站剖面惯性矩、各站剪切面积 $A_s(x)$ 和剖面高度 $D(x)$。

计算船体水平振动的固有频率同样可运用迁移矩阵法,其计算结果和电算程序均同,仅有关的参数及输入的原始数据作相应的改变而已。

应用迁移矩阵法对船体总振动固有频率进行电算,其计算结果与实测值相比还会有一定的误差,低谐可达 5%,高谐可达 10%。首先,是因为船体是一复杂结构,在计算弯曲刚度剪切刚度等结构参数时有不少近似之处;其次,计算所取的各种原始数据与实船会有出入,与实船测试状态下的数据也不可能一致;此外,计算理论本身也有局限性,在高谐调时节点间的距离大为缩短,再应用细长梁理论计算其误差必然增大。随着科学技术的发展与有限元法在船体结构计算中的应用,进一步的计算理论是把船体视为空间三维结构,用有限元法或模态综合法计算,及应用把流体有限元和固体有限元结合起来的流固耦合振动理论。

在船舶设计初期,为避开低谐共振,在选择主机、决定船舶主尺度时,就需要对船体梁的固有频率进行估算。但在设计初期,详细计算所需要的一些原始数据,如剖面惯性矩、质量和浮力分布曲线等还未得到,要对船体振动进行详细的计算是不可能的,而且设计方案可能很多,计算工作量将相当大,因此一般均选用经验公式进行估算。目前,估算船体自由振动频率的公式很多,下面分别介绍几种常用的方法。

(1)英国船舶研究协会(B.S.R.A)推荐的相似法。这种方法是用相似的实船所测得的数据来估算新设计船的总振动频率的方法,即

$$\frac{N_n}{\sqrt{I_n / \Delta_n L_n^3}} = \frac{N_0}{\sqrt{I_0 / \Delta_0 L_0^3}} \qquad (2-4-44)$$

式中:N_n 为新设计船总振动频率;N_0 为相似船总振动频率数;I_n 为新设计船舯剖面惯性矩;I_0 为相似船舯剖面惯性矩;Δ_n 为新设计船的总振动虚质量(排水量 + 附连水质量);Δ_0 为相似船的总振动虚质量(排水量 + 附连水质量);L_n 为新设计船船长(设计水线长);L_0 为相似船船长(设计水线长)。

由上式可得

$$N_n = N_0 \frac{\sqrt{I_n / \Delta_n L_n^3}}{\sqrt{I_0 / \Delta_0 L_n^3}} \qquad (2-4-45)$$

该计算方法适用于求解船舶垂直和水平总振动的各谐调固有频率。在计算时,垂向总振动的虚质量为

150

$$\Delta_V = \left(1.2 + \frac{1}{3}\frac{B}{d}\right)\Delta \qquad (2-4-46)$$

式中:Δ 为正常排水量;d 为设计吃水;B 为型宽。

水平总振动的虚质量为

$$\Delta_H = \left(1.0 + 1.1\frac{B}{d}\right)\Delta \qquad (2-4-47)$$

在计算时,需要注意的是。所选择的相似船的船型要与新设计船的船型相同,它们的结构和装载工况也要相似,船长相差不能超过 10%。

(2)希列克(O. Schlick)公式。希列克公式是最早提出的经验公式,用于计算船体垂向第一谐调振动固有频率,即

$$N_{V_1} = C\sqrt{\frac{I_V}{\Delta L^3}} \qquad (2-4-48)$$

式中:I_V 为船舯横剖面惯性矩(m^4);Δ 为船舶排水量(t);L 为船长(m);C 为统计系数,随船舶的类型而异,即线型丰满的船 $C = 2.80 \times 10^6$,线型较好的大型远洋客船 $C = 3.14 \times 10^6$,线型瘦削的船 $C = 3.44 \times 10^6$。

希列克公式统计的船型较古老(铆接船),它没有考虑附连水质量及上层建筑的影响,并且在船舶设计初期,其剖面惯性矩是未知的,在计算时无法应用。

(3)陶德(F. H. Todd)公式。陶德用型宽 B 和型深 D 立方的乘积 BD^3 代替希列克公式中的 I_V,并计及了附连水质量和上层建筑的影响,在 25 艘实船试验结果的基础上提出了陶德公式:

对于纵骨架式油船,有

$$N_{V_1} = 94900\sqrt{\frac{BD_e^3}{\Delta_V L^3}} + 28 \qquad (2-4-49)$$

对于横骨架式的货船和客船,有

$$N_{V_1} = 85300\sqrt{\frac{BD_e^3}{\Delta_V L_3}} + 25 \qquad (2-4-50)$$

上两式中:Δ_V 为包括附连水质量在内的船舶总质量(t),按下式计算:

$$\Delta_V = \Delta\left(1.2 + \frac{1}{3}\frac{B}{d}\right) \qquad (2-4-51)$$

B 为型宽(m);d 为吃水(m);D_e 为等效型深(m),按下式计算(图 2-4-3):

$$D_e = \sqrt[3]{D^3(1-x_1) + D_1^3(x_1-x_2) + D_2^3 x_2} \qquad (2-4-52)$$

此式可推广到多层上层建筑的情况,但对一般的首楼、尾楼和很短的桥楼因对船梁的刚度影响很小,均不考虑。

除了希列克公式和陶德公式外,还有其他一些经验公式,但这些经验公式大致与希列克公式和陶德公式相似,故可将它们分为希列克型和陶德型,即考虑剖面惯性矩的公式以及考虑船舶长度和型深的公式,这些公式中的经验系数都是根据实船测试统计分析得到的。当需要知道自由振动频率时,可按下式进行估算:

$$N_{V_i} = C_i N_{V_1} \qquad\qquad (2-4-53)$$

式中：N_{V_i} 为垂向首谐固有频率；C_i 为无因次系数，由图 $2-4-4$ 而得。

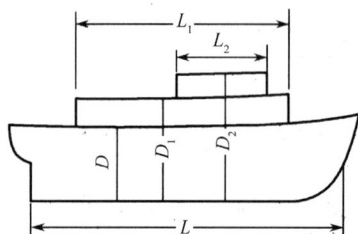

图 $2-4-3$　等效型深图
注：$L_1 = x_1 L$；$L_2 = x_2 L$。

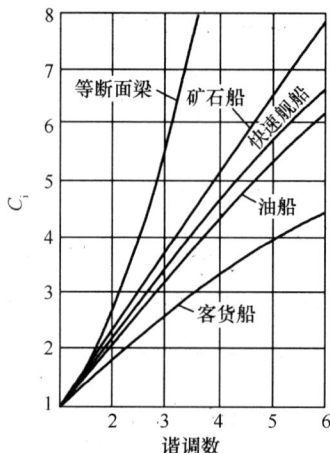

图 $2-4-4$　无因次系数 C_i

下面介绍适合我国船舶的两类估算公式。

第一类适用于海船，由大连理工大学赵德有提出。

（1）垂向振动固有频率近似公式：

① 当船舯剖面惯性矩已知时，有

$$N_{V_i} = B_{V_i} K_{V_i} E_{V_i} \sqrt{\frac{I_V}{\Delta_V L^3}} + A_{V_i} \qquad\qquad (2-4-54)$$

式中：I_V 为船舯横剖面矩（m^4）；L 为两柱间长（m）；Δ_V 为包括附连水质量在内的船舶总质量（t），即

$$\Delta_V = \Delta(1 + \tau) \qquad\qquad (2-4-55)$$

Δ 为船舶排水量（t）；τ 为附连水质量系数，可表示成

$$\tau = \left(0.2 + \frac{1}{3}\frac{B}{d}\right)(C_b^2 + 0.15) \qquad\qquad (2-4-56)$$

B 为型宽（m）；d 为平均吃水（m）；C_b 为方形系数；K_{V_i} 为船体剖面惯性矩沿船长分布不同对固有频率影响的修正系数，有

首谐　　　　　　　$K_{V_1} = 0.90 + 0.1 C_b$ 　　　　　　$(2-4-57)$

贰谐　　　　　　　$K_{V_2} = 0.85 + 0.15 C_b$ 　　　　　　$(2-4-58)$

首谐　　　　　　　$E_{V1} = \dfrac{D_0}{D}$ 　　　　　　$(2-4-59)$

贰谐　　　　　　　$E_{V2} = 1.0$

E_{V_i}——桥楼影响的修正系数，

D——到强力甲板的型深，客货船则到最上层连续甲板（m）；

D_e——等效型深（m），即

$$D_e = \sqrt{D^2(1 - x_1) + 0.85 K D_1^2(x_1 + x_2) + 0.67 K D_2^2(x_2 - x_3) + 0.54 K D_3^2 x_3}$$

$$x_1 = \frac{l_1}{L}, \quad x_2 = \frac{l_2}{L}, \quad x_3 = \frac{l_3}{L} \qquad (2-4-60)$$

如图 2 - 4 - 5 所示。桥楼为上层建筑时，$K = 1$；桥楼为甲板室时，$K = 0.95$。

A_{Vi}、B_{Vi}——船型修正（表 2 - 4 - 1）。

②当主尺度和排水量已知时，

$$N_{Vi} = b_{Vi} K_{Vi} E_{Vi} C_V \frac{D}{L} \sqrt{\frac{B}{\Delta_V}} + a_{Vi} \qquad (2-4-61)$$

式中：C_V 为采用合金钢时剖面惯性矩与采用低碳钢时剖面惯性矩之比值的开方；a_{Vi}、b_{Vi} 为船型修正系数，见表 2 - 4 - 1。

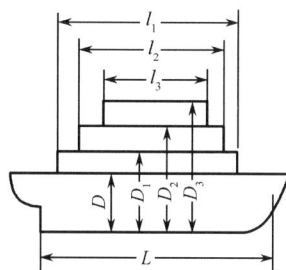

图 2 - 4 - 5　等效型深 D_e

表 2 - 4 - 1　船型修正系数

谐调	系数	油船	杂货船	散装货船	矿砂船	客货船	拖网渔船	拖船
首谐	A_{V_1}	9.7	20.2	27.3	20.2	32.3	61.6	
	B_{V_1}	3.18×10^6	2.54×10^6	2.04×10^6	2.59×10^6	2.14×10^6	2.09×10^6	
	a_{V_1}	22.3	19.6	24.2	15.8	24.8	-16.2	116.7
	b_{V_1}	2.68×10^4	2.62×10^4	2.30×10^4	3.09×10^4	2.01×10^4	3.79×10^4	1.52×10^4
	A_{B_1}	21.7	10.5			28.4	130	
	B_{H_1}	2.84×10^6	2.81×10^6			2.50×10^6	2.02×10^6	
	a_{B_1}	22.4	7.2			17.4	33.9	
	b_{B_1}	3.28×10^4	3.25×10^4			2.96×10^4	3.86×10^4	
贰谐	A_{V_2}	6	77	46.3	27.1	45.7	189	
	B_{V_2}	7.48×10^6	3.37×10^6	4.43×10^6	6.17×10^6	4.52×10^6	3.99×10^6	
	a_{V_2}	14.3	72.5	46.9	26.5	50.5	-1.9	211.6
	b_{V_2}	7.74×10^4	3.60×10^4	4.65×10^4	6.74×10^4	4.26×10^4	7.82×10^4	3.46×10^4
	B_{B_2}	59.2	37.2			59.3		
	B_{B_2}	4.96×10^6	5.44×10^6			5.25×10^6		
	a_{H_2}	48.5	5.3			17.2		
	b_{H_2}	6.27×10^4	6.90×10^4			6.80×10^4		

（2）水平振动固有频率近似公式：

①当船舯剖面惯性矩已知时，有

$$N_{Hi} = B_{Hi} K_{Hi} E_{Hi} \sqrt{\frac{I_H}{\Delta_H L^3}} + A_{Hi} \qquad (1/\text{min}) \qquad (2-4-62)$$

式中：

I_H 为船舯剖面对竖轴的惯性矩（m^4）；L 为两柱间长（m）；Δ_H 为包括附连水质量（横向水平振动）在内的船舶总质量（t）；

$$\Delta_H = \Delta + 0.5742 d^2 L C_b + \frac{d}{2B} \Delta \qquad (2-4-63)$$

K_{Hi} 为剖面惯性矩沿船长分布不同对固有频率的修正系数。

153

首谐 $\qquad K_{H_1} = 0.9 + 0.1C_b \qquad (2-4-64)$

贰谐 $\qquad K_{H_2} = 0.8 + 0.2C_b \qquad (2-4-65)$

②当主尺度和排水量已知时,有

$$N_{H_i} = B_{H_i} K_{H_i} E_{H_i} C_H \frac{B}{L} \sqrt{\frac{D}{\Delta_H}} + a_{H_i} \ (1/\min) \qquad (2-4-66)$$

式中:C_H 含义与式(2 - 4 - 61)的 C_V 相同,a_{H_i},b_{H_i} 见表 2 - 4 - 1。

第二类适用于内河船舶,由武汉水运工程学院翁长俭提出(适用客船和拖船)

$$N_{V_i} = C \sqrt{\frac{BD^3}{\Delta_V L^3}} \ (1/\min) \qquad (2-4-67)$$

式中:C 为统计系数,随船型而异,有多层长上层建筑的客船,$C = 1.15 \times 10^5$,拖船及 1 层~2 层甲板室的小型短途客船,$C = 1.40 \times 10^5$;

B——型宽(m);

D——至强力甲板的型深(m),对于有多层上层建筑的单甲板客船,取强力甲板的型深加强力甲板至上甲板甲板间高度的 50%;

L——船长(m);

Δ_V——包括附连水质量在内的船舶总质量(t),按下式确定:

$$\Delta_V = \Delta \left(1.2 + \frac{1}{3} \frac{B}{d} \right) \qquad (2-4-68)$$

当船舶航行于浅水时,有

$$\Delta_V = \Delta + K\Delta \left(0.2 + \frac{1}{3} \frac{B}{d} \right) \qquad (2-4-69)$$

Δ——船舶排水量(t);

d——平均吃水(m);

K——浅水影响修正系数,可近似地按下式求取:

$$K = 1 + 2(\beta - 0.2) \left(\frac{d}{T} \right)^2 \qquad (2-4-70)$$

β——船舯剖面面积系数;

T——水深(m)。

该公式采用了希列克公式的形式和陶德公式计及附连水质量的计算方法,并利用普洛哈斯卡(C. W. Prohasika)的试验资料计及了浅水效应的影响。同时,它将上层建筑的影响合并在 C 中考虑,对有多层上层建筑的单甲板客船,型深取主强力甲板的型深加强力甲板至上甲板间高度的 50%。

第二谐调固有频率可按式(2 - 4 - 53)计算,即

$$N_{V_i} = C_i N_{V_1}$$

对我国内河客船及拖船建议取 $C_2 = 1.8$。

2.4.2 船体上层建筑振动

上层建筑振动指的是上层建筑整体的纵向振动和上层建筑局部构件的振动。上层建筑纵向振动的振动位移由下列位移组成:

（1）上层建筑剪切位移,如图2-4-6(a)所示;

（2）上层建筑下面的主船体为弹性支座引起的位移,如图2-4-6(b)所示;

（3）船体垂向振动引起的位移,如图2-4-6(c)所示;

（4）船体纵向振动引起的位移,如图2-4-6(d)所示。

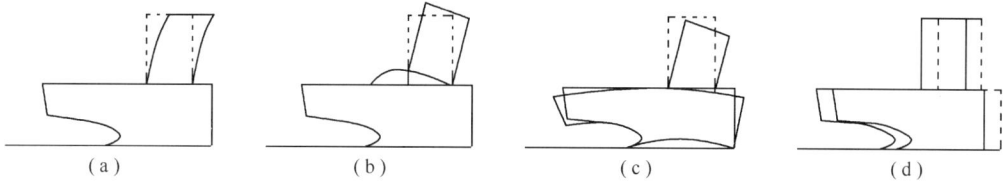

（a）　　　　　　（b）　　　　　　（c）　　　　　　（d）

图2-4-6　上层建筑纵向振动位移

其中,上层建筑剪切位移和上层建筑下面的主船体为弹性支座引起的位移是主要的。

引起上层建筑纵向振动的主要激励有:

（1）螺旋桨产生的叶频激励(其频率为螺旋桨转速乘以桨叶数),通过推力轴承和主船体传递到上层建筑。

（2）由柴油机产生的作用在曲轴上的径向力,引起轴系的纵向振动,通过推力轴承和主船体传递到上层建筑。二冲程柴油机曲轴径向力的主要简谐次数见表2-4-2。

表2-4-2　曲轴径向力的主要简谐次数

缸数	5	6	7	8	9	10	12
主要激励次数	5	9,6	7	8,5	6,5,9	6,5,10	6,5

（3）由柴油机产生的作用在曲轴上的切向力,引起曲轴扭转振动,从而引起轴系扭转—纵向振动,通过推力轴承和主船体传递到上层建筑,其激励的主要谐次,对二冲程柴油机为汽缸数,对四冲程柴油机为汽缸数或1/2汽缸数。

（4）由螺旋桨激励力或轴系纵振与扭振的二次激励力引起机架纵向振动,通过双层底传递到上层建筑,其主要谐次为汽缸数或桨叶数。

一、上层建筑整体振动固有频率的简化计算模型

如上所述,上层建筑纵向振动主要由两部分组成:一部分是上层建筑本身的剪切振动;另一部分是上层建筑下部主船体弹性支座引起的振动,它可以用前围壁与主甲板交接线为旋转轴的回转振动来描述,如图2-4-7所示。

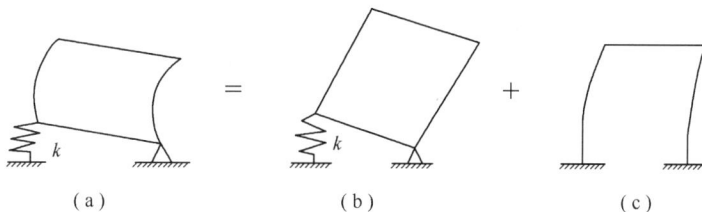

（a）　　　　　　　（b）　　　　　　　（c）

图2-4-7　上层建筑整体振动简化计算模型

(a)纵向振动;(b)旋转振动;(c)剪切与弯曲振动。

二、上层建筑结构类型的分类

在上层建筑整体振动简化计算中,将上层建筑分为 A、A_1、B、C、D 五种类型,如图2-4-8所示。

上层建筑纵向振动固有频率按下式计算：

$$f_c = 1.07K_1 \frac{f_s}{\sqrt{1 + \left(\dfrac{f_s}{f_r}\right)^2}} + K_2 \quad (\text{Hz}) \qquad (2-4-71)$$

式中：f_c 为上层建筑纵向固有频率（Hz）；f_s 为上层建筑仅作为剪切振动时的固有频率（Hz）；f_r 为上层建筑回转振动固有频率（Hz）；K_1、K_2 为上层建筑类型的修正系数，见表 2-4-3。

表 2-4-3　修正系数

结 构 类 型	K_1	K_2
A 型	0.9	2.5
A_1 型	0.72	4.92
B 型、C 型、D 型	1.0	0.0

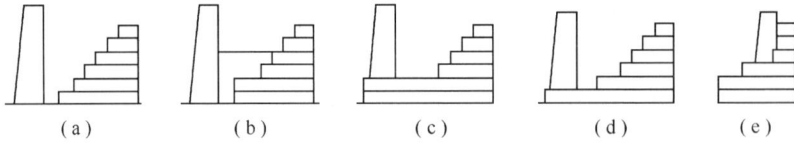

图 2-4-8　上层建筑结构型式的分类
(a)A 型；(b)A_1 型；(c)B 型；(d)C 型；(e)D 型。

图中　A 型——主甲板以上的上层建筑和烟囱根部完全分离；

A_1 型——主甲板以上的上层建筑和烟囱根部完全分离，但上层甲板室和烟囱有连接件；

B 型——二层长甲板室以上的三层或四层甲板室和烟囱是并列独立布置；

C 型——一层长甲板室以上有四层或五层甲板室的烟囱并列独立布置；

D 型——上层建筑与烟囱在上甲板之上或长甲板室之上成为整体。

上层建筑仅作为剪切振动时的固有频率按下式计算：

$$f_s = 165.5K_3 \frac{n}{h} \sqrt{\frac{K_s \sum l_i \psi_i}{\sum l_i b_i \varphi_i}} \qquad (2-4-72)$$

式中　n 为主甲板以上的上层建筑的总层数；h 为上层建筑总高度（m）；i 为甲板室自上而下的层数，取 $i = 1 \sim n$；l_i 为第 i 层上层建筑的长度（m）；K_s 为上层建筑纵壁（包括围壁和内部连续纵舱壁）修正系数，$K_s = \dfrac{Z}{4}$，其中 Z 为纵壁数；b_i 为第 i 层上层建筑的宽度（m）；ψ_i 为第 i 层甲板室剪切刚度有效系数，$\psi_i = 30(\sqrt[3]{7} - \sqrt[3]{i}) + 1$（当 $i > 7$ 时，$\psi_i = 1.0$）；φ_i 为各层甲板室质量有效系数，$\varphi_i = 3i(i-1) + 1$；K_3 为层数修正系数，见表 2-4-4。

刚体回转固有频率 f_r 按下式计算：

$$f_r = 187.7K_4 \frac{n}{h} \sqrt{\frac{K_5 n l_1^2}{h\left(\sum l_i b_i \varphi_i + 0.75 \dfrac{l_1^2 b_1 n^2}{h^2}\right)}} \qquad (2-4-73)$$

式中：K_4——层数修正系数，表 2-4-5；

表 2－4－4	层数修正系数	
类 型	层 数	K_3
A_1 型	——	1.0
B 型	5	0.93
C 型	6	1.0
D 型	7	1.08

表 2－4－5	层数修正系数	
类 型	层 数	K_4
A 型	——	1.0
B 型	5	0.93
C 型	6	1.0
D 型	7	1.04

K_5——支座弹性化系数，按下式进行计算：

$$K_5 = 100K_6K_7K_8$$

其中

$$K_6 = \frac{1}{8 - 4\left(\frac{b_1}{B}\right)^2 + \left(\frac{b_1}{B}\right)^3} - 0.0862$$

$$K_7 = \frac{1}{\sin\left(-0.69\frac{l_1}{l} + 0.845\right)\pi}$$

K_8 按下列情况选取：当上层建筑下面的主甲板下纵横舱壁很多，能牵连主甲板下一层平台一起运动，且 $l > 1.2 l_1$ 时，取 $K_8 = 2.0$，当上层建筑第一层甲板室的长度 $l_1 = l$，且烟囱凸出在三层以上或近似于 D 型，取 $K_8 = 1.45$，其他情况取 $K_8 = 1.0$；

l_1——上层建筑第一层长度（m）；

b_1——上层建筑第一层宽度（m）；

l——支持上层建筑下部主船体两舱壁距离（图 2－4－9）；

B——船宽（m）。

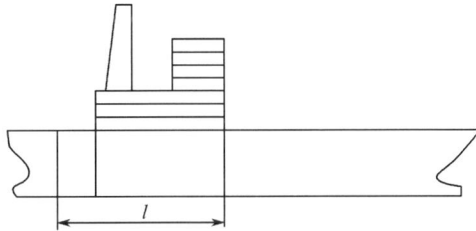

图 2－4－9　l 示意图

三、上层建筑的整体振动固有频率的有限元计算方法

采用有限元方法计算上层建筑纵向振动的固有频率，推荐采用下述两种有限元模型：

（1）包括整个船体尾部和一个货舱在内的上层建筑三维有限元模型；

（2）包括上层建筑在内地的尾部有限元结构模型加上其余主船体视为船体梁的模型。

有限元模型的建立过程主要有如下 6 步：

（1）上层建筑是固定在船体主甲板上的，主甲板及其下方的船体结构是组成上层建筑的弹性基础，因此，在建立有限元模型时，上层建筑及其相邻的船体结构应划分比较细的网格。

（2）由于上层建筑纵向振动时，上层建筑的甲板和围壁由面内刚度（拉压与剪切刚度)起作用,因此甲板和围壁用平面应力元模型,而将扶强材的单向加强效果计入这些平面应力单元内。

(3) 各层甲板纵桁和强横梁,采用梁单元来模拟。

(4) 结构的质量可以由程序自动计算,敷料的质量可以平均分配所在甲板上。对于舾装、设备和仪表的质量,按实际安装位置分配到邻近的节点上,使整个上层建筑的质量分布沿高度、宽度与纵向的分布与实船一致。

(5) 附连水质量按 2.2 节计算,均匀分布在水线以下的船体表面各节点上。

(6) 采用上述模型计算时,模型前端的边界条件取为刚性固定。

2.4.3 船体局部振动

目前,船舶上所出现的影响船舶使用的振动问题大部分是局部振动问题,它不仅会防碍设备、仪表的正常工作,影响船员和旅客居住的舒适性,而且常对船体局部强度产生很大的影响,甚至可能使结构造成损伤。由于船上局部构件很多,不可能、也不需要逐一进行计算,而应根据结构和所受干扰力的特点,选择典型结构进行计算。

局部结构不外乎梁、板、板架、上层建筑、尾部等空间结构,梁的计算在上一章已经讨论,上层建筑和尾部的振动特点在 2.1 节也已有所介绍,本节主要讨论板和板格的振动。

先讨论板架的振动计算。在选择板架的尺寸和剖面要素时做如下规定:

(1) 两向梁的跨距应取支承梁与两向梁中和轴交点间的距离。若板架位于两舱壁之间,则板架的长度等于舱壁的间距。

(2) 计算主向梁和交叉构件剖面惯性矩时,附连带板的宽度取为它们的间距或跨距的 1/6,两者之中取小者。

(3) 在附连带板宽度范围内,所有的纵向连续构件应包括在计算剖面内。

(4) 计算中认为,板架上的分布质量和附连水质量属于主向梁均布质量的一部分。关于附连水质量的计算在 2.2 节中曾专门讨论过。

对于主向梁与交叉构件任意布置,且是变剖面的板架,可用类同于第 1 章所讨论的等效法来求解板架的自由振动频率,实质上它是能量法。由于计算简便,具有一定的精度,所以在船舶结构振动计算中应用广泛。

板架与其他弹性结构一样,它的自由振动可视为无限多个主振动之和,而每个主振动对应一个固有频率和一个固有振型,因此每一个主振动可化成等效的单自由度系统的振动来研究。

当图 2-4-10 所示板架的第 n 个振动的主振型 $v(x,y)$ 已知时,可利用振动体的动能及势能与等效系统的动能及势能相等的条件求得相应的等效质量和等效刚度。

等效质量为

$$
\begin{aligned}
M_e = {} & \sum_{i=1}^{N} M_i v^2(x_i, y_i) + J_{iy} v_x'^2(x_i, y_i) + \sum_{i=1}^{N} J_{ix} v_y'(x_i, y_i) \\
& + J_0 \int_0^L \int_0^B v_x'^2(x, y) \mathrm{d}x \mathrm{d}y + J_0 \int_0^L \int_0^B v_y'^2(x, y) \mathrm{d}x \mathrm{d}y \\
& + \int_0^L \int_0^B (m_0 + m_a) v^2(x, y) \mathrm{d}x \mathrm{d}y
\end{aligned}
\qquad (2-4-74)
$$

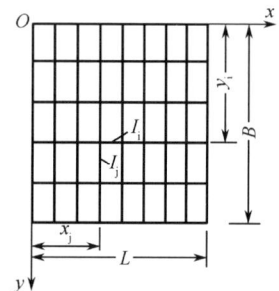

图 2-4-10　板架示意图

式中：M_i 为坐标为 (x_i, y_i) 处的集中质量；N 为集中质量的数目；J_{ix} 为集中质量相对于平行 x 轴的旋转轴的转动惯量；J_{iy} 为集中质量相对于平行 y 轴的旋转轴的转动惯量；m_a 为板架单位面积的附连水质量；J_0 为板架单位面积质量的转动惯量；m_0 为板架单位面积的平均质量（包括双层底内的油和水）

$$m_0 = \rho h_{\text{平均}} + m_{\text{油水}}$$

$$h_{\text{平均}} = h_0 + \frac{\sum_{i=1}^{m} S_i L + \sum_{j=1}^{n} S_j B}{LB} \qquad (2-4-75)$$

式中：ρ 为材料的密度；h_0 为板的厚度，双底时等于内、外底板厚度之和；S_i 为交叉构件（不包括附连带板）的剖面面积；S_j 为主向梁（不包括附连带板）的剖面面积；m 为交叉构件的数目；n 为主向梁的数目。

等效刚度为

$$K_e = \sum_{i=1}^{m} \int_0^L EI_i v''^2_{xx}(x, y_j) \, \mathrm{d}x + \sum_{j=1}^{n} \int_0^B EI_j v''^2_{xx}(x_j, y) \, \mathrm{d}y \qquad (2-4-76)$$

式中：E 为材料的弹性模量；I_i 为第 i 根交叉构件的剖面惯性矩；L 为交叉构件的跨距；y_i 为第 i 根交叉构件在 y 方向位置的坐标；I_j 为第 j 根主向梁的剖面惯性矩；B 为主向梁的跨距；x_j 为第 j 根主向梁在 x 方向位置的坐标。

若交叉构件或主向梁的剖面惯性矩沿其长度方向变化时，上式中的积分应分段进行。因此，只要已知板架的尺寸、振型及其上的集中质量、油水质量，就可以利用上述公式确定板架的固有频率。可是板架的振型一般是事先不知道的，所以在计算前要先根据主向梁及交叉构件的两端固定条件选择适当的振型，见表 2-4-6 和表 2-4-7。

表 2-4-6　两端固定的振型函数（一）

$v(x, y)$	$\sin\dfrac{\pi x}{L}\sin\dfrac{\pi y}{B}$	$\sin\dfrac{2\pi x}{L}\sin\dfrac{\pi y}{B}$	$\sin\dfrac{\pi x}{L}\sin\dfrac{2\pi y}{B}$
$v'_x(x, y)$	$\dfrac{\pi}{L}\cos\dfrac{\pi x}{L}\sin\dfrac{\pi y}{B}$	$\dfrac{2\pi}{L}\cos\dfrac{2\pi x}{L}\sin\dfrac{\pi y}{B}$	$\dfrac{\pi}{L}\cos\dfrac{\pi x}{L}\sin\dfrac{2\pi y}{B}$
$v'_y(x, y)$	$\dfrac{\pi}{B}\sin\dfrac{\pi x}{L}\cos\dfrac{\pi y}{B}$	$\dfrac{\pi}{B}\sin\dfrac{2\pi x}{L}\cos\dfrac{\pi y}{B}$	$\dfrac{2\pi}{L}\sin\dfrac{\pi x}{L}\cos\dfrac{2\pi y}{B}$
$v''_{xx}(x, y)$	$\left(\dfrac{\pi}{L}\right)'\sin\dfrac{\pi x}{L}\sin\dfrac{\pi y}{B}$	$\left(\dfrac{2\pi}{L}\right)'\sin\dfrac{2\pi x}{L}\sin\dfrac{\pi y}{B}$	$-\left(\dfrac{\pi}{L}\right)'\sin\dfrac{\pi x}{L}\sin\dfrac{2\pi y}{B}$
$v''_{yy}(x, y)$	$\left(\dfrac{\pi}{B}\right)'\sin\dfrac{\pi x}{L}\sin\dfrac{\pi y}{B}$	$-\left(\dfrac{\pi}{B}\right)'\sin\dfrac{2\pi x}{L}\sin\dfrac{\pi y}{B}$	$-\left(\dfrac{2\pi}{L}\right)'\sin\dfrac{\pi x}{L}\sin\dfrac{2\pi y}{B}$

表 2 - 4 - 7　两端固定的振型函数(二)

$\sin\dfrac{2\pi x}{L}\sin\dfrac{2\pi y}{B}$	$\dfrac{1}{2}\left(1-\cos\dfrac{2\pi x}{L}\right)\sin\dfrac{\pi y}{B}$	$\dfrac{1}{2}\left(1-\cos\dfrac{2\pi x}{L}\right)\sin\dfrac{2\pi y}{B}$	$\dfrac{1}{4}\left(1-\cos\dfrac{2\pi x}{L}\right)\left(1-\cos\dfrac{2\pi y}{B}\right)$
$\dfrac{2\pi}{L}\cos\dfrac{2\pi x}{L}\sin\dfrac{2\pi y}{B}$	$\dfrac{\pi}{L}\sin\dfrac{2\pi x}{L}\sin\dfrac{\pi y}{B}$	$\dfrac{\pi}{L}\sin\dfrac{2\pi x}{L}\sin\dfrac{2\pi y}{B}$	$\dfrac{1}{2}\times\dfrac{\pi}{L}\sin\dfrac{2\pi x}{L}\left(1-\cos\dfrac{2\pi y}{B}\right)$
$\dfrac{2\pi}{B}\sin\dfrac{2\pi x}{L}\cos\dfrac{2\pi y}{B}$	$\dfrac{1}{2}\dfrac{\pi}{B}\left(1-\cos\dfrac{2\pi x}{L}\right)\cos\dfrac{\pi y}{B}$	$\dfrac{\pi}{B}\left(1-\cos\dfrac{2\pi x}{L}\right)\cos\dfrac{2\pi y}{B}$	$\dfrac{1}{2}\dfrac{\pi}{B}\left(1-\cos\dfrac{2\pi x}{L}\right)\sin\dfrac{2\pi y}{B}$
$-\left(\dfrac{2\pi}{L}\right)^2\sin\dfrac{2\pi x}{L}\sin\dfrac{2\pi y}{B}$	$2\left(\dfrac{\pi}{L}\right)^2\cos\dfrac{2\pi x}{L}\sin\dfrac{\pi y}{B}$	$2\left(\dfrac{\pi}{L}\right)^2\cos\dfrac{2\pi x}{L}\sin\dfrac{2\pi y}{B}$	$\left(\dfrac{\pi}{L}\right)^2\cos\dfrac{2\pi x}{L}\left(1-\cos\dfrac{2\pi y}{B}\right)$
$-\left(\dfrac{2\pi}{B}\right)^2\sin\dfrac{2\pi x}{L}\sin\dfrac{2\pi y}{B}$	$-\dfrac{1}{2}\left(\dfrac{\pi}{B}\right)^2$ $\left(1-\cos\dfrac{2\pi x}{L}\right)\sin\dfrac{\pi y}{B}$	$-2\left(\dfrac{\pi}{B}\right)^2\left(1-\cos\dfrac{2\pi x}{L}\right)\sin\dfrac{2\pi y}{B}$	$\left(\dfrac{\pi}{B}\right)^2\left(1-\cos\dfrac{2\pi x}{L}\right)\cos\dfrac{2\pi y}{B}$

对于主向梁和交叉构件两端弹性固定的板架,它的等效刚度为

$$K_e = \frac{\overline{K}_1}{2}\frac{E\pi^4}{L^4}\sum_{i=1}^{m}I_i\sin^2\frac{\pi y_i}{B} + \frac{\overline{K}_2}{2}\frac{E\pi^4}{B^3}\sum_{i=1}^{n}I_j\sin^2\frac{\pi x_j}{L} \qquad (2-4-77)$$

式中:$\overline{K}_1$、$\overline{K}_2$ 为交叉构件及主向梁的弹性固定端的刚性系数,其值由下式决定:

$$\overline{K}_i = 1 + 3\hbar \qquad (2-4-78)$$

其中:$\hbar$ 为弹性固定端的支座力偶系数。

相应板架的自由振动频率为

$$\omega_n = \sqrt{\frac{K_e}{M_e}} \qquad (2-4-79)$$

当板架与水接触时(如船底板架),若在式(2 - 4 - 74)未计及附连水质量,则需按 2 - 2 节,计算附连水质量的影响。考虑附连水质量影响后,板架的频率要相应降低。

还可用解析法来求解板架自由振动频率,其原理与上一节求梁的自由振动频率相同,具体解法可参阅有关书籍。随着电算技术的发展,更进一步可用有限元法来求解板架自由振动频率。

下面讨论板的振动。船体是由板和梁组成的,而且许多大型梁也可以看成由板组成的,因此板的振动计算也是船体振动计算的一个重要内容。

板的振动可能是由直接作用在它上面的振动负荷所引起的,如螺旋桨上方的船底外板,也可能是由板的周界振动所引起的,如机舱底板。船上的板按其在振动负荷作用下弯曲的特性,分成绝对刚性板和有限刚性板。板内的悬链应力一般是因板的振动较大,而作为板周界的构件阻止板边相互靠近使板中面发生变形而产生的,也可能是由作用在板面内的振动负荷所引起的。如悬链应力与弯曲应力相比很小,可以忽略,则称为绝对刚性板;反之,则称为有限刚性板。但不管怎样,所有板的振动其初始状态总是显示出绝对刚

性板弯曲的特性。随着板变形的增加,板内开始产生悬链应力。在微幅振动范围,挠度小于(1/4~1/5)板厚,为简化计算,一般均可近似地看作为绝对刚性板,即按线形理论来处理板的振动问题。船体上小曲度的板在计算振动时也近似地当作平板来处理。此外,初挠度、焊接应力等工艺因素在计算时也不计及,而在规定频率储备及平板的允许振幅或动应力许用应力值时再加以适当考虑。

先讨论绝对刚性板的弯曲振动微分方程。

微分方程式为

$$D\left(\frac{\partial^4 w}{\partial x^4} + 2\frac{\partial^4 w}{\partial x^2 \partial y^2} + \frac{\partial^4 w}{\partial y^4}\right) - \frac{\gamma h}{g}\omega^2 w(x,y) = F(x,y,t) \qquad (2-4-80)$$

对于自由振动则变为

$$D\left(\frac{\partial^4 w}{\partial x^4} + 2\frac{\partial^4 w}{\partial x^2 \partial y^2} + \frac{\partial^4 w}{\partial y^4}\right) - \frac{\gamma h}{g}\omega^2 w(x,y) = 0 \qquad (2-4-81)$$

其解的形式为

$$w(x,y,t) = \sum_j \sum_s A_{js}\sin\frac{j\pi x}{a}\sin\frac{s\pi x}{b}\sin(\omega_{js}t + \theta_{js}) \qquad (2-4-82)$$

下面讨论另一种边界条件的情况,即对于有一对边简支的矩形板,设在 $y=0$ 和 $y=b$ 处简支,则其自由振动的解可写为

$$w(x,y,t) = \varphi(x,y)\sin(\omega t + \theta) = X(x)\sin\frac{s\pi y}{B}\sin(\omega t + \theta) \qquad (2-4-83)$$

若四边均任意支承,则可设解为

$$w(x,y,t) = X(x)Y(y)\sin(\omega t + \theta) \qquad (2-4-84)$$

显然由此解方程(2-4-81)和方程(2-4-82)在数学上是困难的,可应用能量法或有限元法解。

今仍以四边简支矩形板为例说明能量法的应用。与梁的振动一样,板的振动也是由无限多个主振动叠加而成的,而对于每一个主振动可以把它看成一个单自由度系统的振动,因此,同样可采用等效法求出等效系统的刚度和质量,从而求得频率。

今求首谐固有频率。设板自由弯曲振动首谐主振型为

$$w(x,y) = \sin\frac{\pi x}{a}\sin\frac{\pi y}{b} \qquad (2-4-85)$$

自由振动的挠度方程为

$$w(x,y,t) = \sin\frac{\pi x}{a}\sin\frac{\pi y}{b}\sin(\omega t + \theta)$$

取板的中点 $\left(x=\frac{a}{2}, y=\frac{b}{2}\right)$ 作诱导点,可求得等效质量和等效刚度分别为

$$M_e = \int_0^a \int_0^b \left[\sin\frac{\pi x}{a}\sin\frac{\pi y}{b}\right]^2 dxdy = m_0\frac{ab}{4} \qquad (2-4-86)$$

$$K_e = \frac{\pi^2}{4}Dab\left(\frac{1}{a^2} + \frac{1}{b^2}\right) \qquad (2-4-87)$$

161

因此,板的自由振动频率为

$$\omega_n^2 = \frac{K_e}{M_e} = \pi^4 \frac{D}{m_0}\left(\frac{1}{a^2} + \frac{1}{b^2}\right) \qquad (2-4-88)$$

与解析解的结果式一致。如将

$$D = \frac{Eh^3}{12(1-\mu^2)} \ (\mu = 0.3 \ , m_0 = \frac{\gamma h}{g})$$

代入,并考虑单位,化为 1/min,则得四边简支矩形板的首谐自由振动频率为

$$\omega_n = 14.2 \times 10^6 h\left(\frac{1}{a^2} + \frac{1}{b^2}\right) \qquad (2-4-89)$$

其他固定情况:

四边刚性固定,有

$$\omega_n = 32.2 \times 10^6 \frac{h}{a^2} \sqrt{1 + 0.6 \frac{a^2}{b^2} + \frac{a^4}{b^4}} \qquad (2-4-90)$$

长边刚性固定,短边简支,有

$$\omega_n = 14.2 \times 10^6 \frac{h}{a^2} \sqrt{1 + 2.57 \frac{a^2}{b^2} + 5.14 \frac{a^4}{b^4}} \qquad (2-4-91)$$

两相邻边刚性固定和两相邻边简支,有

$$\omega_n = 22.2 \times 10^6 \frac{h}{a^2} \sqrt{1 + 1.115 \frac{a^2}{b^2} + \frac{a^4}{b^4}} \qquad (2-4-92)$$

一长边刚性固定,三边简支,有

$$\omega_n = 14.2 \times 10^6 \frac{h}{a^2} \sqrt{1 + 2.33 \frac{a^2}{b^2} + 2.44 \frac{a^4}{b^4}} \qquad (2-4-93)$$

一长边简支,三边刚性固定,有

$$\omega_n = 32.2 \times 10^6 \frac{h}{a^2} \sqrt{1 + 0.566 \frac{a^2}{b^2} + 0.475 \frac{a^4}{b^4}} \qquad (2-4-94)$$

实用上,对四边自由支承与四边刚性固定的矩形板,其首谐自由振动可按图 2-4-11 查取。在船舶振动计算中只需求板的首谐固有频率。

最后,对于船上板的横振动还需指出以下几点:

(1)前已述,从力学的角度船上可分为绝对刚性板与有限刚性板两类(柔性板船上一般无),前者在中面内发生显著的应力,后者则有相当大的悬链应力。同一板块在小挠度工作时是绝对刚性的,而在大挠度工作时则为有限刚性的,而有限刚性板的计算则是非线形的。

在船上往往会遇到这样的情况:如机舱内结构尺寸相同的板,在同一主机工作下,有的板处于共振状态,或振动很大,有的板却振动很小。在振动剧烈的板附近的其他板振动可能并不大,而离开一定距离的板可能有相当大的振动。当机器转速改变后,可明显地改变振动中心,某一块板可能停止振动,而另一块板却可能振动起来。显然,这些尺寸相同的板其固有频率是不相同的,这种差别是由于板的初挠度、中面内的应力等一系列因素所致。若板在振动时中面内始终有拉(压)力作用,那么像受轴向力的梁作用一样,中面拉

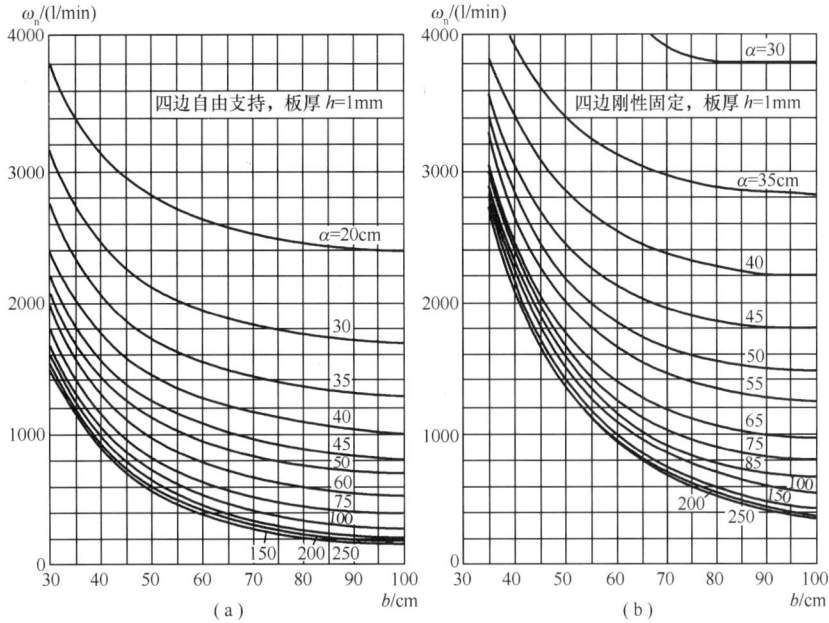

图 2 - 4 - 11 自由支撑和四周固定板的首谐固有频率

力使板的固有频率提高,而中面压力则使固有频率降低。

由于初挠度、焊接影响等工艺因素带有随机性质,因而在理论计算中进行太复杂的计算是没有意义的,故在船体振动计算中,一般均为绝对刚性板,而用频率储备的方法来避开共振。

(2)对于实船来说,板的边界条件确定也是比较困难的,板的变形对于其周界可能成对称变形,也可能成反对称变形。对称变形时,其相应边界可视为刚性固定;在反对称时,板的边界固定情况和边界上骨材的扭转有关。实测表明,绝大部分的船板,其测量值介于四边简支板刚性固定板的计算值之间,且大多偏向于简支计算值,故在船体振动计算中,常近似的取为四边简支。

(3)船板还可能与水及其他液体接触,因而在计算时还需考虑单面或双面附连水质量的影响(式(2-2-10)和式(2-2-11)及图2-2-4)。附连液体的影响使板的固有频率降低。

例 2 - 4 - 1 求某港口拖船机舱底板的固有频率,已知 $t = 0.5$ cm, $a = 120$ cm, $b = 50$ cm。

解:按四边简支矩形板计算,由图 2 - 4 - 11 查得,当板厚 1mm 时, $f_{n_0} = 680$ 1/min,因 $t = 5$ mm,故

$$\omega_n = 5 \times 680 = 3400 (1/\text{min})$$

考虑附连水质量影响的修正, $\dfrac{b}{a} = \dfrac{50}{120} = 0.42$。查表 2 - 2 - 5,表 2 - 10,得 $k = 0.62$,故

$$\omega_n^* = \frac{f_n}{\sqrt{1 + k\dfrac{b}{vh}}} = \frac{3400}{\sqrt{1 + 0.62\dfrac{50}{7.85 \times 0.5}}} = 1140 \quad (1/\text{min})$$

163

式中：$V = \dfrac{\gamma}{\gamma_0}$。

此外，除了计算船板的固有振动特性外，还常需要计算它在干扰力作用下的响应，例如，计算螺旋桨脉动压力直接作用区的板格振动应力。螺旋桨脉动压力的计算将在下一章讨论，这里作为已知条件。假定螺旋桨脉动压力沿板面均匀布，再考虑动力影响，乘上动力放大系数

$$\alpha = \frac{1}{1 - \left(\dfrac{N}{f_n^*}\right)^2} \qquad (2-4-95)$$

式中：N 为以 1/min 计的干扰力频率；f_n^* 为考虑单面附连水质量影响的平板固有频率。

把求振动载荷作用下板的应力问题近似看作在均布静载荷 p_{max} 作用下板的弯曲问题。由船舶强度中承受均布载荷的绝对刚性板平板弯曲计算公式知，计算板中应力时，四边自由支承的板较四边刚性固定的板应力大，短边方向应力大，故得螺旋桨脉动压力直接作用区板中心短边方向的应力（取板格四周简支）为

$$\sigma_1 = p_{max} \frac{1}{1 - \left(\dfrac{zn}{f_n^*}\right)^2} \frac{6k_3 b^2}{h^2} \qquad (2-4-96)$$

同理，在求板格支承周界上的应力时，应取为周界长边的中点，且板格四周为刚性固定，故

$$\sigma_2 = p_{max} \frac{1}{1 - \left(\dfrac{zn}{f_n^*}\right)^2} \frac{6k_5 b^2}{h^2} \qquad (2-4-97)$$

以上两式中：z 为螺旋桨叶数；n 为螺旋桨转速（r/min）；p_{max} 为螺旋桨最大脉动水压力（kPa）。k_3、k_5 为弯曲系数，见表 2-4-8。

表 2-4-8　弯曲系数 $k3$、$k5$

a/b	1	1.1	1.2	1.3	1.4	1.5	1.6	1.7
k_3	0.0479	0.0553	0.0626	0.0693	0.0753	0.0812	0.0862	0.0908
k_5	0.0517	0.0554	0.0613	0.0668	0.0714	0.0753	0.0784	0.0807
a/b	1.8	1.9	2	3	4	5	∞	
k_3	0.0948	0.0985	0.1017	0.1185	0.1235	0.1246	0.125	
k_5	0.0821	0.0826	0.0829	0.0832	0.0833	0.0833	0.0833	

为保证强度，使板在脉动水压力作用下不致振裂，通常要求

$$\sigma_1 \leq 0.3\sigma_s$$

$$\sigma_2 \leq 1960\text{N/cm}^2 \sim 2940\text{N/cm}^2$$

式中：σ_s 为材料的屈服应力，船用低碳钢材 $\sigma_s = 23520\text{N/cm}^2$。

例 2-4-2　求某长江客船桨叶上方壳板的应力。已知该船单机额定功率为 1176.5kW，额定转速为 350r/min，双桨、四叶，螺旋桨直径为 1.9m，叶梢离船壳板的实际间隙为 280mm，桨叶上方壳板的尺度为 2500mm × 575mm × 10mm。

解：

$$p_{max} = 4.77 \times 3 \times \frac{1176.5}{350 \times 1.93^3} = 0.7 (\text{N/cm}^2)$$

由 $a = 250\text{cm}, b = 57.5\text{cm}, h = 10\text{mm}$，从图 $2-4-11$ 查得四边简支板的固有频率 $\omega_{n_1} = 410 \times 10 = 4100 (1/\text{min})$，四边刚性固定板的固有频率 $\omega_{n_2} = 1000 \times 10 = 10000 (1/\text{min})$。考虑附连水质量的修正，因 $b/a = 57.5/250 = 0.23$，由表 $2-2-5$ 相应查得 k 为 0.72 及 0.57，故由式 $(2-4-90)$ 可得

$$\omega_{n_1}^* = \frac{4100}{\sqrt{1 + 0.72 \dfrac{57.5}{10 \times 7.85}}} = 1640 (1/\text{min})$$

$$\omega_{n_2}^* = \frac{10000}{\sqrt{1 + 0.57 \dfrac{57.5}{10 \times 7.85}}} = 4500 (1/\text{min})$$

因 $a/b = 250/57.5 = 4.34$，由表 $2-4-8$ 查得 $k_3 = 0.1239, k_5 = 0.0833$，故由式 $(2-4-96)$ 可得板中心短边方向应力为

$$\sigma_1 = 0.7 \frac{1}{1 - \left(\dfrac{4 \times 350}{1640}\right)^2} \frac{6 \times 0.1239 \times 57.5^2}{1.0^2} = 6342 \quad (\text{N/cm}^2)$$

而由式 $(2-4-97)$ 可得板支承周界长边中点应力

$$\sigma_2 = 0.7 \frac{1}{1 - \left(\dfrac{4 \times 350}{1640}\right)^2} \frac{6 \times 0.0833 \times 57.5^2}{1.0^2} = 1280.5 \quad (\text{N/cm}^2)$$

由计算结果发现

$$\sigma_1 = 6342\text{N/cm}^2 < 0.3\sigma_s = 7056(\text{N/cm}^2)$$

$$\sigma_2 = 1280.6\text{N/cm}^2 < 1960\text{N/cm}^2$$

可见，板中心应力已接近容许值。

该船艉部振动大，实测桨叶上方壳板双振幅最大值为 0.81mm，也已接近振动衡准允许限值。后改为 5 叶桨，减小了直径，增大间隙后，尾部振动得到了改善。

2.5 船体耦合振动

船舶是一个极其复杂的弹性体，振动的船体又是处于水介质中，从而使其振动的性态更趋复杂。从严格意义上讲，船体振动总是一种耦合的振动。

船舶耦合振动主要有总体结构与局部结构的耦合振动、结构与机器或传动系统的耦合振动、结构与流体的耦合振动等。

在船体处于低频或低阶振动时，一些局部振动（如上层建筑、机舱，或机舱板架、主机、轴系等弹性系统）的变形不明显，因而，计算船体低阶总振动时，将船体简化为梁模型，不考虑其他局部结构对船体总振动的影响；而计算上层建筑机舱板架、主机、轴系等局部结构件振动特性时，因这些局部振动的低阶固有频率一般在船体总振动固有频率的 3 阶和 4 阶以上，船体低阶振动对这些局部振动的影响不大，可将它们与船体或周围结构分

离,并采用适当的边界条件。这种处理方式是一种简化的解耦处理,当船体的固有振动频率与上层建筑、机舱板架、主机、轴系的固有振动频率相接近时,这些局部系统具有足够的振动能量影响船体总振动。为使船舶高阶振动的计算达到满意精度,需要考虑它们之间的耦合作用于影响。

结构与流体之间的耦合,在一定的条件下,也可以不考虑两种介质之间的耦合,在船体总振动的分析中,将舷外水作为附连水质量的方式处理;而在波浪力和船体梁之间的处理上,也采用分别考虑波浪—船体梁的刚性运动,以及波浪力作用下的船体弹性动力响应的解耦方法处理。

一、船体—尾部舱段—上层建筑的耦合振动

现代船舶大多为尾机型,而且上层建筑也位于船舶的尾部,接近螺旋桨和主机这两个主要的振源。上层建筑又是船员的主要工作与生活区域,这一部位振动量级的预报与控制,就显得特别重要。对于一些近代的工作船,即使其上层建筑并不位于尾部,但往往有特殊要求的设备位于尾部。尾部的工作环境也对振动预报提出种种要求,需要预报尾部结构的振动模态(主要是频率),避免与激励源的激励频率接近而发生共振,并且将振动响应限制在可接受的范围内。

最易发生的是,船体垂向振动和纵向振动与上层建筑的纵向振动产生耦合振动。

船体—尾部舱段—上层建筑耦合振动模态与响应的预报,采用有限元的方法计算处理。船体与上层建筑耦合振动的数学模型,可根据不同的要求采用不同的数学简化模型。图 2-5-1 所示的模型为船体梁采用一维梁模型,上层建筑采用两维有限元模型,即将上层建筑结构向纵中剖面压成图示的平面模型,采用平面膜元模拟船体上层建筑的外板以及纵向壁板,而各层甲板简化为首谐方向的杆单元,通过适当节点与船体梁相连接。

如果对上层建筑和船体及尾部的耦合分析采取三维模型,就以下四种情况进行比较:

(1)上层建筑单独从船体主甲板处于船体分离,并加以固定;

(2)将上层建筑与机舱同时考虑,与主船体加以分离,并在机舱前后两段加以固定;

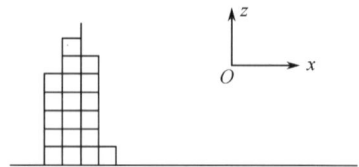

图 2-5-1　全船有限元模型

(3)采用上层建筑—尾部—机舱同时考虑的三维模型,在机舱前段加以固定;

(4)采用全船的三维有限元模型。

由某 13.8 万 t 油船的实测和预报的比较说明,后三种模型对于耦合模态的分析精度较好。其中第四种模型最好,而第二种模型的误差在 8% 左右,从耦合响应预报的角度也是第四种模型最好。图 2-5-2 所示的模型为一条 LNG 船的全船三维有限元模型,及其计及船体—尾部—上层建筑三者直接之间耦合的模态情况。在高频和高阶模态时,它们之间的耦合作用充分体现出来。这一模型同样对于主机或螺旋桨激励下的船体—尾部上层建筑耦合振动响应的分析和预报非常有效。

详细的三维有限元模型计算可采用多种软件。近代计算机的发展已可以用较短的时间建立三维有限元模型,实现可视化以及进行分析。全船三维有限元模型已经广泛应用于全船的振动分析,特别是它可以处理结构的非对称性,以及处理垂向振动、水平振动与扭转振动的耦合。

166

相对而言,上述三维的有限元模型仍需相当大的原始数据准备与预处理工作,并且需要有详细的船舶设计资料,通常在船舶设计后期做船舶校核性计算。一个较简化的模型如图2-5-3所示。在此简化模型中,尾部与上层建筑用上述的三维有限元模型,而将机舱以前的船体结构用等效的船体梁模拟,梁与尾部结构连接处用剖面的位移与转角的一致性条件加以保证,这一模型可大大节省工作量,同时,又较好地反映了船体—尾部舱段—上层建筑的耦合振动。

二、主机机架—机舱板架的耦合振动

主机安装在船上后,主机机架、双层底乃至整个机舱构成了复杂的振动系统。由于主机机架和双层底的弹性性质,主机安装在双层底上时,不同程度地降低了主机机架的固有频率,所以必须计算主机机架—双层底系统的耦合振动频率。图2-5-2是主机机架与双层底耦合分析的有限元数学模型,图中仅表示以纵中剖面为对称面的一般结构与主机机架。

双层底的振动模态在很大程度上取决于机器与结构的布置。柴油机与基座、双层底之间实际上是完全耦合的,要得到一个合理程度的简化并不容易,需要综合分析。

双层底与主机机架纵向耦合振动固有频率f,可按下式计算:

$$\frac{1}{f^2} = \frac{1}{f_{1s}^2} + \frac{1}{f_2^2} \qquad (2-5-1)$$

式中:f_{1s}为将主机机架视为刚体时,双层底第一阶振动固有频率(Hz);f_2为主机机架纵向振动固有频率(Hz)。

图2-5-3是一种详细的主机机架与机舱的耦合分析模型,它是一艘集装箱尾部(包括主机和机舱)的分析模型。

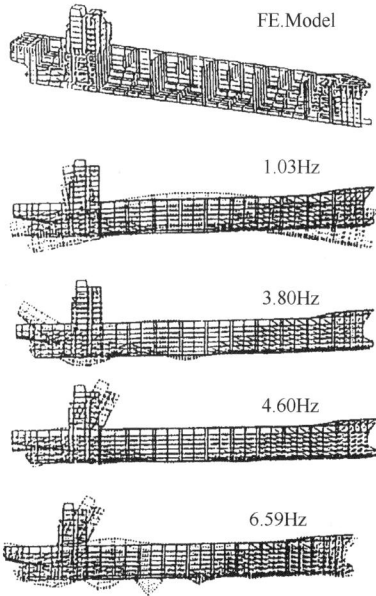

FE.Model

1.03Hz

3.80Hz

4.60Hz

6.59Hz

图2-5-2 船体—尾部—上层建筑耦合
振动分析的三维模型

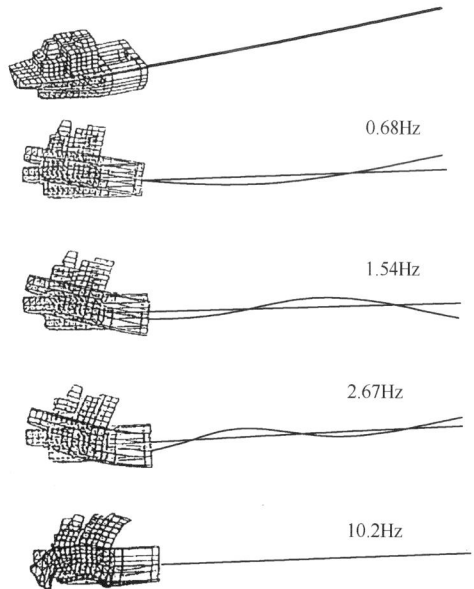

0.68Hz

1.54Hz

2.67Hz

10.2Hz

图2-5-3 船体梁—尾部—上层建筑耦合
振动分析的简化模型

三、大开口船体水平弯曲和扭转的耦合振动

集装箱、多用途船等大开口船的船体扭转刚度很低,船舶横剖面的扭转中心位于船舶基线以下,扭转中心与横向弯曲的弯曲中心以及剖面的质量中心不相重合,船舶在波浪中航行时,受到横浪和斜浪的作用,其船体的水平弯曲与扭转变形同时发生,对船体及其结构的疲劳强度将造成影响,因此,往往需要预报其弯矩耦合振动的频率和振型,并进行预报器动态响应。对于这一类船的响应,可以在不同的设计阶段采用不同的方式进行预报。

在初步设计阶段,对于具有大开口的船舶,如果已经知道船舶的几个主要尺寸和中剖面时,可以利用下述近似公式估算船体梁的弯扭耦合振动固有频率:

$$f_{HT} = \frac{1}{2(1-m^2)}(f_H^2 + f_T^2) \pm \sqrt{(f_H^2 + f_T^2)^2 - 4(1-m^2)f_T^2 f_H^2} \quad (Hz) \quad (2-5-2)$$

式中:$f_H = C_1 \sqrt{DB^3/(\Delta_H L^3)}$,为船舶的首谐水平弯曲振动固有频率(Hz),其中,L 为船长(m),B 为型宽(m),D 为型深(m),$\Delta_H = \left(1.3 + 0.3\frac{T}{B}\right)\Delta$;$m = S/K$;$f_T = C_2\sqrt{GI_P/(\Delta^2 L)}$,为船舶的首谐扭转振动固有频率(Hz),其中,$G$ 为材料的剪切模量(N/mm²),I_P 为船舯剖面的极惯性矩(mm⁴);这里,T 为吃水(m);Δ 为排水量(t);S 为剪切中心和重心之间的距离(m);K 为绕剪切中心的转动半径(m);C_1、C_2 为经验系数。

在技术设计阶段,当船体梁的剖面以及有关船舶沿船长的质量分布已大致确定时,可根据基于薄壁梁理论的方法或基于半无钜壳理论的方法及其相应的计算机程序计算其扭耦合振动的频率和振型。

在详细设计阶段,需要建立有限元模型如图2-5-4所示,对船舶的弯扭耦合振动模态和响应做出必要的分析和预报。

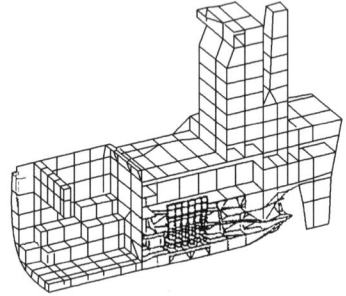

图 2-5-4　机舱双层底及主机机架
耦合分析的详细模型

四、结构—流体的耦合振动

对于现代船舶,如大型或超大型的油轮,需要考虑其5阶以上甚至10阶的振动模态与频率。此时,采用流体有限元、无限元或者边界元的方法处理流体和结构的耦合作用。

对于许多船舶,需要考虑其主机或螺旋桨激励下的船体或上层建筑振动响应,这些激励频率往往船体的第5阶固有频率,而且船体板架等局部结构的变形达到一定的水平,其耦合作用增强,这种耦合作用不仅有结构与结构的作用,而且对周围水的作用也发生变化,因此需要用具有流固耦合功能的专用或通用的有限元和边界元的分析程序来计算耦合振动的响应。

2.6　船体强迫振动

随着作用在船上的激振力越来越大和结构优化设计的进展,人们对于如何预报船舶在已知激振力作用下的动力响应特性也就越来越重视。如前所述,船体梁在低谐调振动时的共振特性曲线比较陡峭,因此采用频率偏移的方法,也就是使船体的固有频率与外界

激振力频率相差一定的数值,就能使强迫振动的振幅显著降低。为了达到这种有效的偏移,在设计阶段必须正确地计算船体固有频率。但为了预报非共振区的船舶响应特性,考虑到船舶干扰力,尤其螺旋桨激振力,其频率值已大大超过船体前几阶固有频率,而高频振动其共振特性曲线相当平坦,因而有必要研究船体梁在激振力作用下的强迫振动。这样才能使设计者在设计阶段就能对船舶动力特性有所了解,并把它控制在允许范围之内。

对于周期性干扰力作用下的船体梁动力响应计算,以往一般采用主坐标法(模态叠加法),其基本原理在上一章已讨论,本章则进一步介绍它在船体梁中的应用。

计算周期干扰力作用下的船体梁动力响应,突出的问题是阻尼,尤其在共振区,阻尼的影响必须予以计及。船体梁振动的阻尼分为外阻尼和内阻尼两类。外阻尼,即水动力阻尼,是由水摩擦及振动引起的压力波与表面波所消耗的能量形成的(摩擦阻尼和兴波阻尼)。应该指出,在船体的刚体运动及航行运动中,这种阻尼起的作用较大,然而对于船体的弹性振动来说,它的作用就较小,与内阻尼相比可忽略不计,或合在一起考虑。内阻尼,即船体结构阻尼,包括材料迟滞阻尼、结构摩擦阻尼,以及货物阻尼。材料迟滞阻尼是由材料的非弹性引起,取决于材料的性质,钢船、木船、玻璃钢船均不同;结构摩擦阻尼取决于结构形式和连接方式,铆接船的阻尼高于焊接船,货物阻尼是由货物间及货物与船体间相对运动(摩擦)所引起的,随货物种类而异。

由上述可见,船体梁振动的阻尼比较复杂。虽从以往的研究可知,主要是结构的内阻尼,但一般来说,不同的船,其值是不同的。即使按同一图纸建造的船舶,由于工艺制造的因素,其内阻尼在数值上也会有差别。迄今为止,对船体梁振动阻尼的研究不是很充分,还不能按理论分析计算,只能根据实船试验资料而建立各种假设。目前关于船体振动阻尼的假设有:

(1)与船体梁位移成正比的黏性外阻尼假设。按照麦克果尔德瑞克(R. T. Mcgoldrick)的研究,假设船体弯曲振动时,单位长度船体上受到的阻尼力为

$$R = -C(x)\frac{\partial w}{\partial t} \qquad (2-6-1)$$

式中:$C(x)$ 为单位长度上单位速度时的黏性阻尼力,即黏性阻尼系数。

把船体阻尼视为等效的黏性外阻尼,黏性阻尼系数则分为两类:

一类是瑞利质量正比型阻尼,即

$$\frac{C(x)}{m_g(x)} = \lambda \qquad (2-6-2)$$

式中:$m_g(x)$ 为包括附连水质量在内的单位长度的船体总质量;λ 为常数(1/s)。

按这种假设,阻尼与振幅及频率无关。

另一类是 $C(x)$ 既与质量分布成正比,又随振动频率的增加而线性地增加,即

$$\frac{C(x)}{m_g(x)\omega} = \lambda_1 \qquad (2-6-3)$$

式中

$$\lambda_1 = \frac{\lambda}{\omega} \qquad (2-6-4)$$

χ_1 为无因次系数，ω 是船体振动的圆频率。麦克果尔德瑞克按实船激振试验得出：$\chi_1 = 0.034$（垂向振动），$\chi_1 = 0.041$（水平振动）。

但与实船测得的高频尾部扇形振动振型（可算得 $\chi_1 = 0.26$）不符，与上述假设矛盾，说明尚需进一步研究。

（2）结构内阻尼假设。内阻尼假设已经在第 1 章中讨论，即福赫脱假设与萨罗金假设。前已述，考虑材料的非弹性阻尼，福赫脱假设材料的非弹性阻尼力与应变速度成正比。将其用到梁的弯曲振动，则可由式（2-6-4）和式（2-6-8）得非弹性内阻尼力为

$$R = \frac{\partial^2}{\partial x^2} C_s I(x) \frac{\partial^3 w}{\partial x^2 \partial t} = \wp \frac{\partial^3}{\partial x^2 \sigma t} \left[EI(x) \frac{\partial^2 w}{\partial x^2} \right] \qquad (2-6-5)$$

式中：$\wp$ 为黏性内阻尼系数。

引用福赫脱假设在数学上的处理非常方便，所以在造船界中也得到了广泛应用。但是假设非弹性阻尼力与应变速度有关，对周期振动来说也就是与振动频率有关，这与试验所得的结果是矛盾的。许多有关非弹性阻尼的试验都证明，非弹性阻尼与振动频率，即与应变速度无关，而与迟滞圈面积有关，因此此假设的基础是有问题的。但尽管如此，目前仍应用此假设来计算非弹性阻尼，因为它可将振动方程化为线性的微分方程，且可以去除耦合，将主振动的概念应用到非弹性阻尼系统的振动。并且针对具体问题，只要选择适当的阻尼系数 $\wp_1 = 0.01$，其计算结果仍是可信的。例如，巴巴也夫（H. H. babaeb）对船体高谐调强迫振动的计算，认为若取 $\wp_1 = 0.01$，则计算所得的船体强迫振动的振型将与实船的扇形振动较好地符合。这种吻合，自然也在某种程度上揭示了船体内阻尼的一些特点，因为船舶是一个复杂的结构物，在振动时由于各种因素的综合，船体阻尼的宏观效应确实是与频率有关的。事实上，由船体的激振试验也可看到，同一艘船各个谐调的阻尼是不同的。

作为对福赫脱假设基础的改进，萨罗金引入了类似的非弹性阻尼的假设，运用到船梁的弯曲振动，只需将式（2-6-5）的非弹性阻尼力改为

$$R = \frac{d}{\omega} \frac{\partial^3}{\partial t \partial x^2} \left[EI(x) \frac{\partial^2 w}{\partial x^2} \right] \qquad (2-6-6)$$

即令 $\wp = \dfrac{d}{\omega}$（其中，d 为材料的非弹性阻尼系数；ω 为简谐振动的圆频率），以下的计算方法与福赫脱类似，但其本质是不同的。应用萨罗金假设常用复数形式来表示，使得求解便简。

如果船体外阻尼按麦克果尔瑞克的黏性阻尼假设，即化为等效的黏性外阻尼、瑞利质量比例型阻尼。内阻尼若按福赫脱假设，则是刚度比例型的，萨罗金假设也可化为类似的形式。这就相当于第 1 章中的内、外阻尼情况，可利用下式作为船体梁在简谐干扰力作用下的位移响应式，即

$$w(x,t) = \sum_{j=1}^{\infty} \varphi_j(x) p_j(t) = \sum_{j=1}^{\infty} \frac{f_j}{\omega_j^2} \frac{\varphi_j(x)}{\sqrt{(1-\gamma_j^2)^2 + 4\zeta_j^2 \gamma_j^2}} \sin(\omega t - \beta_j)$$

若干扰力是在 $x = x_0$ 处的集中谐干扰力 $F_0 \sin \omega t$，力是作用在船艉的螺旋桨表面力，则由

$$F_j(t) = \int_0^l F(x,t)\varphi_j(x)\,\mathrm{d}x$$

$$\ddot{p}_j(t) + 2\zeta_j\omega_j\dot{p}_j(t) + \omega_j^2 p_j(t) = f_j\sin\omega t$$

可将上式化为

$$w(x,t) = \sum_{j=1}^{\infty} \frac{F_0\varphi_j(x_0)}{\omega_j^2\int_0^L m_{gj}(x)\varphi_j^2(x)\,\mathrm{d}x} \frac{\varphi_j(x)}{\sqrt{(1-\gamma_j^2)^2 + \left(\dfrac{\lambda}{\omega_j} + \wp\,\omega_j\right)^2\gamma_j^2}}$$

$$\times \sin(\omega t - \beta_j) \qquad\qquad (2-6-7)$$

如令

$$K_j = \omega_j^2\int_0^L m_{gj}(x)\varphi_j^2(x)\,\mathrm{d}x \qquad\qquad (2-6-8)$$

K_j 表示船梁第 j 谐调主振动的广义刚度,而

$$\alpha_j = \frac{1}{\sqrt{(1-\gamma_j^2)^2 + \left(\dfrac{\lambda}{\omega_j} + \wp\,\omega_j\right)^2\gamma_j^2}} \qquad\qquad (2-6-9)$$

α_j 表示第 j 谐调主振动的动力放大系数。则船体梁的位移可以写成更简洁的形式,即

$$w(x,t) = \sum_{i=1}^{\infty} \frac{F_0\varphi_j(x_0)}{K_j}\alpha_j\varphi_j(x)\sin(\omega t - \beta_j) \qquad\qquad (2-6-10)$$

如果船体发生低谐调共振,由于阻尼的存在,振幅不会趋于无限大,此时船体的振幅可近似地按该谐调的振动来计算,而忽略不计其他谐调振动的影响。

由此,若 $x=x_0$ 处的简谐干扰力 $F_0\sin\omega t$,因其频率 $\omega = \omega_j$ 而引起第 j 谐调共振时,船体的振幅响应可由下式直接得出,即

$$w_j(x) = \frac{E_0\varphi_j(x)}{K_j}\varphi_j(x)\alpha_j \qquad\qquad (2-6-11)$$

类似地,若 $x=x_0$ 处作用简谐干扰力矩 $M_0\sin\omega t$ 而引起第 j 谐调共振时,响应为

$$w_j(x) = \frac{M_0\varphi_j'(x)}{K_j}\varphi_j(x)\alpha_j \qquad\qquad (2-6-12)$$

因此,对于强迫振动的共振振幅计算归结为确定船体共振时的动力放大系数 α_j。由式(2-6-9)可见,动力放大系数只与振动频率及阻尼有关,而与振动谐调数、类型(弯曲或扭转)、方向(垂直或水平)无关,可使用同一公式。

由于它和阻尼特性有关,而要精确地求取阻尼系数是困难的,因此实用上往往是采用实船试验为基础的经验来估算船体总振动的共振振幅。最早,在确定动力放大系数值时用洛克伍德-泰勒(Lockwood-Taylor)公式,即

$$\alpha_j = \frac{5200}{N_j^{0.76}} \qquad\qquad (2-6-13)$$

式中:N_j 为第 j 谐调共振时的频率(1/min),但与现代船之试验数据不符,与现代船试验数据较相符合的沙夫洛夫(Ю·Н·Ш aBpoB)公式为

$$\alpha_j = \frac{56200}{N_j^{1.45}} \qquad\qquad (2-6-14)$$

以上讨论的是解船体梁响应的主坐标法。在船体的固有频率及振型一经算得后,应用主坐标法计算船体梁的响应是很方便的。然而在推导主坐标法计算公式时要用到正交条件,而对船体振动来说,由于附连水质量值对各个谐调是不同的,因而正交条件将是近似的。严格地说,不能分解为各个主振动的叠加,这是主坐标法解船体梁响应的主要缺点。此外,主坐标法的解还取决于固有频率及固有振型的精度。由于高谐固有频率及固有振型精度低(由于附连水质量计算的限制,通常还只能算到 5 谐),故由此计算的高频响应误差也必然大。

作为改进,也可用迁移矩阵法来计算船体梁的响应。其基本思想也是把船体分成若干段,用逐段等截面梁代替实际的变截面梁,考虑剪切与剖面转动及阻尼的影响,建立分段梁的振动微分方程,把干扰力(或干扰力矩)作用点作为分段划分的节点,加上计算节点两侧剖面状态矢量之间关系的点迁移矩阵,建立船梁首、尾两端剖面状态矢量之间的关系,再运用船梁两端边界条件求解,从而最终求得各剖面的状态矢量,解得船体梁的响应。免除了主坐标法的主振型正交条件,也不需用到自由振动计算所得的频率及振型。当然,由于受梁弯曲理论的限制,高频也会有误差,因此运用有限元法把船体视为空间三维结构自然比视为变截面梁更能反映船体真实的物理本质。

最后,还要指出,由于至今船体振动阻尼的研究还不充分,激振力尤其是螺旋桨激振力虽有很多人研究,但解的精度仍是很低,故船体振动响应的计算值与实测结果还会有很大的差距。

2.7 船体振动的减振方法及规范衡准

2.7.1 概述

船舶在海上航行会产生不同程度的振动,如果振动系统的固有频率与激励频率一致,就会产生共振。对于一些装置,即使不处于共振状态,由于激励的增大,也可能引起剧烈的振动,甚至影响船舶的正常运行。

2.7.2 防振与减振措施

为了防止有害振动,要求在船舶设计阶段就进行必要的结构振动计算,并采取预防措施,但影响船舶振动及激励大小的因素很多,涉及船舶总体性能、船体结构和动力装置等方面。船舶设计阶段的防振措施及营运船舶的减振措施,两者只是对象的差异及处理角度的不同,其基本原理是一样的,即改变结构的固有频率或激励频率以避免共振;减小激励的幅值及阻止抑制激励的传递以降低强迫振动的强度;增大结构的刚度及阻尼以降低响应等。当然,它们的方法有很多是相同的,营运船舶的减振措施一般对设计船舶均可采用,但有些设计阶段防振措施对已建成船舶则较难实施。

本节将综合叙述减小船舶有害振动的防振与减振措施。图 2-7-1 给出了船舶减振设计流程。

作用在船体结构上的激励(力、力矩)
→ 船体结构(部件)振动系统
→ 通过测量或计算求出振动响应
→ 振动评价基准 —满足→ 可接受
不满足↓

设置消振装置 | 降低激励幅值 | 敷设阻涂层 | 合理设计结构 | 避免结构共振 | 减小激励传递

减小螺旋桨激励 | 减小柴油机激励 | 减小轴系激励 | 改变结构固有频率 | 改变激励源作用位置 | 改变激励频率 | 螺旋桨 | 柴油机

优选机型或加平衡装置

激励力移至节点 | 激励力矩移至节波腹 | 设置避振穴 | 装置隔振器

修改尾部线型 | 增大间隙 | 加设导流鳍 | 改变推进器 | 装设轴系纵振减振器 | 装设轴系扭振减振器

螺旋桨 | 柴油机 | 齿轮箱 | 轴系

减小水线去留角 | 设计球尾线型 | 改变尾部肋骨线型

改变转速 | 改变叶片数 | 改变传动比

卸载桨 | 导管桨 | 串列桨 | 侧斜桨 | 喷水推进

改变转速 | 改变机型

改变轴系扭振频率 | 改变轴系纵振频率 | 改变轴系回旋振动频率

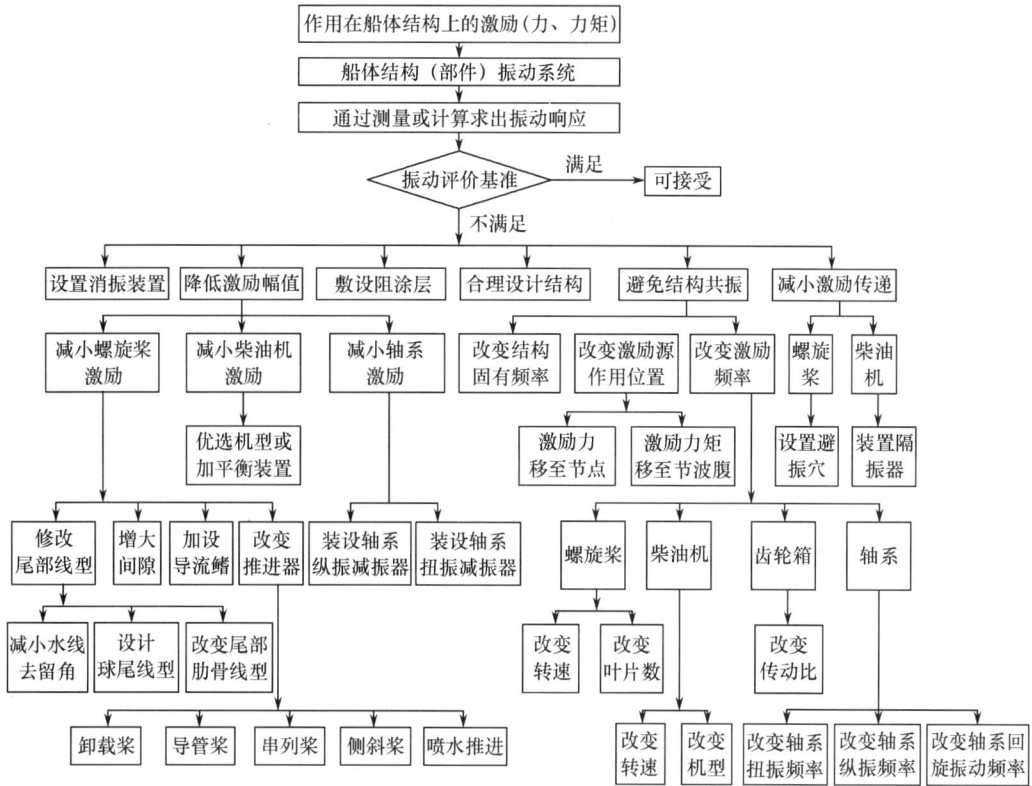

图 2-7-1 船舶减振设计流程

一、防止共振

(1)频率储备。

① 总振动。船体发生低阶共振时,振动阻尼小,共振特性曲线峰值高而陡,减小船体总振动共振响应最有效的方法是避开共振区。当采用梁模型计算船体固有频率时,其 1 阶~3 阶固有频率一般应分别与激励频率错开 ±(10~15)% 、±(15~20)% 和 ±(20~30)% 。当采用流固耦合有限元整船分析计算时,由于计算精度的提高,上述频率储备可分别减小为 ±(8~10)% 、±(10~12)% 和 ±(12~15)% 。

如不满足频率储备要求,就需要进行船体振动响应计算或实船振动响应测量,当响应值超过评价基准时,则应采取有关减振措施。

② 局部振动。对于板和板架、板架和上层建筑,要求其首阶固有频率一般应与主要的激励频率错开 ±50% 、±(8~10)% ,及 ±(10~15)% 。如不满足此要求,就需要进行振动响应计算或实船振动响应测量,当响应值超过评价基准时,则应采取减振措施。

(2)改变结构的固有频率。在船舶设计后期或营运期,其船体总振动固有频率难以改变,但对船上各种局部结构,如梁、板、板格、板架等,当其固有频率与激励频率相等或接近时,通过改变结构刚性进而改变结构的固有频率使之离开共振区是一种有效的减振措施,例如,对梁可在跨中增设支座,对板可沿长边方向架设中间加强筋,对板架可增设支柱、舱壁或强框架等。

173

（3）改变激励频率。改变激励频率是避免结构共振的有效措施之一。但应首先对引起结构共振的激励源进行改变激励频率可行性及经济性分析，如有可能，则按前面章节指明的方法进行处理。

（4）改变激励源的作用位置。当结构发生第 i 阶共振时，将产生不平衡力的激励源（如船舶主机）移至第 i 阶主振动的节点或节线上，将产生不平衡力矩的激励源移至第 i 阶主振动的腹点上，即可以避免激起该阶共振。

二、减小激励的幅值

当船体或其局部结构振动响应超过评价基准时，尤其对高频振动响应，减小其振动响应最有效的方法是减小激励的幅值。具体做法是，根据引起船体结构振动的激励源，按前面章节指明的方法进行处理。如选择惯性力和惯性力矩得到平衡的柴油机为主机，则可通过修改尾部线型、改善伴流分布、增大螺旋桨与船体的间隙等方法来减小激励的幅值。

三、减少激励的传递

减少激励的传递、消耗激励的能量，也是降低振动响应的有效方法。通常采用下述两种方法：

（1）采用隔振装置。用构件将激励源和接收者分开隔离振动的传递从而减小振动的方法称为隔振。这种构件就是隔振装置，如在中、高速柴油机和机座之间装置隔振器，使柴油机传递到船体上的激励力大大减小。一般情况下，采用单级隔振装置，减振要求高时，则可采用浮筏技术或双层隔振装置。

（2）采用吸振装置。螺旋桨在工作时，可对其上方的壳板产生脉动压力。这部分激振力通过壳板传递给船体尾部构架，再由底部构架传递给舷侧及横舱壁，再传至整个尾部及整个船体，引起整个船体和局部结构的振动。因此，可在螺旋桨上方船底板处设置避振穴，以减少螺旋桨的脉动压力对船体的干扰，从而减小船舶尾部振动响应，避振穴形式如图 2-7-2 所示。其中，阻尼避振穴仅在船底板上开小孔，摒弃了橡胶弹性元件，建造工艺简单，保养、维修工作量也大大减少。

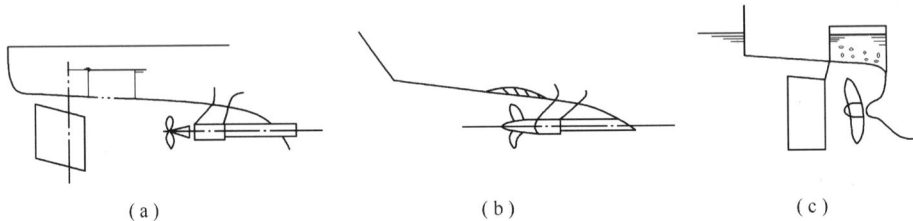

（a）　　　　　　　　　　（b）　　　　　　　　　　（c）

图 2-7-2　避振穴示意图
(a)常规避振穴；(b)钟形避振穴；(c)阻尼避振穴。

四、减小主机激励

（1）选择平衡性较好的主机。柴油机是引起船体振动的主要振源之一，在船舶设计阶段就应注意选择具有较小不平衡惯性力和不平衡惯性力矩的柴油机作主机，是至关重要的。柴油机缸数越多，其一般平衡性就越好。

考虑到与船体低谐调共振的可能性，在船舶设计初期选择主机时，应特别注意主机在常用转速内与船体发生低谐共振一般是不允许的。近年来，随着巨型船舶的发展，主机功率的增大以及尾机型船舶越来越多，这就使得主机和螺旋桨两个振源集中在一起，其激振力叠加后可能增大,因此要特别注意两个激振力的阶次和相位,否则将引起船体的剧烈振动。

(2)主机位置。恰当地选择主机位置,可以减小主机引起的船体振动。但必须指出,设计阶段确定主机位置的把握程度,是与实船振动的测试经验和资料积累分不开的。当主机有不平衡惯性力时,应尽可能将主机布置在与船体相对应谐调振动的腹点上;当存在不平衡惯性力矩时,则应尽可能将主机布置在与船体相对应谐调振动的腹点上,这样布置将使主机的激振力不致引起船体大的振动。但要指出,当考虑到船体的总布置要求时,这种选择有时并非容易实现。

(3)安装平衡补偿。若已选用了不平衡柴油机作船舶主机,则应采取有效的平衡和减振措施,以减小激振力对船体的干扰。在机体上加适当的平衡装置(图2-7-3),使得平衡装置所产生的力矩数值与柴油机存在的不平衡力矩数值相等、但相位相反,就能基本上消除二阶纵摇力矩,实际上对于其他阶的力或力矩均可采用这种内平衡装置,这是一种极为经济有效的措施。

如"长江"3003推轮的主机为两台6ED390六缸二冲程中速柴油机,在额定转速500r/min时,存在9×10^4N·m以上的二阶不平衡纵摇力矩,引起全船性强烈的二阶振动,使船体经常振坏而停航检修。经有关单位多次测试和共同努力,在柴油机首、尾两端装设了2倍于柴油机转速的同步反相平衡轮系,使其偏心平衡块产生的力矩恰能抵消二阶不平衡力矩,起到了减振作用,图2-7-4为该船主甲板尾部测点上所测到的,有、无平衡轮系时振幅的对比。由图可见,在装置了平衡轮系之后,二阶振动已基本上消除。

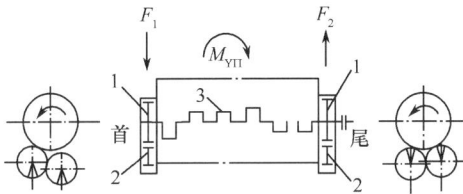

图2-7-3
1—大齿轮;2—平衡小齿轮;3—曲轴。

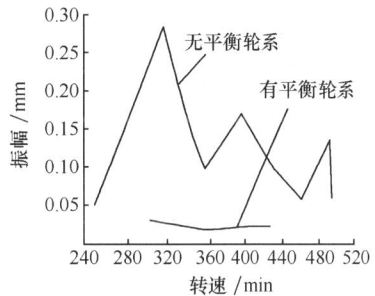

图2-7-4 有、无平衡轮系
振幅的对比曲线

五、船—机—轴—桨的合理配合

(1)柴油机、螺旋桨、轴系是船舶振动的激振源,合理选择它们之间及与船体的匹配,是减少船舶振动的重要因素。

(2)注意轴系校中,设计时应考虑船体可能产生的变形,减少由轴系引起的轴频激励。同时,还要防止过大的轴系扭转、纵向和回转振动,以减小其对船体的二次激励。

(3)对长冲程、超长冲程低速大型柴油机,可在主机机架的两个方向上设置支撑,改变机架的固有频率,从而避免机架的纵向共振和横向共振。

六、合理设计船体结构

合理设计船体结构、提高结构刚度，也是降低结构响应的有效方法。结构设计时应注意以下几个方面：

(1)保证纵向构件的连续性，尽可能使甲板、舷侧及船底结构有效地连接起来，构成一个刚性较大的整体。

(2)增大上层建筑的抗剪刚度及确保上层建筑的支承刚度，上层建筑的前围壁应尽可能设置在有足够刚度的横舱壁上，各层侧围壁应设置在同一垂直面内，各上层建筑的内围壁、扶强材和支柱也应尽可能设置在同一垂直面内或垂直线上。

(3)避免设计大面积的板架和大跨度的梁，当需要设计无支柱甲板板架时，应采用专门的措施或非常规的结构形式。

(4)对于大开口船舶，如集装箱船，应注意提高其抗扭刚度，如设置抗扭箱、甲板条，防止产生不利的扭转振动。

(5)机舱内应合理设计舷侧、甲板、平台等扶强结构，主机机座与龙骨(或船底纵桁)的连接应均匀过渡，且在机舱内避免纵向呈折角线，小船的机座应尽可能延伸到机舱前、后壁。

(6)对尾尖舱和尾悬体结构，应注意减小肋板、扶强材的跨距和减小板的尺度，为提高尾尖舱和尾悬体的刚度，可设置支柱、桁架或舱壁使甲板板架与船体板架相连接，对尾悬体则还需提高其纵向刚度(设置纵桁架、总舱壁或加强了的纵框架)。

(7)对尾机船，沿机舱长度方向船体垂向惯性矩和水平惯性矩急剧减小，剪切刚度也随外板厚度减小及船体几何形状改变而下降，结构设计时应注意补偿损失的刚度，补偿垂向惯性矩的办法是沿船宽方向设置大量纵向板的尾楼，补偿水平惯性矩可设置平台，补偿剪切刚度则可在整个机舱长度上设置边舱。

(8)注意避免或缓和应力集中，特别是在机舱和尾部，由于靠近激励源，在构件连续的孔槽、截面端、焊接硬点等应力集中区域，容易发生振动疲劳破坏。

七、采用阻尼材料和装设消振装置

在强烈振动的外板、甲板、舱壁或其他结构表面覆盖(包括喷射、涂抹或黏接等)减振涂层，造成人工阻尼，消耗振动能量。其结构形式有自由阻尼层和约束阻尼层两种。阻尼涂层在很宽的频域内均可减小振动的传递，降低振动响应，减振效果明显。

消振装置有主动消振装置和被动消振装置两类，广泛应用于各种机械工程，对船舶主要用于局部结构及某些机械设备上，适用于消减某一固定频率范围内的激励幅值。消振器也可以用于消减船体总振动。

2.7.3 船体振动的规范衡准

近年来，为了有效控制船上有害振动的影响，保证船舶安全营运，对船舶振动进行了大量的调查和实船测试，并进行了深入的分析研究工作，从而制定了我国的海船和内河船两个船体振动衡准，并已由船标委作为 CB/Z 310-7 和 CB/Z 314-80 指导性技术文件颁布施行。

一、海船振动评价衡准

不同船级社都制定了各自相关船体振动的衡准，中国船级社组织我国相关大学、研究所共同主编了《海船船体振动衡准》,其目的是要求设计院所在进行船舶设计时要充分重视船体振动及由此引起的噪声问题,这为我国未来的"绿色船舶设计"指明了发展方向。

1. 结构强度衡准

为了保证船体不因振动而破坏,取实测振动应力的限界为 $23.52N/mm^2$,考虑到尾尖舱内结构比较复杂,且处在螺旋桨水动力直接作用区,为了检验方便,取上甲板尾端点为参考点,规定此点的振动加速度限界为 $0.20g$。另外,对受脉动压力作用而需要测量振动应力的板格,当没有条件进行测量时,可测量板格中心的振动位移,其单幅峰值不得超过下式数值:

$$A = 0.12\left(\frac{S}{100t}\right)^2 t \qquad (2-7-1)$$

式中:S 为平板短边长度(mm);t 为平板厚度(mm)。

2. 人员舒适性衡准

制定这项衡准时考虑到人感受振动反应的复杂性及人对水平振动的耐振动程度低于垂向振动等因素,把船上的区域划分为以下两类区:

(1)Ⅰ类区:指船上生活区及连续工作 4h 和超过 4h 的区域,如驾驶室、报务室、机舱和控制室等;

(2)Ⅱ类区:指船上人员工作和逗留时间少于 4h 的区域。

为了保障船上人员的正常生活和工作,制定了如图 2-7-5 和图 2-7-6 所示的衡准限界线,当振动加速度(以峰值表示)在下限界线以下时,认为振动程度轻微,不影响船上人员的正常生活和工作;当振动加速度超过上限界线时,认为振动程度剧烈,已严重影响到船上人员的正常生活和工作。

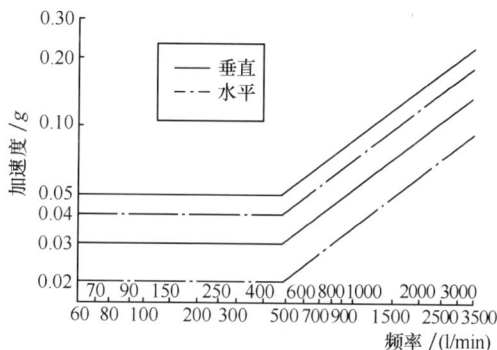

图 2-7-5　Ⅰ类区振动衡准

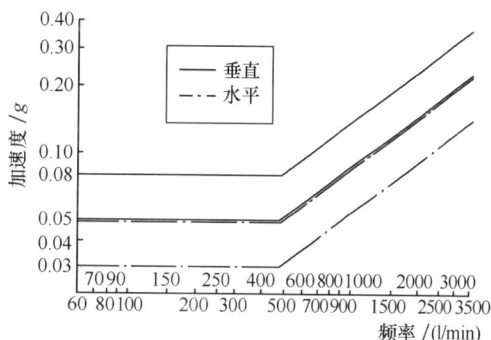

图 2-7-6　Ⅱ类区振动衡准

二、内河船振动评价衡准

本衡准是在 40 多艘实船振动测试以及在实船上进行的两次 109 人次的大型人体试验的基础上,由武汉水运工程学院编写而成的,它适用于 30m 以上的内河钢质机动运输船舶,对工程船及小于 30m 的小型船舶可参考使用。

1. 结构强度衡准

结构强度衡准以振动位移来衡量。对航行安全产生影响的主要是机舱底板与尾部螺旋桨上方壳板振裂漏水。前者常见于以"4135"等四缸四冲程柴油机为主、辅机的船舶，后者主要是浅水船舶。因此，规定检查的对象为板格中心的允许振幅为

$$A = 0.13A\left(\frac{S}{100t}\right)^2 t \qquad (2-7-2)$$

式中的符号含义与式(2-7-1)相同。

推导该公式时，考虑到实测的振动，除包括板格振动(相当于板条弯曲)外，还包括支承周界的振动，兼顾工艺制造等因素，并按实船测试资料进行统计比较，取板与焊缝处的名义许用应力$[\sigma] = 26.46 \text{N/mm}^2$，这与海船要求的实测许用应力含义不同。

2. 人员舒适性衡准

人员舒适性衡准以加速度来衡量，考虑到内河不同类型船舶的技术状况和用途的不同，因此要求也不一样。另外，内河小型船舶采用高速柴油机为主机的较多，在相同振幅下其加速度要大得多。因此，根据船体垂向振动由下式将船上区域划分为三个区域，图2-7-7为垂向振动衡准，图2-7-8为水平振动横准。图中阴影部分为尚可区，在此带状区以下为良好区，以上为不允许区。为适用方便，舒适性衡准以公式表示为

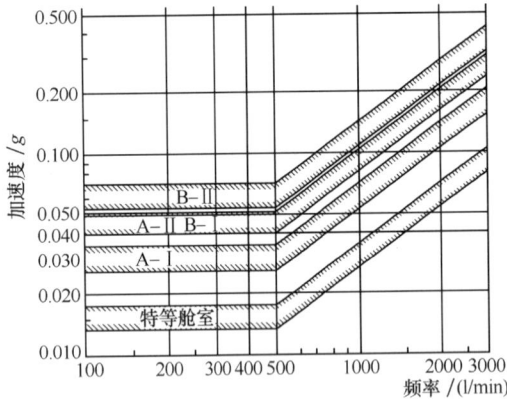

图 2-7-7　垂向振动衡准

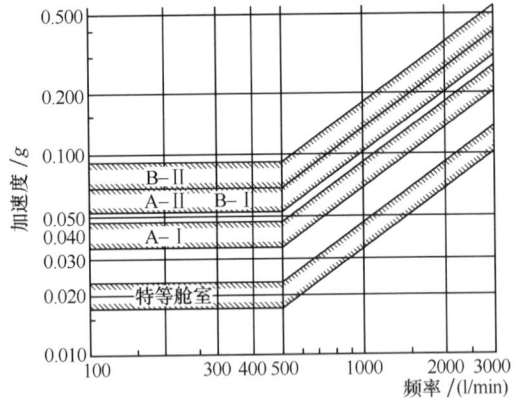

图 2-7-8　水平振动衡准

$$a = \frac{1}{8}\varphi f K \qquad (2-7-3)$$

式中：a 为振动加速度(单幅峰值，g)；φ 为衡准系数，$\varphi < 0.035$ 良好区，$0.035 \leqslant \varphi \leqslant 0.047$ 尚可区，$\varphi > 0.047$ 不允许区；f 为振动频率(Hz)，当 $f < 8\text{Hz}$ 时，以 $f = 8\text{Hz}$ 代入公式；K 为船形系数，由表2-7-1决定。

表 2-7-1　船行系数

船　型	Ⅰ 类区	Ⅱ 类区
A	1.0	1.5
B	1.5	2.0

其中 A 类船是指一、二类客船，及船长大于 60m 的油船、货船；B 类船是指船长大于 30m 的其他机动钢质运输船舶。Ⅰ类区指船员和旅客的居住舱室和驾驶室、报务室、广播室、医务室；Ⅱ类区是指持续工作时间不超过 4h 的工作舱室和工作场所，如机舱、厨房等。高级游艇及客船的特等舱室则在此基础上再提高要求，取 $K = 0.5$。实测加速度可由振

幅、频率按正弦波换算而得,近似换算公式为

$$a = 1.12A\left(\frac{\omega_n}{1000}\right)^2 \qquad\qquad (2-7-4)$$

或

$$a = 0.402A\left(\frac{\omega}{10}\right)^2 \qquad\qquad (2-7-5)$$

式中:a 为振动加速度(单幅峰值,g);A 为单振幅峰值(mm);ω_n 为振动频率(1/min);ω 振动频率(Hz)。

如果振动是由几个频率合成的复合波,则应分解成主要分量后再分别进行校核。水平振动取为垂向衡准的 0.75 倍。

最后再对衡准予以必要的说明。以加速度作为船舶振动舒适性衡准,目前已被大多数人所接受,但从国外较多衡准中可以看出,有的是舒适性和结构强度衡准两者兼有,有的却只有前者,其理由可能是只要满足了船上人员的舒适性,结构强度和仪表设备的安全可靠性也必然有了保障;反之,在无法避免船舶振动的情况下,也应尽可能为船员和旅客提供正常的生活和工作环境。

大量的实船调查和测试表明,无论是海船还是内河船,结构的破坏多发生在干扰力直接作用区,尤以焊缝和其相毗邻的板为多。其原因是:共振或强干扰力引起结构振幅过大;结构连续性差;构件的焊接质量差或焊接后材料的力学性能变差,疲劳强度降低;结构受水油腐蚀损坏等,因素相当复杂。长期以来,结构强度限界都可用各种振动参数表示,而且差别较大。从理论上讲,标志结构强度大小的是应力,导致结构最后破坏的也是应力,因此采用应力大小作为衡准的限界无疑是合理的,但目前还没有这样一个确切的衡准。如 1956 年达维道夫(B. B. DAbIDOB)建议船上钢板的振动正应力取为 24.50N/mm²;1971 年彼得森(J. W. E. Petterson)建议动应力极限取为 19.20N/mm²;1975 年苏联《内河船分级建造规范》建议结构端部允许振动正应力取为 24.50N/mm²;1978 年苏联《海船分级建造规范》规定,船体的尾部和不平衡机器部位的填角双面焊接接头区允许正应力为 39.20N/mm²;1979 年中国快艇结构端部焊缝处建议允许振动正应力取为 29.40N/mm² 等。近年来,从实船测量中发现,有些船体振裂处的实测应力并没有超过 19.20N/mm²,有的更低。由此看来,影响结构动应力的因素相当复杂,有待今后深入研究,故目前动应力允许的取值不宜过高。另外,考虑到航行中的船舶动应力测试比较困难,因此从测试方便出发,可暂取位移幅值作为限界指标,间接表示结构中的应力大小也是可行的。

参 考 文 献

[1] 国家技术监督局. GB/T 7452.1 商船振动综合评价基准. 北京:中国标准出版社,1997.

[2] 国家技术监督局. GB/T 7452.2 船长小于 100m 商船振动综合评价基准. 北京:中国标准出版社,1997.

[3] 国家技术监督局. GB/T 7453 船体振动测量. 北京:中国标准出版社,1997

[4] 翁长俭,张保玉. 船体振动学. 北京:人民交通出版社,1985.

[5] 翁长俭,吴学仁,等. 新型避振穴研究. 中国造船,1996(4).

［6］日本海事协会. 船舶振动设计指南. 1981.

［7］马广宗,蔡承德. 船舶振动基础与实用计算. 北京:人民交通出版社,1981.

［8］许运秀,等. 船舶轴系纵向振动. 北京:人民交通出版社,1985.

［9］挪威船级社(DNV). Prevention of harmful vibration in ships,July 1983:42-50.

［10］赵德有,洪明,马骏. 船舶上层建筑纵向振动固有频率计算方法. 第七届全国船舶振动与噪声学术讨论会论文集,1994.

［11］曹迪. 船舶上层建筑纵向振动固有频率估算. 大连理工大学学报,1989(4).

第3章　船体噪声及其控制

3.1　声学基础知识

3.1.1　概述

一、声波的产生

在弹性媒质的某局部地区激发起一种扰动,使局部地区的媒质质点离开平衡位置开始运动,必然推动相邻媒质质点运动,这种媒质质点的机械振动由近及远的传播称为声波。

二、声压的基本概念

有声波作用时,声波的传播实际上也就是媒质内稠密和稀疏的交替过程,设体积元受声扰动后压强由 p_0 改变为 p_1,则由声扰动产生的逾量压强(简称逾压)

$$p = p_1 - p_0 \tag{3-1-1}$$

称为声压。传播过程中,声压 p 一般是空间和时间的函数,即 $p = p(x,y,z,t)$。有效声压为

$$p_e = \sqrt{\frac{1}{T}\int_0^T p^2 \mathrm{d}t} \tag{3-1-2}$$

式中:下角符号"e"代表有效值;T 为取平均的时间间隔,它可以是一个周期或比周期大得多的时间间隔。

3.1.2　理想流体介质中的波动方程

一、基本假设

(1)媒质为理想流体;

(2)没有声扰动时,媒质在宏观上是静止的;

(3)声波传播时,媒质中稠密和稀疏的过程是绝热的;

(4)媒质中传播的是小振幅声波,各声学参量都是一级微量。

二、运动方程

设想在声场中取一足够小的体积元(图 3-1-1),其体积为 $S\mathrm{d}x$

$$F_1 = (p_0 + p)S \tag{3-1-3}$$

$$F_2 = (p_0 + p + \mathrm{d}p)S \tag{3-1-4}$$

根据牛顿第二定律有:

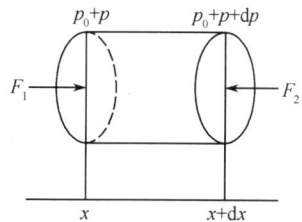

图 3-1-1　示意图

$$\rho S \mathrm{d}x \frac{\mathrm{d}v}{\mathrm{d}t} = -\frac{\partial p}{\partial x} S \mathrm{d}x \qquad (3-1-5)$$

整理后得：
$$\rho \frac{\mathrm{d}v}{\mathrm{d}t} = -\frac{\partial p}{\partial x} \qquad (3-1-6)$$

这就是有声扰动时媒质的运动方程，它描述了声场中声压 p 与质点速度 v 之间的关系。

三、连续性方程

单位时间内流入体积元的净质量为 $-\frac{\partial(\rho v)}{\partial x} S \mathrm{d}x$ 单位时间内体积元质量的增加为 $\frac{\partial \rho}{\partial t}$ $S \mathrm{d}x$，则

$$-\frac{\partial(\rho v)}{\partial x} S \mathrm{d}x = \frac{\partial \rho}{\partial t} S \mathrm{d}x$$

整理得

$$-\frac{\partial(\rho v)}{\partial x} = \frac{\partial \rho}{\partial t} \qquad (3-1-7)$$

这就是声场中媒质的连续性方程，它描述媒质质点速度 v 与密度 ρ 间的关系。

四、物态方程

$$\mathrm{d}p = c_0^2 \mathrm{d}\rho \qquad (3-1-8)$$

它描述了声场中压强 p 的微小变化与密度 ρ 的微小变化之间的关系。

五、三维声波方程

$$\nabla^2 p = \frac{1}{c_0^2} \frac{\partial^2 p}{\partial t^2} \qquad (3-1-9)$$

其中" ∇^2 "为拉普拉斯算子，它在不同的坐标系中具有不同的形式：

直角坐标系 $\qquad \nabla^2 = \frac{\partial^2}{\partial x^2} + \frac{\partial^2}{\partial y^2} + \frac{\partial^2}{\partial z^2}$

柱坐标系 $\qquad \nabla^2 = \frac{1}{r} \frac{\partial^2}{\partial r}\left(r \frac{\partial}{\partial r}\right) + \frac{1}{r^2} \frac{\partial^2}{\partial \theta^2} + \frac{\partial^2}{\partial z^2}$

球坐标系 $\qquad \nabla^2 = \frac{1}{r} \frac{\partial^2}{\partial r}\left(r^2 \frac{\partial}{\partial r}\right) + \frac{1}{r^2 \sin\theta} \frac{\partial}{\partial \theta}\left(\sin\theta \frac{\partial}{\partial \theta}\right) + \frac{1}{r^2 \sin^2\theta} \frac{\partial^2}{\partial \phi^2}$

3.1.3　平面声波的基本性质

一、波动方程的解

声场显然就是平面声波。讨论这种声场，归结为求解一维声波方程，即

$$\frac{\partial^2 p}{\partial x^2} = \frac{1}{c_0^2} \frac{\partial^2 p}{\partial t^2} \qquad (3-1-10)$$

取
$$p = p(x) \mathrm{e}^{j\omega t} \qquad (3-1-11)$$

得
$$\frac{\mathrm{d}^2 p(x)}{\mathrm{d}x^2} + k^2 p(x) = 0 \qquad \left(k = \frac{\omega}{c_0} \text{为波数}\right) \qquad (3-1-12)$$

$$p(x,t) = \left[A\mathrm{e}^{-\mathrm{j}kx} + B\mathrm{e}^{\mathrm{j}kx} \right]\mathrm{e}^{\mathrm{j}\omega t} \tag{3-1-13}$$

在 $x=0$ 的声源振动时,在毗邻媒质中产生了 $p(x,t) = p_\mathrm{a}\mathrm{e}^{\mathrm{j}\omega t}$ 的声压,求得声场的声压

$$p(x,t) = p_\mathrm{a}\mathrm{e}^{\mathrm{j}(\omega t - kx)} \tag{3-1-14}$$

二、声阻抗率

定义声场中某位置的声压与该位置的质点速度的比值为该位置的声阻抗率,即

$$Z_\mathrm{a} = \frac{p}{v} \tag{3-1-15}$$

其实数部分反映了能量的损耗。在理想媒质中,实数的声阻率也具有"损耗"的意思,不过它代表的不是能量转化成热,而是代表着能量从一处向另一处的转移,即"传播损耗"。

在平面声波中,声压和质点振速是同相的,平面声波的声阻抗率 $Z_\mathrm{a} = \rho_0 c_0$。

三、柱面波的基本性质

设声源为长圆柱形(图3-1-2),长度远大于圆柱的直径和声波波长,则认为幅声声波为柱面波,其波动方程为

$$\frac{\partial^2 p}{\partial r^2} + \frac{1}{r}\frac{\partial p}{\partial r} = \frac{1}{c^2}\frac{\partial^2 p}{\partial t^2} \tag{3-1-16}$$

图 3-1-2 柱面坐标

取 $p(r,t) = R(r)\mathrm{e}^{\mathrm{j}\omega t}$,代入(3-1-16),得

$$\frac{\mathrm{d}^2 R}{\mathrm{d}r^2} + \frac{1}{r}\frac{\mathrm{d}R}{\mathrm{d}r} - k^2 R = 0 \tag{3-1-17}$$

式中

$$R(r) = AJ_0(kr) + BN_0(kr)$$

其中:A、B 为常数;$J_0(kr)$、$N_0(kr)$ 为实函数。

当 $x \to \infty$ 时,有

$$J_0(x) \approx \sqrt{\frac{2}{\pi}}\,\frac{\cos\left(x - \dfrac{\pi}{4}\right)}{\sqrt{x}}$$

$$N_0(x) \approx \sqrt{\frac{2}{\pi}}\,\frac{\sin\left(x - \dfrac{\pi}{4}\right)}{\sqrt{x}}$$

可以看出,在距离足够远或频率足够高的情况下,声压与距离的平方成反比,即距离每增加1倍,声压级降低1.5dB,此时,有

$$p(r,t) \approx \frac{A}{\sqrt{\dfrac{\pi}{2}kr}}\mathrm{e}^{\mathrm{j}\left(\omega t - kr + \frac{\pi}{4}\right)} \tag{3-1-18}$$

3.1.4　球面声波的基本性质

设有一半径为 r_0 的球体,其表面作均匀的微小涨缩振动,也就是它的半径在 r_0 附近

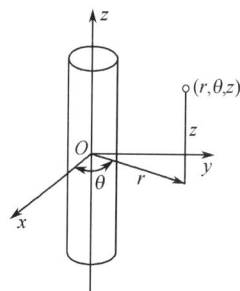

以微量 $\varepsilon = \mathrm{d}r$ 作简谐的变化,从而在周围的媒质中辐射了声波。因为球面的振动过程具有各向均匀的脉动性质,因而它所产生的声波波阵面是球面,辐射的是均匀球面波。显然,取球坐标系比较简单,坐标原点取在球心(图3-1-3)。因为波阵面是球面的,所以在距离 r 处的波阵面面积就是球面面积 $S = 4\pi r^2$。在这种情况下,可以方便地运用特殊形式的波动方程式,即

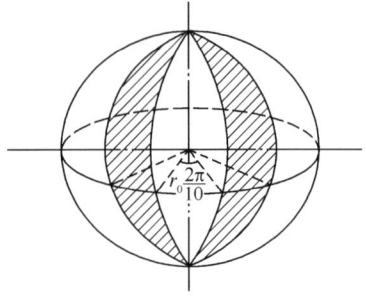

$$\frac{\partial^2 p}{\partial r^2} + \frac{2}{r}\frac{\partial p}{\partial r} = \frac{1}{c_0^2}\frac{\partial^2 p}{\partial t^2} \qquad (3-1-19)$$

图 3-1-3 球函数示意图

令 $y(r,t) = rp(r,t)$ 代入式(3-1-19),得 $\dfrac{\partial^2 y}{\partial r^2} = \dfrac{1}{c_0^2}\dfrac{\partial^2 y}{\partial t^2}$ $\qquad\qquad (3-1-20)$

这与平面波的波动方程完全一致,由此得到球面波的解的一般形式,即

$$p(r,t) = \frac{A}{r}\mathrm{e}^{\mathrm{j}(\omega t - kr)} \qquad (3-1-21)$$

式中:A 为复数;$\dfrac{A}{r}$ 的绝对值即为声压振幅。

由径向质点速度与声压的关系,可以求得径向质点速度为

$$v_\mathrm{r}(r,t) = \frac{A}{r\rho_0 c_0}\left(1 + \frac{1}{\mathrm{j}kr}\right)\mathrm{e}^{\mathrm{j}(\omega t - kr)} \qquad (3-1-22)$$

球面波的声阻抗率为

$$Z_\mathrm{s} = \frac{p}{v_\mathrm{r}} = \rho_0 c_0 \frac{\mathrm{j}kr}{1 + \mathrm{j}kr} \qquad (3-1-23)$$

3.2 结构辐射噪声分析方法

3.2.1 有限元法及边界元法

有限元法求解声学问题的基本假定如下:

(1)假定流体是可压的,但只允许压力与平均压力相比有较小的变化,流体是各向同性、均匀的。

(2)声波动过程是绝热的。

(3)假定流体为非流动并且无黏性的(黏性不引起耗散作用)。

(4)假定流体平均密度和平均压力不变,计算中求解的压力是偏离平均压力的相对压力而不是绝对压力。对模型进行离散,在流体介质中声波应满足波动方程:

$$\nabla^2 p = \frac{1}{c^2}\frac{\partial^2 p}{\partial t^2} \qquad (3-2-1)$$

式中:p 为流体介质中的压力;c 为介质中的声速。

将标量的梯度算符和矢量的散度算符用矩阵

$$\begin{cases} \nabla(\ ) = [\,L\,] = \left[\dfrac{\partial}{\partial x}, \dfrac{\partial}{\partial y}, \dfrac{\partial}{\partial z}\right] \\[3mm] \nabla[\ ] = \{L\}^{\mathrm{T}}\{\ \} \end{cases}$$

则波动方程(3-2-1)改写成下面的矩阵形式。

$$\frac{1}{C^2}\frac{\partial^2 p}{\partial t^2} - \{L\}^{\mathrm{T}}(\{L\}P) = 0$$

在整个流体域内应用 Galerkin 过程,并乘以声压的虚变量 δp,积分得

$$\iiint_V \frac{1}{c^2}\delta p\,\frac{\partial^2 p}{\partial t^2}\mathrm{d}V + \iiint_V (L^{\mathrm{T}}\delta p)(Lp)\mathrm{d}V = \iint_S n^{\mathrm{T}}\delta p(Lp)\mathrm{d}S \qquad (3-2-2)$$

式中:n 为边界表面的法向量;V 为整个流体的体积;S 为流体和固体的交界面;ρ 为介质密度。

分别对结构和流体进行单元离散,可得矩阵形式的流体波动方程为

$$M_e^{\mathrm{f}}\ddot{p}_e + K_e^{\mathrm{f}}p_e + \rho_0 R_e^{\mathrm{f}}\ddot{u}_e = \Phi \qquad (3-2-3)$$

式中:$M_e^{\mathrm{f}} = \dfrac{1}{c^2}\iiint_V NN^{\mathrm{T}}\mathrm{d}V$ 为流体质量矩阵;$K_e^{\mathrm{f}} = \iiint_V B^{\mathrm{T}}B\mathrm{d}V$ 为流体刚度矩阵;$R_e^{\mathrm{f}} = \rho\iint_S Nn^{\mathrm{T}}N^{\mathrm{T}}\mathrm{d}S$ 为流体面上的耦合矩阵。

以上建立的波动方程实际上是离散形式的波动方程。在流体与结构的交界面上,声压对结构同时也产生一个面力的作用,将其变换到节点上,于是结构方程可写为

$$M_e^{\mathrm{s}}\ddot{u}_e + C_e^{\mathrm{s}}\dot{u}_e + K_e^{\mathrm{s}}u_e = F_e^{\mathrm{s}} + F_e^{\mathrm{f}} \qquad (3-2-4)$$

式中:$F_e^{\mathrm{f}} = R_e^{\mathrm{f\,T}}p_e$ 为流体对结构的作用力;M_e^{s} 为结构的质量矩阵;K_e^{s} 结构的刚度矩阵;C_e^{s} 结构阻尼矩阵。

用统一的矩阵形式表示,有

$$\begin{bmatrix} M_e^{\mathrm{s}} & 0 \\ \rho R_e^{\mathrm{f}} & M_e^{\mathrm{f}} \end{bmatrix}\begin{bmatrix} \ddot{u}_e \\ \ddot{p}_e \end{bmatrix} + \begin{bmatrix} C_e^{\mathrm{s}} & 0 \\ 0 & C_e^{\mathrm{f}} \end{bmatrix}\begin{Bmatrix} \dot{u}_e \\ \dot{p}_e \end{Bmatrix} + \begin{bmatrix} K_e^{\mathrm{s}} & -R_e^{\mathrm{f\,T}} \\ 0 & K_e^{\mathrm{f}} \end{bmatrix}\begin{bmatrix} u_e \\ p_e \end{bmatrix} = \begin{bmatrix} F_e^{\mathrm{s}} \\ 0 \end{bmatrix} \qquad (3-2-5)$$

式中:C_e^{f} 为声阻尼矩阵。

在流固耦合面 S 上,存在边界条件:

$$\frac{\partial p}{\partial n} = -\mathrm{j}\omega\rho v_{\mathrm{n}} \qquad (3-2-6)$$

在无限远处要满足 Sommerfeld 辐射条件:

$$\lim_{r\to\infty} r\left(\frac{\partial p}{\partial r} + \mathrm{j}kp\right) = 0 \qquad (3-2-7)$$

利用波动方程,可以转化为单频声场的 Helmholtz 积分方程:

$$\int_S (p(Q)) \frac{\partial G(P,Q)}{\partial \boldsymbol{n}} + j\omega\rho v_n G(P,Q)) \mathrm{d}SQ = \begin{cases} P(r), & r \in E \\ \frac{1}{2}P(r), & r \in S \quad (3-2-8) \\ 0, & r \in I \end{cases}$$

式中：E、S、I 分别表示位于结构外部、表面上和内部；Q 为结构表面上的点，P 为空间中的点；$G(P,Q) = \dfrac{\mathrm{e}^{-jkR}}{4\pi R}$ 为自由空间的格林函数，$R = |P - Q|$；v_n 为边界表面的法向速度；$\boldsymbol{n}$ 为结构表面外法向单位矢量；$k = \omega/c$ 为波数。

利用 BEM 法进行离散，即可得到 BEM 求解方程为

$$\boldsymbol{Bp} = \boldsymbol{Cv}_n \tag{3-2-9}$$

式中：$\boldsymbol{p}$ 为节点声压矢量；$\boldsymbol{v}_n$ 为节点法向速度矢量。

得到表面压力后，结构面上 i 节点处单频声场的声强由下式给出：

$$I_n^i = \frac{1}{2}\mathrm{Re}\{p^i \cdot (v_n^i)^*\} \tag{3-2-10}$$

进行面积积分，即可得到结构辐射声功率为

$$W_S = \iint_S I_n \mathrm{d}S = \frac{1}{2}\iint_S \mathrm{Re}[p_S \cdot (v_n)^*]\mathrm{d}S \tag{3-2-11}$$

3.2.2　统计能量法

统计能量分析特别适合分析复杂结构的密集模态和声振耦合问题，是将整个声振系统划分为若干个子系统，以每个子系统的能量为基本参数，用统计的观点，建立每个子系统之间的能量平衡关系，以此来预测系统的声振环境。

对统计能量分析模型中的某个子系统 i，其内损耗功率 P_{id} 一般关系式为

$$P_{id} = \omega\eta_i E_i \tag{3-2-12}$$

式中：ω 为分析带宽 $\delta\omega$ 内的中心频率。内损耗功率通常由结构阻尼、结构声辐射损耗和边界连接阻尼损耗三部分组成。

保守耦合系统中从子系统 i 传递到子系统 j 的单向功率流 P'_{ij} 可表示为

$$P'_{ij} = \omega\eta_{ij}E_i \tag{3-2-13}$$

式中：η_{ij} 为从子系统 i 到子系统 j 的耦合损耗因子。

记 $\dot{E}_i = \mathrm{d}E_i/\mathrm{d}t$ 为子系统 i 的能量变化率，由系统的运动方程，通过模态法、波动方程或格林函数，对子系统 i 有如下的功率流平衡方程，即

$$P_{i,\mathrm{in}} = \dot{E}_i + P_{id} + \sum_{\substack{j=1 \\ j \neq i}}^{N} P_{ij} \tag{3-2-14}$$

式中：$P_{i,\mathrm{in}}$ 为外界对子系统 i 的输入功率；P_{ij} 为子系统 i 流向子系统 j 的功率。

稳态振动时 $\dot{E}_i = 0$，上式可变成

$$P_{i,\text{in}} = \omega\eta_i E_i + \sum_{\substack{j=1 \\ j\neq i}}^{N}(\omega\eta_{ij}E_i - \omega\eta_{ji}E_j) = \omega\sum_{k=1}^{N}\eta_{ik}E_i - \omega\sum_{\substack{j=1 \\ j\neq i}}^{N}\eta_{ji}E_j \quad ; i = 1,2,\cdots,N$$

式中:$\eta_{ii} = \eta_i(i = 1,2,\cdots,N)$。

此式表明,当系统进行稳态强迫振动时,第 i 个子系统输入功率除消耗在该子系统阻尼上外,应全部传输到相邻子系统上去,这就是统计能量法的基本关系式,即

$$\sum_{j=1}^{N}L_{ij}E_j = \frac{P_{i,\text{in}}}{\omega} \quad ; i = 1,2,\cdots,N \qquad (3-2-15)$$

写成矩阵形式,有

$$\boldsymbol{LE} = \frac{1}{\omega}\boldsymbol{P}_{\text{in}}$$

式中:$\boldsymbol{E}^{\text{T}} = [E_1 E_2 \cdots E_N]$ 为能量转置矩阵;$\boldsymbol{P}_{\text{in}}^{\text{T}} = [P_{1,\text{in}} P_{2,\text{in}} \cdots P_{N,\text{in}}]$ 为输入功率矩阵;$\boldsymbol{L}$ 为系统损耗因子矩阵,其矩阵元素为

$$L_{ij} = \begin{cases} -\eta_{ji}, & i \neq j \\ \sum_{k=1}^{N}\eta_{ik}, & i = j \end{cases} \qquad (3-2-16)$$

解此方程可得到每个子系统的能量,再根据子系统的能量就可以对系统的响应进行估计了。对结构子系统,它的振动均方速度为

$$\langle v_i^2 \rangle = \frac{E_i}{M_i} \qquad (3-2-17)$$

对声场子系统,它的声压均方值为

$$\langle p_i^2 \rangle = \frac{E_i \rho c^2}{V_i} \qquad (3-2-18)$$

声压级为

$$L_p = 10\lg\frac{\langle p_i^2 \rangle}{p_0^2} \qquad (3-2-19)$$

3.3 船舶主要噪声源及其传播特性

3.3.1 舰船的主要噪声源

一、柴油机噪声

(1)进排气噪声:

$$f_0 = i \cdot n \cdot Z/60(\text{Hz})$$

式中:i、n、Z 分别为冲程系数、转速及缸数。

(2)排气管内产生的共鸣声,在排气管、尾管、消声器的共振频率处产生较强的共鸣声。两端开放管有 $f_0 = c/2l$ 及其高次谐波成分;一端开放管有 $f_0 = c/4l$ 及其高次谐波

成分。

(3)高速气流导致的噪声。涡流噪声的频率为

$$f_0 = Sr \cdot i \cdot u/d$$

式中 d 为喷口或其他气流流经物体的几何尺寸;u 为气流速度;i 为由试验确定。

排气是一个不均匀的排出流,可以把排出孔称一个点状容积源,假若忽略非线性因素,则能产生球状对称声场,声压可表示为

$$p(r,t) = \frac{\rho_0 S}{4\pi r} \cdot \frac{\partial u(t - r/c_0)}{\partial t}$$

S——排气口的面积;

r——距排气孔处的距离;

$u(t)$—排气孔处的气流速度。

(4)进气噪声。进气管自振频率为

$$f_0 = (2n + 1) \cdot c/4(l + \pi r/2)$$

式中:l、r 分别为管长与管径。

多缸机进气噪声最强频率为

$$f_0 = n \cdot N \cdot i/120 (Hz)$$

式中:N 为转速;i 为 1 转内吸气冲程数。

二、燃气轮机噪声

经验公式:

空气噪声功率级 L_W 包括燃气发生器、工作涡轮机及倒转装置的燃气轮机每 1/3oct 产生的声功率级(不包括进排气噪声),即

$$L_W \approx 68 + 10\lg W_N + 10\lg W/W_N (dB)$$

内燃气轮机 1m 处每 1/3oct 的声功率级为

$$L_W \approx 68 + 5.5\lg W_N + 10\lg W/W_N (dB)$$

在燃气轮机框架的弹性支撑上的每 1/3oct 的速度级为

$$L_v \approx 76 + 5.5\lg W_N + 10\lg W/W_N + 13\lg f/32 (dB)$$

式中:W_N 为额定功率;W 为实际功率;f 为频率。

三、齿轮传动装置噪声

齿轮噪声主要频率成分如下:

啮合频率为

$$f_i = i \cdot n \cdot Z/60$$

旋转频率为

$$f_r = n/60$$

啮合固有频率为

$$f_0 = \sqrt{K(1/M_1 + 1/M_2)}/2\pi$$

式中：M_1、M_2 为折算到齿轮作用线上的有效质量；K 为啮合的一对齿的平均刚度。

四、轴承噪声

（1）轴承中的滚珠缺陷：

$$f_0 = \frac{4r_1r_2}{(r_2 - r_1)(r_1 - r_2)}\left(\frac{n}{60}\right)m_B$$

式中：r_1、r_2 为内滚道的半径；m_B 为有缺陷的滚珠个数；n 为转速。

（2）滚道上有部分变形：

内滚道变形　$f_1 = Z \cdot m_1[1 - r_1/(r_1 + r_2)] \cdot n/60$

外滚道变形　$f_2 = Z \cdot m_2[r_1/(r_1 + r_2)] \cdot n/60$

式中：Z 为轴承中的滚珠个数；m_1、m_2 分别为内、外滚道上的变形处个数。

（3）滚道的固有振动。

（4）旋转不平衡。

五、液力机械噪声

（1）空泡噪声。

（2）喘振噪声。

（3）水击噪声。

六、电机噪声

（1）风扇噪声。

（2）电磁噪声。

3.3.2　船舶噪声的传播特性

一、声振动沿均质结构的传播

在这些结构中,伴随弹性波的传播,这些波传递的一部分振动能量将被结构材料吸收掉。这一消耗可以使用数学方式,如相应的波数 k 的复合表示法加以计算。

上述波数表示法的形式是：

弯曲波　$k_N = k_{N0}(1 - j\eta/4)$

纵向波　$k_\Pi = k_{\Pi0}(1 - j\eta/4)$

扭转波　$k_K = k_{K0}(1 - j\eta/4)$

剪切波　$k_C = k_{C0}(1 - j\eta/4)$

式中：η 为结构中的振动能量损耗系数；j 为虚数,表示负波数。

弯曲波振幅沿杆长度的传播可用下面的公式描述：

$$\xi(y) = \xi(0)e^{-jk_{N0}y}e^{-\gamma y}$$

式中：y 为沿着杆的正值方向上的坐标；$\xi(0)$ 为激励点上的杆横向位移的幅度；$e^{-jk_{N0}y}$ 为描述位移相位的因子；γ 为波幅衰减系数,$\gamma = k_{N0}\eta/\lambda_{N0}$。

弯曲波振幅在杆单位长度上的衰减为

$$\Delta\xi(l) = 2.15 k_{N0}\eta l = \frac{13.65\eta l}{\lambda_{N0}}(\text{dB})$$

杆的波数 k_{N0} 可用公式 $k_{N0} = \omega/c_{N0}$ 计算,式中 ω 为杆的弹性波能量密度,c_{N0} 用下式求出:

$$c_{N.CT} = \sqrt{\frac{B_{CT}\omega^2}{m_{CT}}}$$

式中:B_{CT} 为杆的抗弯刚度;m_{CT} 为杆的单位长度质量。

二、声振动沿不均质结构的传播

对某一频带(如 oct、1/3oct)进行了工程结构声振动振幅的测量和计算。如果在这个频带内发现有不少于板弯曲振动模式的 3 个~5 个固有频率,则可认定这一振动场为扩散的。满足这一条件的频率为

$$f_0 \approx \frac{6}{\beta S_{\Pi\pi}}\frac{\sqrt{B_{\Pi\pi}}}{\sqrt{m_{\Pi\pi}}} \tag{3-3-1}$$

$\beta = 0.232$（1/3oct）,$\beta = 0.345$（1/2oct）,$\beta = 0.707$（oct）。因为板的固有频率密度是随频率的增高而增大的,所以其中的扩散场将存在于频率 $f \geqslant f_0$ 时。

扩散振动场用振动的能量密度 $\omega_{\Pi\pi}$ 表示其特征。可以根据每块板的能量平衡方程求出构成船体的所有各板的能量密度 $\omega_{\Pi\pi}$ 值。

列出由 p 块板组成的结构中的第 n 块板的能量平衡方程,其形式如下:

$$W_n + \sum_{i=1}^{p}\alpha_{in}L_{in}q_i - \sum_{i=1}^{p}\alpha_{ni}L_{ni}d_{in} - \delta_n S_n q_n = 0 \tag{3-3-2}$$

式中:q_n 为第 n 块板中的能量流,对于弯曲波,$q_n = 2c_{N.\Pi\pi}\omega_{\Pi\pi}$;$W_n$ 为由装在板上的各振源进入第 n 块板的振动能量;d_{in} 为由第 i 块板到第 n 块板的能量传输系数,$\alpha_{in} = <t_{in}>_{\varphi}/\pi$,其中 $<t_{in}>_\phi$ 为从第 i 块板到第 n 块的能量传播系数;δ_n 为第 n 块板上的能量吸收系数,$\delta_n = \eta_n\omega/(2c_{N.\Pi\pi})$,其中 η_n 为板 n 上的损耗系数;$L_{in} = L_{ni}$ 为第 i 块板和第 n 板连接线的长度。

方程(3-3-2)中第二项是从全部其余的板进入第 n 块板的能量;第三项是第 n 块板向其他板输出的能量;第四项是第 n 块板吸收的能量。

对于和第 n 块板无直接连接的板,$\alpha_{in} = \alpha_{ni} = 0$;此外,$\alpha_{ii} = 0$。

解完这一方程组即求出船体各板的声振动的振动速度的平均平方振幅值为 $<\dot{\xi}_n^2> = q_n/(2c_{N.\Pi\pi}m_{\Pi\pi})$

三、船体结构的振动传导性

船体结构的振动传导性,为从振源把声振动传递到船体不同区域的能力。

(1)随着相对声振动源的距离的增大,其振幅不断减小。其原因:一是一部分振动能量被结构吸收;二是散波波前的扩大。

(2)船体结构中的声振动振幅下降,主要和这些结构的损耗系数、波数,以及相对振源的距离有关。欲降低振幅,需提高损耗系数和增大波数,以及加大同振源的相对距离。

(3)在很大程度上,振动传导性取决于船体结构中的弯曲振动的波数和结构的刚度。

因此,加固船体结构用的加强筋通常可以减少结构的波数,从而使声振动振幅的减小。这里,加强筋的影响与激励结构的力的作用点有关,在力作用于加固用的骨架时,低频和中频的结构波数的计算要考虑到加强筋的存在;在两邻接加强筋包围的板被激励时,在高于该板弯曲振动第一共振频率上,骨架的影响则随频率的增高而逐渐减小。

（4）对沿船体结构传播的声振动而言,自然障碍是各结构构件,如板架、隔壁、船体外板等的接头。组成接头的结构的机械阻力差别越显著,这些障碍的隔振性就越强。杆与它穿过的结构之间的接头的隔振度不大,这是因为由杆向板传输的能量不多,而且它们的机械阻力有较大差别的缘故。

四、舰船辐射噪声基本特征

舰船辐射噪声的声源级是表征舰船声隐蔽性的最基本参数。它与舰船类型、排水量、航速、主机和辅机类型等有密切关系,对潜艇来说,还与下潜深度有关。评价舰船辐射噪声特性时,频率范围尽可能取得较宽。水面舰船辐射噪声100Hz以上的总声级常用经验公式为

$$L_{po} = 112 + 50\lg\frac{U_a}{10} + 15\lg DT$$

式中：U_a 为航速(kn)；DT 为排水量(t)。

五、舰船自噪声基本特征

自噪声和辐射噪声的区别在于测量它的水听器安装在船体上。描述自噪声强弱的量是舰船噪声的声压级,与舰船的状态和工况有密切关系,和舰船不同位置的自噪声特性也有差别。潜艇的自噪声与下潜深度有关,普遍规律是自噪声级随着下潜深度的增加而减小。

舰船自噪声的频谱由连续谱和线谱组成,线谱在几百赫以下的低频。潜艇噪声控制的成就是,它的线谱的数量越来越少、幅度越来越小、频率越来越低。多数舰船自噪声的连续谱级随频率的增加而衰减。

舰船自噪声沿船体的分布,是查找噪声源和论证、设计舷侧阵声纳的依据。

六、舰船噪声检验参数

舰船噪声的检验参数是舰船出厂验收时,要求进行检验的噪声参数,它是在舰船建造之前,由有关方确定的舰船噪声的技术指标。

在舰船出厂的噪声检验指标中,对辐射噪声规定了声压谱级限制线,并规定了检测的方向,对自噪声规定了声压谱级限制线,并规定了水听器的位置。

当声压谱源级曲线比较规则时,可以通过对声压谱源级曲线积分的方法计算声源级。在频率为 f_1 和 f_2 范围内的声源级为

$$L_{po}(f_1, f_2) = L_{ao} + 10\lg(f_2 - f_1)$$

3.4　舰船舱室灰色预测

3.4.1　灰色系统理论与方法的综述

灰色系统的理论是控制论的观点和方法延伸到社会经济系统的产物。该理论实际上

也是从系统的角度来研究信息间的关系,研究如何利用已知信息去揭示未知信息,所以也揭示灰色系统的白化问题。其实质是,运用灰色系统理论的思想和方法,将抽象的现象或因素予以量化,对数据进行处理,对未来作出定量预测和决策,并将结构、关系、机制都不十分清楚的对象或研究系统作预测控制,从而完成系统分析。

灰色系统建模,是在削弱原始信息随机性、建立灰色"模块"的基础上应用微分拟合法直接将时间序列转化为微分方程的,建立的是抽象系统发展变化的动态模型。运用这种模型对系统进行分析,可以反映出系统内部机制变化过程的本质,可用于预测控制。这是一种用不足信息建立信息尽可能充分的模型的途径,使白色信息充分发挥作用的途径,使用离散数据建立微分方程的一种方法,可以使抽象系统模型化、实体化。

3.4.2 船舶上层建筑噪声的灰色特性

船舶的噪声源不仅多,而且复杂,其中,除了主机、辅机等设备产生的机械噪声,排气系统、通风机产生的空气噪声以及发电机、变电器产生的电磁噪声是可确定的噪声来源以外,风、浪、流所产生的噪声往往是不确定的。因此,很难将影响船舶上层建筑舱室噪声的噪声源一一列出,有许多未知的和不确定的因素存在,所以说船舶上层建筑舱室的噪声源具有明显的灰色特性。

船舶上层建筑舱室噪声的传播有空气介质和船体结构两种确定的途径,所以传统的做法通常是将船舶某舱室的噪声分为空气噪声和结构噪声分别考虑,但是空气和结构的耦合作用是不可忽略,也不易确定的。因此,船舶上层建筑舱室噪声的传播途径具有典型的灰色特性。所以,用灰色预测方法对复杂的船舶上层建筑舱室的噪声进行预测是可行的,不仅能考虑多个因素的影响,而且具有要求的样本少、预测快、精度较高等优点,尤其是在船舶开发设计的初期,较其他方法具有明显的优越性。

3.4.3 舰船上层建筑噪声的预测模型

一、非等间隔 GM(1,1)模型

根据船舶上层建筑舱室的噪声的特点,不同位置的噪声需要非等时空距来描述,所以采用由非等时空数列建立的非等间隔 GM(1,1)模型对船舶上层建筑舱室噪声进行建模。

二、5618 箱集装箱船上层建筑甲板平均噪声建模

1. 构造甲板平均振动自变量

在 5618 箱集装箱船上层建筑甲板平均噪声的预测中,构造无量纲的自变量 l_{ek},称 l_{ek} 为第 k 个甲板中心距 m 个声源的特征长度,其表达式如下:

$$l_{ek} = \frac{\sqrt{\sum_{i=1}^{m}(l_{zi}^2 \cdot n_{zi})}}{\sqrt{L^2 + B^2 + D^2}} \qquad (3-4-1)$$

式中 l_{zi} 为各甲板中心距第 i 个声源沿船高方向上的距离(m);n_{zi} 为各甲板中心到第 i 个声源沿船高方向所穿过的甲板数;L 为船的总长(m);D 为船的型深(m);B 为船的型宽(m);m 为噪声源数。

2. 甲板平均噪声建模

设 5618 箱集装箱船 9 层甲板平均噪声实测值为非等间隔序列 $x^{(0)}$,首先将 l_{ek} 由小到大进行排序, $x^{(0)}$ 表示为

$$x^{(0)} = (x^{(0)}(l_{e1}), x^{(0)}(l_{e2}), \cdots, x^{(0)}(l_{e9})) \qquad (3-4-2)$$

$\Delta l_{ek} = l_{ek} - l_{e(k-1)} \neq \text{const}$,且 $\Delta l_{ek} > 0$。

设 $x^{(1)}$ 为 $x^{(0)}$ 的 AGO 序列, $x^{(1)}$ 表示为

$$x^{(1)} = (x^{(1)}(l_{e1}) x^{(1)}(l_{e2}), \cdots, x^{(1)}(l_{e9}))$$

式中

$$x^{(1)}(l_{ek}) = \sum_{m=1}^{k} x^{(0)}(l_{em})$$

设 $z^{(1)}$ 为 $x^{(1)}$ 的 MEAN 序列, $z^{(1)}$ 表示为

$$z^{(1)} = (z^{(1)}(l_{e1}), z^{(1)}(l_{e2}), \cdots, z^{(1)}(l_{e9}))$$

式中

$$z^{(1)}(l_{ek}) = 0.5x^{(1)}(l_{ek}) + 0.5x^{(1)}(l_{e(k-1)})$$

称 a、b 为一级参数, E、F、G、H 为二级参数,其表达式为:

$$a = \frac{EF - (n-1)G}{(n-1)H - E^2}, \qquad b = \frac{FH - EG}{(n-1)H - E^2}$$

$$E = \sum_{k=2}^{n} z^{(1)}(l_{ek}), \qquad F = \sum_{k=2}^{n} \frac{x^{(0)}(l_{ek})}{\Delta l_{ek}},$$

$$G = \sum_{k=2}^{n} z^{(1)}(l_{ek}) \frac{x^{(0)}(l_{ek})}{\Delta l_{ek}}, \qquad H = \sum_{k=2}^{n} z^{(1)}(l_{ek})^2$$

考虑到船型及船舶共振对噪声的影响,引入船型转换系数 α,其表达式为

$$\alpha = \frac{\sqrt{N'^2_V + N'^2_T}}{\sqrt{N^2_V + N^2_T}} \qquad (3-4-3)$$

式中: N'_V、N'_T 为待预测船对应值。

$$N_V = 38.8 \times 10^5 \sqrt{\frac{I_V}{\Delta_V L^3}} + 58.5$$

式中: I_V 为船中横剖面上所有连续纵向构件的惯性矩(m^4);

$$\Delta_V = \Delta \left(1.2 + \frac{B}{3T} \right)$$

其中: Δ 为船的排水量(t); T 为船的吃水(m)。

$$N_T = 3 \times \left(6 \times 10^4 \sqrt{\frac{B^3 D}{\Delta_h L^3}} + 32 \right) \times 0.82 \qquad (3-4-4)$$

式中

$$\Delta_h = \Delta \left(1 + 1.1 \times \frac{B}{T} \right)$$

其中:Δ 为船的排水量(t);T 为船的吃水(m)。

以甲板平均噪声声压级 $x(l_{ek})$ 为因变量,建立甲板平均噪声灰色模型为

$$x(l_{ek}) = \frac{\alpha b - a \times \left[\alpha\beta + \sum_{j=2}^{k-1} x^{(0)}(l_{ej}) \right]}{\frac{1}{\delta l_{ek}} + 0.5a}; k = 2,3,\cdots,d \qquad (3-4-5)$$

式中:$\delta l_{ek} = \dfrac{\Delta l_{ek}}{\max \Delta l_{ek}}$;$d$ 为船的上层建筑甲板数;β 为母型船 l_{ek} 值最小的甲板对应的平均噪声值(dB(A))。

得到甲板平均噪声预测模型为

$$x(l_{ek}) = \frac{92.053\alpha - 0.071 \times \left(\alpha\beta + \sum_{j=2}^{k-1} x^{(0)}(l_{ej}) \right)}{\frac{1}{\delta l_{ek}} + 0.5 \times 0.071}; k = 2,3,\cdots,9 \qquad (3-4-6)$$

3.5 潜艇结构辐射噪声

3.5.1 平板声辐射

平板弯曲振动辐射声波的波动方程为

$$\frac{\partial^2 p}{\partial x^2} + \frac{\partial^2 p}{\partial z^2} - \frac{1}{c^2}\frac{\partial^2 p}{\partial t^2} = 0 \qquad (3-5-1)$$

$$p = p(x,z)\mathrm{e}^{\mathrm{j}\omega t} \qquad (3-5-2)$$

弯曲波的波数为

$$k_p^4 = \frac{\omega^2 \rho h}{D}$$

并非任何频率的振动都能够辐射声波,无限平板的振动辐射声波的条件是 $k \gg k_p$,把满足声辐射条件的临界频率称为截止频率,有

$$f_c = \frac{c^2}{2\pi}\sqrt{\frac{\rho h}{D}}$$

在弯曲振动的频率大于 f_c 的情况下,才能辐射声波。波动方程的解的一般形式为

$$p = p_A \mathrm{e}^{\mathrm{j}(\omega t - k_p x - k_z z)}$$

介质在垂直平板的方向的振动速度为

$$v = -\frac{p_A}{\rho_0 c}\frac{k_z}{k}\mathrm{e}^{\mathrm{j}(\omega t - k_p x - k_z z)}$$

3.5.2 潜艇结构噪声传播特性

一、圆柱壳体振动方程为

$$L_{jk}u^{\mathrm{T}} = \frac{R^2(1-v^2)}{Eh}\{-F^{\mathrm{T}} - f_{\mathrm{r}}^{\mathrm{T}} - f_{\mathrm{h}}^{\mathrm{T}} - q^{\mathrm{T}}\}$$

式中:$L_{jk}(j,k=1,2,3)$ 为采用 Flügge 理论的壳体微分算子,惯性项和静水压力项均包含在内;$u^{\mathrm{T}} = \begin{bmatrix} u & v & w \end{bmatrix}^{\mathrm{T}}$;$F^{\mathrm{T}}$ 为作用在壳体上的激励力;$f_{\mathrm{r}}^{\mathrm{T}}$ 为环肋的反力;$f_{\mathrm{h}}^{\mathrm{T}}$ 为纵骨的反力;$q^{\mathrm{T}} = \begin{bmatrix} 0 & 0 & q_r \end{bmatrix}^{\mathrm{T}}$ 为辐射声压。

$$L_{11} = R^2\left(1 - \frac{p_{\mathrm{w}}R}{2B}\right)\frac{\partial^2}{\partial x^2} + \left(\frac{1-\nu}{2} - \frac{p_{\mathrm{w}}R}{B}\right)\frac{\partial^2}{\partial\theta^2} - \frac{\rho_s h R^2}{B}\frac{\partial^2}{\partial t^2} + \beta\frac{1-\nu}{2}\frac{\partial^2}{\partial\theta^2}$$

$$L_{12} = L_{21} = R\frac{1+\nu}{2}\frac{\partial^2}{\partial x\partial\theta}$$

$$L_{13} = L_{31} = R\left(\nu + \frac{p_{\mathrm{w}}R}{B}\right)\frac{\partial}{\partial x} - \beta R^3\frac{\partial^3}{\partial x^3} + \beta R\frac{1-\nu}{2}\frac{\partial^3}{\partial x\partial\theta^2}$$

$$L_{22} = R^2\left(\frac{1-\nu}{2} - \frac{p_{\mathrm{w}}R}{2B}\right)\frac{\partial^2}{\partial x^2} + \left(1 - \frac{p_{\mathrm{w}}R}{B}\right)\frac{\partial^2}{\partial\theta^2} - \frac{\rho_s h R^2}{B}\frac{\partial^2}{\partial t^2} + 3\beta R^2\frac{1-\nu}{2}\frac{\partial^2}{\partial x^2}$$

$$L_{23} = L_{32} = \left(1 - \frac{p_w R}{B}\right)\frac{\partial}{\partial\theta} - \beta R^2\frac{3-\nu}{2}\frac{\partial^3}{\partial x^2\partial\theta}$$

$$L_{33} = 1 + \frac{p_{\mathrm{w}}R}{B}\frac{\partial^2}{\partial\theta^2} + \frac{p_{\mathrm{w}}R^3}{2B}\frac{\partial^2}{\partial x^2} + \frac{\rho_s h R^2}{B}\frac{\partial^2}{\partial t^2} + \beta\nabla^4 + \beta\left(1 + 2\frac{\partial^2}{\partial\theta^2}\right)$$

式中:$B = \dfrac{Eh}{1-\nu^2}$(E 为弹性模量);v 为泊松比;$\beta = h^2/12R^2$;$\nabla^4 = \nabla^2\nabla^2$,$\nabla^2 = \left(R^2\dfrac{\partial^2}{\partial x^2} + \dfrac{\partial^2}{\partial\theta^2}\right)$,$p_{\mathrm{w}}$ 为静水压力,$p_{\mathrm{w}} = \rho_{\mathrm{w}} \times g \times h_{\mathrm{w}}$($h_{\mathrm{w}}$ 为水深)。

二、振型函数

两端简支的情况:

$x = 0,x = L$ 时,有 $v = w = N_x = M_x = 0$。下列振型函数满足这个条件:

$$\begin{cases} u(x,\theta,t) = \displaystyle\sum_{\alpha=0}^{1}\sum_{n=0}^{\infty}\sum_{m=1}^{\infty} U_{mn}\cos\frac{m\pi x}{L}\sin\left(n\theta + \frac{\alpha\pi}{2}\right)\cdot\mathrm{e}^{-\mathrm{j}\omega t} \\[4mm] v(x,\theta,t) = \displaystyle\sum_{\alpha=0}^{1}\sum_{n=0}^{\infty}\sum_{m=1}^{\infty} V_{mn}\sin\frac{m\pi x}{L}\cos\left(n\theta + \frac{\alpha\pi}{2}\right)\cdot\mathrm{e}^{-\mathrm{j}\omega t} \\[4mm] w(x,\theta,t) = \displaystyle\sum_{\alpha=0}^{1}\sum_{n=0}^{\infty}\sum_{m=1}^{\infty} W_{mn}\sin\frac{m\pi x}{L}\sin\left(n\theta + \frac{\alpha\pi}{2}\right)\cdot\mathrm{e}^{-\mathrm{j}\omega t} \end{cases}$$

三、激励力

作用在壳体上第 k 个点激励力的向量可写成

$$\{F_k\}^{\mathrm{T}} = \begin{Bmatrix} F_x & F_\theta & -F_r \end{Bmatrix}^{\mathrm{T}}$$

于是,壳体振动方程式中的激励力向量可写成

$$\{\boldsymbol{F}\}^{\mathrm{T}} = \sum_{k=1}^{N_{\mathrm{F}}} \{\boldsymbol{F}_k\}^{\mathrm{T}} \delta(x - x_k) \delta(\theta - \theta_k)/R$$

式中：$\{\boldsymbol{F}_k\}^{\mathrm{T}}$ 为壳体上第 k 个激励力向量；x_k 为激励力的轴向位置；θ_k 为激励力的周向位置；N_{F} 为壳体上激励力的个数。

四、环肋反作用力

环肋截面质心的位移分量与壳体中面位移分量之间的关系为

$$\begin{cases} u^* = u - e\dfrac{\partial w}{\partial x} \\[2mm] v^* = v\left(1 - \dfrac{e}{R}\right) - \dfrac{e}{R}\dfrac{\partial w}{\partial \theta} \\[2mm] w^* = w \\[2mm] \dfrac{\partial w^*}{\partial x} = \dfrac{\partial w}{\partial x} = \varphi \end{cases}$$

式中：e 为偏心距，内肋，e 取正号；外肋，e 取负号。

环肋对圆柱壳壳体的反作用力、反力矩与圆柱壳振动的位移有关。因为 $\dfrac{e}{R_{\mathrm{b}}} \ll 1$，故只考虑环肋偏心距对轴向位移 u^* 的影响，略去对切向位移 v^* 的影响。

当圆柱壳振动时，与壳体连接在一起的环肋会作四种形式的振动，可用下式描述：

$$\begin{cases} \dfrac{EI_1}{R_{\mathrm{b}}^4}\left(\dfrac{\partial^4 w^*}{\partial \theta^4} - \dfrac{\partial^3 v^*}{\partial \theta^3}\right) + \dfrac{EA_{\mathrm{b}}}{R_{\mathrm{b}}^2}\left(w^* + \dfrac{\partial v^*}{\partial \theta}\right) + \rho_{\mathrm{s}}A_{\mathrm{b}}\dfrac{\partial^2 w^*}{\partial t^2} = F_w(\theta, t) \\[3mm] \dfrac{EI_1}{R_{\mathrm{b}}^4}\left(\dfrac{\partial^3 w^*}{\partial \theta^3} - \dfrac{\partial^2 v^*}{\partial \theta^2}\right) - \dfrac{EA_{\mathrm{b}}}{R_{\mathrm{b}}^2}\left(\dfrac{\partial w^*}{\partial \theta} + \dfrac{\partial^2 v^*}{\partial \theta^2}\right) + \rho_{\mathrm{s}}A_{\mathrm{b}}\dfrac{\partial^2 v^*}{\partial t^2} = F_v(\theta, t) \\[3mm] \dfrac{\overline{EI_1}}{R_{\mathrm{b}}^4}\left(\dfrac{\partial^4 u^*}{\partial \theta^4} - \dfrac{\partial^2(R_{\mathrm{b}}\varphi)}{\partial \theta^2}\right) - \dfrac{GJ}{R_{\mathrm{b}}^4}\left(\dfrac{\partial^2 u^*}{\partial \theta^2} + \dfrac{\partial^2(R_{\mathrm{b}}\varphi)}{\partial \theta^2}\right) + \rho_{\mathrm{s}}A_{\mathrm{b}}\dfrac{\partial^2 u^*}{\partial t^2} = F_u(\theta, t) \\[3mm] \dfrac{\overline{EI_1}}{R_{\mathrm{b}}^2}\left(R_{\mathrm{b}}\varphi - \dfrac{\partial^2 u^*}{\partial \theta^2}\right) - \dfrac{GJ}{R_{\mathrm{b}}^2}\left(\dfrac{\partial^2 u^*}{\partial \theta^2} + \dfrac{\partial^2(R_{\mathrm{b}}\varphi)}{\partial \theta^2}\right) + \rho_{\mathrm{s}}I_{\mathrm{p}}\dfrac{\partial^2(R_{\mathrm{b}}\varphi)}{\partial t^2} = R_{\mathrm{b}}F_\varphi(\theta, t) \end{cases}$$

式中：F_u、F_v、F_w 和 F_φ 分别为作用在单位长度环肋截面形心上的外力和扭矩；R_{b} 为肋骨形心半径，$R_{\mathrm{b}} = R - e$。

反力也可写成双级数形式：

$$\begin{cases} F_u(x_k, \theta, t) = \sum_{\alpha=0}^{1}\sum_{m=1}^{\infty}\sum_{n=0}^{\infty} F_{umn}\cos\dfrac{m\pi x_k}{L}\sin\left(n\theta + \dfrac{\alpha\pi}{2}\right)\mathrm{e}^{-\mathrm{j}\omega t} \\[3mm] F_v(x_k, \theta, t) = \sum_{\alpha=0}^{1}\sum_{m=1}^{\infty}\sum_{n=0}^{\infty} F_{vmn}\sin\dfrac{m\pi x_k}{L}\cos\left(n\theta + \dfrac{\alpha\pi}{2}\right)\mathrm{e}^{-\mathrm{j}\omega t} \\[3mm] F_w(x_k, \theta, t) = \sum_{\alpha=0}^{1}\sum_{m=1}^{\infty}\sum_{n=0}^{\infty} F_{wmn}\sin\dfrac{m\pi x_k}{L}\sin\left(n\theta + \dfrac{\alpha\pi}{2}\right)\mathrm{e}^{-\mathrm{j}\omega t} \\[3mm] F_\varphi(x_k, \theta, t) = \sum_{\alpha=0}^{1}\sum_{m=1}^{\infty}\sum_{n=0}^{\infty} F_{\varphi mn}\cos\dfrac{m\pi x_k}{L}\sin\left(n\theta + \dfrac{\alpha\pi}{2}\right)\mathrm{e}^{-\mathrm{j}\omega t} \end{cases}$$

式中 x_k 为环肋的轴向位置;$\alpha = 1$(或 0)代表对称模态(反对称模态)。

壳体上第 k 个环肋的反力向量可写成

$$\boldsymbol{f}_{rk}{}^{\mathrm{T}} = -\left[F_u \quad F_v \quad F_w + \frac{\partial F_\varphi}{\partial x} \right]^{\mathrm{T}}$$

壳体振动方程式中的环肋的反力向量为

$$\boldsymbol{f}_r{}^{\mathrm{T}} = \sum_{k=1}^{N_r} \{f_{rk}\}^{\mathrm{T}} \delta(x - x_k)$$

式中:$\{f_{rk}\}^{\mathrm{T}}$ 为壳体上第 k 个环肋的反力向量;x_k 为环肋的轴向位置;N_r 为壳体上环肋的个数。

五、辐射声压

声场中声压 $p(r,\theta,x)\mathrm{e}^{-\mathrm{j}\omega t}$ 满足方程和边界条件:

$$\begin{cases} \dfrac{\partial^2 p}{\partial r^2} + \dfrac{1}{r}\dfrac{\partial p}{\partial r} + \dfrac{1}{r^2}\dfrac{\partial^2 p}{\partial \theta^2} + \dfrac{\partial^2 p}{\partial x^2} + k_0^2 p = 0 \\[2mm] \dot{w}(r,\theta,x) = \left(\dfrac{1}{\mathrm{j}\omega\rho_w}\right)\left(\dfrac{\partial p}{\partial r}\right)_{r=R} \end{cases}$$

式中

$$k_0 = \frac{\omega}{c_0}, \dot{w}(r,\theta,x)\mid_{r=R} = \sum_{\alpha=0}^{1}\sum_{m,n}\dot{W}_{mn}\sin\left(n\theta + \frac{\alpha\pi}{2}\right)f_m(x)$$

解方程得到辐射场声压的解析解为

$$p(r,\theta,x) = \sum_{\alpha,m,n}\frac{1}{2\pi}\rho_w\omega^2\frac{m\pi}{L}\sin\left(n\theta + \frac{\alpha\pi}{2}\right)\int_{-\infty}^{+\infty}\frac{1}{\left(\frac{m\pi}{L}\right)^2 - \lambda^2} \cdot$$

$$\frac{[1 - (-1)^m\mathrm{e}^{-\mathrm{j}\lambda L}]}{\sqrt{k^2 - \lambda^2}} \cdot pp_m(r) \cdot \mathrm{e}^{\mathrm{j}\lambda x}\mathrm{d}\lambda$$

3.5.3 声学覆盖层声学性能

一、吸声材料概述

(1)多孔吸声材料。多孔吸声材料内部具有大量微细通道,当声波在微细通道内传播时,由于空气分子振动时在微孔内与孔壁摩擦,空气中的黏滞损失使声能变为热能而不断损耗。

(2)共振吸声材料。利用共振吸声原理设计成面板共振吸声结构、单个空腔共振吸声体、穿孔薄板等构造,可改善低频吸收性能。

二、吸声系数

吸声系数为被吸收声能(包括透射声能)和入射声能之比,即

$$\alpha = \frac{E_a + E_t}{E_i} = \frac{E_i - E_r}{E_i} = 1 - \gamma_p$$

式中:E_a 为材料本身所吸收的声能;E_t 为透射材料的声能;E_i 为声波入射至材料的总声

能;E_r 为反射至声源一侧的声能;γ_p 为声强反射系数。

三、均匀层传递矩阵

当平面波垂直入射到多层结构表面,各层介质中只产生纵波,每层前界面声压 p_1 和法向振速 u_1 与后界面声压 p_2 和法向振速 u_2 关系为

$$\begin{bmatrix} p_1 \\ u_1 \end{bmatrix} = \begin{bmatrix} a_{11} & a_{12} \\ a_{21} & a_{22} \end{bmatrix} \begin{bmatrix} p_2 \\ u_2 \end{bmatrix} = \begin{bmatrix} A \end{bmatrix} \begin{bmatrix} p_2 \\ u_2 \end{bmatrix}$$

式中:A 为单层传递矩阵;对于没有空腔结构的均匀层来说,各元素计算公式为

$$a_{11} = a_{22} = \cos(\overline{k}l)$$

$$a_{12} = \mathrm{j}\overline{\rho c}s \cdot \sin(\overline{k}l)$$

$$a_{21} = \frac{\mathrm{j} \cdot \sin(\overline{k}l)}{\overline{\rho c}s}$$

其中:$\overline{\rho c}$ 为层中介质的特性阻抗;l 为层厚。

对于黏弹性材料来说,在较高频率时可忽略其切变效应,而近似成高黏性液体,此时 $\overline{c}$ 和 $\overline{k}$ 分别为材料的复声速和复波数,计算公式为

$$\overline{c} = \sqrt{\frac{\overline{E}}{\rho}} = \sqrt{\frac{E(1 + \mathrm{j}\eta)}{\rho}} \approx \sqrt{\frac{E}{\rho}}\left(1 + \mathrm{j}\frac{\eta}{2}\right)$$

$$\overline{k} = \frac{\omega}{\overline{c}} \approx \omega\sqrt{\frac{\rho}{E}}(1 + \mathrm{j}\eta)$$

四、非均匀层传递矩阵

对于过渡型的空腔结构层来说,可以将声波在覆盖层的传播看成在高黏性液体变截面波导中的传播,其波动方程为

$$\frac{\partial^2 \varepsilon}{\partial x^2} + \frac{1}{s}\frac{\partial s}{\partial x}\frac{\partial \varepsilon}{\partial x} + \overline{k}^2 \varepsilon = 0$$

这是一个非线性方程,只有截面积 $s(x)$ 满足 $\dfrac{(\sqrt{s})''}{\sqrt{s}} = \mu^2$($\mu$ 为常数)时可以转换为线性方程求得解析解,进而求得传递矩阵各元素为

$$a_{11} = \sqrt{\frac{s_1}{s_2}}\left[\cos(\overline{K}l_2) + \frac{\left(\dfrac{\mathrm{d}s}{\mathrm{d}x}\right)_1}{2\overline{K}s_1}\sin(\overline{K}l_2)\right]$$

$$a_{12} = \frac{\mathrm{j}\overline{\rho c}\sqrt{s_1 s_2}}{\overline{k}}\left\{\frac{\cos(\overline{k}l)}{2}\left[\frac{\left(\dfrac{\mathrm{d}s}{\mathrm{d}x}\right)_2}{s_2} - \frac{\left(\dfrac{\mathrm{d}s}{\mathrm{d}x}\right)_1}{s_1}\right] + \sin(\overline{K}l_2)\left[\overline{K} + \frac{\left(\dfrac{\mathrm{d}s}{\mathrm{d}x}\right)_1\left(\dfrac{\mathrm{d}s}{\mathrm{d}x}\right)_2}{4\overline{K}s_1 s_2}\right]\right\}$$

$$a_{21} = \frac{\mathrm{j}\overline{k}\sin(\overline{K}l_2)}{\overline{K}\overline{\rho c}\sqrt{s_1 s_2}}$$

$$a_{22} = \sqrt{\frac{s_1}{s_2}}\left[\cos(\overline{K}l_2) - \frac{\left(\dfrac{\mathrm{d}s}{\mathrm{d}x}\right)_2}{2\overline{K}s_2}\sin(\overline{K}l_2)\right]$$

其中,下标"1"和"2"分别表示前、后端截面,$\overline{K}$ 可统一表示为

$$\overline{K} = \begin{cases} \sqrt{k^2 - \mu^2}, & \mu^2 \leqslant k^2 \\ j\sqrt{\mu^2 - k^2}, & \mu^2 > k^2 \end{cases}$$

当截面积 $s(x)$ 不满足 $\dfrac{(\sqrt{s})''}{\sqrt{s}} = \mu^2$($\mu$ 为常数)时,可以将任意非均匀层划分为多个薄层,每层用一个满足 $\dfrac{(\sqrt{s})''}{\sqrt{s}}$ 为常数的函数 $s(x)$ 与实际截面积近似,求得每个薄层的传递矩阵后,根据每个薄层与相邻薄层界面的压力和振速连续边界条件,可将各薄层传递矩阵相乘得整个非均匀含空腔层的传递矩阵。

当平面波垂直入射时,各层间的边界条件为声压连续和法向振速连续,于是可以将各层的传递矩阵 A^n($n = 1, 2, \cdots, N$)相乘,得多层结构的传递矩阵 $[B]$ 为

$$\begin{bmatrix} p_1 \\ u_1 \end{bmatrix} = A^1 A^2 \cdots A^N \begin{bmatrix} p_{N+1} \\ u_{N+1} \end{bmatrix} = B \begin{bmatrix} p_{N+1} \\ u_{N+1} \end{bmatrix} = \begin{bmatrix} b_{11} & b_{12} \\ b_{21} & b_{22} \end{bmatrix}\begin{Bmatrix} p_{N+1} \\ u_{N+1} \end{Bmatrix}$$

求得整个结构的总传递矩阵后,根据终端边界条件即可求得覆盖层的输入阻抗和吸声系数。

当终端为空气时,可近似看成真空,可表示为 $p_{N+1} = 0$,得输入端的输入阻抗为

$$Z_{\mathrm{in}} = \frac{p_1}{u_1} = \frac{b_{11}}{b_{22}}$$

当终端为流体介质水时,边界条件可表示为 $\dfrac{p_{N+1}}{u_{N+1}} = \rho_{\mathrm{w}} c_{\mathrm{w}}$

将其代入上式得输入端的输入阻抗为

$$Z_{\mathrm{in}} = \frac{\rho_{\mathrm{w}} c_{\mathrm{w}} b_{11} + b_{12}}{\rho_{\mathrm{w}} c_{\mathrm{w}} b_{21} + b_{22}}$$

最后可得入射界面处的反射系数为

$$R = \frac{Z_{\mathrm{in}} - \rho_{\mathrm{w}} c_{\mathrm{w}}}{Z_{\mathrm{in}} + \rho_{\mathrm{w}} c_{\mathrm{w}}}$$

吸声系数为

$$\alpha = 1 - R \cdot R^*$$

第4章 水下爆炸作用下船体结构冲击响应

鱼雷、水雷等兵器水下爆炸是舰船生命力的主要威胁之一。以美国为代表的各海军强国为了确保海军武力安全,自 20 世纪 50 年代以来对首制舰均采取了实船爆炸考核,寻找其薄弱环节,以求改进,并形成了专用软件,制定了舰船抗爆抗冲击设计标准。在我国,舰船水下爆炸研究略有滞后,由于实船试验数据缺乏,且尚无自主开发的软件,影响到相关设计标准的制定。针对以上现状,本章从水下爆炸基本现象入手,叙述舰船在水下爆炸载荷作用下的毁伤与防护。

4.1 水下爆炸载荷

物质变为高温、高压气体的化学反应称为爆炸。该反应非常快,并伴随着反应过程释放大量的热。通常,反应后的气体温度高达几千摄氏度,而压力可达几万个大气压,因此,爆炸可以产生非常大的威力。水下爆炸是一个非常复杂的能量转换的物理过程,其载荷可分为冲击波与气泡两大部分。通常,冲击波具有高频特征,对舰船结构造成严重的局部破坏;而气泡运动引起的滞后流以及脉动压力,呈现低频特征,对舰船造成总体破坏,危及舰船的总纵强度,且气泡坍塌形成的高速射流还将引起舰船结构的局部毁伤。

4.1.1 水下爆炸基本物理现象

冲击波由引爆爆炸物产生,冲击波在产生之后,迅速到达水气交界面,进入水中,以极快的速度向外传播。冲击波的特点是:压力特别高,在爆心,压力可达几万个大气压;持续的时间很短,一般为毫秒级。爆炸物在引爆之后,变成高温、高压气体,该气体被周围的水围成气泡。气泡内部的高压将驱使周围的流体以小于声速的速度向外扩散运动(滞后流),在此阶段,将水看成不可压缩的介质。由于惯性的作用,气泡将过度膨胀,同时其内部压力减小,直至占外部流体静水压很小的一部分,气泡表面的负压差使气泡的膨胀运动停止,并使气泡产生收缩(坍塌)运动,收缩过程由流场中周围流体静压力驱动,该过程将会继续,直至不断增加的内部气泡压力将该过程瞬间逆转过来。气体和水的弹性特性为气泡振荡提供条件,将该过程称为气泡脉动,直至破裂。气泡排开一部分密度比内部气体大的流体,排开的流体质量远远超过了气泡内部的气体的质量,这就提供了浮力。浮力使气泡向上移动,由浮力及重力作用产生的气泡运动及其向上迁移的过程如图 4-1-1 所示。水下爆炸脉动气泡的特点是:脉动气泡能产生很高的压力,其幅值为冲击波压力的20% 左右;持续的时间约为秒级。气泡脉动是水下爆炸所特有现象。

水下爆炸冲击波和气泡载荷均会对附近的结构产生强大的作用力,使其损坏。但由于它们的强度和作用时间不同,这两种载荷造成的结构损伤模式不同。冲击波所经过的物体,在冲击波强大的压力作用下,迅速地屈服,发生严重的损伤,直至断裂。由于冲击波的持续时间很短,冲击波对自振周期在毫秒级的结构具有非常大的损伤力,而自振周期在毫秒级附近的结构在船体上一般为局部结构,如板、板格或板架,因此水下冲击波一般对局部结构的损伤很严重,对船体结构的总体破坏影响很小。

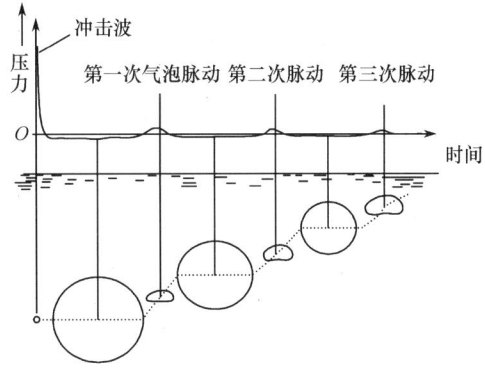

图 4 - 1 - 1　典型的水下爆炸过程

在 20 世纪 80 年代以前,水下爆炸损伤有关研究绝大部分集中于冲击波造成的结构破坏。但是,从 80 年代中期开始,人们意识到气泡对结构的损伤可能比冲击波来得更严重。其原因是,水下冲击波往往造成局部损伤,而现代舰船的设计有足够的强度储备来抵抗局部损伤。因此,水下冲击波一般不会造成舰船的沉没。但是,气泡不同,气泡运动驱使周围大面积流体的运动,形成滞后流,气泡脉动产生脉动压力,滞后流及脉动压力对舰船造成总体破坏。当舰船的固有频率与气泡脉动频率一致时,会引起结构的鞭状效应,加剧对舰船的破坏作用,危及舰船的总纵强度,船体将拦腰折断。此时,船体结构通常还将遭受气泡坍塌形成的高速射流的破坏作用,以致折断的船体很快沉入水中。

此外,对于近水面、近海底以及近物面水下爆炸,还会出现水冢破碎、水面截断、海底反射以及片化等强非线性特征。而且气泡运动不是孤立的,气泡运动对船体结构的毁伤与船体固有特性,以及海底、自由液面等环境参数密切相关。

4.1.2　水下爆炸冲击波

药包在水中爆炸后首先产生冲击波,通过对大量的试验和爆炸相似律的分析,爆炸冲击波可以用公式简单地表示出来。对于铸装 TNT 球形药包,爆炸冲击波的峰值随时间变化 $p(t)$、冲击波的冲量 I_{sh}、能量 E_{sh} 以及爆轰过程引起的流体粒子速度 u_{sh} 分别为

$$p(t) = \begin{cases} p_{m} e^{\frac{-t}{\theta}}, & t \leqslant \theta \\ 0.368 p_{m} \dfrac{\theta}{t} \left(1 - \left(\dfrac{t}{t_{p}}\right)^{1.5}\right), & \theta < t \leqslant t_{p} \end{cases} \tag{4 - 1 - 1}$$

$$I_{sh} = 5768 \times W^{1/3} \left(\frac{W^{1/3}}{R}\right)^{0.89} \tag{4 - 1 - 2}$$

$$E_{sh} = 8.14 \times 10^{4} W^{1/3} \left(\frac{W^{1/3}}{R}\right)^{2.05} \tag{4 - 1 - 3}$$

$$u_{sh} = \frac{p(t)}{\rho c} + \frac{\int_{0}^{1} P(\tau) \, dt}{\rho R} \tag{4 - 1 - 4}$$

式中

$$p_{\mathrm{m}} = \begin{cases} 4.41 \times 10^7 \left(\dfrac{W^{1.3}}{R} \right)^{1.5}, & 6 \leqslant \dfrac{R}{R_0} < 12 \\[3mm] 5.24 \times 10^7 \left(\dfrac{W^{1.3}}{R} \right)^{1.13}, & 12 \leqslant \dfrac{R}{R_0} < 240 \end{cases} \qquad (4-1-5)$$

$$\theta = \begin{cases} 0.45 R_0 \cdot \overline{r}^{0.45} \cdot 10^{-3}, & \overline{r} \leqslant 30 \\[3mm] 3.5 \dfrac{R_0}{c} \sqrt{\lg r - 0.9}, & \overline{r} > 30 \end{cases} \qquad (4-1-6)$$

$$t_{\mathrm{p}} = \left(\frac{850}{\overline{P}_0^{0.81}} - \frac{20}{\overline{P}_0^{1/3}} + m \right) \frac{R_0}{c}$$

$$m = 11.4 - 10.06 / \overline{r}^{0.13} + 1.51 / \overline{r}^{1.26}$$

$$\overline{r} = \frac{R}{R_0}, \ p_0 = P_{\mathrm{atm}} + \rho g H_0, \ \overline{p_0} = \frac{p_0}{p_{\mathrm{atm}}}$$

其中：W 为装药量（kg）；R 为爆心距观察点的距离（m）；R_0 为药包的初始半径（m）；p_{atm} 为标准大气压（Pa）；H_0 为药包爆炸的初始深度（m）；c 为水中的声速（m/s）；ρ 为流体密度（kg/m³）；p_{m} 为峰值压力（Pa）。

早期的冲击波以指数形式衰减，当 $t > \theta$ 以后，冲击波的衰减变慢，以近似于时间倒数的关系衰减。I_{sh} 为冲击波单位面积的冲量（N·s/m²）；E_{sh} 为冲击波在单位面积通过的能量（J/m²）；u_{sh} 为冲击波及过后的流体粒子速度，由冲击波波头粒子速度（右端第一项）和滞后流速度（右端第二项）组成。滞后流的最大速度出现在冲击波的冲量达到最大时，对于 TNT 球状药包，单位体积滞后流的最大能量为

$$E_0 = 0.5 \rho u_{\mathrm{sh}}^2 = 0.204 E_{\mathrm{sh}} W^{0.235} / R^{1.73} \qquad (4-1-7)$$

由式（4-1-7）可以看出，滞后流的能量基本上以爆炸距离 R 的 1.73 次方的关系衰减。当爆炸距离比较近时，滞后流的能量不能忽略；当爆炸距离比较大时，滞后流的能量可以忽略。

4.1.3　水下爆炸气泡脉动

药包在水下爆炸后，气泡在水中膨胀收缩振荡，在运动开始时，气泡表面为球形或接近球形。但是，试验研究不能给出任何数据以作出如下结论：在给定边界条件下，球面在气体压力作用下能处于平衡的形状。详细的研究表明，在计及重力影响时，运动过程的性质是变化的，而在一定的条件下，运动还可能成为动力学上的不稳定，现在仅能得到有限运动阶段定性的数据。

试验数据表明，在大部分运动过程中，球形边界比较接近气泡的真实外形。因而，假定气泡为球形是有一定道理的，这个假定与基本方程的导出无关，而和真正的边界条件相当；按照这个假定，只要气泡中心的铅直位移可以忽略不计，那么表面所有点上的压力都应该相同。因而，在一般情况下应把球形看作由假想的作用于边界上的约束力所保持的假定形状。这些力在一定程度上是任意的，但这些力的存在应当不会改变运动总能。这

样,气泡的运动可以用气泡与周围介质的能量平衡方程来描述,即

$$2\pi\rho_0 a^3\left(\frac{\mathrm{d}a}{\mathrm{d}t}\right)^2 + \frac{\pi}{3}\rho_0 a^3 U^2 + \frac{4}{3}\pi\rho_0 a^3 gz = Y - E(a) \qquad (4-1-8)$$

式中:ρ_0 为周围水介质的密度;a 为气泡的半径;U 为气泡的上浮速度;z 为气泡所处位置流体静压力的等效水深;Y 为冲击波过后气泡内残留的能量,$Y = \eta QW$,其中,Q 为炸药的爆轰能,η 为冲击波过后的余能率;$E(a)$ 为气泡半径为 a 时的内能;g 为重力加速度。

式(4-1-8)中等号左边第一项是气泡径向运动引起的流体径向动能;第二项为气泡上浮引起的流体动能;第三项为流体的势能。式(4-1-8)表明,流体的动能和势能之和等于气泡内能的减少量。忽略流体的黏性和可压缩性,根据动量定理可以得到气泡上浮速度为

$$U = \frac{2g}{a^3}\int_0^t a(t)^3 \mathrm{d}\tau \qquad (4-1-9)$$

气泡的内能根据爆炸生成物的状态方程 $P(V/W)^r = k$ 得到,即

$$E(a) = \frac{k}{r-1}\cdot\frac{W^r}{(4\pi a^3/3)^{r-1}} \qquad (4-1-10)$$

对于 TNT 炸药爆炸后的生成物,$r = 1.25$,$k = 1.36 \times 10^5$。根据上述方程可以计算出气泡的运动过程,得出气泡的最大直径 R_m、周期 T 以及气泡的上浮距离 ΔH,即

$$R_m = 3.38\left(\frac{W}{Z_0+10}\right)^{1/3} \qquad (4-1-11)$$

$$T = 0.308\frac{W^{1/3}}{[1.03(1+0.1Z_0)]^{5/6}} \qquad (4-1-12)$$

$$\Delta H = 13.2\frac{W^{11/24}}{Z_0^{5/6}} \qquad (4-1-13)$$

式中:W 为药包药量;Z_0 为药包爆炸时的初始深度。

水中冲击波扫过以后所产生的压力的全部理论计算,均以水是不可压缩的假设为基础。这个假设相当精确地描绘了气泡运动的基本特征(尤其是最大半径和脉动振幅);但是,伴随着流速的增加和压力的增高,这种近似描绘越来越不精确。然而,正是这个范围内的运动情况是我们最感兴趣的,因为常常被称为气泡脉动的二次压力波的研究是在气泡接近最小体积时进行的。

在密度为 ρ_0 的不可压缩和非黏性流体中的任意一点的压力 p,由伯努利方程得到:

$$\frac{p}{\rho_0} = -\frac{1}{2}u^2 + \frac{\partial\varphi}{\partial t} - \Omega + F(t) \qquad (4-1-14)$$

式中:u 为所研究点的速度;φ 为速度势;Ω 为作用在单位流体体积上的外力势;$F(t)$ 为任意的时间函数。

函数 $F(t)$ 的物理意义在于表明了不可压缩流体中流动的分布与所有流点上绝对压力随时间的变化无关。例如,可能由自由表面大气压力的变化而引起,根据现在的假设,压力的变化是瞬间传播到各个点上的。在所研究的情况下,类似的变化不必考虑,因而函

数 $F(t)$ 应当是常数。若已知场中某点上的速度和压力随时间的变化,则这个常数的数值就可以求出。$\partial \varphi / \partial t$ 这一项,表示速度变化的影响,在定常流动的情况下等于零。

伯努利方程(4-1-14)和任意流体微元的能量守恒定律紧密相关。其较基本的形式通常根据对能量的考虑求解出超压,由外力产生并消耗在液体流动能增加上的功的方法推导出。应用该方程解问题时必须考虑流体的边界条件。当估算方程(4-1-14)时,应考虑一个条件,即微商$\partial \varphi / \partial t$ 应该对限定的空间点进行。为了方便,得到的速度用球心速度 U 运动的坐标偏导表示。于是就有

$$\frac{\partial \varphi}{\partial t} = \left(\frac{\partial \varphi}{\partial t}\right)_{m} - U\left(\frac{\partial \varphi}{\partial x}\right)_{t} \qquad (4-1-15)$$

式中:$(\partial \varphi / \partial t)_{m}$ 是对点在运动系统中的固定位置而言;$\partial \varphi / \partial x$ 是沿 U 方向(在所研究的情况下取上浮速度的方向为正方向)计算的。按求出的速度势($u^2 = (\mathrm{grad}\varphi)^2$),方程(4-1-14)取下式:

$$\frac{p}{\rho_0} = -\frac{1}{2}(\mathrm{grad}\varphi)^2 + \left(\frac{\partial \varphi}{\partial t}\right)_{m} - U\left(\frac{\partial \varphi}{\partial x}\right)_{t} - \Omega + \mathrm{const} \qquad (4-1-16)$$

若假定边界离气泡足够远,以致它们对气泡的影响小到可以忽略,则可变半径为 a 的气泡速度势为

$$\varphi = \frac{a^2}{r}\frac{\mathrm{d}a}{\mathrm{d}t} + \frac{1}{2}U\frac{a^3}{r^2}\cos\theta \qquad (4-1-17)$$

式中:U 为球心上升的速度;坐标 r、θ 由球心计量;x 轴向上为正。

方程(4-1-15)中的导数 $\partial \varphi / \partial x$ 由下面公式求出:

$$\left(\frac{\partial \varphi}{\partial x}\right)_{t} = \cos\theta\left(\frac{\partial \varphi}{\partial r}\right) - \frac{\sin\theta}{r}\left(\frac{\partial \varphi}{\partial \theta}\right) \qquad (4-1-18)$$

重力势 $\Omega = -gz$,其中:z 是由零压力水准线向下量取的距离。代入方程(4-1-16)可以得出

$$\frac{P}{\rho_0} = gz + \frac{1}{R}\frac{\mathrm{d}}{\mathrm{d}t}\left(a^2\frac{\mathrm{d}a}{\mathrm{d}t}\right) + \frac{1}{2}\frac{a^2}{R^2}\left(a\frac{\mathrm{d}U}{\mathrm{d}t} + 5U\frac{\mathrm{d}a}{\mathrm{d}t}\right)\cos\theta + \frac{a^3}{R^3}U^2\left(\cos^2\theta - \frac{1}{2}\sin^2\theta\right) -$$

$$\left[\frac{1}{2}\frac{a^4}{R^4}\left(\frac{\mathrm{d}a}{\mathrm{d}t}\right)^2 + \frac{a^5}{R^5}U\frac{\mathrm{d}a}{\mathrm{d}t}\cos\theta + \frac{1}{2}\frac{a^6}{R^6}U^2\left(\cos^2\theta + \frac{1}{4}\sin^2\theta\right)\right] \qquad (4-1-19)$$

方程等号右端第一项为静水压力,第二、三、四项为气泡运动引起的压力项,最后一项为流体运动引起的动力负压。在气泡压缩到最小时,气泡的浮力变得很小,上浮速度可认为是常量,主要考虑气泡运动引起的流体力和由于气泡收缩引起气泡内压力的变化,这时脉动压力可表示为

$$\frac{P}{\rho_0} = gz + \frac{a}{R}\left[\frac{1}{2}\left(\frac{\mathrm{d}a}{\mathrm{d}t}\right)^2 + \frac{1}{4}U^2 + \frac{k}{\rho^0}\left(\frac{V}{W}\right)^{-r}\right] \qquad (4-1-20)$$

在无限域中,不考虑气泡的上浮,水下爆炸二次脉动压力的冲量估算公式为

204

$$I_b = 2.277 \frac{(\eta Q W)^{2/3}}{z_0^{1/6} R} \qquad (4-1-21)$$

对于 TNT 炸药,如果冲击波过后的余能率 $\eta = 0.41$,则

$$I_b = 3.424 \times 10^4 (W)^{2/3} / z_0^{1/6} R$$

由此可以看到,二次脉动压力的冲量随着爆炸深度的增加略有下降,在通常情况下,脉动压力的冲量比冲击波的大。但这决不表明气泡脉动压力对舰船结构的破坏力比冲击波大,因为它的压力峰值比冲击波小得多。然而对于低频的鞭状破坏和低频安装设备,其破坏力就相当严重,一定不能忽略。根据式(4-1-1)~式(4-1-19)能够计算炸药水下爆炸冲击波到二次气泡脉动压力的整个过程。

4.1.4 水下爆炸载荷模型

鉴于应用式(4-1-1)~式(4-1-19)计算气泡的运动和载荷的过程比较复杂,不利于工程推广应用,需要一种工程上实用的半解析半经验公式计算爆炸整个过程的压力。该压力过程要能够在压力量值、冲量(压力时间域上积分)和流体速度等方面都与实际情况比较一致。关于冲击波阶段和气泡膨胀与收缩阶段的压力计算,Geers 和 Hunter(2002)已经得出了很好的估算公式,根据 Geers-Hunter 模型可以计算水下药包爆炸冲击波压力到气泡脉动压力随时间变化的整个过程,如采用 Geers-Hunter 模型计算 1kgTNT 炸药在水下 20m 深处爆炸时,流场中距离气泡中心 10m 处的冲击波压力、气泡脉动压力、气泡半径及气泡向上迁移的过程随时间变化的过程如图 4-1-2 所示。

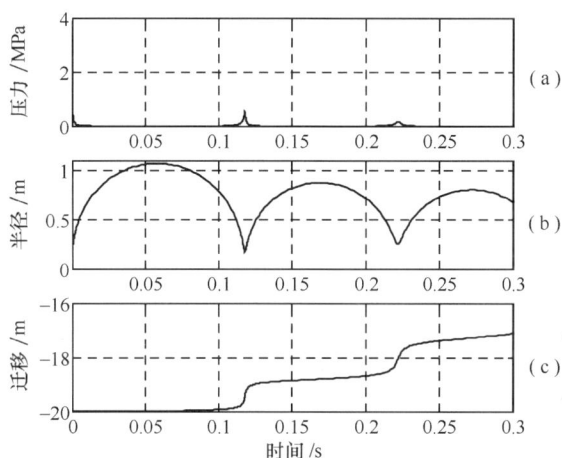

图 4-1-2　压力波、气泡的半径及迁移随时间的变化曲线

从图 4-1-2 中可看出,在气泡脉动过程中,由于气体产物的浮力作用,气泡逐渐上升。气泡膨胀时,上升缓慢,几乎原地不动;而气泡压缩时,则上升较快。由于水的密度大,惯性大,气泡脉动次数要比空中爆炸时的脉动次数多,有时可达 10 次以上。对水中爆炸来讲,除水中冲击波之外,也只是第一次脉动所形成的压力波才有实际意义。研究表明,水中爆炸时,尽管二次压力波的峰值压力不超过冲击波峰值压力的 10%~20%,但它的冲量却和冲击波的冲量相接近,因此不能忽视它对舰船的破坏作用,在后续章节中还要详细介绍气泡脉动载荷对船体总体的破坏。

4.2 舰用材料的冲击特性

现代战争中,舰船不可避免地会受到来自空中或水中的接触和非接触的爆炸冲击波作用,在这些瞬态载荷作用下,材料的动态力学特性对结构响应的求解起到了至关重要的作用。试验研究表明,大多数金属和合金的屈服极限、强度都随着应变率的增加而增加。船舶结构大多由低碳钢、合金钢等材料制造,在诸如舰船水下爆炸动响应等问题研究中,舰船结构承受水下冲击波等高强度冲击波载荷,显然材料应变率是很高的,如果不考虑材料的应变率效应,则很难得到正确的结构响应。

现代高新技术的发展使海军装备的面貌产生深刻的变化,舰艇上采用的高新技术成为其战斗力的主要标志。面向21世纪,世界各国海军都在总结近代海战的经验教训,制定新世纪的海军装备发展战略。当前,舰船高新技术的发展主要集中在新武器的开发、舰艇隐身化、新动力系统的采用和新船型的研究几个方面。

上述舰船高新技术的发展对舰船材料提出许多新的要求,这就是舰船用高技术新材料发展的强大推动力,而高技术新材料又是舰船上高新技术实现的物质基础。就用量而言,传统结构材料在未来的舰艇建造中仍占绝大多数;但就发挥的功能而言,高技术新材料则占有更重要的位置。

4.2.1 舰船用材料发展现状

随着海军舰船的更新换代和现代冶金技术的发展,现有舰船用结构材料应进行改进、完善配套、提高性能、降低成本、更好地挖掘其能力,满足现代舰船的需要,获得最大的社会效益和经济效益。目前,世界各先进海军国家都在继续抓紧开发研制新的舰船用结构材料。

船体结构钢是现代舰船建造最主要、最重要、最关键的结构材料,其性能优劣直接关系舰船战术性能的提高。世界各军事强国为了满足舰船装备的发展需求,研究开发了系列高强度舰船用钢。我国目前在结构钢及配套材料方面正在逐步形成以强度级别为标准,品种规格较完整的耐蚀可焊钢系列,主要有907A系列钢、945系列钢、921A系列钢、980系列钢等。921A、922A、923A系列钢及其配套材料是我国最主要的潜艇用钢。

近年来,舰船的轻量化及合金材料再生利用的要求,使铝合金在实际应用中得到进一步发展。铝合金由于具有密度小、比强度大以及无磁性、高导电性和导热性等特点,已被用于建造中小型舰艇,主要目的是,减轻舰艇的重量,提高航速和各种性能。

由于现代潜艇要求下潜深度越来越大,钛合金具有高比强度、耐海水腐蚀、无磁性等特点,在潜艇上的应用相当广泛。几十年来,研究开发的船用钛合金基本能满足水面船舶、潜艇和深潜器用的不同强度级别的要求,并适用于其不同部位。

一般而言,船用结构材料不像航空材料那样刻意追求高比强度,但对于某些特殊的结构(如表面效应船、混合式水翼船、深潜器、大深度鱼雷等的壳体结构)则要求使用高比强度的材料,以减轻壳体的重量,提供合理的有效载荷。在这些情况下,传统的结构材料是不能胜任的,而必须使用新金属结构材料、先进树脂基复合材料、结构陶瓷材料等新型结构材料。新型结构材料在舰船上还可应用于高温领域,例如用结构陶瓷材料、金属间化合物等材料代替传统的高温合金制造发动机热部件,可以提高发动机的工作温度,免除水冷,从而大幅度提高其效率。

舰船结构材料构成了海军装备完整性和先进性的基础,是舰船装备发展的主体材料,直接影响海军整个系统的运行、维护和安全。开发高性能的先进结构材料,可以增强舰船作战能力和降低服役期的成本。我国舰船用结构材料的研制与开发,应充分利用现代材料科学成就和冶金工业新技术,改进现有舰船用结构材料,扩大品种规格,开发、研制具有使用价值高、成本低廉、工艺简单的舰船用结构材料,以缩短与国外先进海军国家的差距。

4.2.2 舰船用材料应变率效应

在进行结构塑性动力学分析时,影响分析精度的一个重要因素是动态塑性本构关系。动态塑性本构关系是一个很复杂的问题,目前在试验的基础上建立了很多理论,主要有黏塑性模型理论、过应力理论、拟线形本构关系理论和位错动力学理论等。其关键都在于如何解释应变率的试验结果,进而描述材料的应变率效应。比较知名的结果包括过应力 Malvern 本构方程、黏塑性 Perzina 方程和位错动力学本构方程。这些方程的应用都要和试验常数相结合。因此,需做大量的试验后才能够应用。通常来说,过应力理论表述比较简便,便于工程应用。

美国能源部 1980 年出版的工程手册(DOE,1980)给出了热轧低碳钢应变率效应的简便公式,即

$$\begin{cases} \dfrac{\sigma_{ds}}{\sigma_s} = 1.3 + 0.25\lg\dot{\varepsilon} \\ \\ \dfrac{\sigma_{dT}}{\sigma_T} = 1.1 + 0.11\lg\dot{\varepsilon} \end{cases}, 1 < \dot{\varepsilon} < 100 \qquad (4-2-1)$$

式中:σ_{ds} 为动态屈服强度;σ_{dT} 为动态拉伸强度;σ_T 为静态拉伸强度。

对于冷轧低碳钢,由于屈服强度已经硬化,应变率效应不如热轧钢,动态屈服强度可表示为

$$\frac{\sigma_{ds}}{\sigma_s} = 1.1 + 0.11\lg\dot{\varepsilon}, 1 < \dot{\varepsilon} < 100 \qquad (4-2-2)$$

低合金钢对应变率的敏感度低于低碳钢,应变率效应表示为

$$\begin{cases} \dfrac{\sigma_{ds}}{\sigma_s} = 1.2 + 0.21\lg\dot{\varepsilon} \\ \\ \dfrac{\sigma_{dT}}{\sigma_T} = 1.1 + 0.11\lg\dot{\varepsilon} \end{cases}, 1 < \dot{\varepsilon} < 100 \qquad (4-2-3)$$

这样的公式已经相当简单,但是工程中准确应用也很困难,因为爆炸作用下结构变形的应变率随时间而变化,并非常量。因此,工程中当应变率无法确定时,保守地取为 $\dot{\varepsilon} = 1$。舰船结构主要为低合金钢,如果材料未进行应变率效应试验,在分析结构永久变形时用式(4-2-3)同时取 $\dot{\varepsilon} = 1$。

4.2.3 舰船爆炸动响应中的材料模型

在水下爆炸等产生高应变率现象的数值仿真中,常用的材料模型有两种:

(1)模型1:Plastic-Kinematic 模型,静态条件下用两段斜率不同的直线分别表达材料的弹性阶段和塑性阶段,如图 4-2-1 所示。该材料模式由于模型简单又能反映材料的应变率影响效应,得到了广泛的应用。图 4-2-1 中,E 为弹性阶段的斜率,即弹性模量;E_t 为塑性阶段的斜率。应变率的影响采用 Cowper-Symonds 模型描述,应变率影响系数为

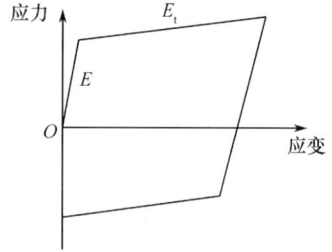

图 4-2-1 Plastic-Kinematic 模型简图

$$1 + \left(\frac{\dot{\varepsilon}}{D}\right)^{1/p} \qquad (4-2-4)$$

式中:$\dot{\varepsilon}$ 为应变率;D、p 为与应变率有关的参数。

将 Cowper-Symonds 模型中应变率影响系数减 1 得

$$\Delta\sigma = \left(\frac{\dot{\varepsilon}}{D}\right)^{1/p} \qquad (4-2-5)$$

式中:$\Delta\sigma$ 为动态应力提高量。

(2)模型2:Johnson-Cook 模型,该模型是一种经验型的黏塑性本构模型,这种模型能较好地描述金属材料的加工硬化效应、应变率效应和温度软化效应。材料模式表达式为

$$\sigma = (A + B\overline{\varepsilon}^{p^n})(1 + C\ln\dot{\varepsilon}^*)(1 - T^{*m}) \qquad (4-2-6)$$

式中:A 为静态屈服极限;B、n 为与静态屈服阶段相关的参数;C 为与应变率相关的参数;m 为与温度相关的参数;$\overline{\varepsilon}^p$ 为有效塑性应变;$\dot{\varepsilon}^*$、T^* 表达式如下:

$$\dot{\varepsilon}^* = \dot{\varepsilon}/\dot{\varepsilon}_0 \qquad (4-2-7)$$

$$T^* = (T - T_0)/(T_m - T_0) \qquad (4-2-8)$$

其中:$\dot{\varepsilon}_0$ 为准静态应变率;T_m 为金属熔点;T_0 为室温。

4.2.4 几种常用材料性能

材料的力学性能是对水下爆炸等现象进行仿真研究的基础,下面就一些材料的特点作一些简单的介绍。

一、金属结构材料

45 钢是一种应用很广的材料,在交通运输、机械制造、国防工业等方面都得到了普遍的应用。在同一温度、不同应变率下,45 钢有明显的应变率强化效应,是一种应变率非常敏感的材料。在材料较高的环境温度和高应变率条件下,材料表现为应变率硬化和热软化相互交错的现象。

D6AC 钢不仅具有很高的强度,而且具有较高的韧性,广泛应用于航空航天和国防工业。

7075Al 合金应变响应特性对应变和温度十分敏感,该合金的温度敏感性与应变率无关,温度效应完全主宰了 7075Al 的高温变形。

船用 945 钢是应变率敏感性材料,其敏感的程度随应变的增大而增大,作为我国自行开发研制的舰船材料已成功地用于某舰建船造中。国产沉淀硬化铝合金 LC4 和 LY12CZ 这两种材料在冲击压缩时由于表现出极好的韧性,故很难破坏,而冲击拉伸时存在的最大应变,却更易于导致破坏。

Al-Li 合金是新金属结构材料的典型代表。Al-Li 合金最显著的特点是密度低、弹性模量高。在强度相当的条件下,Al-Li 合金的密度比常规的 2024、7075 铝合金低约 10%,而弹性模量则要高 10%。目前,成熟的 Al-Li 合金有 2090、8090、8091、8092 等牌号,抗拉强度约为 500MPa,主要应用于飞机结构。新近研制的 AA5091 合金的密度为 $2.57g/cm^3$,抗拉强度为 412MPa,弹性模量为 $7.92 \times 10^4 MPa$,耐蚀性优良。美国海军正资助用 AA5091 合金锻件制造重型鱼雷的燃料舱分段。

二、先进树脂基复合材料

先进树脂基复合材料是指用碳纤维、陶瓷纤维、芳纶纤维等增强的聚合物复合材料。先进树脂基复合材料具有比传统结构材料优越得多的力学性能。例如,分别用碳纤维、芳纶纤维和碳化硅纤维增强的环氧树脂复合材料的密度为 $1.4g/cm^3 \sim 2.0g/cm^3$,拉伸强度为 1.5GPa ~ 1.8GPa。这些复合材料的拉伸强度略高于普通钢材,而比强度则为普通钢材的 4 倍 ~ 6 倍,比模量为普通钢材的 2 倍 ~ 3 倍。

玻璃钢复合材料有许多优点,首先,它的密度在 $1.4g/cm^3 \sim 2.0g/cm^3$ 之间,只有钢的 1/4 ~ 1/5,比铝小 1/3 左右,比强度超过一般钢材、合金钢、铝合金。因此,在火箭、导弹等要求减轻重量、提高效率的构件及产品中,具有卓越的成效。玻璃钢不仅具有电绝缘性能好、在高频作用下仍能保持良好的介电性能,而且具有不受电磁作用、不反射线电波、微波透过性好等优点。玻璃钢的导热系数相当低,只有金属的 1/100 ~ 1/1000,有些玻璃钢的耐瞬时高温性能十分突出,是一种很好的耐烧蚀隔热材料,如美国"发现者"号航天飞机使用尼龙/酚醛或玻璃钢蜂窝加强的低密度烧蚀材料。

芳纶纤维的最大特点是密度低、强度高、耐高温,密度比碳纤维低 17%;单丝强度可达 3850MPa,比强度约为钢丝的 5 倍;冲击强度为石墨纤维的 6 倍;有较高的断裂伸长率,没有碳纤维那样脆。芳纶纤维具有良好的热稳定性、耐火性、耐疲劳性、耐泊性、耐醋碱性;体膨胀系数较小,尺寸稳定性极好;使用温度为 $-190℃ \sim 260℃$;溶于 98% 的浓硫酸,用作树脂高强、耐高温纤维增强填充剂。

超高相对分子质量聚乙烯纤维具有优良的力学性能:其密度为 0.97,只有芳纶纤维的 2/3 和高模碳纤维的 1/2;而轴向拉伸性能更高;其比强度是现有高性能纤维中最高的;比模量除高模碳纤维外也是很高的,比芳纶纤维高得多。优良的耐冲击性能:聚乙烯纤维是玻璃转变温度低的热塑性纤维,韧性很好,在塑性变形过程中吸收能量,因此,它的复合材料在高应变率和低温下仍具有良好的力学性能,抗冲击能力比碳纤维、芳纶纤维及一般玻璃纤维复合材料高。聚乙烯纤维复合材料的比冲击总吸收能量分别是碳纤维、芳纶纤维和 E 玻璃纤维的 1.8 倍、2.6 倍和 3 倍,其防弹能力比芳纶纤维装甲结构的防弹能力高 2.6 倍。此外,聚乙烯纤维还具有耐低温、耐油、耐化学腐蚀、抗紫外线、卫生、无毒等一系列优点。

聚对Ⅱ苯基苯并二噁唑(Poly-p-phenylene ben-zobisthiazole,PBO)是含有杂环的芳香族聚酰胺纤维家族中最有发展前途的一员。PBO 纤维具有非常高的强度和模量,极好的耐氧化性、耐湿性和耐放射性,绝缘性和热稳定性优良,工作温度达 300℃～500℃。除作为纤维用外,PBO 聚合物还可用作薄膜和复合增强材料。PBO 纤维具有 5.8GPa 拉伸强度和 270GPa 初始模量、68 极限氧指数(LOI)以及 650℃分解温度等主要性能指标,均属目前有机纤维和无机纤维之最,有着"纤维之王"的美称。

M5 纤维类似 PBO 纤维的刚棒结构决定了它也具有高的耐热性和热稳定性。经测试,M5 纤维在空气中热分解温度为 530℃,超过了芳香族聚酰胺纤维,与 PBO 纤维接近;M5 纤维的极限氧指数为 59,在阻燃性能方面优于芳纶纤维。M5 纤维特殊的分子结构,使其除具有高强和高模外,还具有良好的压缩性与剪切特性,剪切模量和压缩强度分别可达 7GPa 和 1.7GPa,优于 PBO 纤维和芳香族聚酰胺纤维,在目前所有聚合物纤维中最高。

三、结构陶瓷材料

结构陶瓷材料在舰船上应用主要有两方面:一是利用其高比强度制造大深度潜水器的耐压壳体;二是利用其高硬度性和高断裂制作轻质装甲。

美国海军为建造无人深海潜水器而对若干耐压壳体候选材料进行了对比分析,结果表明,对于 6096m 的潜深,氧化铝陶瓷耐压壳体的重量与排水量比率小于 0.60,而同样设计深度的钛壳的比率则超过 0.85。

陶瓷装甲的主要优点是质量轻,其质量有效系数(对付已知威胁所需的普通钢装甲的面密度与陶瓷装甲的面密度之比)颇高。陶瓷材料通过其密度效应、吸能效应和磨损效应可发挥很强的防弹能力。目前,国外已投产的装甲陶瓷材料主要有氧化铝、碳化硅、碳化硼、二硼化钛等几种。其中,以氧化铝应用最为广泛;另外几种性能更好,但成本偏高,目前只用于直升机等装备。氧化铝陶瓷装甲既可以对付穿甲弹,也可以对付破甲弹,其质量有效系数约为 2.5～3.5。这种材料已广泛应用于轻型装甲车辆,而对于希望尽量减轻装甲质量的舰船来说,具有很大的吸引力。

由于陶瓷材料本身性能的局限性,单独用陶瓷作装甲的效果并不理想,因此在实用中大多采取陶瓷复合装甲的形式。一种形式是外加保护层,即在装甲板外表面上覆盖以玻璃钢或橡胶层,以防止陶瓷装甲因受到意外碰撞而损坏,而且提高陶瓷装甲抵御多次袭击的能力;另一种形式是制成多层复合结构,即装甲板由底板层、陶瓷层、钢板层、空气层和夹芯面板层组成。

四、高温结构材料

就目前的研究与开发状况而言,高温结构陶瓷和金属间化合物最有希望成为未来的热机用高温结构材料。

氮化硅、氮化铝、碳化硅、氧化锆等陶瓷具有高温强度高、抗热振性能好、高温蠕变小、密度小、耐磨损、耐腐蚀等优良性能,是很有发展前途的高温结构材料。

金属间化合物是介于陶瓷和金属之间的材料,质硬而脆,具有很高的熔点和高温强度,有希望成为新一代的高温结构材料。TiAl 化合物的研究最为充分,该材料已初步具备了作为高温结构材料的条件,很可能率先投入使用,开辟高温材料的一个新时代。

五、梯度功能材料(FGM)

梯度功能材料是通过精心设计和采用特殊工艺,使陶瓷和金属的复合物组分、结构能连续地变化由陶瓷侧过渡到金属侧形成一种物理性能参数也是连续变化的复合材料。

梯度功能材料的制备可采用化学气相沉积法、物理蒸镀法、等离子喷涂法、自蔓延高温合成法和颗粒梯度排列法等,其中,以薄膜叠层法效果较好。已制成的 FGM 有 SiC – C、Ti – Ti、SiC – Al、Be4B – Be 和 TiC – Ni 等。当以 Be4B – Be 制作装甲板时,从外表面到中心部位只含 Be4B,然后以弥散方式加入 Be,到背面为 Be4B – 10% Be,这比由陶瓷面板和金属背板组合的结构的抗弹性能要好得多。

六、吸收雷达波材料

舰用吸波材料有吸波涂料和结构吸波材料两种类型。

吸波涂料可以使用在具有复杂形状的结构上,主要应用于舰船的桅杆、机库壁、舱门以及上层建筑等处。吸波涂料大多以软磁性铁氧体作为吸波剂。在高频环境下,涂料中的铁氧体将电磁波能量转化为热能而消耗掉,从而达到吸收雷达波的目的。提高涂料吸波性能的途径有:

(1)采用由铁氧体粉末、羰基铁粉、铁粉、镍粉、碳黑、石墨、碳化硅等组成的复合吸波剂;

(2)提高吸波剂的细度,采用超微细粉末配制吸波涂料;

(3)对吸波涂层进行计算机辅助设计。

结构吸波材料既用于制作舰船上的构件,又具有吸收雷达波的功能。结构吸波材料多数为复合材料,具有质量轻、强度高等优点。首先在飞机和导弹上获得应用,近几年也用于制造小型舰船和舰上的某些甲板构件。结构吸波材料有下列几种结构形式:

(1)叠层结构,由透波层、阻抗匹配层和反射背衬等组成;

(2)复合结构,先分别制成复合材料和吸波体,然后再黏合而成;

(3)夹层结构,有蜂窝夹芯、波纹夹芯和框架夹芯等结构形式。

七、减振与消声材料

为了减轻船舶的振动和噪声,一方面要进行阻尼、隔振、吸声、隔声的系统设计和结构设计,另一方面要采用减振与消声材料。减振与消声材料的品种很多,大体上可分为阻尼金属材料、黏弹性材料、复合材料等,在舰船上可作为结构材料使用,也可作为粘贴、涂敷材料发挥减振和消声效果,其中潜艇外壳敷设的消声瓦和消声涂层特别引人注目。目前已开发的减振用金属结构材料按其阻尼机理可分为复相型、铁磁型、位错型和孪晶型4 类。

减振用复合结构材料有约束型和非约束型两类。约束型是由两块金属板中间夹入树脂而制成的夹层材料,其减振性能取决于树脂的剪切变形导致的振动衰减。非约束型是在金属板表面粘贴树脂等而制成,其减振性能由树脂的伸长变形提供。

国外大型攻击型核潜艇和弹道导弹核潜艇为减小水下声辐射,大多在艇体表面粘贴消声瓦或涂敷消声涂层。消声瓦和消声涂层从以下两方面减小潜艇的特征信号:减小潜艇向海洋辐射的自噪声量级和减小潜艇反射声纳波的能量。潜艇表面的消声瓦和消声涂层主要有以下 4 种类型:

(1)吸声型,通过黏弹性损耗过程和局部应变吸收主动声纳波;

(2)隔声型,把入射声能反射到远离声源的方向,并隔离艇内产生的噪声使之不进入周围海水;

(3)阻尼型,吸收机械振动;

(4)降流噪型,降低流体水动力噪声。

选择消声材料时,首先要明确材料能有效地发挥消声作用的频率范围以及该材料在此频率范围内的性能;然后在理想的材料与厚度、重量、体积、费用等因素之间进行平衡。艇体上的消声材料厚度通常为 30mm ~ 50mm,厚度在很大程度上取决于频率要求。大型潜艇的消声层面积达 1000m² 以上,质量可达 150kg/m²。传统的消声瓦是由橡胶或氯丁橡胶注塑而成,其中含有许多注满空气的小泡。要成功地把消声瓦粘贴于潜艇的表面,选择合适的胶黏剂是非常重要的。使用环氧胶黏剂不但可把消声瓦粘贴到钢基体上,也可粘贴到其他基体(如玻璃钢)上。这种材料可在水下使用,而不必让潜艇进坞。

4.3 舰船水下爆炸冲击环境

4.3.1 舰船冲击环境及描述方法

舰船在其服役期间不可避免地会面临冲击环境问题,它直接关系到舰船在战斗中的战斗力和生命力,必须认真对待。一般来讲,舰船所受的冲击环境主要有三种:一是接触性爆炸,如遭受导弹、激光弹直接攻击;二是水中非接触性爆炸,如遭受水雷爆炸的冲击,主要破坏舰载设备;三是自身武器发射时产生的反冲力造成的冲击,这种冲击也会影响舰载设备的正常运行。

众多海上战例及实船水下爆炸冲击试验结果表明,海军战斗舰艇在水下爆炸环境中所显示出的突出薄弱环节是舰艇上许多重要设备及装置的抗冲击性能过差,因此舰船系统及设备的抗冲击性能是有关舰船战斗力、生命力的重要性能,世界各国海军都非常重视此项性能。非接触爆炸对舰船的破坏作用主要包括对舰体的直接冲击损伤、对技术设备的冲击振动损伤以及对人员的冲击振动杀伤三个方面。

一、对舰体的直接冲击波损伤

水中爆炸对舰体的直接冲击波损伤不仅与装药量及离爆心的距离有关,而且与舰体的结构特性、方位、海地情况和海况等多种因素有关。舰体受到水中冲击波的作用,直接影响到船体总强度和局部强度。如果海况比较严重,冲击波引起的船体总弯曲与船体升沉、纵摇运动相叠加,可能导致舰体产生很大总体变形甚至断裂。如果非接触爆炸发生在船底,情况会更为严重,冲击波首先破坏舰体,接着是气泡上浮时扩大船体的破损。随着爆炸距离的加大,非接触爆炸对船体的破坏就减轻。距离较远时,冲击振动就成了主要破坏因素。

二、对技术设备的冲击损伤

舰船在水中武器非接触爆炸作用下,产生剧烈的冲击运动,随后是升沉和纵摇运动,同时伴随着砰击。这些运动通过船体结构传递到舰船内的各种机械、装置、设备、仪器等,造成这些设备的冲击损伤。根据水中武器装药量大小和爆炸距离的不同,造成技术设备冲击损伤的程度也不同。从第二次世界大战的战例以及实船爆炸试验的情况看冲击能造成设备的破坏,同时冲击所造成的船上冲击环境是很复杂的。冲击造成的船体冲击响应,在船体的各个部位是不同的,对于水面舰船来说,垂向冲击速度是主要的。舰船的冲击运动通过垂直构件向上传递,由于船体结构的缓冲作用,使得各层平台和甲板所承受的冲击响应随着层次的提高,一层比一层小,高频运动的分量逐渐衰减,从这个意义上来说,船体可以看成一个低通滤波器。通常,机械设备的固有频率范围较低,安装在上层建筑甲板的设备承受加速度比底部小,但固有频率低,有可能引起共振从而遭到更大破坏。

三、对人员的冲击杀伤

水中非接触爆炸引起舰船冲击振动对舰船上人员的冲击振动杀伤问题,一直是海军舰船防护的重要课题。舰船上人员对冲击运动的响应可分为两种状态:一种是,当冲击波作用到船体结构时,船体结构开始为加速阶段,这时人员处于压缩状态,承受很大的加速度;另一种是,以后舰体为减速阶段,将人员高高弹起,飞离所在部位。

人员在不同阶段产生不同损伤:

加速阶段时,人员通过脚或臀部将突然施加的冲击力迅速传递到人体各部位,人体受到向下的惯性力的作用,使骨骼承受很大的压缩应力,可能发生压缩性损伤和骨折,同时内脏各种器官产生较大位移,引起内脏和骨骼间、内脏相互间发生碰撞、挤压,造成内脏各种器官的损伤。有加速度引起的内脏损伤一般为闭合性损伤。

减速阶段时,人体飞离甲板,容易与周围设备相碰撞,造成二次损伤,如骨折、脑震荡等。

综上所述,舰船的冲击环境的特征可以描述为:在相当短的(和弹性支撑系统固有周期相比)时间内,作用在系统上某一个突然的扰动,即冲击,这个扰动可以是力,也可以是运动(位移、速度或加速度)。冲击的特点是:过程突然发生、持续时间短暂,能量却很大。

描述冲击运动一般有以下三种方法:

(1)冲击响应的时间历程(图4-3-1),即在时间域内描述冲击过程,主要的参数有持续时间、峰值和冲击能量等。这种描述方法具有简单、直观的特点,但实际上冲击振动的波形千差万别,很难直接从时域的波形中总结出有价值的结论,所以该方法在实际应用中较少采用。

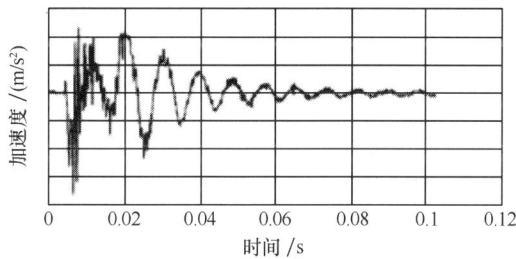

图4-3-1 冲击加速度傅里叶谱

(2)冲击激励与冲击响应的傅里叶谱(图4-3-2),这是在频域内描述冲击过程,它们分别是激励与响应时间历程的傅里叶变换,经过傅里叶逆变换又可以变成相应的时间历程,时域与频域的变换对应关系是唯一的。激励的傅里叶谱、系统的频响函数及响应的傅里叶谱三者之间有如下关系式:

$$X(\omega) = H(\omega) \cdot F(\omega) \tag{4-3-1}$$

与傅里叶谱相类似,自功率谱也可用于冲击响应的分析,它也是在频域内描述冲击过程,只是纵轴换成功率谱密度,即从能量角度描述冲击过程。

(3)冲击响应谱,这是从响应角度来描述冲击激励。冲击响应谱可用以直接估计某

213

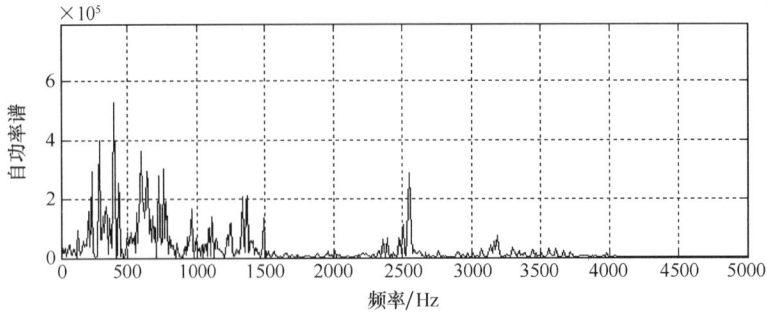

图 4-3-2 冲击加速度自功率谱

一冲击引起的最大响应水平,评定它对结构或设备造成的影响。因此,它可以为冲击隔离的设计与冲击环境的模拟提供基本数据。由于冲击响应谱中已经摒弃了相位信息,所以冲击响应谱不能逆变成唯一的冲击激励,不同的冲击激励可以有相同的冲击响应谱。

对于舰船人们一般不很关心结构本身的冲击响应,而更注重的是冲击作用于系统的效果,即在冲击环境中技术装备的响应情况,这不便于在时间域内描述,为此用冲击响应谱来衡量冲击作用的效果。该方法已被广泛用于舰船冲击响应的分析、舰船生命力评价、舰载设备的考核等诸多领域。

4.3.2 冲击响应谱

冲击响应谱(Shock Response Spectrum,SRS)通常又称"冲击谱",是将冲击激励施加到一系列线性、单自由度弹簧—质量系统时,将各单自由度系统的最大相应值作为对应于系统固有频率的函数响应曲线。它用冲击载荷作用在结构系统上的效果,即结构系统对冲击载荷的响应来描述冲击,图 4-3-3 为冲击谱计算模型的示意图。随着冲击响应谱概念的提出和计算方法的完善,目前很多经典波形试验规范正被冲击谱试验规范所代替。

图 4-3-4 给出了单自由度系统受到基础激励的模型。一般舰船冲击加速度的测量比较容易实现,所以考虑基座输入为加速度的情况。输入为基础激励的加速度,输出为质量块相对于基础的位移。图 4-3-4 中 $\ddot{u}(t)$ 为系统的激励;$\ddot{y}(t)$ 为质量块的加速度响应;$u(t)$ 为基础的位移;$y(t)$ 为质量块的位移;$\delta(t)$ 为质量块相对于基础的位移。

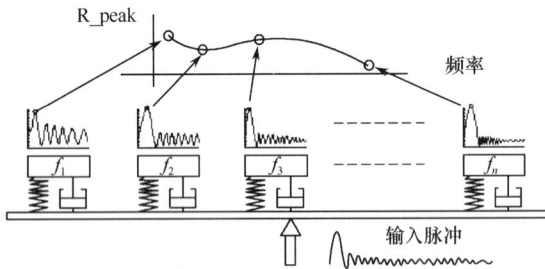

图 4-3-3 冲击谱计算模型示意图

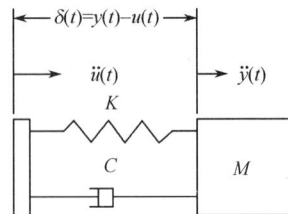

图 4-3-4 基础激励模型

设圆频率为 ω 的一个振子的绝对位移为 y、相对位移为 δ,在基础运动 $\ddot{u}(t)$ 的作用下,振子的绝对运动方程可写为

$$\ddot{y} + \omega^2 (y - u) = 0 \qquad (4-3-2)$$

相对运动方程为

$$\ddot{\delta} + \omega^2 \delta = -\ddot{u}(t) \qquad (4-3-3)$$

式中：
$$\delta = y - u$$

假设初始速度和位移都为 0，则容易得到

$$\delta(t) = -\frac{1}{\omega} \int_0^t \ddot{u}(t) \sin\omega(t-\tau) d\tau \qquad (4-3-4)$$

$x(t)$ 绝对值的最大值即为圆频率为 ω 振子的位移谱值，将上式进行一次求导，得

$$\dot{\delta}(t) = -\int_0^t \ddot{u}(t) \cos\omega(t-\tau) d\tau \qquad (4-3-5)$$

其速度绝对值的最大值即为速度谱值。从式（4-3-3）可以看出，绝对加速度与相对位移之间存在圆频率平方的关系，所以位移谱值、速度谱值和加速度谱值三者之间只有一个是独立量，它们的关系为

$$V = \omega D, A = \omega^2 D \qquad (4-3-6)$$

式中：D 为位移谱；V 为速度谱；A 为加速度谱。

以上推导不考虑振子阻尼，当考虑振子阻尼时，相对位移的计算公式为

$$\delta(t) = -\frac{1}{\omega\sqrt{1-\zeta^2}} \int_0^t \ddot{u}(t) e^{-\zeta\omega(t-\tau)} \sin\omega\sqrt{1-\zeta^2}(t-\tau) d\tau \qquad (4-3-7)$$

此时，相对位移与相对速度和绝对加速度之间不存在式（4-3-6）所示的关系。

可见，冲击谱的参数可以是下面的任意一种：

（1）质量 M 的绝对位移 $y(t)$，它表示响应关于一个惯性参考平面的位移，即关于固定空间的坐标轴的位移；

（2）质量 M 的相对位移 $\delta(t)$，它表示响应相对于它的支座的位移，在计算结构响应中的变形和应变时有用；

（3）质量 M 的绝对速度 $\dot{y}(t)$，可确定冲击响应的动能。

（4）质量 M 的相对速度 $\dot{\delta}(t)$，可用于确定系统中由于黏性阻尼引起的应力和结构消耗的最大能量。

（5）质量 M 的绝对加速度 $\ddot{y}(t)$，该量在确定系统中由于结构弹性与阻尼联合作用产生的应力时有用。

舰船抗冲击研究所使用的冲击谱的谱值通常包括相对位移、相对速度和绝对加速度值。在舰船的冲击动响应分析计算中，常用四维坐标描述冲击谱，其中以相对速度谱为纵坐标、频率作为横坐标，与横坐标成 +45° 和 -45° 的坐标系统分别表示相对位移谱和加速度谱（图4-3-5）。

当考虑到振子具有的质量时，就需要考虑基础和振子之间的相互作用力。如果基础的阻抗与设备相比不是很大时，则需要考虑设备对基础的反作用，基础的运动与设

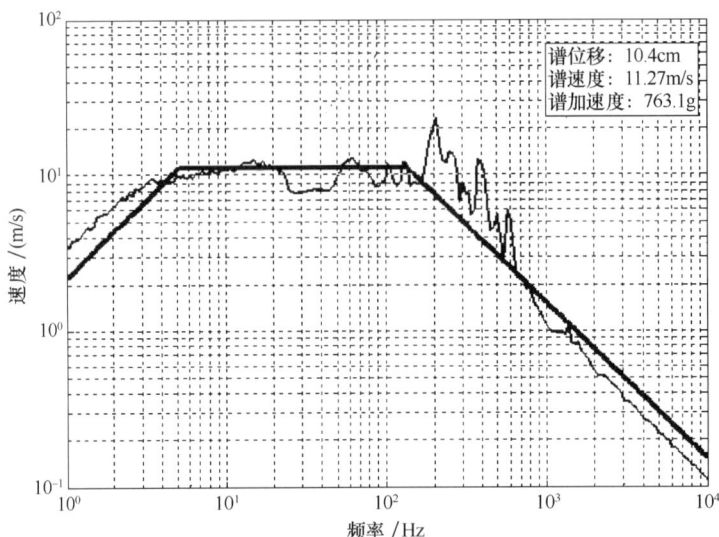

图 4 - 3 - 5 典型舰用冲击谱

备的响应成为互相耦合的一个系统。振子的质量在冲击谱上的反应表现为冲击谱值较不考虑设备质量时谱值的下跌,即所谓的"谱跌"效应。总结前人研究和试验结果得到如下结论:.

(1)对于舰船上设备的冲击环境,由于设备基础的阻抗与设备自身的阻抗为同一量级,设备的响应对基础运动有非常大的反作用,尤其在设备的安装频率附近能够显著地降低冲击谱值而产生谱跌。

(2)设备质量越大对基础的反作用力越大,需要依据设备的不同质量(模态质量)对标准冲击谱进行折减。

(3)在低频段,设备的安装频率越高,基础受到的冲击力也就越大,但在高频段,反作用力只与质量相关。

(4)取测量冲击谱上的最小包络作为设计冲击谱,与设计情况比较一致。

4.3.3　冲击响应谱描述

冲击响应谱的获得方法有两大类:一类是用机械或电子的方法模拟单自由度系统的物理模型,给该模型以冲击输入求得响应,如船用簧片仪、振子式冲击谱分析仪。这类方法的优点是简单、经济、可靠,可用于实船爆炸试验;缺点是设备笨重,频带窄,精度差。另一类是直接求解单自由度二阶微分方程,由计算机完成。

早期应用的数值解法主要有直接积分法、FFT 法、递推法以及递归数字滤波法,但都存在着其本身的固有缺陷:直接积分法虽原理简单,但计算效率低;FFT 法计算效率有所提高,但需求内存大,需要多次 FFT 及逆 FFT 变换,程序复杂;递推法和递归数字滤波存在着低频谱值不稳定的缺陷。

本节主要介绍了目前应用最多,且计算效率和精度相当优异的两种数值计算方法:改进的递归数字滤波法以及样条函数法。

4.3.3.1 改进的递归数字滤波法

改进的递归数字滤波法是 1981 年由 Smallwood 提出的,他用斜台不变数字滤波模型代替脉冲不变模型,即用广义斜台函数取代脉冲不变模型的 $\ddot{u}(t) = \delta(t)$。广义斜台函数为

$$\ddot{u}(t) = A(t - K\Delta t)u(t - K\Delta t) \qquad (4-3-8)$$

式中:$u(t - K\Delta t)$ 为单位阶跃函数;A 为在 $t = K\Delta t$ 时斜台的斜率。

应用叠加原理,就可得到一个用梯形函数逼近冲击输入的模型,显然较原法的矩形逼近为佳。

设输入信号 $\ddot{u}(t)$ 的采样值为 $U_i (i = 1, 2, \cdots, N)$,单自由度系统响应 $x(t)$ 的采样值为 $x_i (i = 1, 2, \cdots, N)$,则有如下的斜台不变模型的递归公式:

$$x_i = P_0 U_i + P_1 U_{i-2} + P_2 U_{i-2} + q_1 x_{i-1} + q_2 x_{i-2} \qquad (4-3-9)$$

式中

$$q_1 = 2\exp(-\omega\Delta\zeta)\cos(\omega\Delta\sqrt{1-\zeta^2})$$

$$q_2 = -\exp(-2\omega\Delta\zeta)$$

对系统的绝对加速度响应,有

$$P_0 = 1 - \exp(-\omega\Delta\zeta)\frac{\sin(\omega\Delta\sqrt{-\zeta^2})}{\omega\Delta\sqrt{1-\zeta^2}}$$

$$P_1 = \frac{2}{\omega^3\Delta}\left[E - \omega\Delta\exp(-\omega\Delta\zeta)\cos(\omega\Delta\sqrt{1-\zeta^2}) + \zeta(1+q_2)\right]$$

$$P_2 = -\frac{1}{\omega^3\Delta}\left[q_2(\omega\Delta + 2\zeta) + \zeta q_1 + E\right]$$

$$E = (1 - 2\zeta^2)\exp(-\omega\Delta\zeta)\frac{\sin(\omega\Delta\sqrt{-\zeta^2})}{1-\zeta^2}$$

为使上述公式简洁,式中用 ω 代替 ω_n,Δ 代替 Δt。

改进法已克服了当频率趋于 1/2 采样频率时,响应值急剧跌落的问题,只有 $\zeta = 0$ 且固有频率大于 2kHz 时,谱形有偏高的趋势。对于低频响应计算时采样频率过高而相应的采样精度不够引起的计算结果误差过大问题,可用如下递归公式解决:

$$x_i = P_0 U_i + P_1 U_{i-1} + P_2 U_{i-2} + x_{i-1} + (x_{i-1} - x_{i-2}) + (q_1 - 2)x_{i-1} + (q_2 + 1)x_{i-2}$$

$$(4-3-10)$$

这样做是因为在低频时,系数:$P_0, P_1, P_2 \to 0$;$q_1 \to -2$;$q_2 \to +1$。

将原公式改写之后,使得 $x_i = x_{i-1}$ 数值很小的项,从而避免了原式在低频计算时舍入误差引起的问题。

4.3.3.2 样条函数法

样条函数法的基本思想是将冲击响应函数划分为若干函数段(图 4-3-6),每个函

数段分属不同的时间区间,每个区间内的函数段用三次样条函数来表达。这相当于假定冲击响应加速度在其所属区间内是线性变化的,将其代入单自由度系统微分方程,从而导出一组递推公式。

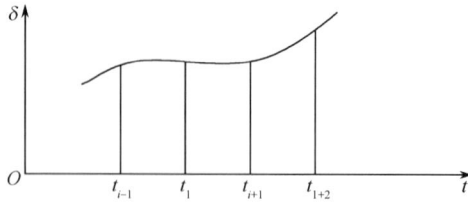

图 4 – 3 – 6 样条函数

$$\delta[t_{i-1},t_i] = a_{i-1}(t-t_{i-1})^3 + b_{i-1}(t-t_{i-1})^2 + c_{i-1}(t-t_{i-1}) + d_{i-1} \quad (4-3-11)$$

$$\delta[t_i,t_{i+1}] = a_i(t-t_i)^3 + b_i(t-t_i)^2 + c_i(t-t_i) + d_i \quad (4-3-12)$$

$$\delta[t_{i+1},t_{i+2}] = a_{i+1}(t-t_{i+1})^3 + b_{i+1}(t-t_{i+1})^2 + c_{i+1}(t-t_{i+1}) + d_{i+1} \quad (4-3-13)$$

假定在区间$[t_i,t_{i+1}]$内的样条函数表达式为

$$\delta(t) = a_i(t-t_i)^3 + b_i(t-t_i)^2 + c_i(t-t_i) + d_i \quad (4-3-14)$$

将其微分后有

$$\dot{\delta}(t) = 3a_i(t-t_i)^2 + 2b_i(t-t_i) + c_i \quad (4-3-15)$$

$$\ddot{\delta}(t) = 6a_i(t-t_i) + 2b_i \quad (4-3-16)$$

以 $t = t_i$ 代入得

$$\delta_i = \delta(t_i) = d_i \quad (4-3-17)$$

$$\dot{\delta}_i = \dot{\delta}(t_i) = c_i \quad (4-3-18)$$

$$\ddot{\delta}_i = \ddot{\delta}(t_i) = 2b_i ; i = 1,2,\cdots,N \quad (4-3-19)$$

式中:δ、$\dot{\delta}$、$\ddot{\delta}$ 分别为系统的相对位移及其一阶和二阶导数值。

令 $t_{i+1} - t_i = \Delta$,为一常数值,且代入 $t = t_{i+1}$,则有

$$\delta_{i+1} = \delta(t_{i+1}) = a_i\Delta^3 + b_i\Delta^2 + c_i\Delta + d_i \quad (4-3-20)$$

$$\dot{\delta}_{i+1} = \dot{\delta}(t_{i+1}) = 3_i\Delta^2 + 2b_i\Delta + c_i \quad (4-3-21)$$

$$\ddot{\delta}_{i+1} = \ddot{\delta}(t_{i+1}) = 6a_i\Delta + 2b_i \quad (4-3-22)$$

将以上三式代入以相对位移表示的单自由度系统的微分方程 $\ddot{\delta} + 2\zeta\omega\dot{\delta} + \omega^2\delta = u$,得到基本递推公式:

$$a_i = \frac{U_{i+1} - (2+4\zeta\omega\Delta + \omega^2\Delta^2)b_i - 2(\zeta\omega + \omega^2\Delta)\dot{\delta}_i - \omega^2\delta_i}{6\Delta + 6\zeta\Delta^2\omega + \omega^2\Delta^2} ; i = 1,2,\cdots,N$$

$$(4-3-23)$$

$$\delta_{i+1} = a_i\Delta^3 + b_i\Delta^2 + \dot{\delta}_i\Delta + \delta_i ; i = 1,2,\cdots,N \quad (4-3-24)$$

218

$$\dot{\delta}_{i+1} = 3a_i\Delta^2 + 2b_i\Delta + \dot{\delta}_i; i = 1, 2, \cdots, N \qquad (4-3-25)$$

该方法原理简单,物理意义清楚,占用内存小,省机时。对于三种方法,即改进的递归数字滤波法、数字滤波法和样条函数法,样条函数法是比较理想的。在计算余谱时,样条函数法还有一个优点是,可利用冲击输入结束时的位移和速度作为初值代入单自由度系统自由振动微分方程的通解中,直接求得任意时刻的剩余响应,大大节省了机时。

4.3.4 舰船冲击环境特征

图 4-3-7 所示的舰船模型可以代表一系列水面舰船。下面用有限元方法研究水面舰船在冲击波载荷作用下的动态响应特征,典型水面舰船的有限元模型如图 4-3-7 所示:有限元模型采用笛卡儿坐标系,坐标原点取在基线上第 10 站处,x 轴重合于基线,向舰艏方向为正;y 轴垂直于中线面,向左舷为正;z 轴垂直于水线面,向上方为正。坐标以米为单位。

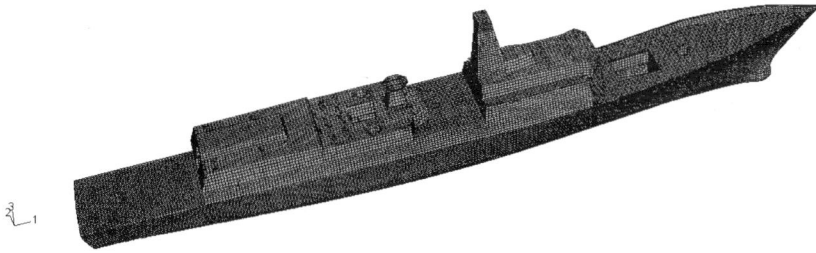

图 4-3-7 典型水面舰船模型

研究近场水下爆炸时,气泡可能直接接触船体,这时会引起气泡破裂,产生射流,对船体局部破坏是相当严重的,求解这一过程非常复杂,本节不作讨论。而远场爆炸一般不会使船体产生大的塑性变形,但是不管是远场水下爆炸,还是近场水下爆炸,舰船结构上的动响应(如加速度、速度、位移等)的特征基本一致。通常认为,水下爆炸载荷作用下船体的响应以垂向响应为主。因此,以垂向加速度响应为对象,分析舰船结构在水下爆炸载荷作用下的动态响应特征。为不失一般性,取典型水下爆炸工况,绘出舰船甲板、外壳上典型部位的垂向加速度时间历程曲线,如图 4-3-8 所示。

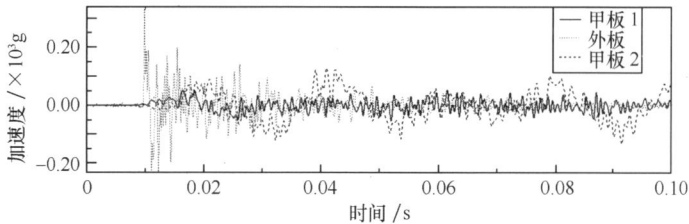

图 4-3-8 舰船甲板、外壳典型部位在冲击波载荷作用下的加速度时间历程曲线

从图 4-3-8 中可以看出,船底加速度响应明显地反映了冲击波的直接作用,峰值大且波形陡峭。随着时间的增加,响应迅速减小,这是由于船底与水耦合导致舰船的振动能量散失很快所致。随着甲板层次的增加,大量的高频响应随之滤去,可以很明显地看到,响应曲线的低频波形,基频大约为几十赫。同时,耦合着大量高频成分,这是由冲击载荷

219

的性质所决定的。其中,低频的成分可能是冲击载荷激起的局部板架振动的固有频率,高频成分可能是由于冲击波引起的结构内部前驱波所致,本节在这里不作详细探讨。从图中可以看出,虽然都是甲板上的结构,但是它们的振动曲线也不完全相同。综合上述分析,船体底部和甲板的响应截然不同,甚至甲板上不同节点之间的响应也不相同,这符合水下爆炸作用下船体结构的响应特点。

应用上述舰船结构冲击响应分析方法得出典型位置的冲击谱图如图 4 - 3 - 9 和图 4 - 3 - 10 所示,设计谱图如图 4 - 3 - 11 和图 4 - 3 - 12 所示。实际上,舰船结构受到冲击载荷作用后,由于载荷及响应的相互传递特性,不同部位的冲击环境是不同的。在外板处由于冲击波作用高频还没有衰减,因而其高频加速度谱值较大;随着甲板层次增高,高频作用成分会滤去,到达上层甲板都是以中低频为主的响应,而高频加速度谱值较小,但对速度谱影响不大,因为速度谱在中低频占优,对高频影响不敏感。

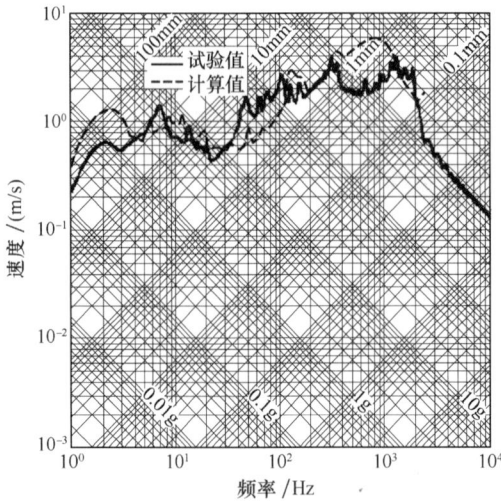

图 4 - 3 - 9 外板典型位置的冲击谱图

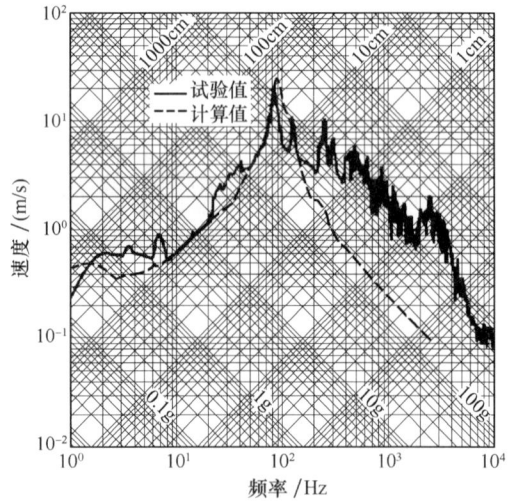

图 4 - 3 - 10 甲板典型位置的冲击谱图

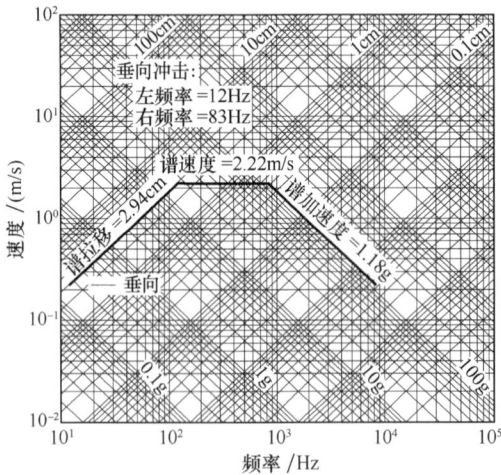

图 4 - 3 - 11 外板典型位置的设计谱图

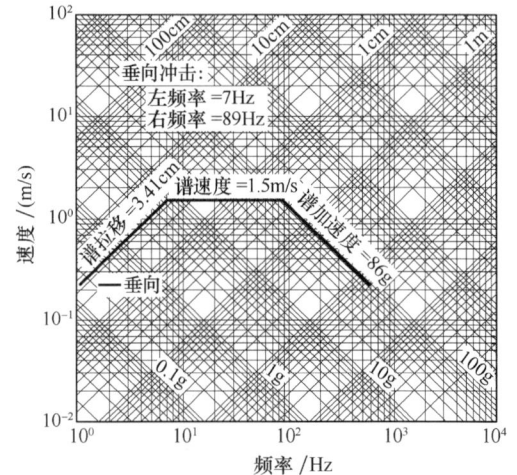

图 4 - 3 - 12 甲板典型位置的设计谱图

220

4.4 非接触爆炸载荷作用下船体强度

据资料表明,现行设计和研究船体总强度时一般只计入包括波浪、砰击等在内的外载荷,并没有包括水下爆炸载荷及水下爆炸后的气泡脉动载荷。而实际上舰船在受到非接触水下爆炸载荷作用时,由冲击波载荷引起的破坏大部分是船体局部破坏,而冲击波过后的气泡脉动载荷往往引起船体的总体破坏,使舰船丧失战斗力。这是由于气泡脉动载荷的频率与舰船船体的一阶垂向固有频率相当,并且某些工况下气泡脉动的周期与波浪的周期属同一量级,因此舰船在实际海况中航行时遭受非接触水下爆炸载荷作用时,必须考虑水下爆炸载荷和波浪载荷相互作用下对船体总强度的影响。

4.4.1 爆炸载荷作用下船体响应计算

本书借助数值手段研究舰船在水下爆炸气泡脉动载荷与波浪载荷联合作用下的舰船响应,国内用 ALE 算法研究水下爆炸的文献比较多,本书采用声固耦合方法模拟舰船水下爆炸。在进行舰船水下爆炸数值计算的过程中,建立精确的有限元模型很重要,有限元模型的精确与否直接影响分析结果。图 4-4-1 为精确建立的有限元模型。在图 4-4-1 所示的有限元模型中,XXX 型舰长为 L、宽为 B、吃水为 T,坐标系为:中纵剖面、中横剖面、基平面交点为坐标原点,X 轴向船艏为正,Y 轴向左舷为正,Z 轴铅直向上为正。工况为药包药量 1000kg TNT,爆心位于 $X=0$m、$Y=0$m、$Z=-60$m。冲击波载荷及气泡脉动载荷由 Geers-Hunte 模型得出。分别从 XXX 舰典型位置的加速度、速度和应力来说明爆炸载荷作用下的船体响应,如图 4-4-2 ~ 图 4-4-4 所示,从图中的曲线可以看出,气泡脉动对舰船的加速度响应影响很小,由气泡脉动引起的加速度只是冲击波引起的加速度的 1/10 或更小。气泡脉动对舰船的应力和速度影响很大,与冲击波在一个量级上,甚至比冲击波引起的还要大。因此在校核船体在非接触爆炸载荷作用下的船体总强度的同时必须计入气泡脉动的影响。

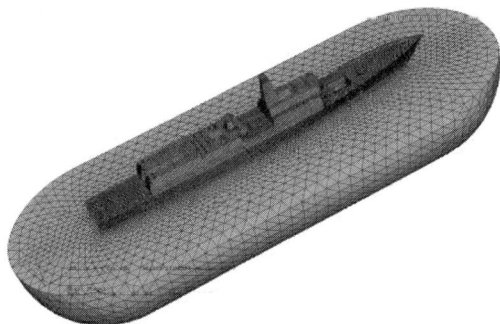

图 4-4-1　XXX 舰及其周围流场有限元模型　　图 4-4-2　典型单元的加速度时间历程曲线

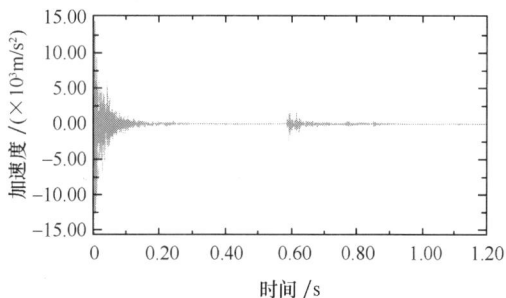

4.4.2 波浪载荷作用下舰船总纵强度外力计算

为了计算作用在船体上的剪力和弯矩,必须首先计算重力和浮力沿船长的分布。对某计算状态来说,重量沿船长的分布状况是不变的。而船舶在波浪中的浮力沿船长的分

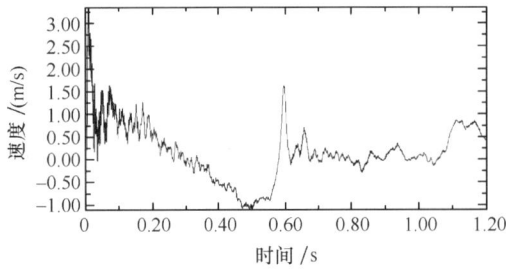

图4-4-3 典型单元的速度时间历程曲线　　图4-4-4 典型单元的应力时间历程曲线

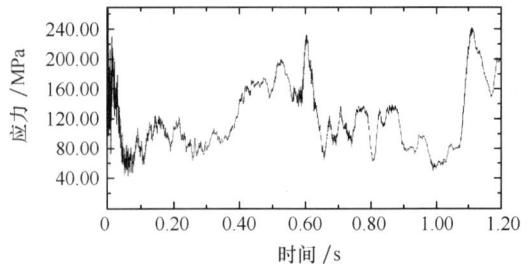

布 $b_w(x)$ 可视为船舶在静水中的浮力分布 $b_s(x)$ 和由于波浪而产生的附加浮力分布 $\Delta b(x)$ 之和,即

$$b_w(x) = b_s(x) + \Delta b(x) \tag{4-4-1}$$

因此,利用船体梁理论,作用在船体梁上的载荷、剪力和弯矩分别为

$$
\begin{cases}
q(x) = p(x) - b_w(x) = [p(x) - b_s(x)] + [-\Delta b(x)] \\
N(x) = \int_0^x q(x)\mathrm{d}x = \int_0^x [p(x) - b_s(x)]\mathrm{d}x + \int_0^x [-\Delta b(x)]\mathrm{d}x \\
\qquad = N_s(x) + N_w(x) \\
M(x) = \int_0^x N(x)\mathrm{d}x = \int_0^x N_s(x)\mathrm{d}x + \int_0^x N_w(x)\mathrm{d}x \\
\qquad = M_s(x) + M_w(x)
\end{cases}
\tag{4-4-2}
$$

式中:$p(x)$ 为重力沿船长的分布;$N_s(x)$:静水剪力,有

$$N_s(x) = \int_0^x [p(x) - b_s(x)]\mathrm{d}x \tag{4-4-3}$$

$M_s(x)$ 为静水弯矩,有

$$M_s(x) = \int_0^x N_s(x)\mathrm{d}x \tag{4-4-4}$$

$N_w(x)$ 为波浪附加剪力,有

$$N_w(x) = \int_0^x [-\Delta b(x)]\mathrm{d}x \tag{4-4-5}$$

$M_w(x)$ 为波浪附加弯矩,有

$$M_w(x) = \int_0^x N_w(x)\mathrm{d}x \tag{4-4-6}$$

波浪附加剪力、波浪附加弯矩完全是由波浪产生的附加浮力(相对于静水状态的浮力增量)引起的,简称波浪剪力和波浪弯矩。应该注意的是,静水浮力主要取决于船体浸入水中部分的形状,是一个确定性的静态量,可由静水平衡计算求得;而波浪附加浮力则主要是动态的、随机的,其计算相当复杂。传统的方法,都是将船舶静置于标准波浪上求取波浪附加浮力的,即假想船舶以波速在波浪的传播方向上航行,此时船与波的相对速度为0。这样,求得的波浪附加浮力是静态的,其对应的波浪附加剪力和波浪附加弯矩分别称为静波浪剪力和静波浪弯矩。当所有船舶都在同一计算原理的基础上进行比较时,该

222

方法在一定范围内仍然是适用的,即对动波浪弯矩仍可以在形式上保留静置计算法。

综上所述,通常按如下步骤计算船体梁所受到的剪力和弯矩:

(1)计算重量分布曲线 $p(x)$;

(2)计算静水浮力曲线 $b_s(x)$;

(3)计算静水载荷曲线 $q_s(x)$,即

$$q_s(x) = p(x) - b_s(x) \tag{4-4-7}$$

(4)计算静水剪力及弯矩,即

$$N_s(x) = \int_0^x q_s(x)\,\mathrm{d}x \tag{4-4-8}$$

$$M_s(x) = \int_0^x N_s(x)\,\mathrm{d}x \tag{4-4-9}$$

(5)计算静波浪剪力及弯矩,即

$$N_w(x) = -\int_0^x \Delta b(x)\,\mathrm{d}x \tag{4-4-10}$$

$$M_w(x) = \int_0^x N_w(x)\,\mathrm{d}x \tag{4-4-11}$$

(6)计算总剪力和总纵弯矩,即

$$N(x) = N_s(x) + N_w(x) \tag{4-4-12}$$

$$M(x) = M_s(x) + M_w(x) \tag{4-4-13}$$

通过式(4-4-1)~式(4-4-13)计算得出 XXX 舰在不同海况下的载荷曲线。

图4-4-5为各级海况下的节点力随站号变化的关系曲线图。由图可见:在 X 轴上方,6 级海况的节点力曲线大都在 9 级海况的上方;而在 X 轴下方,6 级海况的节点力曲线大都在 9 级海况的下方。这说明符合 6 级海况是最危险海况的分析。

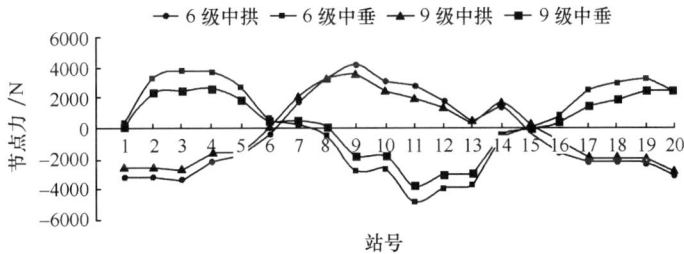

图4-4-5　各级海况的载荷曲线

4.4.3　波浪载荷与爆炸载荷联合作用的解耦方法

考虑舰船在波浪中航行时,舰船受波浪弯矩的作用,也就说此时如果舰船遭受鱼雷或水雷等水下武器攻击,舰船将承受波浪载荷和水下爆炸载荷的联合作用。但由于水下爆炸载荷作用时间非常短,即使考虑气泡的二次脉动载荷,气泡的脉动周期也只有 1s 左右,约是波浪周期的 1/10,所以可以认为当舰船在波浪中受爆炸载荷作用时,假定此时舰船静止,如一直处于中拱或中垂状态。因此,在分析舰船在极端海况下受鱼雷或水雷攻击的

受力情况时,可以简化为先计算出波浪载荷作用在船体上舰船的受力状况,在此状态下再进行水下爆炸分析,在爆炸载荷作用时,假定船体不动,波浪载荷不变,即在舰体有预应力的情况下,再进行动力分析。本节对 XXX 舰在 6 级、9 级海况(表 4-4-1)和水下爆炸载荷(包括冲击波、气泡脉动载荷等)作用下的船体总强度进行了数值计算。

表 4-4-1　海况

浪级	海况	波高/m	波长/m	周期/s
6	巨浪	3.5～6.1	75～125	7～9
9	狂涛	≥11.0	≥220	≥12

由表 4-4-1 可见,对于 6 级海况和 9 级海况,波浪的频率均在 0.14Hz 以下,而本舰船的垂向一阶固有频率与波浪的频率比在 12 倍以上,频率相差很大。在爆炸载荷作用下,定义最大气泡脉动周期为装药量一定的 TNT 炸药在水中能产生的最大脉动周期,1000kg 以内的 TNT 炸药的最大脉动周期如图 4-4-6 所示,从图中可以看出,气泡脉动载荷的周期基本上在 1s 以内,故对于 6 级海况和 9 级海况在气泡脉动载荷的作用时间内,认为波浪是静止不动的,即波浪载荷不随时间变化。

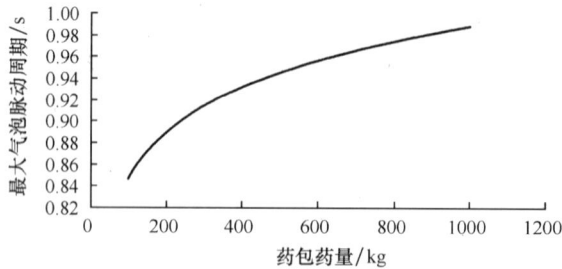

图 4-4-6　最大气泡脉动周期与药包药量之间的关系

而当波浪载荷的周期和气泡脉动载荷的周期相当时,周期为 1s 左右,此时波长小于 2m,波高小于 0.1m,而本舰船的设计水线与波长之比在 60 倍以上,所以此时波浪的影响很小,此时波浪载荷的大小和在静水中的很相近,工况取为静水中的工况。总之,在气泡脉动载荷作用过程中,可以假定波浪载荷是不变的,以下计算基于这一假设。

4.4.4　波浪载荷与冲击波载荷联合作用下的舰船总强度

由于冲击波作用时间极短,在冲击波载荷作用下,船体材料的应变率达上千,此时材料的屈服极限也会有明显的提高,在高应变率下材料的屈服应力难以得知,本书在评估冲击波载荷作用下船体强度时,以船体外壳的等效塑性应变为标准,根据 GJB 4000—2000 第 103 章结构动力强度中的 103.4 节,船体的临界塑性应变为 0.08,取塑性应变以 0.08 为基准相对化,记为 ε_{lim},记舰体外壳中面有效塑性应变为 ε,定义 $\varepsilon' = \varepsilon/\varepsilon_{lim}$。以 XXX 舰为例,工况为药包质量 1000kg,位于舰船舯部正下方,爆距从 5m～25m 每间距 5m 设置一工况,按照舰船的初始状态分类,共有五种初始状态,分别为承受静水弯矩的初始状态、6 级海况中拱状态、6 级海况中垂状态、9 级海况中拱状态、9 级海况中垂状态。其冲击波载荷作用下的船体总纵强度评估见表 4-4-2 所列。

表4-4-2　1000kg TNT炸药在舰船舯部正下方爆炸时舰船船体外壳塑性应变值

爆距/m	舰体外壳中面有效塑性应变ε′				
	静水状况	6级海况中拱	6级海况中垂	9级海况中拱	9级海况中垂
5	3.230	3.327	3.333	3.295	3.288
10	0.200	0.206	0.206	0.204	0.204
15	0.057	0.059	0.059	0.059	0.058
20	0.015	0.015	0.015	0.015	0.015
25	0.004	0.004	0.004	0.004	0.004

从表4-4-2可看出,当爆距为5m时船体外壳的有效塑性应变值超过了0.08,根据GJB4000-2000第103章结构动力强度中的103.4节,船体的临界塑性应变为0.08,此时舰船的强度将得不到保证。当爆距在10m或10m之外时,船体外壳的有效塑性应变基本在0.08之内。从表4-4-2中还可看出,波浪对冲击波的影响不是很大,因此有理由认为,在计算冲击波载荷时,可以忽略波浪力的作用。由表4-4-2中可以总结出船体外壳有效塑性应变与爆距的关系,定义 d 为药包爆心距船体外壳的距离。得到 ε' 与 d 的关系如图4-4-7所示。

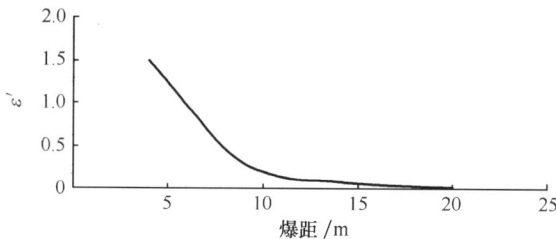

图4-4-7　塑性应变与爆距的关系曲线

由图4-4-7可看出,爆心距离船体外壳越近,船体外壳的有效塑性应变变化趋势越陡;爆心距离船体外壳越远,船体外壳的有效塑性应变变化趋势越缓慢。

4.4.5　波浪载荷与气泡脉动载荷联合作用下的舰船总强度

药包在水中爆炸达到一定的深度时,便会有气泡脉动现象产生,1000kg TNT炸药大约在30m或更深的水域将会有气泡脉动现象,且药包在同一深度爆炸,爆心在船体中部正下方时,气泡脉动威力最大,即药包在舰船正下方爆炸时为危险工况,因此在舰船的正下方从30m~80m每间距10m设置一工况。

校核参数为相对应力,定义为

$$n = \frac{\sigma_s}{\sigma} \tag{4-4-14}$$

式中:n 为应力储备系数;σ_s 为校核单元的材料屈服应力,考虑到动态屈服应力的提高问题,对 σ_s 进行一定的修正,通过研究,保守地认为 σ_s 比静态屈服极限提高了1.1倍;σ 为校核单元的正应力。本书选取的校核位置为上甲板单元,校核参数为应力储备系数 n。

225

其他工况设置同冲击波载荷作用下的设置,表 4-4-3 为不同爆距时的上甲板应力储备系数。

表 4-4-3　不同爆距时上甲板应力储备系数

海况 爆距/ m	静水弯矩	6 级海况 中拱	9 级海况 中拱	6 级海况 中垂	9 级海况 中垂
30	1.25	1.09	1.16	1.12	1.16
40	1.54	1.32	1.40	1.35	1.41
50	2.05	1.74	1.86	1.78	1.86
60	3.86	3.17	3.47	3.29	3.47
70	7.48	5.86	6.39	6.03	6.30
80	15.52	11.26	12.35	11.48	12.24

将表 4-4-3 中的数据作如下处理:

设某爆距下静水弯矩的应力储备系数为 λ_j,其对应的某种海况下的应力储备系数为 λ_h,定义:

$$\bar{\lambda} = \frac{\lambda_j - \lambda_h}{\lambda_j} \times 100\% \qquad (4-4-15)$$

表 4-4-4 列出了不同爆距时 $\bar{\lambda}$ 值。

表 4-4-4　不同爆距时 $\bar{\lambda}$ 值(%)

海况 爆距/ m	6 级海况 中拱	9 级海况 中拱	6 级海况 中垂	9 级海况 中垂
30	12.8	7.2	10.4	7.6
40	14.0	8.8	12.3	8.4
50	15.2	9.3	13.2	9.3
60	17.8	10.1	14.7	10.1
70	21.7	14.6	19.4	15.8
80	27.4	20.4	26.0	21.1

从表 4-4-4 可以看出,6 级海况下的 $\bar{\lambda}$ 值比相应的 9 级海况要大,这是因为在 6 级海况下海浪的波长和舰船的设计水线长比较接近,相应地引起的应力就要大一些,且在 6 级海况下,$\bar{\lambda}$ 都在 10% 以上且随着爆距的增加逐渐增大,说明了药包距离舰船越远,舰船在波浪载荷和爆炸载荷联合作用下波浪载荷的影响就越明显。总之,在计算气泡脉动载荷作用下的舰船总强度时必须计及波浪载荷的影响。

4.5　舰船水下接触爆炸结构冲击响应

4.5.1　接触爆炸时舰船结构破损概述

目前,西方军事强国的现役航空母舰、大中型水面舰船和潜艇,在船体结构防护方面,广泛使用高强度合金材料,采用多层壳体、防护装甲和减振支撑设计,抗沉、抗爆和抗冲击性能得到了较大提高,舰船的损伤特性与第二次世界大战时相比有了质的变化。然而,矛与盾的发展总是相互联系的。任何一艘舰船不论其攻击力和主动防御能力有多强大,在战斗中都有可能被武器击中,当其遭到鱼雷、水雷和反潜导弹等武器的攻击时,即使在距离爆炸中心相当远的范围内,也会对舰船的结构、设备和人员造成伤害。近年来,随着水中兵器的迅速发展,水下打击手段日益丰富,水中爆炸的当量冲击持续时间明显增加,而且命中率提高后,对舰船的威胁更加严重。由图4-5-1可以清楚的看到,2000年美国海军阿利·伯克级驱逐舰"科尔"号在中东遭受恐怖分子炸弹袭击所造成的毁伤效果。作为美国海军目前的主力战舰,"科尔"号在遭受近场水下爆炸作用时依然受到重创,丧失了其生命力(该舰最终不得不通过驳船运回美国大修)。图4-5-2为美国USS Tripoli在海湾战争中受到鱼雷接触爆炸作用后的损毁情况。可见,提高舰船结构抗爆能力已成为现代舰船设计的迫切需求,舰船结构抗爆能力也成为越来越重要的战术技术指标。

图4-5-1 美国海军"科尔"号驱逐舰在也门遭受恐怖袭击所造成的毁伤

图4-5-2 板架结构在接触爆炸作用下典型强度失效模式

舰船结构主要由板架和梁组成,炸药在舰船舷侧或舰船底部发生接触爆炸,舰船将部分或完全丧失生命力,主要表现在以下几个方面:

(1)水下爆炸使舰船壳体破损,造成舱室进水,舰船发生倾斜、稳性变化或吃水深度加大,甚至导致舰船沉没。

(2)如果鱼雷命中舰船的弹药舱部位,那么将引起弹药爆炸,使舰船遭到毁灭。

(3)水下爆炸通常使舰船的机动性下降,武器装备有效使用的可能性降低,还可能导致主机和推进器失去工作能力。由于爆炸冲击波的振动,舰船上的机器、仪表等装置可能受到损坏,结果使武器装备、主机操纵、通信联络等系统失去电、气控制而不能使用,严重影响了舰船的战斗力。

(4)舰船上的燃料、淡水、滑油等,常因鱼雷爆炸而受到损失,导致舰船的自给力下降或被迫退出战斗行列。

(5)水下爆炸还可能破坏舰船上的管道,引发火灾,使战斗人员伤亡而丧失战斗力。

目前,一般认为舰船结构在接触爆炸作用下主要是强度破坏,即在爆炸载荷作用下,壳板或骨材动态拉伸应变达到极限值,从而造成毁伤。典型的板架在爆炸载荷作用下的强度破坏模式如图4-5-3(a)所示。当板架受到接触爆炸载荷时,强大的爆轰波会首先将板冲开一个圆形破口,之后板的横向变形逐渐增大,板内的环向拉伸应变也逐渐增大。当环向拉伸应变达到断裂应变时,板开始产生花瓣状开裂。自此系统所具有的剩余能量转化为裂纹扩展的断裂能和花瓣根部塑性铰旋转所消耗的塑性耗散能,直到能量耗尽裂纹停止扩展为止。

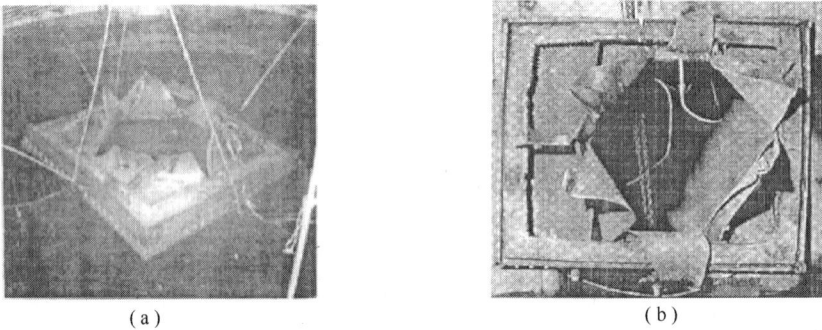

（a）　　　　　　　　　　（b）

图4-5-3　板架结构在接触爆炸作用下典型强度失效模式

然而纵观相关战例与实船试验,发现在近距离接触水下爆炸的强动态载荷作用下,很容易发生整船的一个截面或几个截面上形成塑性铰,水面舰船出现纵桁被拉压至屈服或失稳,或舷侧出现自上而下的皱褶(图4-5-3(b)),从而使这些重要构件中的应力分布发生改变,不仅不能承受外部载荷作用,反而造成与之相连的刚性构件(主要是骨架)中的应力大大提高,从而加剧船体结构的毁伤。

接触爆炸载荷作用下,冲击波作用于船体板架上,以船底板架为例,典型舰船的船底板架如图4-5-4所示。假设此时舱壁没有出现失稳,外载荷由船底板传递给纵骨,再由船底纵骨传至肋板承受。纵桁内部产生中面力抵抗外载荷作用,然而冲击载荷过大,将导致其超过临界载荷而失稳,使得纵桁有效剖面惯性矩 I 减小。根据结构力学中外力传递确定船底板架中梁的载荷(图4-5-5),交叉构件纵桁产生的荷重与其剖面惯性矩密切相关,即

$$R_1 = \frac{(4+2\mu)Q}{8+13\mu+\mu^2}, \qquad R_2 = \frac{\left(4-\frac{3}{2}\mu\right)Q}{8+13\mu+\mu^2} \qquad (4-5-1)$$

$$\mu = \frac{i}{I}\frac{L^3}{l^3} \qquad (4-5-2)$$

当纵桁失稳后,I 的变化使其产生的荷重 R_2 不能抵抗外载荷作用,当 $\mu > \frac{8}{3}$ 时,纵桁产生与外载荷相同的作用力,加剧了船体结构在爆炸载荷下的破坏。

228

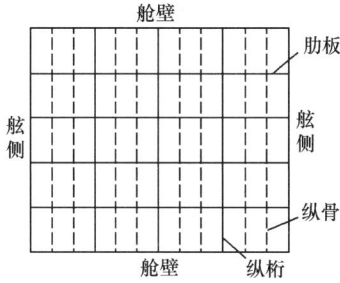

图 4 – 5 – 4　典型船底板架结构示意图

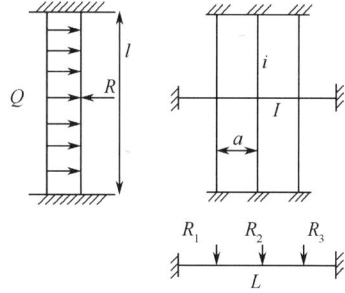

图 4 – 5 – 5　船底板架载荷示意图

可见,在接触爆炸载荷作用下,仅将强度破坏作为舰船结构毁伤判据是不完善的,必须将船体结构的失稳破坏模式考虑进去,这些都是在舰船结构抗爆抗冲击设计中需注意的问题。

4.5.2　接触爆炸时舰船结构破损估算

普通装药武器在水中对舰船的破坏半径为

$$R = 1.25 \sqrt{\frac{\omega}{10p_0}} \qquad (4-5-3)$$

式中:R 为接触爆炸时的破坏半径(m);p_0 为爆心处静水绝对压力,$p_0 = 0.103(1+0.1H)$ (MPa);H 为爆心处水深(m)。

对于鱼雷接触爆炸情况,舰船外舷上的破口通常呈椭圆形,其长轴沿水平方向,在破口周围有裂缝和凹坑。破损宽度,即长轴长度为

$$L_p = K \frac{\sqrt{G}}{\sqrt[3]{\delta}} \qquad (4-5-4)$$

式中:G 为鱼雷装药的 TNT 当量(kg);δ 为舰船壳体钢板厚度(cm);K 为经验系数,当计算对舰船实际破口宽度时,取 0.85;当计算破损宽度时,取 1.10。对于经验系数 K 的选取,根据对 907A 钢板制成的板架做了水下接触爆炸试验,根据试验结果认为 K 应取为 0.37。

舰船板架在接触爆炸作用下的破口估算式(4 – 5 – 4)笼统地将板架结构看成单纯的板,而未考虑加强筋的影响,计算时需要将加强筋按照横截面积相等的原则折算到板当中去。这样对加强筋的处理显然是很粗糙的,难以正确反映加强筋结构对破口尺寸的影响。可引入加强筋相对刚度因子 C 来考虑一定药包当量下加强筋强弱对破口的影响,即

$$C = 100 \frac{\sqrt[4]{I}}{\sqrt[3]{G}} \qquad (4-5-5)$$

式中:I 为加强筋在板架弯曲方向上的剖面惯性矩(cm^4);G 为炸药的 TNT 当量(kg)。

试验结果表明,加强筋对板架破口的影响可用表 4 – 5 – 1 描述。

229

表 4 – 5 – 1　C 不同取值条件下加强筋对破口的影响

C 的取值	大于 9	7 ~ 9	4 ~ 7	小于 4
加强筋的影响	可限制破口范围，加强筋无较大破坏	对破口范围有较大影响	对破口范围有一定影响	对破口范围影响较小

由表 4 – 5 – 1 可以看出，当 $C > 7$ 时，加强筋对破口范围的影响将是不可忽视的，此时将加强筋折算成板厚的办法将不再适用。考虑加强筋时的 L_p 估算公式为

$$L_p = 0.063 \times \frac{\sqrt{G}}{\sqrt[3]{h} \cdot \overline{I}^{0.153}} \qquad (4-5-6)$$

式中：h 为板架结构相当板厚（m）；$\overline{I}$ 为加强筋等效刚度（m³），可表示成

$$\overline{I} = \frac{I_Z}{b_Z} + \frac{I_H}{b_H} \qquad (4-5-7)$$

其中：$I_Z(I_H)$、$b_Z(b_H)$ 分别为纵（横）向加强筋在板架弯曲方向的剖面惯性矩和加强筋间距。

根据文献[6]中水下接触爆炸试验数据对式（4 – 5 – 5）进行检验。其试验模型主结构为长 5m、宽 1m、高 1m 的板架结构，长方向均匀分为 5 个隔舱，模型底部有两根 $L63 \times 63 \times 5$ 的角钢加强，整个模型钢板板厚均为 5mm。水下爆炸时，模型吃水 0.6m，炸药位于水下 0.4m 处，在模型舷侧接触爆炸，炸药 TNT 当量为 1kg，试验模型爆炸后破口形状如图 4 – 5 – 6 所示。

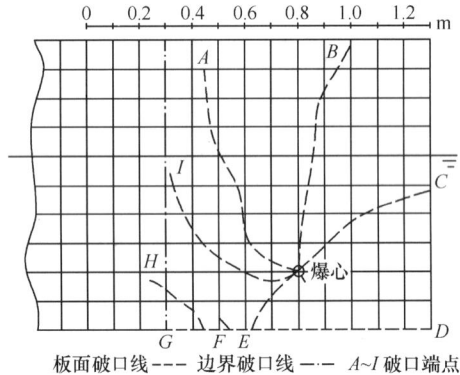

图 4 – 5 – 6　试验模型爆炸后破口形状

由上述试验结果可知，该模型在舷侧受到水下接触爆炸所产生的破口长轴长度 $L_p = 1.08m$。根据上述破口估算公式的要求，将横舱壁看作舷侧板架的横向加筋，计算其舷侧板架的相当板厚 h 和加筋的等效刚度 $\overline{I}$ 为：$h = 7.5mm$，$\overline{I} = 1.584 \times 10^5 mm^3$。分别用式（4 – 5 – 4）和式（4 – 5 – 6）对上述试验模型的破口进行计算，并对计算结果进行比较（表 4 – 5 – 2）。

表 4 – 5 – 2　对试验模型破口估算结果的比较

试验破口形状	估算式（4 – 5 – 4）结果	改进的估算式（4 – 5 – 6）结果
1.08m	1.594m	1.04m

230

舰船对毁伤的承受能力视舰船的大小及类型的不同而不同：对某些中小型舰船，当破口宽度大于6m～7m时，就足以使其在几分钟内沉没；而对于一些大中型船舶，通常认为至少破口能引起两个以上舱室同时进水，才可能使其受重伤难以自救或沉没。根据统计和经验数据，对于大中型水面舰船，所承受的最大允许破口宽度的统计值 $L_{pmax} = 13m$。

4.5.3 接触爆炸时船体板架冲击响应

近年来，美国和西欧一些国家对潜艇的抗水下爆炸问题开展了大量的理论和试验研究。目前，采用的分析方法主要为将 DYNA3D 与 USA 相连，分析结构在水下爆炸载荷作用下的屈曲和破坏，USA 的核心是 DAA 法。Fox（1992）、Kwon 和 Fox（1993）采用 DYNA3D 与 USA 程序相结合，分析了圆柱壳在近场和远场侧面爆炸下的动响应问题。近场问题进行了加筋或不加筋圆柱壳在近距离爆炸载荷作用下的数值计算，给出了迎爆面圆柱壳严重凹陷及加筋肋骨严重屈曲的情况。由于存在较大的弯曲响应，背爆面中部的应变也较大。而国内由于 USA 程序的禁运，相关的研究主要依托 ABAQUS，采用声固耦合法进行仿真分析，目前仅对于中远场问题解决得较好。

目前，国内开展接触爆炸研究时，一般将结构强度破坏作为失效判据，而舰船主要构件在接触爆炸作用下的失稳破坏模式尚未得到重视，相关研究工作正在相继展开，本节仍以强度破坏为依据进行数值仿真。

为说明舰船结果在接触爆炸载荷作用下破坏模式，选取某水面舰船作为研究对象，其典型剖面如图 4-5-7 所示。在划分有限元网格时，考虑到船体结构遭受水下鱼雷接触爆炸时，其结构必然受到爆炸冲击作用产生塑性变形甚至破坏，而采用数值手段模拟这种瞬间、高应变率的破坏过程，需要将结构网格细致划分。而水下接触爆炸对结构造成的损伤破坏范围主要局限于

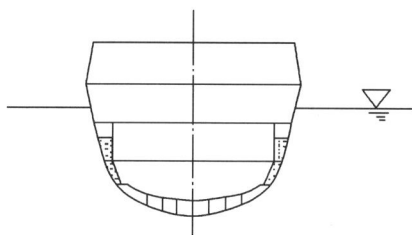

图 4-5-7　舰船典型剖面

武器弹着点附近，相对于整船来说，可以视为局部问题，故可采用局部网格加密技术对武器弹着点附近的船体结构进行局部网格加密，从而在保证计算精度的前提下，大大提高数值试验工程价值。

经过计算，得到不同工况下船体的响应，图 4-5-8 和图 4-5-9 给出了某时刻舷侧接触爆炸下船体结构响应云图。可见，在接触爆炸作用下，船体结构主要在弹着点附近响应最为剧烈，出现破口；而距离弹着点一定范围外的结构响应则迅速衰减。所以，采用局部网格细化的方法可以有针对性、准确模拟接触爆炸的结构响应。

现代鱼雷通过采用聚能装药以提高鱼雷的侵彻能力。聚能装药是指在弹头装定向爆炸的药柱。即在药柱前向表面做成锥形空穴状装药，这种药柱爆炸时，其爆炸气体产物会向空穴表面法线方向作扩散运动，并且在空穴轴线上相遇而聚集起来，形成一股聚集的高能气流——射流，故称为聚能效应。聚能气流沿长度方向各处粗细是不均匀的，把气流的最小截面处称为焦点，焦点离药柱空穴端面的距离称为焦距，在焦点处爆炸产物的密度比一般平面药柱爆炸产物的密度大4倍～5倍。射流的速度很高，其最大值能达 2km/s～15km/s。为了进一步提高射流的能量，一般在空穴药柱的锥形空穴内表面加一个与锥形

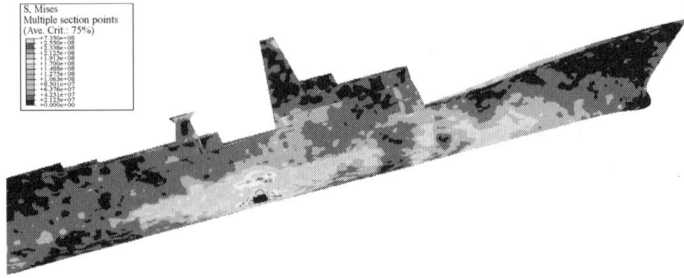

图 4 - 5 - 8　舷侧爆炸应力云图

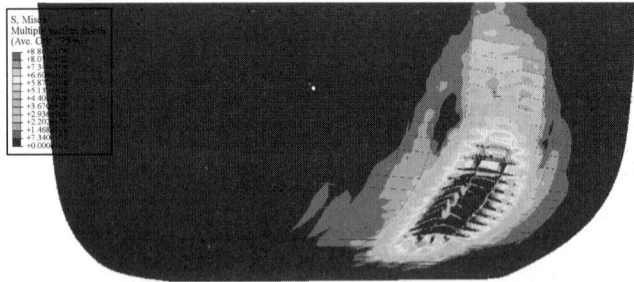

图 4 - 5 - 9　舷侧爆炸弹着点局部放大云图

空穴内表面紧贴在一起的金属罩,炸药爆炸时的聚集能量就直接作用在金属罩上,金属罩被熔化聚集成高速金属射流。金属射流的直径是无罩装药的聚集气流直径的 1/4 ~ 1/5。这种金属射流密度很大,其最小值等于金属罩材料的密度,远大于爆炸产物的密度。金属射流具有单位面积上能量集中的特点,所以具有很强的穿透作用。

　　针对水面舰船,当装药在水中爆炸后,爆炸产物产生足够的压力加速药形罩使之形成金属射流(图 4 - 5 - 10),当金属射流对水下结构进行侵彻后,首先在舰船板架上产生穿孔,紧随其后的爆炸波将进一步损毁目标。图 4 - 5 - 11 和图 4 - 5 - 12 给出了在相同工况下有无金属射流作用及船体结构破损情况。

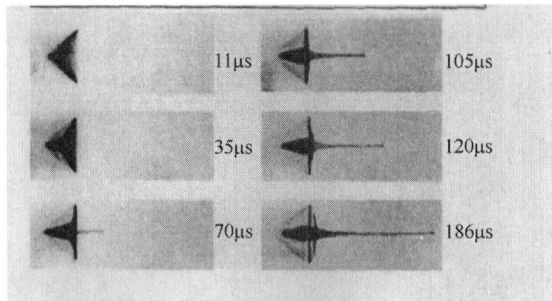

图 4 - 5 - 10　药型罩压垮形成射流的 X 射线阴影照片

　　考虑接触爆炸金属射流穿孔效应后,船体外板的塑性变形区域有一定的扩大,船体外板的破口半径约增大了 10% ,且防护内壁塑性变形区域变大并开始产生了破损(图 4 - 5 - 11 和图 4 - 5 - 12),此时船体结构的安全性已遭到破坏。说明金属射流穿孔效应能够增强鱼雷的破坏效果,增大鱼雷的纵深破坏区域。

图 4-5-11 接触爆炸无穿孔时舷侧结构破坏示意图

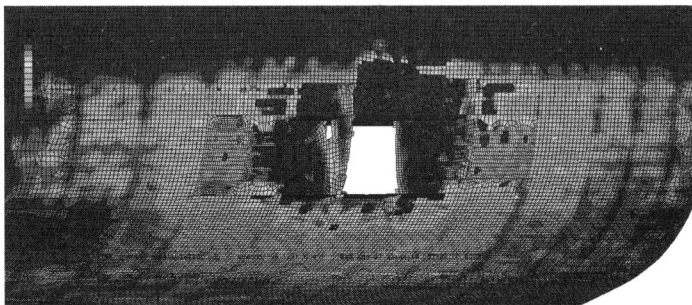

图 4-5-12 接触爆炸有穿孔时舷侧结构破坏示意图

*4.6 气泡脉动下舰船强度分析

水下爆炸产生的冲击波和气泡脉动均能对船体结构强度造成破坏,已有的研究表明,冲击波压力峰值大,持续时间非常短暂,其主要造成舰船结构局部强度损伤,如在迎爆面出现大的塑性变形或者破口;气泡脉动载荷往往引起舰船总体"鞭状运动",从而破坏舰船的总纵强度,严重时可导致船体一次性折断毁伤,这种由气泡载荷引起的船体总体破坏对舰船生命力会产生致命的威胁,因此气泡载荷对船体的作用不可忽视。国内外气泡脉动作用下舰船的总纵强度方面的工作开展得非常稀少,研究还很不成熟,本节将从气泡动弯矩入手对气泡脉动作用下舰船总纵强度问题作初步探索。

4.6.1 水下爆炸气泡弯矩

气泡脉动载荷具有低频特征,与船体的总体低阶固有频率接近,能激起舰船总体的垂向弯曲振动(又称"鞭状运动"),如图 4-6-1 所示,图中表示出了某工况下水下爆炸气泡脉动过程中,某舰船的垂向位移曲线,横坐标表示站号,纵坐标表示垂向位移。从图中可以看出,舰船总体的垂向振动被激起,舰船总体出现较大的弯曲变形。

当"鞭状运动"很剧烈时,船体的总纵强度受到严重的威胁,在船体横剖面会产生塑性铰,致使船体折断,如图 4-6-2 所示。与波浪弯矩类似,采用气泡动弯矩来描述气泡脉动载荷对舰船的作用大小,同时,将气泡脉动压力称为"人造波浪",气泡动弯矩又称为"人造波浪"弯矩。气泡在水中脉动时,在流场中会产生脉动压力载荷,舰船湿表面(与水

233

的接触表面)受到气泡脉动压力的作用,气泡脉动压力在船长方向上不均匀分布导致船体剖面出现弯矩。若已知各时刻船体湿表面的气泡脉动压力分布,便可求得各时刻船体各剖面的气泡动弯矩。由气泡脉动压力分布获得气泡弯矩的步骤如下:

(1)根据任意时刻船体湿表面的压力分布求得垂向压力分量沿船长的分布,计算公式为

$$f(x,t) = -\int_{C(x)} p(x,y,z;t) n_z \mathrm{d}l(x) \qquad (4-6-1)$$

式中:坐标 x 为船长方向,船艏为正;y 为船宽方向,左舷为正;z 为型深方向,垂直向上为正;$f(x,t)$ 为任意时刻 t 在船长 x 处垂向压力值,垂直向上为正;$p(x,y,z;t)$ 为任意时刻船体湿表面任意点的气泡脉动压力,指向船体表面为正,反之为负;n_z 为船体表面法向量 n 沿 z 的分量,n 背向船体表面指向水中;$C(x)$ 为湿表面的横剖线。

(2)按照梁理论,可根据 $f(x,t)$ 求出气泡动弯矩的值,计算公式为

$$M_b(x,t) = \iint f(x,t) \mathrm{d}x \cdot \mathrm{d}x \qquad (4-6-2)$$

式中:$M_b(x,t)$ 为任意时刻船体任意横剖面的垂向弯矩。

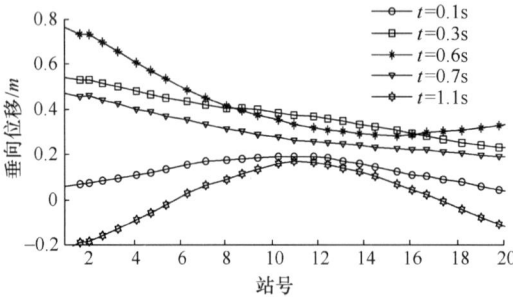

图4-6-1 气泡脉动时舰船的垂向位移

图4-6-2 气泡的作用导致船体折断

船体湿表面气泡脉动压力求解可采用多种不同的方法。基于球形气泡的假设,人们给出了计算气泡脉动载荷的半经验公式,近年来随着计算科学的迅速发展,考虑气泡非球形效应的气泡运动数值模拟方法得到了长足的进步,计算精度日益提高,在研究气泡对结构的作用时,采用数值手段求解气泡脉动压力逐渐成为一种重要的途径。本书以下的论述中气泡脉动载荷的求解采用的是边界元法,并且考虑了气泡与船体的相互作用,与之相关的详细理论和方法可参考相关文献,本书在此不做过多的叙述。

通过研究舰船在气泡载荷下的动态响应特性,发现气泡脉动对船体的作用大小主要与气泡的脉动频率(受药包药量和药包所处水深的控制)、爆炸方位角和爆炸点在船长方向的位置及船体固有特性等因素相关。

定义无量纲频率参数

$$\alpha = \frac{f}{f_0} \qquad (4-6-3)$$

式中:f_0 为舰船总体基频;$f = 1/T$ 为气泡的脉动频率,其中,T 为气泡脉动周期,采用下面公式估算:

$$T = 0.308 \frac{W^{1/3}}{[1.03(1+0.1H)]^{5/6}} \tag{4-6-4}$$

这里:W 为药包质量(TNT);H 为药包所处的水深。用这一参数同时考虑药量、药包所处水深和舰船固有特性的影响。

定义无量纲长度参数

$$\beta = \frac{2X}{L} \tag{4-6-5}$$

式中:X 为爆炸点沿船长方向距船舯剖面的距离;L 为船长。

方位角 θ 的含义如图 4-6-3 所示。

舰船受到的气泡动弯矩一般在船舯区域较大,船舯附近的折断更易发生,也最致命。下面研究船舯区域"人造波浪"弯矩与三个影响参数 α、θ、β 的关系。研究表明,当爆炸发生在船舯区域正下方时,气泡脉动载荷对舰船的毁伤作用最大。通过对大量工况进行数值计算,可总结出静水工况下船船舯区域"人造波浪"弯矩的经验公式,即

$$M_b = A(\beta) \cdot B(\theta) \cdot M_0(\alpha) \tag{4-6-6}$$

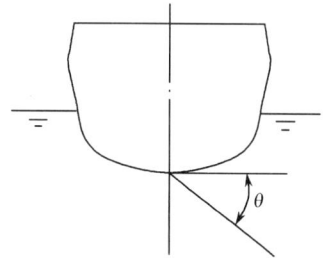

图 4-6-3　方位角示意图

式中:M_b 为"人造波浪"弯矩在时间上的最大值;$A(\beta)$ 为长度参数影响函数,仅为 β 的函数,其表达式为

$$A(\beta) = 1 - 0.61\beta^2 \tag{4-6-7}$$

$B(\theta)$ 为方位角影响函数,仅为 θ 的函数,表达式为

$$B(\theta) = 0.0056\theta + 0.52 \tag{4-6-8}$$

$M_0(\alpha)$ 为频率参数影响函数,仅为 α 的函数,该函数表示药爆炸点位于船舯正下方时($\beta = 0$,$\theta = 90°$)气泡脉动产生的动弯矩,又称为基函数,可表示为

$$M_0(\alpha) = \sum_{n=0}^{10} a_n \alpha^n \tag{4-6-9}$$

系数 a_n 的值见表 4-6-1 所列。

表 4-6-1　a_n 的值

a_0	a_1	a_2	a_3	a_4	a_5	a_6	a_7	a_8	a_9	a_{10}
619.8	-7914.6	47204	-170030	403540	-651540	718790	-532320	252610	-69303	8348.9

需要说明的是,以上的经验公式是基于细长型舰船总结出的,对于长宽比较小的短粗型舰船的适用性还有待考证。

4.6.2　气泡脉动作用下舰船总纵强度评估

舰船在服役期间大部分时间处于波浪中,受波浪载荷的作用,此时如果舰船遭受鱼雷或水雷等水下武器攻击,舰船将承受波浪载荷和水下爆炸载荷的联合作用。由于水下爆炸的复杂性和波浪运动的随机性,完全真实地求取波浪与气泡耦合载荷对舰船总纵强度

的影响存在相当大的困难,下面介绍基于一定假设的气泡脉动作用下舰船总纵强度评估方法,希望对读者有一定的启发。

6 级海况的波长取 120m 左右,与一般驱护舰的船长最为接近,因此也是最危险海况,对于 6 级海况,波浪的周期均为 7s 以上,更高级别的海况,波浪周期要更大些,而舰船的垂向一阶固有频率一般为 2Hz 左右,周期约为 0.5s,周期相差很大。在爆炸载荷作用下,定义最大气泡脉动周期为装药量一定的 TNT 炸药在水中能产生的最大脉动周期,1000kg 以内的 TNT 炸药的最大脉动周期如图 4-4-6 所示。由图 4-4-6 可以看出,气泡脉动载荷的周期基本上在 1s 以内,故对于 6 级海况以及更高级别的海况在气泡脉动载荷的作用时间内,认为波浪是静止不动的,即波浪载荷是不随时间变化的。

而当波浪载荷的周期和气泡脉动载荷的周期相当时,周期为 1s 左右,此时波长小于 2m、波高小于 0.1m。对于舰船来说,波浪的影响几乎很小,此时波浪载荷的大小和在静水中的很相近,此时的工况取为在静水中的工况。基于以上的分析,在气泡脉动载荷作用过程中,可以假定波浪载荷是不变的。

因此,将舰船在遭受水下爆炸时受到的载荷,分解为水下爆炸载荷和波浪载荷,两部分载荷分别计算。按照静置法计算静水弯矩 M_s 和波浪弯矩 M_w。在大多数情况下,舰船所处的海况均可近似处理为静水工况,可采用 4.6.1 节中总结出的经验公式估算气泡弯矩;对于不可按静水工况处理的海况,在采用 4.6.1 节中方法计算气泡弯矩时,舰船的湿表面与静水工况相比要发生变化,此时,统一取波长为船长,波高根据波长求出,将船体静置于波峰或波谷确定湿表面。将各种弯矩进行叠加,即可得到舰船在受气泡脉动作用时的总弯矩 $M_b + M_s + M_w$。

采用极限弯矩来校核船体的总纵强度。若暂时不考虑安全系数,在气泡载荷作用下舰船总纵强度破坏从而产生折断的判断条件为

$$M_b + M_s + M_w \geqslant M_u \tag{4-6-10}$$

当"人造波浪"弯矩、静水弯矩和波浪弯矩之和大于或等于舰船极限弯矩时,认为舰船整体会产生折断毁伤。对于一定装药的武器攻击某一舰船的情况,只要获得各种弯矩的值,就可按照以上条件判断舰船是否会发生折断。

船体结构规范中极限弯矩的计算公式为

$$M_u = \sigma_s W_{yh} \times 10^{-1} \tag{4-6-11}$$

式中:σ_s 为所校核剖面距中和轴最远点刚性构件材料的屈服应力;W_{yh} 为假定距中和轴最远点构件的应力等于材料屈服强度时的最小剖面模数,可根据以下公式估算:

$$W_{yh} = \alpha_0 KLBT(C_b + 1.2) \tag{4-6-12}$$

其中:L 为船长;B 为船宽;T 为吃水;α_0 为航区系数;C_b 为方形系数;K 为系数,$K = \dfrac{2.2}{L^{0.26}}$。

以上的最小剖面模数的估算公式是针对基本完好的船体,而实际上,舰船在遭受水下爆炸时,船体先受冲击波的作用发生了局部的变形或破口,然后破损船体承受气泡载荷的作用,因此,应先采用经验公式或数值方法计算局部塑性变形或破口的范围,再计算最小剖面模数,以便考虑冲击波对其的削弱作用,按此求出的弯矩严格意义上称为剩余极限弯矩。

236

当结构遭受爆炸载荷的冲击时,由于载荷具有在短时间内发生载荷显著变化的特点,意味着高加载率或高应变率。材料的力学性能本质上是和应变率相关的,随着应变率的提高,材料的屈服极限和强度极限提高,延伸率降低,同时出现屈服滞后和断裂滞后。因此,在求极限弯矩时,用动态屈服应力 σ_d 代替 σ_s。采用 Copwer-Symonds 模型,则

$$\sigma_d = \left[1 + \left(\frac{\dot{\varepsilon}}{D} \right)^{1/p} \right] \sigma_s \qquad (4-6-13)$$

式中:p、D 为应变率系数,对于一定的材料该系数为常数;$N = 1 + \left(\dfrac{\dot{\varepsilon}}{D} \right)^{1/p}$ 为考虑材料应变率的屈服应力提高系数。

下面给出一个评估算例:典型驱逐舰处于微浪的海面,吃水为设计吃水,1200kg TNT 装药,在水下 15m 处船舯正下方攻击舰船,相关的参数 $\alpha = 0.46$,$\theta = 90°$,$\beta = 0$,波浪弯矩 $M_w \approx 0$,经过计算静水弯矩 $M_s = 3.5 \times 10^5 \text{kN} \cdot \text{m}$,根据"人造波浪"弯矩估算公式可得 $M_b = 2.0 \times 10^6 \text{kN} \cdot \text{m}$,极限弯矩 $M_u = 1.8 \times 10^6 \text{kN} \cdot \text{m}$,$M_b + M_s + M_w = 2.35 \text{kN} \cdot \text{m}$,因为 $M_b + M_s + M_w \geqslant M_u$,所以舰船发生折断,如图 4-6-4 所示。通过比较发现,本例中"人造波浪"弯矩较静水弯矩要大得多,可见,气泡载荷是舰船发生折断的主要因素。

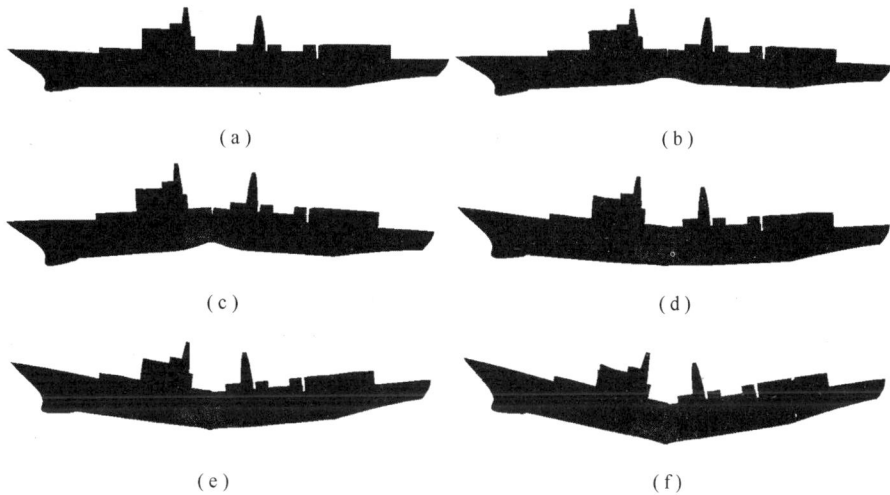

(a)　　　　　　　　　　　(b)

(c)　　　　　　　　　　　(d)

(e)　　　　　　　　　　　(f)

图 4-6-4　典型驱逐舰发生折断

*4.7　水面舰船舷侧防护破损及防护机理

舰船舷侧防护结构作为各种水面舰船抵御各种战术武器攻击的有效手段,一直以来受到各个国家的重视。尤其是舰船内部的各种动力设备、电力设备、武器装备是舰船安全性和战斗力的有效保证,典型防护结构的设置能够对上述设备起到有效的保护作用。并且,大型水面舰船比一般驱护舰更加复杂,造价极高,其作战能力与防护能力尤为重要,直接影响到战役的成败。为了提高其抗爆抗冲击能力,特别是在遭到敌方攻击条件下的生存能力,有效地抵御各种战术武器的攻击,保证舰船在受到各种武器攻击条件下所产生的

破损或毁伤程度被控制在允许的状态和范围内,通常在舷侧设置多层防护结构。且大型水面舰船因其特殊的作战使命而不同于一般的驱护舰,大型水面舰船结构及其抗冲击性能也与其他舰船不同。为此,研究大型水面舰船结构的抗爆、抗冲击性能对评估其安全性有十分重要的意义。

4.7.1 防雷舱结构设计思想

舰船舷侧防护结构一直以来都是舰船装甲防护的重点,第二次世界大战期间一些海军强国曾对其做过深入的研究,但由于保密的原因,这方面的文献很少,研究也仅仅限于试验手段。根据第二次世界大战时日本自卫队水面舰船在实战中的损伤情况统计资料,吉田隆讨论了双层防雷舱的破损问题。舷侧典型防护结构其主要的设计思想为第一层为空舱,给遭受爆炸载荷时的外板提供变形的空间,从而迅速衰减爆炸冲击波的压力,因而称为膨胀舱;第二层舱室一般为液舱,使鱼雷或导弹的爆炸破片和外板破裂的二次破片在高速穿入液舱后速度迅速衰减,因而称为吸收舱;第三层舱室又为空舱,以再次阻隔爆炸冲击波对内层防御主纵舱壁的破坏作用。防雷舱第一层空舱的距离与要防的鱼雷或水雷等战术武器的装药量有关,一般认为每100kg的装药需要1m的空舱距离,视具体情况,需要综合考虑。防护舱壁的设置纵深一般认为为4m~5m,防护纵舱壁的厚度为35mm~50mm,材料为高强度、高韧性的特种装甲钢。总之,在国外,水面舰船,特别是航空母舰的装甲防护已发展到了比较完善的阶段,如美国的"尼米兹"级航空母舰,其舷侧的外板设有很多层,且其防护结构形式设计合理。图4-7-1给出了典型舷侧防护结构示意图。

除了防雷舱纵深设计基本思想以外,还应注意防护结构的整体协调性。如对于较厚的装甲防护壁,要考虑结构相互支撑的匹配(图4-7-2)。当防雷舱防护纵隔壁受爆炸载荷作用时,是由下层甲板和内底板作为其支撑结构,虽然下甲板和内底直接承受水下爆炸的载荷小,但若要有效支撑防护纵壁,下甲板和内底板及其附近的结构必须予以加强,并与防护纵壁的强度相匹配。

以上是国外典型舷侧防护结构的设计思想,我国在舷侧防结构设计方面没有太多的经验和研究,只有一些相关定量的模型试验研究,这些研究对爆炸冲击载荷对舷侧防护结构的破坏机理有了初步的认识,但仍然没有完整的理论机理。与国外的研究相比,在舷侧典型防护结构的抗爆、抗冲击机理的研究以及如何从理论上更加合理地设计防护结构方面仍有许多工作要做。

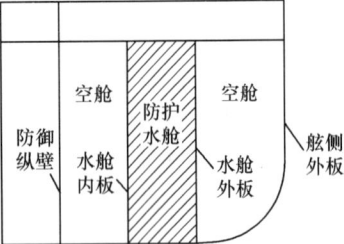

图4-7-1 典型舷侧防护结构示意图

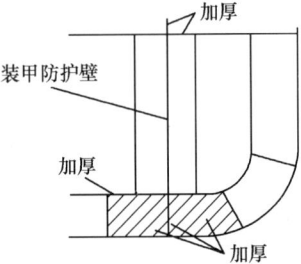

图4-7-2 与装甲防护壁相互支撑的结构应加强

4.7.2 舷侧防护机理研究

从机理角度出发,大型水面舰船舷侧防护的目的是吸收爆炸冲击的能量、阻断或减弱冲击波的传递,以保护舰船内部结构和重要设备。下面主要从横隔板、基本防护隔壁板及防护水舱三个方面来研究舷侧防护结构的抗爆、抗冲击性能。

一、新型舷侧防护结构形式抗爆、抗冲击性能研究

下面基于某大型水面舰船典型舱段进行数值仿真研究。由分析可知,横隔板的结构形式对冲击波的传递有一定的影响。通过改变外空舱横隔板的连接形式,分析研究各种结构形式对舷侧结构抗爆抗冲击性能的影响,共设计了双 Y 形、菱形、半圆管形三种新型隔板结构模型。

(1)双 Y 形舷侧结构,在原有的骨架基础上,隔板的内外两端增加了一个梯形的结构。

(2)菱形舷侧结构,在原有的骨架基础上,只改变了隔板的结构形式。

(3)半圆管形舷侧结构,在原有骨架的基础上,隔板的两端增加了一个半圆管形的结构。

由于以上结构形式都是通过改变舷侧外空舱中横隔板来实现的,因此外空舱中横隔板的塑性变形能吸收情况是最受关注的。为分析各种结构在舷侧防护结构中的抗爆、抗冲击能力,将其与普通横隔板进行对比分析,爆炸工况设定为 500kg TNT 近场非接触爆炸,各种工况下横隔板的板厚相等。

主要考察各种横隔板结构的吸能效果,因此考虑外空舱中横隔板后的舷侧结构响应,具体包括舷侧水舱外板、水舱内板及防御纵壁的响应为主。表 4-7-1 和表 4-7-2 列出数据均为相对值,即以采用普通横隔板作为基准值,将采用波纹板计算所得值与其相比,即

$$\sigma_0 = \sigma/\sigma', \quad \varepsilon_0 = \varepsilon/\varepsilon' \qquad (4-7-1)$$

式中:σ_0、ε_0 分别为应力相对值及塑性变形相对值;σ、ε 分别为不同结构形式的横隔板应力值及塑性变形值;σ'、ε' 分别为普通横隔板的应力值及塑性变形值。

表 4-7-1 主要纵壁应力相对值

应力 工 况	水舱外板应力	水舱内板应力	防御纵壁应力
双 Y 形横隔板	0.949	0.930	0.930
菱形横隔板	0.964	0.942	0.945
半圆形横隔板	0.947	0.928	0.926
普通横隔板	1	1	1

表 4-7-2 主要纵壁塑性变形相对值

塑性变形 工 况	水舱外板塑性变形	水舱内板塑性变形	防御纵壁塑性变形
双 Y 形横隔板	0.953	0.940	0.938
菱形横隔板	0.970	0.965	0.960
半圆形横隔板	0.950	0.938	0.936
普通横隔板	1	1	1

由分析可知,三种横隔板结构都在不同程度提高了原横隔板的吸能效果,各纵壁的响应减少了5%～10%。其中,半圆形横隔板和双Y形横隔板的吸能效果比较显著,菱形横隔板的吸能能力较前两者低。

为更好地描述新型结构吸能的情况,引入吸能密度概念。吸能密度可以衡量一种结构的吸能能力,它是指单位体积的结构材料吸收的能量。现将四种结构的吸能密度列于表4-7-3。

表4-7-3　各横隔板结构吸能密度比较

横隔板结构形式	双Y形隔板	菱形隔板	半圆形隔板	普通隔板
结构变形/(MJ)	0.41	0.40	0.45	0.15
结构体积/(m³)	0.61	0.60	0.67	0.25
吸能密度/(MJ/m³)	0.674	0.66	0.676	0.61

由表4-7-3可以看出,虽然新结构的吸能能力比原结构有明显的提高,但其代价表现在结构重量上的增加,另外,横隔板的加工难度也是不容忽视的问题,因此在工程上运用到以上几种结构时,安全性、经济型与工艺性三个问题需要综合考虑,建议采用半圆形隔板。

二、基本防护隔壁板抗爆、抗冲击性能分析

防护隔壁板是舷侧防护结构的重要组成部分。其作为舷侧防护结构吸能的主要力量,主要以板架的塑性大变形吸收能量,通过其自身对爆炸冲击能量的吸收最终达到保护舷侧内板的作用。一般情况下,防护隔壁板采用夹层板的形式,夹层结构作为对传统钢板的一种改良,不仅其力学性能优于传统钢板,还能在保证结构力学性能的基础上大大减轻结构重量。

夹层板属于复合材料板的一种,它是由多层性能不同、厚度不一的板件叠和而成的叠和合成板。图4-7-3～图4-7-6给出了典型夹芯结构及夹层板示意图。SPS(Sandwich Plate System)是以三明治夹层板为基础建立起来的。三明治板(Sandwich Plate),是复合材料夹层板的一种。SPS是由两层钢板及中间的高分子芯材组成的三层结构的复合材料夹层板。

图4-7-3　金属泡沫夹芯　　　　　　图4-7-4　SPS结构示意图

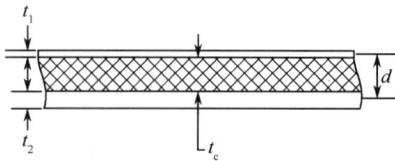

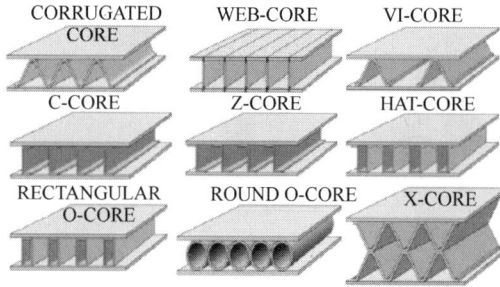

图 4 - 7 - 5 二维有序多孔材料夹层板(格栅)

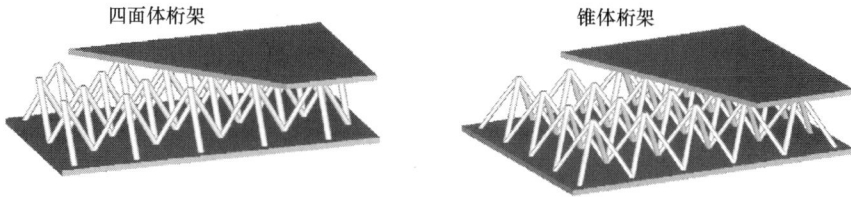

图 4 - 7 - 6 三维有序多空材料夹层板(桁架点阵)

夹层板结构在爆炸载荷作用下的响应过程通常可以分为如下三个阶段:

(1)流固耦合阶段,使迎爆面板获得均匀的速度;

(2)夹芯失效,由动量定理,迎爆面板和夹芯获得相同的速度;

(3)经过塑性弯曲和拉伸吸能,结构停止运动。

本文主要针对具有夹芯结构的基本防护隔壁板进行研究,夹芯包括聚氨酯材料及泡沫聚氨酯、泡沫铝材料。

1. 聚氨酯夹层板抗爆抗冲击研究

为分析夹层板的性能,首先对夹层板与普通钢板进行对比分析。建立简单的圆板模型进行水下爆炸作用下的对比分析,圆板直径为 0.5m、板厚为 12mm,工况设置为 1.28kg TNT 装药,爆距设定为 0.175m,进行数值计算分析,其响应云图如图 4 - 7 - 7 ~ 图 4 - 7 - 10所示。

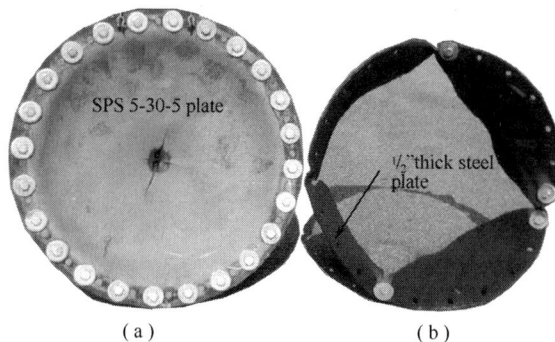

(a)　　　　　　　(b)

图 4 - 7 - 7 SPS 与钢板水下爆炸试验结果正视图

通过上述简单模型的对比分析可知,夹层板在爆炸载荷作用下仅仅产生较大的塑性变形,而普通钢板在爆炸载荷作用下则产生了较大的破口。由此可明显地看出夹层板在

241

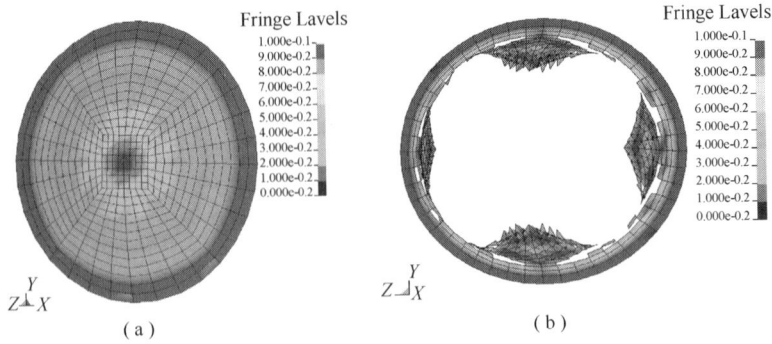

图 4 - 7 - 8　SPS 与钢板水下爆炸数值试验结果正视图

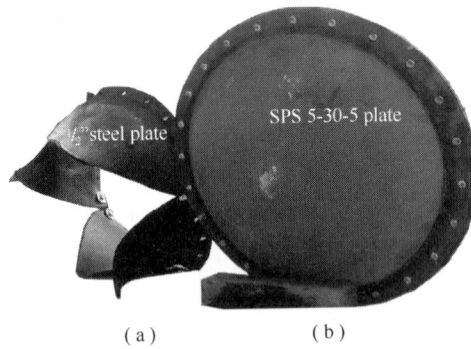

图 4 - 7 - 9　SPS 与钢板水下爆炸试验结果斜视图

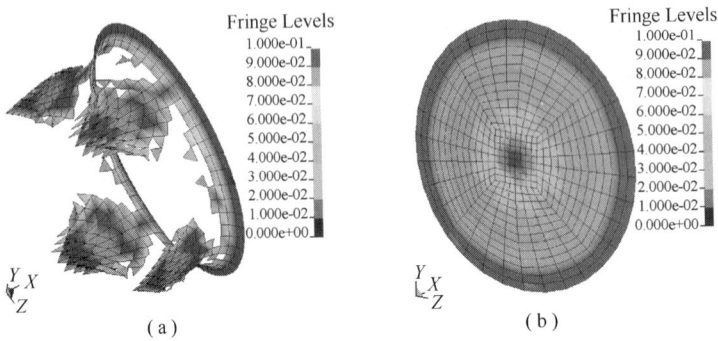

图 4 - 7 - 10　SPS 与钢板水下爆炸数值试验结果斜视图

抗爆、抗冲击方面的优良性能。

将聚氨酯夹层板应用于舷侧的基本防护隔壁板,此时对聚氨酯材料采用泡沫聚氨酯的形式。泡沫聚氨酯的材料性能可以从计算分析得到,根据相关资料,聚氨酯泡沫弹性模量的估算公式为

$$E_f = E_0 [1 - (1 - \phi)^{2/3}] \tag{4-7-2}$$

式中:ϕ 为相对密度;E_0 为基体聚氨酯材料的弹性模量。

屈服强度的估算公式为

$$\sigma_f = \sigma_0 [1 - (1 - \phi)^{2/3}] \tag{4-7-3}$$

式中:ϕ 为相对密度;σ_0 为基体聚氨酯材料的屈服极限。

根据上述对泡沫聚氨酯材料性能的估算,改变泡沫聚氨酯的密度即可达到改变材料性能的目的。改变泡沫聚氨酯的相对密度进行分析,相对密度分别为80%、70%、60%、50%、40%、30%,水下爆炸载荷设定为500kg TNT 接触爆炸。

根据计算分析,将基本防护隔壁板的吸收的能量、防御纵壁的塑性变形值和应力值等参量进行考核,以钢板隔壁板的响应作为基准,结果见表4-7-4所列。

表4-7-4 舷侧结构响应相对值比较

工况 响应	隔壁板吸收能量值 E	防御纵壁塑性变形值 ε	防御纵壁应力峰值 σ
钢板	1	1	1
30% 聚氨酯	1.89	0.71	0.82
40% 聚氨酯	1.85	0.73	0.83
50% 聚氨酯	1.71	0.75	0.85
60% 聚氨酯	1.53	0.79	0.87
70% 聚氨酯	1.38	0.83	0.89
80% 聚氨酯	1.20	0.88	0.91

由对比分析可知,采用聚氨酯泡沫材料可使舷侧基本结构防护隔壁板的吸能能力明显提高,一般其吸能能力可达普通钢板的1.5倍左右,并使防御纵壁的结构响应有一定程度的减少。不同密度下的聚氨酯泡沫材料具有不同的抗爆、抗冲击及吸能的能力,随着其密度的减小其吸能能力逐渐增加。聚氨酯泡沫材料具有良好的吸能缓冲特性,合理选择聚氨酯泡沫材料的密度从而得到不同性能的材料,以达到最佳的吸能缓冲效果。

2. 泡沫铝夹层板抗爆抗冲击研究

泡沫铝作为泡沫金属,因其质量轻、吸能效率高等优点受到航空、航天、军事防护等各领域的高度重视,其以铝金属为骨架,具有较大孔径及较高孔隙率的新型结构功能材料,兼有金属和泡沫的特性,广泛应用于重要设备的防护及结构的内部填充等。泡沫金属与其他泡沫材料一样在压缩载荷下表现出一个近似

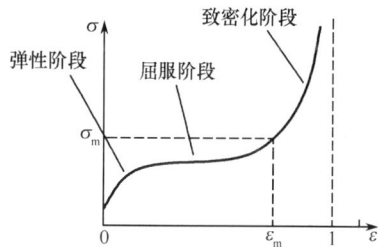

图4-7-11 泡沫塑料应力—应变曲线

恒应力的塑性应变过程,如图4-7-11所示,这种大塑性变形量的压缩应变行为,使得泡沫金属材料在经受压缩载荷时,能在保持较低的应力水平下而吸收大量的能量,因此泡沫铝成为一种极具应用潜力的缓冲吸能材料。

当泡沫材料被压缩时,外力所做的功或者说压缩能量由于泡沫材料孔壁互相挤压而转化为结构的变形能(结构在压缩变形到某一应变量 ε 的变形能)。泡沫材料在压缩变形到某一应变量 ε 时,单位体积中所吸收的能量等于相应的应变量 ε 下压缩曲线以下的面积,泡沫的压缩吸能性用其压缩到密实开始阶段时所吸收的能量来衡量,即

$$C = \int_0^{\varepsilon_m} \sigma(\varepsilon)\, d\varepsilon \qquad (4-7-4)$$

式中:ε 为应变;σ 为随应变 ε 而变化的压缩应力。

实质上就是在压缩量为 ε 时 $\sigma - \varepsilon$ 曲线以下的面积。通常,积分上限 ε 最大值取 $\sigma — \varepsilon$ 曲线上应力开始急剧上升时的应变,即 ε_m。

能量吸收效率是描述泡沫材料吸收性能的另一重要参数,可表示为

$$E = \frac{\int_0^{\varepsilon_m} \sigma(\varepsilon)\,\mathrm{d}\varepsilon}{\sigma_m \varepsilon_m} \qquad (4-7-5)$$

式中:σ_m 为峰值应力;ε 为对应于 σ 的应变;ε_m 为在给定峰值应力 σ_m 下的应变。

由式(4-7-5)可以看出,能量吸收效率实际上是真实材料与理想材料(其压缩应力—应变曲线为一水平直线)压缩到相同应变时两者吸能本领。

随泡沫铝密度的变化,其所形成的材料的弹性模量和屈服极限有如下关系:

$$\frac{E^*}{E_s} = \left(\frac{\rho^*}{\rho_s}\right)^2 \qquad (4-7-6)$$

$$\frac{\sigma_{pl}}{\sigma_{ys}} = 0.3\left(\frac{\rho^*}{\rho_s}\right)^{3/2} \qquad (4-7-7)$$

以上两式中:E_s、ρ_s、σ_{ys} 分别为铝的弹性模量、密度、屈服极限;E^*、ρ^*、σ_{pl} 分别为形成泡沫铝的弹性模量、密度、屈服极限。

根据上述泡沫铝力学性能的估算公式,选取泡沫铝的相对密度为 10%、20%、30%、40%、50%、60%、70%、80%,爆炸载荷设定为 500kg TNT 接触爆炸工况。

对所设置工况进行计算分析,将泡沫铝夹层应用到舷侧基本防护隔壁板。得到的舷侧板架响应变化情况(表4-7-5),以钢板隔壁板的结构响应作为基准。

表4-7-5　舷侧结构响应相对值比较

工况　　　　　响应	隔壁板收能量值 E	防御纵壁塑性变形值 ε	防御纵壁应力峰值 σ
10% 泡沫铝	1.90	0.79	0.83
20% 泡沫铝	1.82	0.80	0.84
30% 泡沫铝	1.80	0.81	0.85
40% 泡沫铝	1.79	0.85	0.87
50% 泡沫铝	1.76	0.86	0.89
60% 泡沫铝	1.74	0.87	0.90
70% 泡沫铝	1.65	0.88	0.91
80% 泡沫铝	1.55	0.89	0.93

由分析可知,采用泡沫铝的防护隔壁板的吸能性能明显提高,与全钢板的隔壁板相比较其吸能能力可以提高1.5倍左右;泡沫铝相对密度对结构吸能特性有一定的影响,孔径越大、相对密度越低,泡沫铝的吸能能力越大。

三、防护水舱防护机理分析

防护水舱作为抵御爆炸破片和冲击波的有效手段之一,在舰船舷侧防护结构中经常

被采用,它对冲击波、爆炸破片、二次破片有较好的缓冲和阻尼作用。为研究防护水舱在舷侧防护结构中的作用,分析防护水舱在舷侧防护结构中尤其是在接触爆炸作用下的作用,设置工况为空舱、25%水、50%水、80%水、满水、80%油,见表4-7-6。

对上述设置各工况进行水下接触爆炸分析,取为500kg TNT药量,然后对舷侧结构的应力及变形响应进行分析。

根据上述设置的各工况,对其在接触爆炸作用下舷侧防护结构的响应进行分析。在分析结构响应时将主要以结构的应力、变形等参量为主,为便于比较,对结构的应力和变形等量进行无量纲化,以防护水舱为空舱时结构的各种响应作为参考量,定义如下:

防护水舱液体相对高度:

$$h = h'/h_0 \qquad (4-7-8)$$

式中:h'为液舱内液体的高度;h_0为防护水舱结构高度。

舱壁塑性变形相对值为:

$$\varepsilon = \varepsilon'/\varepsilon_0 \qquad (4-7-9)$$

式中:ε'为对应液舱内液体某高度时舱壁的塑性变形;ε_0为液舱为空舱时舱壁的塑性变形。

舱壁应力相对值:

$$\sigma = \sigma'/\sigma_0 \qquad (4-7-10)$$

式中:σ'为对应液舱内液体某高度时舱壁的应力;σ_0为液舱为空舱时舱壁的应力。

表4-7-6 舷侧结构响应相对值比较

响应 工况	防护隔壁板应力	防护隔壁板塑性变形	防御纵壁应力	防御纵壁塑性变形
空舱	1	1	1	1
25%水	0.911	0.903	0.92	0.913
50%水	0.882	0.877	0.863	0.886
80%水	0.816	0.801	0.802	0.809
满水	0.983	0.972	0.985	0.977
80%油	0.85	0.833	0.861	0.822

通过上述对各工况下舷侧防护结构的响应分析可以看出,防护水舱内装有液体(包括油或水)时均可在一定程度上降低结构板架的应力及塑性变形等响应,并且当防护水舱内液体的容积达到水舱容积的80%左右时板架结构的响应最小。与空舱工况相比,一般可使舷侧响应降低10%~20%,即最有利于舷侧结构抗爆、抗冲击性能的提高。而当防护水舱内液体满舱时却会带来舷侧板架结构应力响应一定的增加,这是因为液体满舱时液体在爆炸冲击作用下没有可以变形的空间,容易对舷侧板架结构挤压,从而在一定程度上增加结构的应力和塑性变形等响应,不利于舷侧防护结构抗爆、抗冲击性能的提高。防护水舱内液体在爆炸冲击载荷作用下会跟随水舱外板一起运动,由于板后液体的参与,相当于外板的惯性力增大了,使得外板等效板厚变大,从而使得水舱外板在爆炸冲击载荷作用下响应等变弱。

*4.8　潜艇艇体结构抗冲击特性

随着水中兵器(如鱼雷、深水炸弹、水雷等)的不断发展,水中爆炸所形成的爆炸当量、冲击持续时间均明显增加,而且命中率提高后,潜艇受到的威胁更为严重。各国海军都非常重视潜艇的抗冲击能力研究,在潜艇的抗爆、抗冲击理论和试验研究上投入了大量的人力、物力。实艇冲击试验需要大量的费用和时间,而通过有限元进行冲击建模、仿真预测冲击响应可以提供比试验更多方案和详细的冲击数据。采用虚拟仿真的冲击技术并通过冲击试验验证,已成为各海军强国普遍采用的方法。由于种种条件限制,我国还未进行实艇爆炸试验,所以试验仿真技术成为预估潜艇性能行之有效的手段。

现代潜艇的下潜深度可达 300m ~ 400m,艇体必须能承受 30atm ~ 40atm(1atm = 1.01 × 10^5Pa)的压力。所以潜艇都有耐压艇体,壳板厚度一般在 20mm 以上。为使潜艇具有优良的水下流体动力性能,减小水下运动阻力,某些潜艇还有非耐压艇体,它不承受深水压力,壳板厚度一般仅为几毫米,易于加工成水滴型或流线型。由于耐压艇体与非耐压艇体的原因,潜艇艇体的结构形式有单壳体结构、双壳体结构、单双混合壳体结构和个半壳体结构,最为常见的形式有单壳体结构和双壳体结构。

我国和俄罗斯潜艇均采用双壳体结构形式,而美国和欧洲海军潜艇一般采用单壳体结构形式。两种结构形式各有利弊,双壳体具有储备浮力大、有利于设备布置等优点;但也具有结构重量和排水量大、同等功率下影响航速等缺点。单壳体具有结构简单、重量轻、湿表面积小、同等功率下航速高等优点;缺点是储备浮力小、抗沉性差、设备布置较为困难等。基于此,对单、双壳体潜艇结构的冲击环境进行数值试验,旨在为潜艇后续的优化和研发工作提供参考。同时,单、双壳体潜艇冲击环境的差异及原因也是一个很值得探讨的问题,在此并未给出,但将成为我们后续研究的重点。

4.8.1　冲击环境计算理论

一、炸药爆轰过程描述

炸药属高能可燃材料,引爆后产生大量的高温、高压气体。爆炸反应进行很迅速,并随之放出大量的热。气体的温度为 3000℃,而压力可达 50000atm。爆炸反应传播的主要类型是爆轰过程,爆轰时化学反应的速度与反应时产生物理扰动的传播速度相等。这种类型的反应产生在处于初始状态的物质与高温、高压的爆轰生成物之间的薄层内。这种急剧推进的突跃称为"爆轰波",它在炸药内以每秒数千米的速度运动。故在研究水下爆炸诸现象时,需从确定炸药与其周围的水之间的边界物理条件出发,建立状态方程,描述炸药的爆轰过程。

二、冲击波在水中传播

为了研究冲击波在流体中的传播,必须从力学基本定律出发建立理想流体的运动微分方程。略去热传导和黏性的影响,并认为流速或内能对时间连续。满足质量守恒方程、动量守恒方程以及能量守恒方程。

为了能在更普遍的意义上表达爆炸产生超压冲击波对船体结构的影响,定义冲击因子为

$$C = \frac{W^{1/2}}{R} \qquad\qquad (4-8-1)$$

式中:W 为药包当量;R 为药包距船体结构的距离。

三、流固耦合

流固耦合力学是研究变形固体在流场作用下的各种行为以及固体位形对流场的影响,其重要特征是两相介质之间的交互作用,变形固体在流体载荷作用下会产生变形或运动,而变形或运动又反过来影响流场,从而改变流场载荷的分布和大小。从总体上来看,流固耦合问题按其耦合机理可分为两大类:第一大类问题的特征是两相域部分或全部重叠在一起,难以明显地分开,如土壤渗流问题;第二大类问题的特征是耦合作用仅发生在两相交界面上,本节所研究内容即属于这一类问题。

拉格朗日方法将坐标原点固定在系统的某个质点上,当系统位形发生改变时,坐标也随之移动。欧拉方法则将坐标固定在空间。固体力学关心的是每个质点的移动、质点之间的相对位移及质点因之受的力,而流体力学关心空间某处的流动情况,所以拉格朗日方法常用于结构分析,欧拉方法则用于流体力学问题。

在各种流体—结构的耦合解法中,ALE(Arbitrary Lagrange Euler)法是求解效率较高的一种:它在流固界面处定义一 ALE 面,网格随着结构的变形而移动。在此过程中,一方面,材料流动引起的压力载荷通过耦合算法自动作用到结构的有限元网格上;另一方面,在这种压力作用下,结构的有限元网格将发生变形,另一方面,结构的变形反过来也影响材料的流动和压力值。这种结构变形和流体载荷间的相互影响就是完全耦合的流体—结构响应。

四、应力波在结构中传播

在水下爆炸冲击环境中,船体结构的湿表面受到冲击波的压力载荷,产生应力波自下而上地传播。而这种冲击载荷作用时间非常短,当物体的局部位置受到冲击时,这种扰动就会逐渐传播到未扰动的区域去,这种现象称为应力波的传播。对于薄板、薄壳以及梁、拱等结构,在最小尺寸方向上作用外载荷时,应力波在这个方向上传播的时间比外载荷作用的时间要短得多,因此应力波在其中来回反射多次后应力趋于均匀化,结构的动态响应主要表现在结构的变形并且随时间而发展最终可能引起结构的断裂、贯穿或破坏。

如果在介质的某个地方突然产生一种状态的扰动,如杆端受到冲击,该处应力突然升高,与周围介质之间产生了压力差,这种压力差将导致周围介质质点投入运动,处于运动质点微团的前进,进一步把动量传递给后继的质点微团并使后者变形,这就形成了应力波。这是一种稀疏波,在连续介质中的传播速度为

$$c = \sqrt{\frac{1}{\rho} \frac{\mathrm{d}\sigma}{\mathrm{d}\varepsilon}} \qquad\qquad (4-8-2)$$

当材料尚处于弹性阶段时,弹性波的传播速度为

$$c = \sqrt{\frac{E}{\rho}} \qquad\qquad (4-8-3)$$

式中:E 为介质材料的弹性模量;ρ 为介质材料密度。

对于船用 903 钢,$E = 2 \times 10^{11} \mathrm{Pa}$,$\rho = 7800 \mathrm{kg/m^3}$,于是,$c = 5064 \mathrm{m/s}$。由此可见,应力

波在介质中的传播速度非常快。应力波在介质中传播时,如果遇到空隙、不同的介质或边界,它就会产生折射和反射,从而产生波与波的聚焦作用,可能产生高应力区,诱发材料的破损。为了不使计算中漏掉这样的危险点,必须保证每一个时间步长内应力波不会越过两个单元。一般认为时间步长 Δt 应满足:

$$\Delta t \leqslant k \cdot (\Delta t_{cr}) \qquad (4-8-4)$$

$$\Delta t_{cr} = \frac{L}{c} \qquad (4-8-5)$$

式中:L 为最小网格单元尺寸;c 为材料中的声速;k 为小于 1 的系数。

4.8.2 双壳潜艇冲击环境

本节介绍双壳潜艇结构的冲击环境仿真,它是潜艇结构生命力研究的重要组成部分,冲击环境仿真的精度将影响对潜艇生命力评价的精度。潜艇结构远比双层加肋圆柱壳复杂,其模型简图如图 4-8-1 所示。

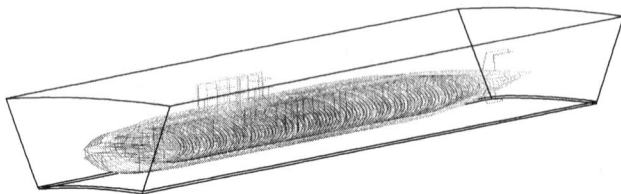

图 4-8-1 双壳体潜艇模型简图

工况的设置为:艏、舯、艉 1/4 艇长处的正下方,每个位置的冲击因子改变三次,分别是 1.79、2.25、0.95。其中,冲击因子为 1.79 和 2.25 的工况易中近场爆炸,冲击因子为 0.95 的工况属于远场爆炸。对于同一冲击因子的工况,选择其不同的爆炸位置可以组合成双发武器同时爆炸的工况,如舯艏爆炸、舯艉爆炸、艏艉爆炸。两个单发武器工况和相应双发武器工况冲击响应的比较是一个令人关注的问题。

为了研究冲击响应在艇体结构上分布,将潜艇在长度方向上等分成 10 份,所分份数的确定是为了保证每段艇体内都有一定数量的考核点。将每段艇体上考核点的无量纲谱速度、无量纲谱加速度求得平均值用于作图。

一、单发武器命中时潜艇的冲击环境分析

图 4-8-2 的横坐标定义为:$x = \dfrac{L/2 - X}{L}$,其中,L 为艇长,X 为艇体各分段的纵向坐标。即横轴 0 表示艇艏,1 表示艇艉。

由图 4-8-2 可以看出,对于近场爆炸,在距离爆心很近的部位受冲击最严重,远一些的部位冲击响应很快衰减,近场爆炸是一个局部问题。对于远场爆炸,冲击响应在艇长方向分布均匀,说明远场爆炸工况的冲击响应具有整体效应。

二、两发武器同时命中时潜艇的冲击环境分析

图 4-8-3 的横坐标定义为:$x = \dfrac{L/2 - X}{L}$,其中,L 为艇长,X 为艇体各分段的纵向坐标。即横轴 0 表示艇艏,1 表示艇艉。

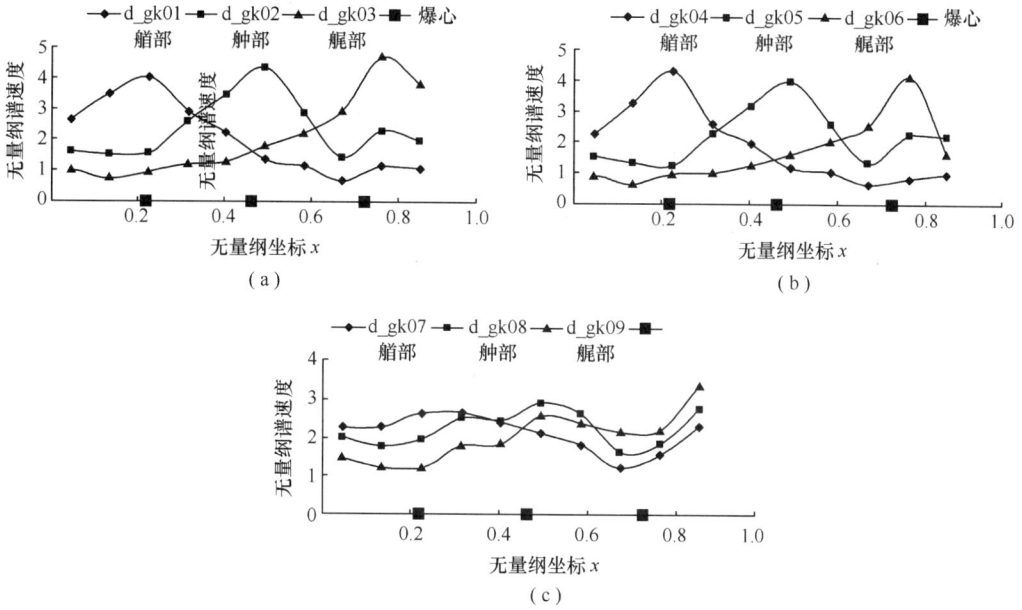

图 4 - 8 - 2　单发命中潜艇无量纲谱速度图

(a)鱼雷 80kg,$C=1.79$;(b)深水炸弹 127kg,$C=2.25$;(c)沉底水雷 806kg,$C=0.95$。

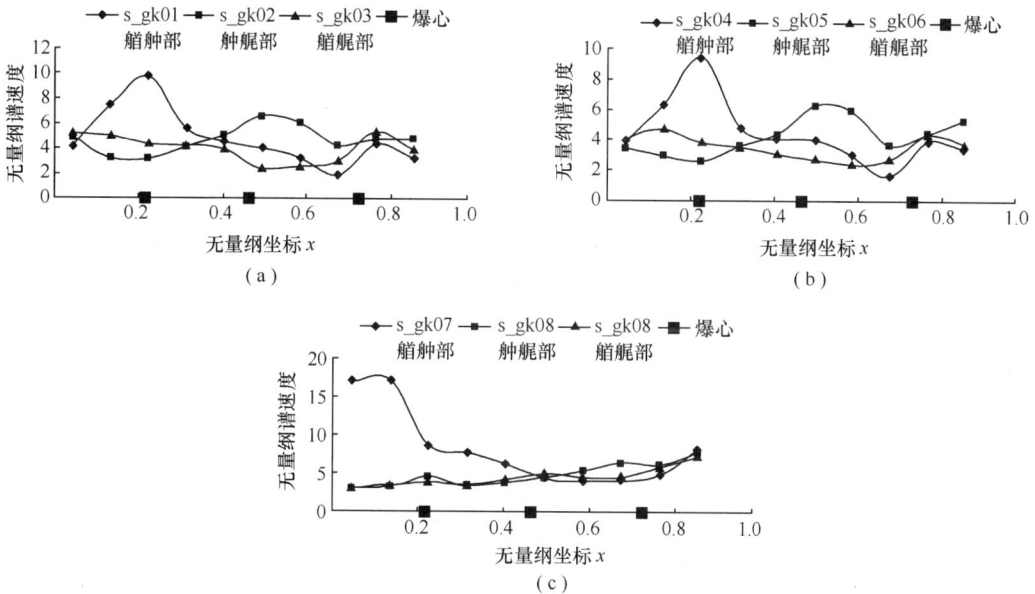

图 4 - 8 - 3　双发同时命中潜艇无量纲谱速度图

(a)鱼雷 80kg,$C=1.79$;(b)深水炸弹 127kg,$C=2.25$;(c)沉底水雷 806kg,$C=0.95$。

由图 4 - 8 - 3 可以看出,两发武器同时爆炸时,冲击响应受爆心的影响程度比单发小些。沉底水雷舯舯爆炸工况的艏部冲击响应很大。两发武器爆炸的工况中,舯艉爆炸和艏艉爆炸工况的无量纲谱速度均值随冲击因子的变化基本是线性关系。由于药包数目增加且分布距离较大,即使近场爆炸工况,艇上冲击响应也趋于均匀化。对艏舯爆炸的各工况,潜艇艏部的冲击响应无论是无量纲谱速度均值还是无量纲谱加速度均值,都比其他部位大很多。

三、单发爆炸与两发同时爆炸对比分析

对于比较两单发武器工况艇体冲击响应的线性叠加与两发同时爆炸的响应问题,以鱼雷爆炸工况为代表进行对比,如图4-8-4所示。

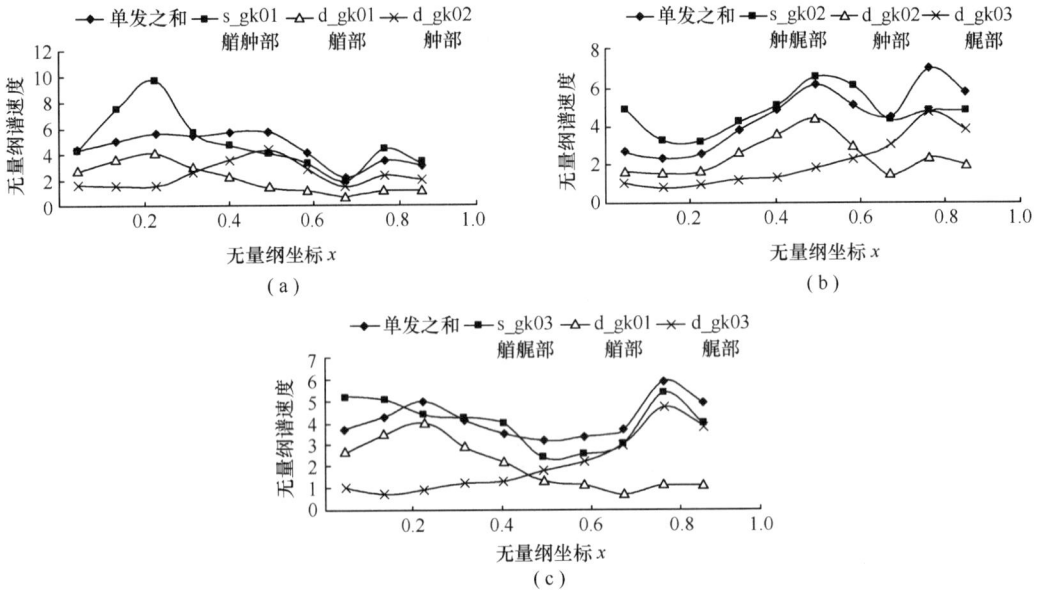

图4-8-4　单发爆炸与两发同时爆炸对比图
(a)鱼雷80kg,$C=1.79$;(b)鱼雷80kg,$C=1.79$;(c)鱼雷80kg,$C=1.79$。

由两单发武器工况艇体冲击响应的线性叠加与两发武器同时爆炸的艇体冲击响应在大部分区域吻合较好,这说明可以用单发武器的艇体冲击响应预测两发武器同时爆炸的艇体冲击响应。表4-8-1描述了它们之间的关系。

表4-8-1　单发武器工况和双发武器工况平均谱速度(m/s)冲击响应的比较

艏部单发1.79	舯部单发1.79	单发之和	艏舯双发1.79
2.49	2.83	5.31	5.73
舯部单发1.79	艉部单发1.79	单发之和	舯艉双发1.79
2.83	1.94	4.76	5.20
艏部单发1.79	艉部单发1.79	单发之和	艏艉双发1.79
2.74	1.94	4.68	4.16
艏部单发2.25	舯部单发2.25	单发之和	艏舯双发2.25
3.16	3.47	6.63	7.03
舯部单发2.25	艉部单发2.25	单发之和	舯艉双发2.25
3.47	2.38	5.86	6.41
艏部单发2.25	艉部单发2.25	单发之和	艏艉双发2.25
3.16	2.38	5.54	4.92

艏部单发 0.95	舯部单发 0.95	单发之和	艏舯双发 0.95
3.97	4.20	8.17	13.03
舯部单发 0.95	艉部单发 0.95	单发之和	舯艉双发 0.95
4.20	3.51	7.71	8.24
艏部单发 0.95	艉部单发 0.95	单发之和	艏艉双发 0.95
3.97	3.51	7.48	7.71
注：工况类型后面的数字代表该工况的冲击因子（式(4-8-1)）			

从表 4-8-1 可以看出，两个单发工况平均谱速度的代数和与相应双发工况的平均谱速度比较接近，因此可以粗略地使用单发武器工况的计算结果来预测双发武器工况。

4.8.3 单壳潜艇冲击环境

参照某双壳体潜艇的技术资料，采用均摊板厚的方法将双壳体潜艇的非耐压壳体的刚度和质量折合到耐压壳体，从而形成一个近似的单壳体潜艇。并对单壳体潜艇结构的冲击环境进行数值仿真研究，给出单壳体潜艇冲击环境的预报方法。

图 4-8-5 给出了单壳体潜艇及其流场的示意图。图 4-8-6 给出了某典型工况下单壳体艇体爆炸冲击瞬时结构响应的应力云图。

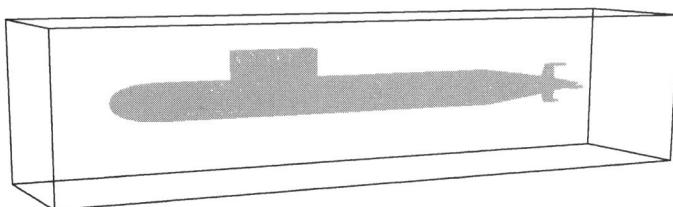

图 4-8-5　单壳体潜艇及其流场示意图

图 4-8-6　典型工况单壳体艇体爆炸冲击瞬时结构响应的应力云图

针对分析工况以及水下武器的典型装药，共设有四种冲击因子 0.95、1.79、2.25、3.30。其中，冲击因子为 1.79、2.25、3.30 的工况属于中近场爆炸，冲击因子为 0.95 的工况属于远场爆炸。

一、艇体冲击响应与冲击因子的关系分析

图 4-8-7~图 4-8-12 给出了典型武器分别在舯部、艏部、艉部命中单壳体艇体时，潜艇艏部、艉部、底部、左舷、右舷、顶部和内部的无量纲垂向谱速度及无量纲垂向谱加速度值随冲击因子 C 的变化曲线。

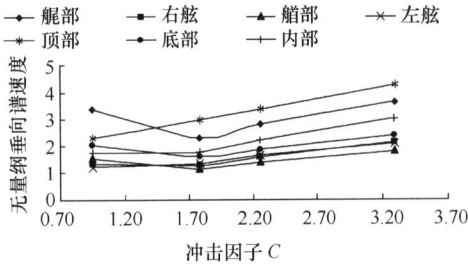

图 4 - 8 - 7　舯部工况无量纲垂向谱
速度与冲击因子 C 的关系

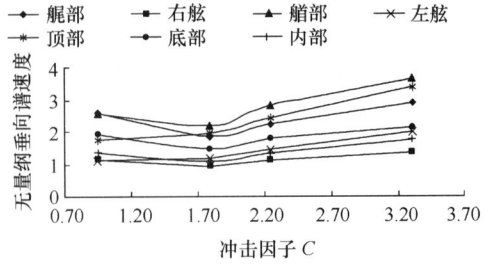

图 4 - 8 - 8　艏部工况无量纲垂向谱
速度与冲击因子 C 的关系

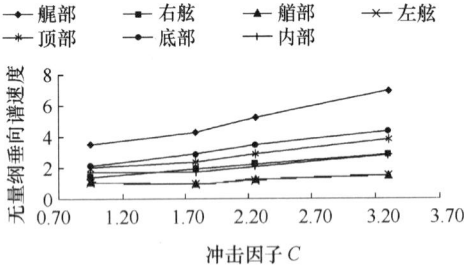

图 4 - 8 - 9　艉部工况无量纲垂向谱
速度与冲击因子 C 的关系

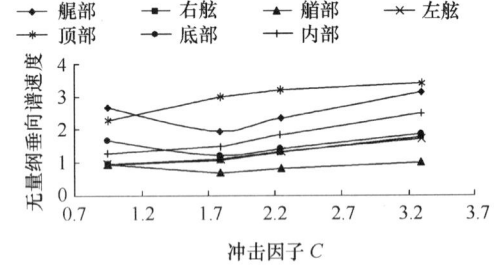

图 4 - 8 - 10　舯部工况无量纲垂向谱加
速度与冲击因子 C 的关系

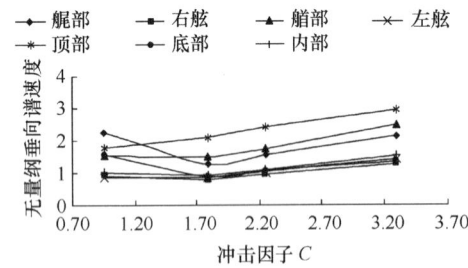

图 4 - 8 - 11　艏部工况无量纲垂向谱加速度
与冲击因子 C 的关系

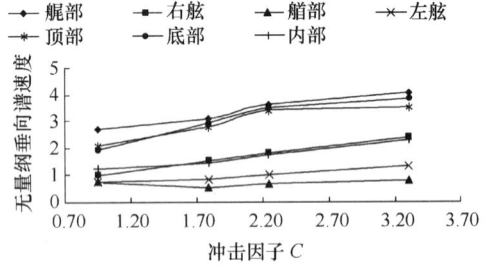

图 4 - 8 - 12　艉部工况无量纲垂向谱加速度
与冲击因子 C 的关系

由图 4 - 8 - 7 ~ 图 4 - 8 - 12 可以看出,潜艇的无量纲垂向谱速度值和无量纲垂向谱加速度值均随着冲击因子 C 的变化呈现两种趋势:一是无量纲谱值随着冲击因子 C 的增大而增大;二是无量纲谱值随着冲击因子 C 的增大先减少后增大,并在冲击因子 $C = 1.79$ 时出现拐点。对于同一种命中点的工况,艇体底部、顶部等部位的无量纲谱值较舷侧和内部结构等部位的无量纲谱值大,局部响应比较剧烈。究其原因,考虑到探讨的工况情况,冲击因子 $C = 0.95$ 时属于中远场的爆炸;而冲击因子 C 为 1.79、2.25、3.30 时属于近场爆炸。

因此分析得知,潜艇的无量纲垂向谱速度值和无量纲垂向谱加速度值随着冲击因子 C 的变化呈现两种趋势。其原因是:不同爆距和典型装药下,命中点周围部位的结构在近场爆炸时的冲击响应较大,较此时的中远场爆炸的环境恶劣,命中点周围部位结构的冲击响应是随着冲击因子的增大而增大的,这也体现了近场爆炸的局部效应;而远离命中点部位结构的冲击响应情况,由于中远场爆炸的整体效应比较大,环境较恶劣,所以这些部位的冲击响应呈现出先较少趋势,在冲击因子 $C=1.79$ 时出现拐点,随后增大。其原因是:对于其他三种典型装药,其爆距是相等的,随着冲击因子 C 的增大而呈现增大的趋势。

二、艇体冲击响应沿艇长方向的分布

图 $4-8-13$ ~ 图 $4-8-16$ 的横坐标定义为: $X = \dfrac{L/2 - x}{L}$,其中, L 为艇长, x 为艇体各分段的纵向坐标。即横轴 0 表示艇艏,1 表示艇艉。

图 $4-8-13$ ~ 图 $4-8-16$ 给出了四种典型武器攻击下,单发命中时,艇体 8 个命中点(沿艇长均布)工况的无量纲垂向谱加速度沿艇长的分布情况。

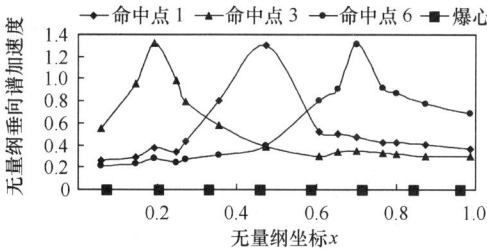

图 4-8-13 M 型鱼雷爆炸工况无量纲垂
向谱加速度沿艇长方向的分布

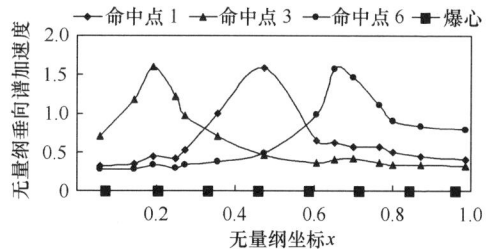

图 4-8-14 深水炸弹爆炸工况无量纲垂向
谱加速度沿艇长方向的分布

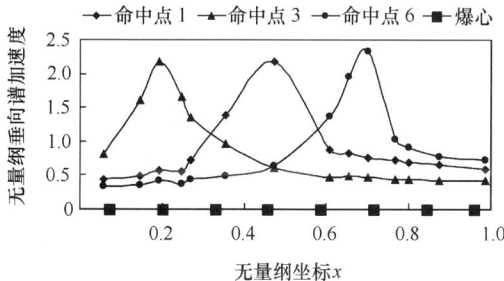

图 4-8-15 T 型鱼雷爆炸工况无量纲垂
向谱加速度沿艇长方向的分布

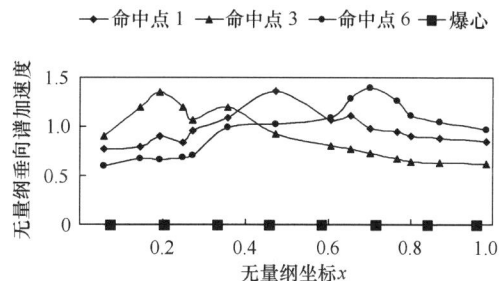

图 4-8-16 沉底水雷爆炸工况无量纲垂向
谱加速度沿艇长方向的分布

由图 $4-8-13$ ~ 图 $4-8-15$ 可知,此三种典型武器攻击下的,同一爆炸位置爆炸时艇体结构的无量纲垂向谱加速度沿艇长方向的分布曲线很相似。对应于在艇体命中点部位设置的爆炸工况,艇上相应位置结构的无量纲垂向谱加速度值都有一个明显的凸起,冲击响应最为剧烈,说明对于近场爆炸,艇体结构的冲击响应具有局部性;相同爆距时,随着药包 TNT 当量的增大,艇体结构的无量纲垂向谱加速度值呈现出增大的趋势。

图 $4-8-16$ 所示的沉底水雷攻击时,艇体结构垂向无量纲垂向谱加速度沿艇长方向的分布情况与图 $4-8-13$ ~ 图 $4-8-15$ 的鱼雷、深水炸弹攻击时的曲线有一定的差异。虽然沉底水雷冲击因子最小,但在其作用下整个艇体的无量纲垂向谱加速度值较近场爆炸的鱼雷、深水炸弹的无量纲垂向谱加速度值大;同时,对于沉底水雷的同一爆炸工况,命中点周围部位结构的无量纲垂向谱加速度值较其他部位的大,但是并不如近场爆炸时那样明显;并且对于不同命中点爆炸工况时,相同部位结构的无量纲垂向谱加速度值很相近,说明了对于中远场爆炸,艇体结构的冲击响应具有整体性。

三、艇体各分段冲击响应随纵向爆距的变化分析

单壳体艇体各分段与爆心纵向距离经无量纲化后定义为:$r = \dfrac{|X - X_0|}{L}$,其中,X_0 为爆心坐标,X 为艇体各分段的纵向坐标。

图 4-8-17~图 4-8-20 给出了四种典型武器攻击下,单发命中时,艇体艏部、舯部、艉部命中工况的艇体结构各分段无量纲垂向谱加速度沿无量纲纵向爆距 r 的变化情况。

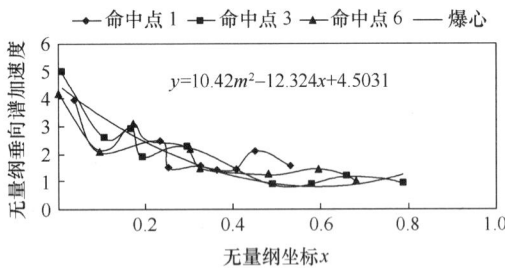

图 4-8-17　M 型鱼雷无量纲垂向谱加速度随
无量纲纵向爆距 r 的变化曲线

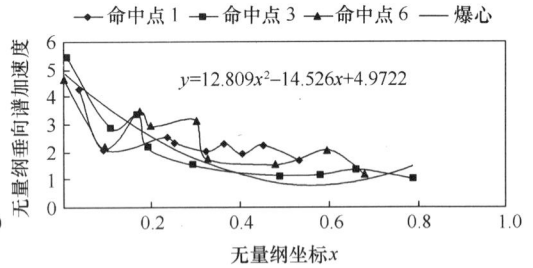

图 4-8-18　深水炸弹无量纲垂向谱加速度随
无量纲纵向爆距 r 变化曲线

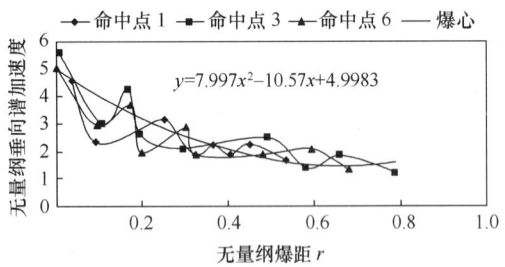

图 4-8-19　T 型鱼雷无量纲垂向谱加速度随
无量纲纵向爆距 r 的变化曲线

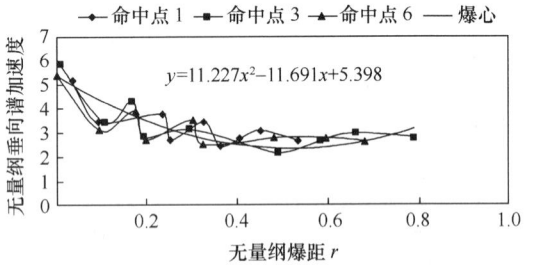

图 4-8-20　沉底水雷无量纲垂向谱加速度随
无量纲纵向爆距 r 变化曲线

由图 4-8-17~图 4-8-19 可知,鱼雷和深水炸弹爆炸工况的无量纲垂向谱加速度值随无量纲纵向爆距 r 的增大逐渐变小,具体的趋势线及公式已在图中显示。可知曲线大致可以分为两段,在 $0 < r < 0.4$ 段,无量纲垂向谱加速度值随无量纲纵向爆距 r 的增加减少较快;而在 $r > 0.4$ 段,无量纲垂向谱加速度值趋于稳定。

图 4-8-20 所示的沉底水雷爆炸工况的无量纲垂向谱加速度值随无量纲纵向爆距 r 的增大逐渐变小,具体的趋势线及公式已在图中显示。在沉底水雷爆炸工况时,艇体结构冲击响应的趋势线较鱼雷和深水炸弹爆炸工况的较为缓和,艇体各部分的响应很均匀。

由以上四种不同装药的典型武器攻击下,单壳体潜艇各分段无量纲垂向谱速度及无量纲垂向谱加速度随无量纲纵向爆距 r 的变化曲线及各工况的对比分析,可得单发近场爆炸时,爆心位置对艇体结构冲击响应的分布有一定的影响,离爆心越近,结构的冲击响应越大,随着离爆心距离的增加,冲击响应迅速减小;远场爆炸时,爆心位置对艇体结构冲

击响应的分布影响较小,艇体各部分的响应趋于均匀化。所以,近场爆炸结构的冲击响应具有局部性,远场爆炸结构的冲击响应具有整体性。

四、爆距对潜艇冲击环境的影响

下面研究爆距 r 对单壳体潜艇冲击环境的影响。考虑一种水下典型攻击武器爆距变化时,艇体结构冲击环境的变化情况。设置的典型武器为深水炸弹 127kg TNT 当量、爆距为 5m、10m、15m、20m、30m、40m 共 6 种工况,在艇体舯部爆炸的工况,研究爆距对单壳体潜艇的冲击环境的影响。

本节也用冲击因子进行冲击环境的衡量。冲击因子的定义使用式(4-8-1),其中 r 取爆心与潜艇结构的最近点,本节共有 6 种冲击因子,分别为 2.25、1.13、0.75、0.56、0.38、0.28,对应于深水炸弹的 6 种爆距。

图 4-8-21 和图 4-8-22 给出了单壳体潜艇在深水炸弹攻击下结构的无量纲垂向谱速度和无量纲垂向谱加速度值随着冲击因子 C 的变化曲线。

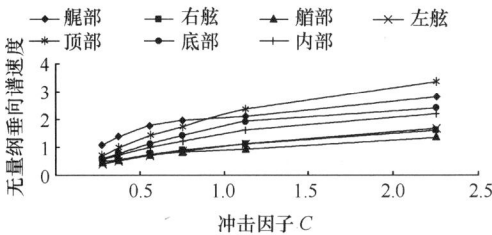

图 4-8-21　无量纲垂向谱速度与
冲击因子 C 的关系曲线

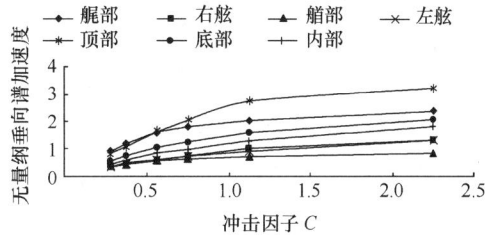

图 4-8-22　无量纲垂向谱加速度与冲击
因子 C 的关系曲线

由图 4-8-21 和图 4-8-22 可以看出,单壳体艇体结构的无量纲垂向谱速度值和无量纲垂向谱加速度值都随着冲击因子 C 的增加呈现出增加的趋势,即说明艇体结构的冲击响应随着爆距的增大而减少。说明爆距 r 对艇体结构的冲击响应有较大的影响。

五、工作水深对潜艇冲击环境的影响

潜艇经常在一定水深下执行任务,此时其耐压壳体承受静水压力作用而产生应力,并且由于潜艇下潜深度的变化,使该应力的变化幅度很大。潜艇在不同水深作用下遭受武器攻击,其冲击性能如何变化是一个重要的问题,并且是与水面舰船相比所独有的问题。

潜艇在水下执行任务时,如果遭到武器攻击,一方面冲击响应将和近水面时遭到攻击不同;另一方面冲击动应力将和静压产生的应力叠加使耐压壳结构产生塑性变形和破口,这时冲击问题已经退居次要,强度上升为主要问题。本节只讨论静水压力对单发武器冲击环境的影响,静水压力对结构强度的影响暂不讨论。

选取深水炸弹舯部爆炸为代表讨论单发武器攻击下,水深对单壳体潜艇冲击环境的影响,水深有 30m、50m、100m、150m、200m、300m 共 6 种工况。不考虑静水压力的工况可以看成 0m 水深。图 4-8-23 和图 4-8-24 中无量纲深度的定义为:$h = \dfrac{H}{L}$,其中,H 为水深,L 为艇长。

图 4-8-23 和图 4-8-24 给出了单壳体潜艇在深水炸弹攻击下结构的无量纲垂向谱速度和无量纲垂向谱加速度值随着无量纲水深 h 的变化曲线。

→ 艉部　→ 右舷　→ 艏部　→ 左舷
→ 顶部　→ 底部　→ 内部

无量纲垂向谱速度

无量纲水深 h

→ 艉部　→ 右舷　→ 艏部　→ 左舷
→ 顶部　→ 底部　→ 内部

无量纲垂向谱加速度

无量纲水深 h

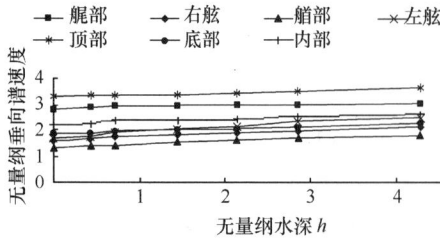

图 4-8-23　无量纲垂向谱速度与
无量纲水深 h 的关系曲线

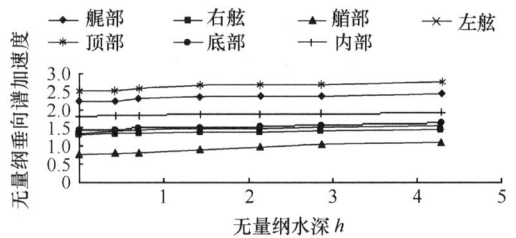

图 4-8-24　无量纲垂向谱加速度与无量纲水
深 h 的关系曲线

由图 4-8-23 和图 4-8-24 可以看出,单壳体艇体结构的无量纲垂向谱速度值和无量纲垂向谱加速度值都随着无量纲水深 h 的增加呈现出增加的趋势,但是增量并不明显,说明水深对艇体结构的无量纲垂向谱速度值和无量纲垂向谱加速度值影响并不是很大,即单发武器攻击下,水深对单壳体潜艇的冲击环境影响不大。

同时研究表明,工作水深对于单壳体潜艇的水下爆炸冲击响应影响不大,但对于其强度影响很大。对于确定的药量和爆距,尽管在近水面时潜艇的耐压壳体不会出现塑性变形,但可能在某一水深作用下出现塑性大变形甚至破口,这样的损伤对于潜艇来说是致命的。因此,对于各种武器如果在近水面时不能令潜艇出现塑性变形,那么将很可能存在一个使潜艇产生塑性大变形的临界水深,应给予重点考虑。

参 考 文 献

[1] 王儒策,赵国志. 弹丸终点效应. 北京:北京理工大学出版社,1993.

[2] 姚熊亮,郭君,许维军. 船舶结构远场爆炸冲击动响应的数值试验方法. 中国造船,2006,47(2):24-34.

[3] 朱锡,梅志远,等. 舰用轻型复合装甲结构及其抗弹实验研究. 爆炸与冲击,2003,23(1):61-65.

[4] 吴有生,彭兴宁,赵本立. 爆炸载荷作用下舰船板架的变形与破损. 中国造船,1995(4):55-61.

[5] 姚熊亮,徐小刚,许维军. 船用917钢抗冲击性能试验. 中国造船,2004,45(4):35-41.

[6] 朱锡,白雪飞,张振华. 空中接触爆炸作用下船体板架塑性动力响应及破口研究. 中国造船,2004,45(2):43-50.

[7] 吉田隆. 二次世界大战初期日本海军舰船在炸弹攻击下的损伤实例分析. 船的科学,1990,(5):70-81.

[8] 姚熊亮,陈建平. 水下爆炸二次脉动压力下舰船抗爆性能研究. 中国造船,2001,42(2):48-55.

[9] 韩上谷译. 二次世界大战中日本万吨级军舰对抗水中爆炸的防御结构. 船的科学,1975,28(10):77-94.

[10] 朱锡,张振华,等. 水面舰艇舷侧防雷舱结构模型抗爆试验研究. 爆炸与冲击,2004,24(2):134-139.

[11] 姜金辉,王自力. 一种基于IFP的单壳舷侧耐撞结构. 船舶力学,2004,8(5):80-85.

[12] 姜金辉,王自力. 一种基于内充泡沫塑料薄壁方管的单壳舷侧耐撞结构. 中国造船,2004,15(2):51-56.

[13] 浦金云,等. 舰船生命力. 北京:海潮出版社,2001.

[14] 张振华,朱锡,冯刚,等. 船舶在远场水下爆炸载荷作用下动态响应的数值计算方法. 中国造船,2003,44(4):36-42.

[15] 张振华,朱锡,白雪飞. 水下爆炸冲击波的数值模拟研究. 爆炸与冲击. 2002,24(2):182-188.

[16] 姚熊亮,张阿漫,许维军. 声固耦合方法在舰船水下爆炸中的应用. 哈尔滨工程大学学报,2005,26(6):707-712.

[17] 库尔. 水下爆炸. 罗耀杰,等译. 北京:国防工业出版社,1960.

[18] Blevins R D. Formulas for Natural Frequencies and Mode Shapes, Robert E. Fruger Publishing Co., 1979.

［19］陈继康,等.XX艇水下爆炸试验资料汇编.北京:第六机械工业部船舶系统工部,1982.

［20］刘建湖.舰船非接触水下爆炸动力学理论与应用.无锡:中国船舶科学技术研究所,2002.

［21］姚熊亮,许维军.多发武器同时命中时潜艇冲击环境研究.船舶工程,2004,26(5):42－49.

［22］姚熊亮,史冬岩,等.圆筒结构水下爆炸数值实验研究.哈尔滨工程大学学报,2002,23(1):5－8,36.

［23］张振华.舰艇结构水下抗爆能力研究.武汉:海军工程大学,2004.6.

［24］刘润泉.白雪飞.朱锡.舰船单元结构模型水下接触爆炸破口试验研究.海军工程大学学报,2001,13(5),41－46.

［25］姚熊亮,史冬岩,等.水下爆炸冲击载荷作用时船舶冲击环境仿真.中国造船,2003,44(1):71－74.

［26］Rayleigh J W. On the pressure developed in a liquid during the collapse of a spherical cavity. Philos Mag,1917, 34:94－98.

［27］Kling C L, Hammitt F G. A photographic study of spark-induced cavitation bubble collapse. Trans ASME d: j. basic Engng,1972, 94:825－833.

［28］Zhang A M, Yao X L, Yu X B. The Dynamic of Three-Dimension Underwater Explosion Bubble. Journal of Sound and Vibration, 2008, 311(4):1196－1212.

［29］张阿漫,姚熊亮,李佳.气泡群的动态物理特性研究.物理学报,2008,57(3):1672－1682.

［30］张阿漫,姚熊亮.近自由面水下爆炸气泡的运动规律研究.物理学报,2008,57(1):339－353.

［31］Zhang Y L, Yeo K S, Khoo B C,et al. Three-dimensional computation of bubbles near a free surface. Comput. Phys. , 1998, 146: 105－123.

［32］Klaseboer E, Hung K C,Wang C,et al. Experimental and numerical investigation of the dynamics of an underwater explosion bubble near a resilient/rigid structure. Fluid Mech, 2005, 537: 387－413.

［33］Wang C,Khoo B C. An indirect boundary element method for three-dimensional explosion bubbles. Journal of Comput. Phys. , 2004,194:451－480.

［34］Lu Changjing. 3－D Numerical simulation of underwater explosion bubble. Chinese Journal of Aeronautics ,1996,9(1) 38－42.

［35］鲁传敬.三维水下爆炸气泡的数值模拟.航空学报,1996, 17(1): 92－95.

［36］Xiao Zongyuan, Reginald B H. Tan An improved model for bubble formation using the boundary-integral method. Chemical Engineering Science,2005,60(1):1790－186.

［37］Best J P, Kucera A. A numerical investigation of non-spherical rebounding bubbles. Fluid Mech. 1992, 245:137－154.

［38］Wilkerson S A. A boundary integral approach to three dimensional underwater explosion bubble dynamics. Department of Mechanical Engineering, The Johns Hopkins University, 1990.

［39］Wang C, Khoo B C, Yeo K S. Elastic mesh technique for 3D BIM simulation with an application to underwater explosion bubbles. Computers and Fluids, 2003,32 (9): 1195－1212.

［40］Wang Q X Yeo K S, Khoo B C,et al. Nonlinear interaction between gas bubble and free surface. Comput. Fluids, 1996,25(7): 607－628.

［41］Rungsiyaphornrat S, Klaseboer E, Khoo B C,et al. The merging of two gaseous bubbles with an application to underwater explosions. Computers & Fluids, 2003,32: 1049－1074.

［42］Sussman M,Smereka P, Osher S. A level set approach for computing solutions to incompressible two-phase flow. Comput Phys. ,1994,114:146－159.

［43］Brebbia C A. The Boundary Element Method for Engineers. New York: Halstead Press,1978.

［44］姚熊亮,王玉红,史冬岩,等.圆筒结构水下爆炸数值试验研究.哈尔滨工程大学学报,2002,23(1).

［45］姚熊亮,许维军.多发武器同时命中时潜艇冲击环境研究.船舶工程,2004,26(5).

［46］张振华.舰艇结构水下抗爆能力研究.武汉:海军工程大学,2004.

［47］USING THE VELOCITY SHOCK SPECTRUM FOR DAMAGE POTENTIAL.美国冲击与振动研讨会,2003.

［48］吴有生,等.爆炸载荷作用下舰船板架的变形与破损,中国造船,1995,11.

［49］汪玉.舰艇及设备冲击响应分析技术.北京:海潮出版社,2005.

［50］联邦德国国防军《舰艇建造规范译文集》BV0430冲击安全性.中国舰船研究院科技发展部,1998.6.

［51］ Cole R H. Underwater Explosion, Princeton University Press, Princeton, N. J. , 1946.

［52］ Greenhorn J. The Assessment of Surface Ship Vulnerability to Underwater Attack, Transaction of the Royal Institution of Naval Architects, 1989.

［53］ Kail A H. The Response of Ship to Underwater Explosions, SNAME, 1961, 69:366 - 410.

［54］ Remmers G, 1983, The Evolution of Spectral Techniques in Navy Shock Design, Shock and Vibration Bulletin, Part I, 59 - 70.

［55］ Cunniff P F, O'hara G J. A Procesure for Generating Shock Design Values, J. of Sound and Vibration, 1989, 134(1): 155 - 164.

［56］ Chan S K. An Improvement in the Modified Finite Element Procedure for Underwater Shock Analysis. Proceeding of 62nd Shock and Vibration Symposium. Oct, 1992.

［57］ 徐小刚. 舰船抗爆抗冲击若干问题研究:[学位论文]. 哈尔滨工程大学, 2004.

［58］ GJB/Z 21A22001. 中华人民共和国国家军用标准——潜艇结构设计计算方法. 北京:国防科学技术委员会, 2002.

［59］ 恽寿榕, 等. 爆炸力学计算方法. 北京:北京理工大学出版社, 1995.

［60］ 刘忠族, 钟伟芳, 黄玉盈. 水下爆炸冲击波作用下多层圆柱壳的动响应. 华中理工大学学报, 1997, 25(4): 100 - 103.

［61］ Rudolph J Scavuzzo, Henry C Pusey. Naval Shock Analysis and Design. SAVIAC/Booz. Allen and Hamilton, Inc. , 2000.

［62］ Balandin D V, Bolotnik N N, Pilkey W D. Optimal Protection from Impact. Shock and Vibration. Gordon and Breach, NJ, 1999.

［63］ Balandin D V, Bolotnik N N, Pilkey W D. Review: Optimal Shock and Vibration Isolation. Shock and Vibration, 1998 (5):73 - 87P.

［64］ 汪玉, 华宏星. 舰船现代冲击理论及应用. 北京:科学出版社, 2005.

［65］ William T Forehand. UNDEX testing: when, why&how it began. SAVIAC Proceeding of the 70th Shock and Vibration Symposium, 1999:251 - 262.

［66］ Welch W P. Mechanical shock on naval vessels as related to equipment design. Journal ASNE, 1946:58.

［67］ Bort R L. Assessment of shock design methods and shock specifications. Transaction SNAME, 1962: 70.

［68］ Henrych J. The dynamics of explosion and its use[M]. Elsevier:Elsevier scientific publishing company, 1979:108 - 114.

［69］ 叶明, 范井峰. 舰艇抗冲击综合研究初探. 船舶, 2004, 6:10 - 12.

［70］ 浦金云, 等. 舰船生命力. 北京:海潮出版社, 2001.

［71］ 汪玉. 舰艇及设备冲击响应分析技术. 北京:海潮出版社. 2005.

［72］ 姚熊亮. 船体振动. 哈尔滨:哈尔滨工程大学出版社, 2004.

［73］ 姚熊亮. 舰船结构振动冲击与噪声. 北京:国防工业出版社, 2007.

［74］ 舰船通用规范 GJB 4000—2000, 国防科工委军标出版社, 2000.

［75］ 张振华. 舰艇结构水下抗爆能力研究. 武汉:海军工程大学, 2004.

［76］ 王儒策, 赵国志. 弹丸终点效应. 北京:北京理工大学出版社, 1993.

［77］ 王儒策. 弹药工程. 北京:北京理工大学出版社, 2002.

［78］ 陈铁云. 船舶结构力学. 上海:上海交通大学出版社, 2001.

［79］ 谌勇, 汪玉, 沈荣瀛, 等. 舰船水下爆炸数值计算方法综述. 船舶工程, 2007, 29(4):48 - 52.

［80］ 恽寿榕, 等. 爆炸力学计算方法. 北京:北京理工大学出版社, 1995.

［81］ 朱锡, 张振华, 等. 水面舰艇舷侧防雷舱结构模型抗爆试验研究. 爆炸与冲击, 2004, 24(2):134 - 139.

［82］ 姚熊亮, 许维军, 梁德利. 水下爆炸时舰船冲击环境与冲击因子的关系. 哈尔滨工程大学学报, 2004, 25(1): 6 - 12.

［83］ 刘建湖. 舰船非接触水下爆炸动力学的理论与应用. 无锡:中国船舶科学研究中心, 2002.

［84］ Cho-Chung Liang, Min-Fang Yang, Yuh-Shiou Tai. Prediction of shock response for a quadruped-mast using response spectrum analysis method. Ocean Engineering, 2002, 29(8):887 - 914.

［85］Cho-Chung Liang, Yuh-Shiou Tai. Shock responses of a surface ship subjected to noncontact underwater explosions. Ocean Engineering, April 2006,33：748－772.

［86］Meyers. 材料的动力学行为. 张庆明,刘彦,黄风雷,等译. 北京:国防工业出版社,2006.

［87］庄茁. ABAQUS 非线性有限元分析与实例. 北京:科学出版社,2005.

［88］石亦平,周玉蓉. ABAQUS 有限元分析实例详解. 北京:机械工业出版社,2006.

［89］陆鑫森. 高等结构动力学. 上海:上海交通大学出版社,1992.

［90］金咸定,赵德有. 船体振动学. 上海:上海交通大学出版社,2000.

［91］朱仁庆. 液体晃荡及其与结构的相互作用. 无锡:中国船舶科学研究中心,2001.

［92］姚熊亮,张阿漫,许维军. 声固耦合方法在舰船水下爆炸中的应用. 哈尔滨工程大学学报,2005,26(6):707－712.

［93］BV0430－85,德国国防军舰建造规范——冲击安全性. 科布伦茨:联邦德国国防装备技术和采购局,1987.

［94］张振华,朱锡,等. 水面舰艇舷侧防雷舱结构水下抗爆防护机理研究. 船舶力学,2006,10(1):113－119.

［95］杜志鹏,李晓彬,等. 舰船防护水舱在接近爆炸载荷作用下响应的理论研究. 船舶力学,2007,11(1):119－127.

［96］黄祥兵,朱锡等. 大型水面舰艇舷侧水下防雷舱吸能结构论证设计. 海军工程大学学报, 2000(3):61－65.

［97］姚熊亮,张阿漫,许维军,等. 基于 ABAQUS 软件的舰船水下爆炸研究. 哈尔滨工程大学学报,2006,27(1):37－41.

［98］Wierzbicki T. Pedaling of plates under explosive and impact loading［J］. International Journal of Impact Engineering. 1999,22:935－954.

［99］Taylor G I. The pressure and impulse of submarine explosion waves on plates［M］. In:The Scientific Papers of G. I. Taylor,Vol. III. Cambridge University Press. ,1963:287－303.

［100］徐芝纶. 弹性力学. 北京:高等教育出版社,1990.

［101］张振华. 舰艇结构在水下爆炸作用下损伤响应的相似预报研究. 武汉:华中科技大学,2007.

［102］欧贵宝,朱加铭. 材料力学. 哈尔滨:哈尔滨工程大学出版社,2003.

［103］吴翊,李永乐,胡庆军. 应用数理统计. 长沙:国防科技大学出版社,1995.

［104］张守中. 爆炸与冲击动力学. 北京:兵器工业出版社,1993.

［105］余同希,卢国兴. 材料与结构的能量吸收. 北京:化学工业出版社,2006.

［106］谭华. 实验冲击波物理导引. 北京:国防工业出版社,2007.

［107］马晓青. 冲击动力学. 北京:北京理工大学出版社,1992.

第5章 船舶减振抗冲元件

船舶机械设备工作时将不可避免地引起振动,这种振动包括设备本身的振动辐射到舱室及其作为激振源通过支承系统(基座、隔振器等)向船体结构传递引起船体结构振动。设备振动虽然可同时引起舱室噪声及船体结构的振动,但后者往往更为突出,因此本章着重讨论机械设备作为激振源时引起船体振动的抑制方法,从而有效地降低船体振动。抑制机械设备振动主要是从阻抗失配及损耗吸收角度,设计相应的隔振系统,从而达到隔离、损耗和吸收机械设备振动能量的目的。

5.1 船舶减振抗冲元件的用途、类型及性能

船舶设备减振装置指的是将船舶机械、船舶管路固定到船体承重结构上的弹性连接件上,它包括减振元件本身及中间金属结构(实行多层减振时)。这种船舶减振装置的主要用途如下[1]:

(1)减振,即减少船舶机械设备工作时传递给船体结构的声振动,降低船舶的水下噪声辐射。

(2)抗冲击,即减小来自船体的冲击振动对设备的影响。

(3)既减振又抗冲击。

(4)减少设备所受的来自船体支承结构及由螺旋桨旋转产生的强烈低频振动的影响。

根据弹性元件所用材质的不同,减振器一般可分为以下几种:

(1)橡胶金属减振器,又分为橡胶金属一体式减振器、橡胶金属装配式减振器及橡胶金属装配一体式减振器;其主要由橡胶元件粘贴在减振器金属部件或由橡胶元件和金属部件装配而成。

(2)金属减振器,主要是指由金属纤维或金属丝团、金属网或多孔金属制成的金属减振器,它主要包括金属弹簧减振器,钢丝绳减振器等。

(3)气动减振器,主要采用气体作为弹性构件的减振器。

(4)聚合物材料减振器,只要指采用合成聚合材料做弹性元件的减振器。

(5)电磁式减振器和磁液式减振器,主要是运用磁场来构成弹性的可控减振器。

(6)智能减振器,主要是综合运用智能材料和现代控制理论的可控减振器。

由上述弹性元件制成的减振器性能对比见表5-1-1。

表5-1-1 减振器元件性能对比

材料种类	工作能力			固有频率		承载能力		阻尼	性能		耐久度
	压缩	拉伸	剪切	不小于10Hz	10Hz~30Hz	低载荷	高强度		耐腐蚀和各种溶剂	耐高温	
弹性体	A	B	B	C	A	A	B	B	B	C	C

材料种类	工作能力			固有频率		承载能力		阻尼	性　能		
	压缩	拉伸	剪切	不小于10Hz	10Hz～30Hz	低载荷	高强度		耐腐蚀和各种溶剂	耐高温	耐久度
钢丝弹簧	A	A	D	A	A	A	A	D	A	A	A
金属纤维结构	A	D	D	D	B	B	A	A	A	A	A
合成聚合材料	B	B	D	C	B	A	C	C	B	B	B
气动元件	A	C	C	A	–	D	A	C	C	C	C
磁流元件	B	B	D	C	B	A	A	B	C	D	D
注:A 代表优秀;B 代表良好;C 代表合格;D 代表不合格											

　　减振器按其性能是否可控又可分为可调式减振器和不可调式减振器。可调式减振器一般指能自动调整其自身固有频率及承载能力的减振器。不可调式减振器是指不能自动调整其自身固有频率及承载能力的减振器。

　　船舶减振元件的选取一般应满足与船舶建造、使用及修理时的工艺条件相关的一系列专门要求。其中最基本的要求是:保证其保管期为 3 年～5 年,使用期不少于 10 年;同时要确保具有最小的质量和尺寸、结构简单、价格便宜。除此之外,还应便于安装、更换和管理使用。

5.2　橡胶金属减振器

　　橡胶金属减振器即是利用橡胶弹性及阻尼耗能作用达到减振目的的一种减振装置。橡胶类型不同,其弹性及损耗特性也有较大差异,橡胶金属减振器的性能也有很大差异。目前,橡胶金属减振器所用橡胶的种类较多,常用的橡胶有天然橡胶(NR)、丁苯橡胶(SBR)、顺丁橡胶(BR)、丁腈橡胶(NBR)、氯丁橡胶(CR)、丁基橡胶(IR)、乙丙橡胶(EP-DM)等。因此,在设计橡胶金属减振器时,应根据不同的使用要求及工作环境选定相应的橡胶类型。

5.2.1　橡胶金属减振器工作原理及物理特性

　　通常情况下,橡胶金属减振器安装于设备与船体基座之间,当设备工作产生振动或船体结构振动向设备传递时,由于橡胶金属减振器的存在,其振动分量的传递将有很大改变:一方面,当振动频率大于$\sqrt{2}$倍橡胶金属减振器固有频率时,该振动将因橡胶金属减振器的存在而减小,从而达到减振的目的;另一方面,橡胶材料为黏弹性材料,具有损耗特性,设备振动时也将损耗部分能量,也将导致振动的衰减。

　　橡胶金属减振器种类繁多,与金属弹簧相比具有以下特征[2]:

　　(1)橡胶金属减振器中硫化橡胶的弹性范围非常大,弹性模量较金属材料下降许多。有时硫化橡胶的伸长率可以达到 500% 以上,其剪切弹性模量为 0.5MPa～3.0MPa(钢的弹性模量约为 80GPa)。

（2）硫化橡胶形状选择较为自由，可在相当宽的频带范围内对减振器各方向的弹性系数加以调整，并可获得弯曲、扭曲、翘曲的弹簧作用。

（3）硫化橡胶的损耗特性远大于金属材料，其材料的振动减衰性较好，可减小系统共振频带。

（4）可较容易地得到非线性弹簧特性。

（5）橡胶可与金属牢固粘合，减振装置的安装部分与橡胶能够设计成为一个整体，可以获得结构紧凑的减振装置。

（6）通过橡胶的柔软性还可减小减振装置与构件结合部分的装配尺寸误差，具有不开脱的优点。

（7）耐热、耐寒、耐油等方面比金属弹簧差，因此需注意使用的环境条件，同时应充分注意橡胶材质的选择。

5.2.2　橡胶金属减振器的分类

橡胶金属减振器按其用途大致可分为如下几类：

（1）支承各种装置的狭义的橡胶金属减振器；

（2）以吸收冲击为目的的橡胶金属缓冲器；

（3）作为机械作动部件使用的橡胶弹簧；

（4）消除特定振动频率振动的动减振；

（5）橡胶联轴节。

5.2.3　几种常见的船舶橡胶金属减振器

由于船舶复杂的工作环境及设备对船舶橡胶金属减振器的不同要求，决定了船舶橡胶金属减振器的结构类型，且由于使用范围的差异，即使同一结构类型的减振器也有多种不同规格。下面简要介绍几种典型的船舶橡胶金属减振器。

1. AKCC 型船舶橡胶金属减振器

该型减振器不仅在造船部门而且在其他工业部门都得到了广泛应用。20 世纪 50 年代制造的，随后又得到一系列改进的该类减振器以结构简单、使用（包括在极端条件下）极其可靠、隔振能力强、安装方便等著称。该型减振器主要用于船舶机械及设备的抗冲击及减振中，并能在 -5℃ ~70℃ 范围内，在有燃油、滑油蒸汽存在条件下工作，即使在滑油、淡水和海水溅落情况下也能可靠工作。图 5 - 2 - 1 为 AKCC 型减振器结构示意图。

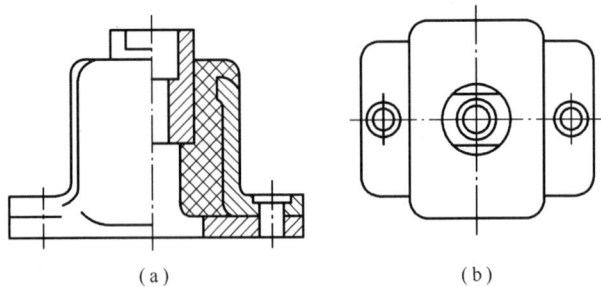

（a）　　　　　　　　　　　（b）

图 5 - 2 - 1　AKCC - H5 型橡胶金属减振器结构示意图

2. Kleber 型船舶橡胶金属减振器

Kleber 型船用橡胶金属减振器是由法国 Kleber – Colombes 公司生产的船舶主机和辅机减振器（如图5－2－2所示）。其内部装有一种内置式弹性限位器（限制极限变形量）的橡胶金属减振器。该类减振器覆盖的载荷范围很宽（550N ~ 190kN），减振器固有频率约为5Hz ~ 5.5Hz。Kleber 减振器有如下两种：

（1）装配式减振器（静载荷550N ~ 14kN）；

（2）用硫化胶合法将橡胶部件固结在减振器金属部件上的一体式减振器（静载荷800N ~ 190kN）。

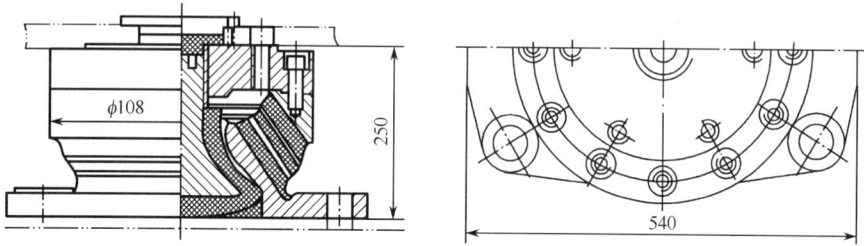

图5 – 2 – 2　Kleber M. 9672 系列减振器图

3. Vibmar 型船舶橡胶金属减振器

Vibmar 型减振器也是一种供主机及辅机使用的一体式橡胶金属减振器。该型橡胶金属减振器主要包括 EIN 和 ESN 系列，结构上形似截头锥体，其承受剪切的弹性元件用硫化胶合法与螺旋弹簧或环形金属板固结为一体（如图5 – 2 – 3 所示）。为提高其阻尼特性，ESN 系列减振器的内腔充填有黏弹性液体。ELA 系列橡胶金属减振器（如图5 – 2 –4所示）有螺旋弹簧和橡胶弹性筒并联而成，为提高阻尼性能，装有螺旋弹簧的减振器内腔充填有黏弹性液体。

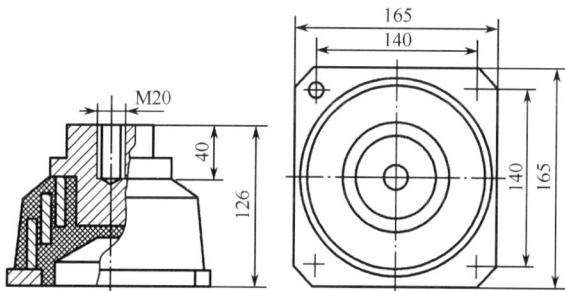

图5 – 2 – 3　Vibmar ESN 系列橡胶金属减振器

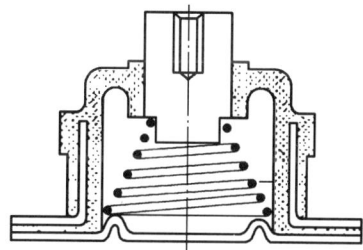

图5 – 2 – 4　Vibmar ELA 系列橡胶
金属减振器

除上述橡胶金属减振器外，还有诸多船舶橡胶金属减振器，如动力装置减振系统中常用的有朴茨茅斯（Portsmouth）、EES、马雷岛（Mare lsland）减振器等。

5.3　气动减振器

气动减振器是指在柔性密闭容器中加入压力气体（一般指空气），当气体弹簧变形时,利用内部气体压缩反力及因气体变形有效受压面积改变而增加的反力之和来提供弹性恢复力的一种减振器。气动减振器作为隔振支承装置使用时具有如下特点:

(1)它能提供很低的共振频率,一般为3 Hz,在结构和布局合理的情况下甚至可以达到1 Hz。

(2)由于空气弹簧是通过空气弹簧橡胶气囊中压缩空气的压力变化取得隔振效果的,所以其隔离振动,尤其是高频振动有着极佳的效果,可有效避免橡胶减振器高频隔振时因驻波现象而导致高频隔振效果下降的弊端。

根据气动减振器的承载能力是否可调可将气动减振器分为可调的和不可调的两种。承载能力不可调的气动减振器称为不可调气动减振器,其可以是单气室也可以是双气室的。双气室气动减振器的气室分为主气室(工作室)和附加气室(阻尼室),两者之间装有节流阀。当单气室结构(在一定的气室容积内)不能满足对隔振系统固有频率的要求时,一般采用双气室。对于不可调的气动减振器,通常设计成额定高度下具有额定承载能力。而对于承载能力可调的气动减振器称之为可调气动减振器,其一般设计成双气室形式。承载能力的变化一般是通过改变阻尼室的容积实现的。除工作气室和阻尼室外,这种可调隔振器还应有独立的能源系统,来改变阻尼室容积,保持工作室高度的稳定。

通常,船用气动减振器至少由一个橡胶囊和一套金属部件组成。减振器金属部件一般为上、下底座(图5-3-1和图5-3-2),或是与橡胶囊连成整体组成减振器的活塞和壳体(图5-3-3)。

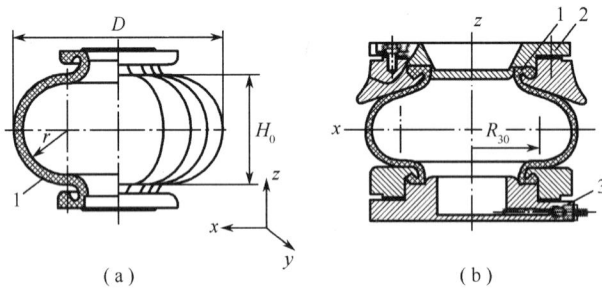

（a）　　　　　　　　　　　　（b）

图5-3-1　（a）圆形气囊(PKO)减振器和(b)АПРк-500-1A减振器

1—圆形气囊;2—上底座;3—下底座;x,y,z为减振器主轴。

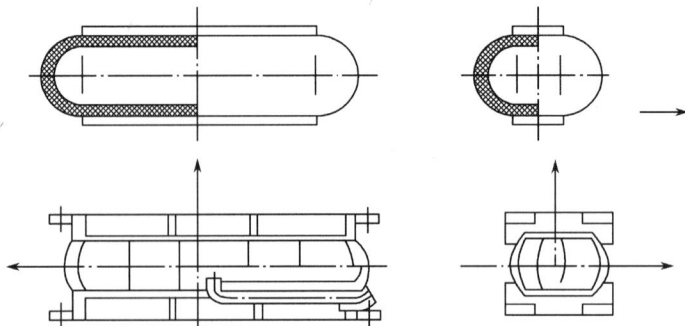

图5-3-2　枕状气囊减振器

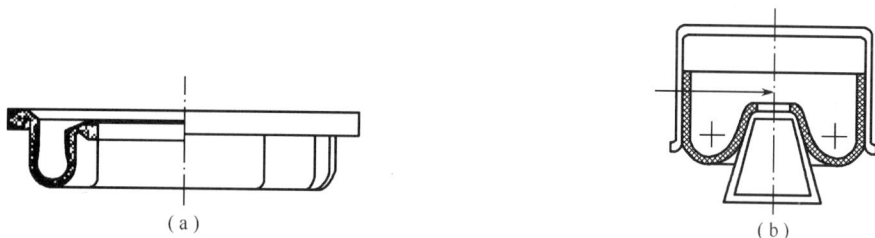

图 5 - 3 - 3　膜片式气动减振器

在构造上气动减振器主要分为囊式(图 5 - 3 - 1 和图 5 - 3 - 2)和膜式(图 5 - 3 - 3)。囊式气动减振器是由橡皮膜制成的提灯(灯笼)形结构,可以由一段或由数段串接而成,分别称之为单曲、双曲或多曲囊式气动减振器。在各段之间镶有金属轮缘,借以承受内压张力的作用。随着串接段数的增加,刚度变小。膜式气动减振器的构造是在金属外筒与内筒,或缸筒与活塞之间放置橡皮膜,通过膜的变化实现整体伸缩。在外筒的内壁与外筒的外壁上预先给出适当的倾斜或曲面,据此橡皮膜伸缩时可沿该壁面发生变形,受压面积随变形而变化,这就获得在标准高度下很软,而在大位移时变硬的特性,即合适的非线性弹簧特性。膜式气动减振器又分为约束膜式和自由膜式。

船舶气动减振器的金属附件有形状非常简单的,也有形状非常复杂的。前者如圆形囊式或枕状囊式的减振器的平底座、膜片式减振器的圆柱形活塞和壳体。后者如回转形囊壁(圆形囊或膜片式)或有倾斜段底座减振器的具有锥形面的金属部件。更为复杂形状的部件在船舶气动减振器中未得到应用,这是因为船舶减振器的容许静变形范围受到限制,就较小的变形而言,复杂的部件形状不占任何优势。

5.4　金属减振器

在对船舶设备减振器进行选型时,除需考虑其减振效果外,一般还应考虑其使用环境的要求,因为这些减振器通常是在极限温度和具有腐蚀性介质(燃油、滑油、海水、有机溶剂)条件下工作,在个别情况下,还需要在高放射条件下工作。此外,对减振器还应提出被减振对象结构特点以及减振器检查、修理和更换技术可能性有关的要求。采用单一形式的减振器满足船舶中存在的各种实际需求是不可能的,因此,减振器选择要考虑具体情况。

金属减振器就是一种新型的阻尼减振器,其特别适用于极端严酷工作环境下的缓冲、阻尼、减振、密封结构。美国早在 20 世纪 60 年代就已经在武器装备上大量使用,并广泛应用于高温、高压、高真空、超低温及剧烈振动下的减振等问题。金属减振器与其他类型的减振结构相比具有其独特的优越性,如:其特性实际与使用温度无关(根据产品目录中介绍,金属减振器的使用温度范围为 -200℃ ~ +370℃);具有防火安全性;不易受腐蚀性介质的影响;能在高辐射区和严重辐射区长时间工作。由于对腐蚀性介质和使用条件不敏感,所以无需对减振器进行特别的维护保养,因此金属减振器适合在某些恶劣工作环境下使用。下面以几种经典的金属减振器为例,介绍其工作原理。

5.4.1 钢丝绳减振器

钢丝减振器是由钢丝绳绕制而成的,将钢丝绳绕成弹簧状,固定在沿弹簧母线布置的两块金属板之间。每个钢丝绳隔振器都有各自的特性,这些特性依钢丝绳的直径、每匝中钢丝的数目、钢丝绳的长度和扭绞角度以及减振器中的钢丝绳匝数而定。由于钢丝之间有相当大的自由行程,相互之间的干摩擦使其具有很大的阻尼,所以这种减振器能有效地吸收冲击载荷。由于钢丝绳减振器具有很大承载能力,同时具有很大柔度,因此其具有广泛的应用范围,图 5 - 4 - 1 为 HGS 型钢丝绳减振器的结构形式。目前,该类减振器在航空航天、汽车制造船舶工程、机械工程的科研工程领域都有广泛应用。

钢丝绳减振器的特性曲线呈非线性,其刚度依外加载荷而定。钢丝绳减振器的典型"力—变形"负载特性曲线如图 5 - 4 - 2 所示。一般表示这类减振器主要性能的有两个部分。在初始部分("振动"部分—小位移),减振器具有足够大的刚度。随着作用力幅值增大,减振器刚度减小,结果其固有频率降低。在冲击载荷时,初始位移大("冲击"部分),因此减振器刚度小,依靠相当大的变形来吸收能量。

图 5 - 4 - 1 HGS 型钢丝绳减振器

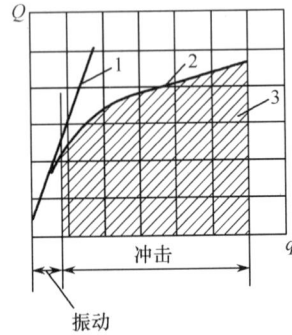

图 5 - 4 - 2 钢丝绳减振器
力—变形负载曲线

1—决定减振器刚度(和固有频率)的曲线;
2—小刚度部分;3—最大容许位移。

隔振器的压缩量达到其额定高度的 75% 左右时,刚度又开始增加。然而,这时冲击加速度已减小,大部分冲击能量被吸收(耗散掉)。与其他型式减振器不同,钢丝绳减振器的耗散特性曲线在整个容许范围内是均匀的,这能有效地让冲击载荷降到所需的范围。

但是,如何保证减振器随着时间的流逝仍能保持性能的稳定,成为钢丝绳减振器的较为复杂的问题,也就是说减振器不会因为持续静载荷和动载荷的作用而下沉。要解决这一问题,在制造钢丝绳和减振器主要元件以及在装配减振器本身时应该保证严格的工艺标准和稳定品质。

5.4.2 弹簧(板簧)式金属减振器

除钢丝绳减振器外,弹簧式金属减振器及板簧式金属减振器也是两种典型的金属减振器。下面对这两类金属减振器进行简单介绍。

舰用弹簧式单匝减振器就是弹簧式减振器中的一种。实际上它是紧固环向外弯曲的单匝圆柱形弹簧。这类减振器主要用于各种仪表、仪器和轻型设备的抗冲击装置中。

常见的板簧式减振器是金属组合式减振器和板式减振器,它们是装配式金属件,其弹簧元件在组合式减振器中由 4 组叠板弹簧构成,在板式减振器中由一组 Ω 形叠板弹簧构成(图 5-4-3)。船舶中常用的板簧式减振器的额定静载荷为 392N ~ 3920N,其自由行程也较小(在 z 轴和 y 轴向为 35mm ~ 40mm,在 x 轴向为 l0mm ~ 15mm),阻尼也相对较小。

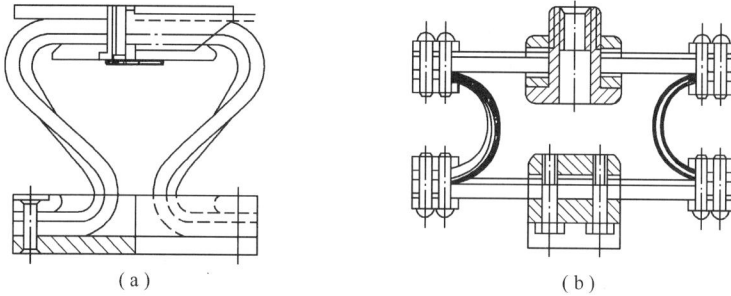

图 5-4-3 金属组合式减振器和板式减振器结构示意图
(a)金属组合式减振器;(b)板式减振器。

弹簧(板簧)式金属减振器的一个主要缺点是阻尼小。为此,某些组合式减振器曾试图通过将一组叠板放入滑油介质中来增大阻尼。叠板相互位移和变形时,滑油在板间空隙中会因黏性摩擦而引起损失增大。而且,还会出现大家都非常熟悉的液压阻尼器的效应,即随着振动频率的增大,液体停止流动,减振器开始表现为像刚体一样,从而丧失减振能力。实际上,从 30Hz ~ 70Hz 开始,这种充油减振器就会出现无减振效果的现象(依减振器结构而定)。

5.5 浮筏隔振系统

单层隔振系统的优点是简单而有效,但也存在两个方面的不足:一方面,为了达到较高的隔振要求,隔振器刚度必须尽量小,但过于柔软的支承会危及系统的稳定性,尤其是当隔振系统处于舰船等具有摇摆和突然冲击特点的工作环境中时,难以兼顾隔振效果和稳定性两个方面的要求;另一方面,当激振频率在数百 Hz 以上时,隔振器中产生驻波效应,实际的隔振效果只有 10dB ~ 20dB,往往不能满足减振、隔振要求。研究结果表明,双层隔振系统在减振降噪和抗冲击方面明显优于单层隔振系统,利用双层弹性元件的刚度和附加中间质量的设计可以有效地控制并衰减弹性波的传播,从而取得良好的高频隔振效果。

浮筏隔振技术正是一种可以全面降低潜艇机械噪声的高新技术,当舰艇受到外来的强冲击振动时,浮筏系统能有效地保护机械设备正常的工作;平时又能明显地降低机械设备的振动和噪声水平。浮筏装置是一个高效的隔振装置,一般单层隔振装置隔振效果,如以振级落差计为 10dB ~ 20dB,而浮筏隔振装置能使隔振效果提高到 40dB 以上。

浮筏隔振系统实际上是多机组双层隔振系统。它就是将船舶主要振源设备(如主机、辅机、柴油发电机组等)通过上层隔振器弹性地安装在一个公共筏体上,然后再将该公共筏体通过下层隔振器弹性地安装在船体上。

如图5-5-1所示,浮筏隔振系统一般由四部分组成:

A—机械设备:主要包括主机、辅机和其他噪声源。被隔振的机械设备分为多台同类及不同类设备(按设备的激扰力特性是否相同划分)两种形式;机械设备的布置方式分为平面布置和空间布置。

B—上层隔振器:主要包括弹性体、钢丝弹簧、合成聚合材料、金属纤维结构、气动元件和磁流元件等。上层隔振器的布置方式有垂向支承、侧向支承和悬吊支承。

C—公共筏体。由减振橡胶或双弹性材料制成,筏体与船体采用柔性连接,以进一步抑制中、高频结构噪声的传播。筏体结构形式采用适宜于设备空间布置的框架式。

D—下层隔振器:主要包括弹性体、钢丝弹簧、合成聚合材料、金属纤维结构、气动元件和磁流元件等。

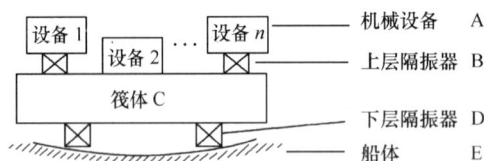

图5-5-1 浮筏隔振系统示意图

浮筏隔振系统的主要优点是减少了声短路,因而隔振效果好,同时采用了公共筏架可以减少附加质量并节省安装时间。与一般隔振装置相比,浮筏装置具有如下特点:

(1)多扰动特性:由于多机浮筏装置的出现,要求隔离的扰动力源的频率、位置是多方面的;

(2)非刚性特性:中间机架向轻型化和大型化发展,使原来的刚体模型不再适合,某些场合还须考虑被隔离设备的非刚性特征,其结构的固有特性对隔振性能会产生直接影响;

(3)多向隔振特性:即针对力源的多向性,应考虑系统在各个方向的隔振性能;

(4)基础的非刚性:在实际应用中,基础的机械阻抗是有限的,隔振设计应考虑到它的影响。

双层弹性安装的浮筏隔振装置一般能获得40dB以上的隔振效果。它较传统的双层隔振装置的优点是不但能利用筏体的质量效应,而且能利用其他机械设备的质量效应,从而大大减少隔振装置的总重量。目前浮筏隔振措施在舰船上得到了越来越广泛的应用。

基于上述特点,按其结构形式,可将浮筏隔振系统分为平置式、侧挂式和框架式三种类型(见表5-5-1)。

表5-5-1 浮筏隔振系统分类

	平置式浮筏	侧挂式浮筏	框架式浮筏
设备	同类设备、平面布置 (平行地面)	同类设备、平面布置 (垂直地面)	非同类设备、空间布置
减振器	垂向支承	垂向及横向支承	三向支承并存
筏体	梁式或板架式	板架式(垂直地面)	框架式
基座	坐墩型	悬臂梁型	任意形式

与单层隔振系统相比,浮筏隔振系统可以大大提高系统高频段的隔振效果,激励频率越高,其隔振效果越显著,这是浮筏系统的应用价值所在。但浮筏隔振系统也存在一定不足,其最明显的特征就是在系统一阶固有频率之后,浮筏隔振系统隔振效果曲线比单层隔振增加了一个峰值,从而使其较低频段的隔振性能变坏。为尽量弥补上述不足,需要将系统的二阶固有频率设计得低一些,这就要加大筏体的质量,从而导致系统过于笨重而使其应用价值降低,这已成为浮筏隔振设计中的一对矛盾。浮筏隔振系统的另一个缺点是动态稳定性差,这可以从设备与筏体的惯性矩对非对称系统的影响中窥见一斑。

浮筏装置设计的首要原则是避开共振,即系统固有频率要避开机械设备主干扰频率,同时尽量使系统各部件的阻抗失配以抑制结构振动的传递;其次,还要考虑声学设计的有关问题,如尽量延长由机脚支承点到筏体连接船体支承点之间的传递路线、增大安装基座及减振器安装点的阻抗,以及加入筏体的阻尼等。

从功率流控制的角度看,尽管浮筏系统的动态特性较为复杂,然而由于不再考虑基础参数的小范围优化问题,因而简化了其最优化设计准则。具体可以归纳为如下几个方面:

(1)增加基础刚度和减小基础几何尺寸的办法是有利的,其中尤以减小基础几何尺寸更为有效。

(2)浮筏系统的最优布局方式为对称布局,但其精度要求高;如不能满足要求,则要计算其他次要的非对称性系数。

(3)筏体的支承间距具有较大的优化空间,值得重视。

(4)上下两层隔振器的刚度越小越好,加大筏体质量,隔振效果变好,但要慎重考虑。

(5)对具体系统进行分析设计时,在满足系统对称性要求的条件下,机器支承的间距以及各机器之间的距离可以较为自由地选择。

(6)增大基础的阻尼对系统不利,隔振器阻尼属于较次要因素。

5.6　磁流变减振器

除了上述常见的减振器以外,还有轴系减振联轴、磁流变减振器等。本节主要介绍磁流变液减振器(Magnetorheological Dampers,MR Dampers)它是应用磁流变液加工制造的一种减振装置。当其安装在结构上时,根据受控结构的振动状态,按照一定的控制规则迅速自动调整减振器的参数(减振),从而抑制结构的振动响应,因此可以作为一种理想的智能控制装置。

5.6.1　磁流变液减振器的工作原理

目前常用的由磁流变液制成的减振器的工作模式主要有三种:压力驱动模式(利用压力驱动磁流变液流动从而产生减振)、剪切模式(两磁极中有一极运动,使磁流变液形成剪切流动从而产生减振)、挤压流动模式(利用两磁极的相对运动驱使磁流变液运动从而产生减振),如图5-6-1所示。

由于压力驱动模式减振器的磁路设计比较方便、出力大,因此国内外研究较多,减振器制造技术也已成熟。这种磁流变液减振器类似于普通油缸流体减振器的结构形式,其内部构造如图5-6-2所示。

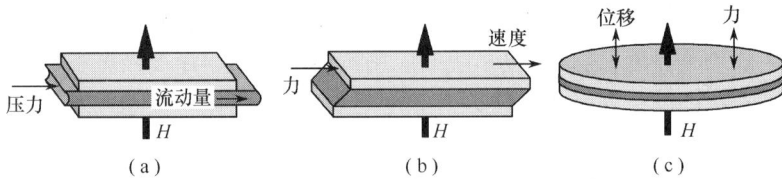

图 5-6-1 磁流变减振器的工作模式

(a)压力驱动模式;(b)剪切模式;(c)挤压流动模式。

从图5-6-2可以看出,当活塞与缸体相对运动时,减振器内的磁流变液被迫从活塞的一端通过活塞与缸体的间隙进入另一端。流经间隙的磁流变液会随间隙内磁场强度的变化而发生剪切屈服强度的变化,因此可以通过调节缠绕在活塞上的励磁线圈的电流大小改变间隙内磁场强度的变化,进而调节流体的阻力。

上述所述减振器内部结构磁场分布如图5-6-3所示。励磁线圈缠绕在活塞上,磁场首先通过杆芯到达活塞的左端,然后通过磁流变液充满的间隙到达缸壳,再经过磁流变液充满的间隙到达活塞的右端,最后回到杆芯部分,形成闭合的磁场回路。

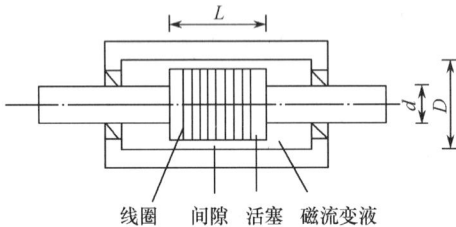

图 5-6-2 双出杆磁流变液减振器构造简图

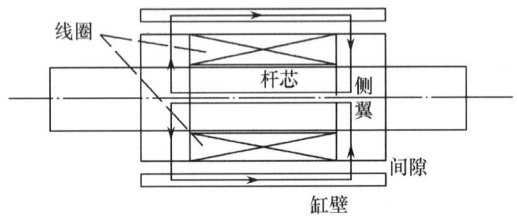

图 5-6-3 磁流变液减振器磁路示意图

这种减振器构造简单,除了活塞之外没有其他运动的部件,外缸是磁路的一部分,磁流变液在活塞外径和内腔之间的环状空间是有效的流动间隙。活塞内部的线圈在电流的作用下,将在缸体与活塞间的间隙内产生沿活塞半径的径向磁场。磁流变液减振器中活塞和缸体相对运动时,活塞挤压液体流过缸体与活塞间的间隙;液体在磁场的作用下由牛顿流体变为黏塑性的宾汉姆流体,使流体的流动阻力增加;通过调整线圈中的电流强度来调整磁场强度,从而改变流体的阻力,这样就形成了一种减振力可调的智能控制装置。

5.6.2 磁流变液减振器力学特性与阻尼特性

从理论角度上来说,减振可控的磁流变液减振器的工作主要通过两种方式进行,一是调节减振器减振通道的有效面积,二是调节减振器减振油的流动特性。

利用磁流变弹性体的磁致特性,按照磁流变弹性体减振器设计的基本原理,设计了一种新型的船用磁流变弹性体智能减振器。

磁流变弹性体由磁性颗粒和基体组成,要对磁流变弹性体的物理性质进行研究,首先要了解磁性颗粒以及基体的性质。磁流变弹性体的磁致剪切模量,主要是由磁性颗粒引起的,因此,掌握铁磁颗粒的磁化性能对于磁流变弹性体的研究有很重要的意义。磁流变弹性体的黏弹性主要由基体的性质决定,了解基体的黏弹性性质也非常重要。

1. 磁流变弹性体的颗粒铁磁性

物质在外加磁场的作用下,有几种不同的磁性表现:抗磁性、顺磁性、铁磁性和亚铁磁性。其中铁磁性和亚铁磁性物质属于强磁性物质,其余属于弱磁性物质。

(1)抗磁质。有些物质,原子或分子内各个带电粒子原有的磁矩,在取向上互相抵消,使整个原子或分子的磁矩总和为零。在外加磁场作用下,每个轨道电子都将出现与外加磁场相反方向的附加磁矩 Δm,于是,所有原子或分子都显示出与外场反向的净磁矩 m。

此类物质包括:铜、银、锌、铋、铅、氢、氮等。

(2)顺磁质。有些物质,原有的原子或分子都具有一定的固有磁矩 m,通常状态下原子或分子无规则地热运动,原子或分子磁矩的内部取向上也是无规则的,因此一定体积内全部原子或分子磁矩的矢量和为零,物质在宏观上没有表现出磁性。但在外加磁场作用下,每个原子或分子磁矩将受到力矩 $L = m \times B$ 而倾向于外磁场的方向排列,于是物质在宏观上表现为顺磁性。

此类物质包括镁、锰、铬、铂等。

实验结果表明,在各向同线性的介质内部任一点上,磁化强度 M 与磁场强度 H 存在如下的线性关系:

$$M = \chi_{m} H \qquad\qquad (5-6-1)$$

式中,无量纲的比例系数 χ_{m} 称为介质的磁化率(magnetic susceptibility)。不同结构的物质有着不同的磁化率。对于顺磁质而言,$\chi_{m} > 0$,这说明顺磁质内部各点的 M 和 H 有相同的取向;但是对于抗磁质,则是 $\chi_{m} < 0$,因而抗磁质内每一点的 M 和 H 取向相反。

(3)铁磁质。铁磁性物质主要是指以铁、钴、镍和一些稀土元素以及它们的合金及氧化物(如铁氧体)为材料构成的磁性介质,在磁场中显示很强的磁性。铁磁性物质的相对磁导率较大,通常在 $10^2 \sim 10^6$ 之间。在外加磁场作用下,铁磁性物质开始磁化,当铁磁性物质磁化达到饱和后减小磁场,磁化曲线并不沿原始曲线返回,称 $H = 0$ 时的磁化强度 $M = M_R$ 为剩余磁化强度,磁场继续反向增加,当 $H = -H_C$ 时 $M = 0$,H_C 称为矫顽力。这种现象称为磁滞现象。可根据其矫顽力的大小,将铁磁性材料分为软磁性材料和硬磁性材料。典型软磁性材料和硬磁性材料的磁滞回线如图 5-6-4、图 5-6-5 所示。

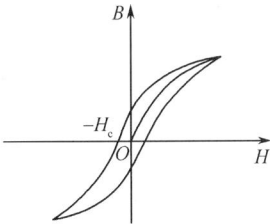

图 5-6-4　软磁性材料的磁滞曲线　　图 5-6-5　硬磁性材料的磁滞曲线

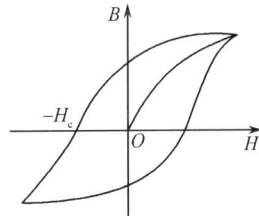

铁磁性物质的磁化率 $\chi_{m} \gg 0$,磁化后具有很强的磁性。铁磁质具有以下特性:

①铁磁质在外加磁场作用下容易达到磁饱和状态,此时磁化强度不再随外加磁场的增加而增加,而顺磁体则很难达到磁饱和状态。

②存在某一临界温度,当温度高于临界温度时铁磁性消失,铁磁体变为顺磁体,称临

界温度为居里温度或居里点。在居里温度附近磁导率和比热容呈现反常增加的现象。

③磁化强度与磁场强度间不是线性的关系,即磁化率和磁导率不是常数,而一般顺磁体的磁化率和磁导率在一定温度下是常数。

④外加磁场变化时,磁化强度的变化滞后于外加磁场的变化,将其称为磁滞效应,磁滞效应表明铁磁体的磁化过程包含了明显的不可逆过程。当外加磁场撤去时,铁磁体仍保留部分磁性,磁化强度不为零。而顺磁体在撤去外加磁场时,磁化强度立即变为零。

铁磁性物质的磁感应强度 B 的变化总落后于磁场强度 H 的变化,将这种现象称为磁滞现象。

在铁磁性物质的初始磁化过程中,随着 H 的增加,B 也增加,当铁磁性物质达到饱和状态后,缓慢地减小 H,铁磁质中的 B 并不按原来的曲线变化,并且 $H=0$ 时,B 不为 0 而具有一定值,这种现象称为剩磁,可以通过外加反向磁场的方法来完全消除剩磁。

磁流变弹性体中所选的颗粒通常是直径为 μm 尺寸的铁磁性颗粒。铁磁性颗粒的大小对磁流变材料的影响非常显著。当颗粒直径为 nm 尺寸时,就是磁流体了,此时在外加磁场作用下很难观察到相变。即使在 μm 量级,铁磁性颗粒的大小以及形状对磁流变性质也能产生影响。为了使铁磁性颗粒具有较强的磁流变效应,要求铁磁性颗粒的磁导率大,饱和磁化强度高。同时为了实现控制的可逆性,即在撤去外加磁场后,磁流变弹性体的力学性能恢复到初始状态,还要求铁磁性颗粒的剩磁小,即软磁性材料,这是保证磁流变材料的沉降稳定性以及分散性的重要条件,否则颗粒将会互相吸引在一起。

在磁流变材料中广泛使用羰基铁粉以及球形铁粉颗粒。羰基铁粉磁化过程是非线性的,因此在应用中要给出磁化强度 M 与磁场强度 H 的曲线。理论分析中,为了方便通常采用 Frolich – Kennelly 经验公式:

$$M = \chi_0 H / (1 + \chi_0 H / M_S) \qquad (5-6-2)$$

式中:χ_0 是铁磁性颗粒的初始磁化率;M_S 是铁磁性颗粒的饱和磁化强度。

低磁场情况时,$\chi_0 H \ll M_S$,式(5 – 6 – 2)变为 $M = \chi_0 H$,即线性磁化;高磁场情况时,$\chi_0 H \gg M_S$,式(5 – 6 – 2)变为 $M = M_S$,即达到磁饱和。因而可以用式(5 – 6 – 2)来近似地描述羰基铁粉的磁化过程。

2. 磁流变弹性体的基体黏弹性

介质在外力的作用下要产生相应的响应——应变[9]。而理想的黏性液体服从牛顿定律,应力正比于应变速率,在恒定的外力作用下,应变的数值随着时间增加而线性增加,撤除外力后,应变不发生改变,即产生永久形变。理想的弹性固体服从胡克定律,应力正比于应变,应力为定值时,应变为一常量,撤除外力后,应变立即变为零。这是两种理想状态,实际物质的力学行为大都偏离这两个定律。在外力作用下,介质的应变同时兼有弹性材料和黏性材料的特征。应力的大小既依赖于应变又包含应变速率部分。应变有不可回复的永久变形,又包含有可回复的弹性形变。而可回复的弹性形变又可分为依赖于时间的高弹形变和瞬时回复的普弹形变两部分。这种兼有黏性和弹性的性质成为黏弹性。

在力的作用下高聚物的力学性质随时间而变化的现象称为力学松弛。随力的作用方式不同,力学松弛的表现形式不同。将恒定应力作用下的力学松弛称为静态黏弹性(static viscoelasticity),最基本的表现形式是蠕变现象和应力松弛;将交变应力作用下的力学松弛称为动态黏弹性(dynamic viscoelasticity),最基本的表现形式是滞后现象和力学损耗。

磁流变弹性体的基体材料是天然橡胶或硅橡胶等高分子材料,表现出明显的黏弹性特性。黏弹性材料随时间而变化的变形过程,主要表现出以下四个特征:

(1)蠕变现象。蠕变现象(creep phenomenon)是指在一定温度和远低于该材料断裂强度的恒定外力作用下,材料的形变随时间增加而逐渐增加的现象。外力包括拉伸、压缩或剪切,相应的应变为伸长率、压缩率或剪切应变。黏弹性材料的应变与外力作用时间有关,将描述应变—时间关系的曲线称为蠕变曲线,如图 5 - 6 - 6 所示。

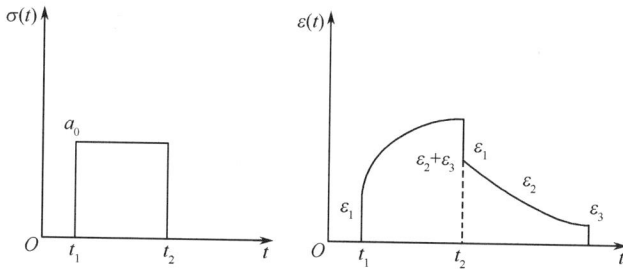

图 5 - 6 - 6 黏弹性材料蠕变曲线示意图

(2)应力松弛。应力松弛(stress relaxation)是指在一定温度下,快速施加外力,使黏弹性材料产生一定的形变(或应变),保持形变不改变时所需要的应力,随时间增长而逐渐衰减的现象。将应力随时间的变化曲线称为应力松弛曲线。典型的应力松弛曲线示意图如图 5 - 6 - 7 所示。

从图 5 - 6 - 7 可以发现,在一定温度和维持应变不变的情况下,线性黏弹性材料的应力会松弛衰减到零(如曲线 1 所示);而交联黏弹性材料的应力会松弛衰减到与应变相平衡的应力值(如曲线 2 所示)。

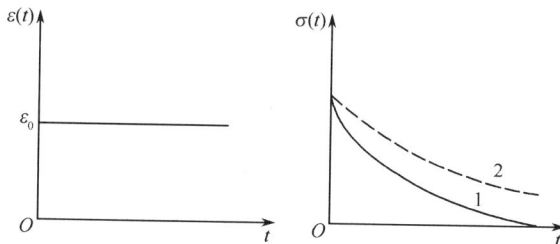

图 5 - 6 - 7 应力松弛曲线

(3)迟滞。迟滞是指材料的应变响应滞后于应力,导致一个加载和卸载过程中的应力应变曲线形成迟滞回线,迟滞曲线下的面积代表加载和卸载过程中的能量损失。

(4)应变率敏感。应变率敏感能够反映黏弹性材料力学性质的一些物理量,如杨氏模量、剪切模量、泊松比等,通常与应变速率(或时间)有关。

黏弹性材料的黏弹性质,可以用弹性元件和黏性元件串联或并联组合而成的本构模型表示,如 Maxwell 模型、Kelvin - Voige 模型等。

比较著名的研究磁流变液减振器的是美国 Notre dome 大学的 YANG 等,他们系统地测试了 200kN 阻滞磁流变阻尼器的阻尼力性能(图 5 - 6 - 8)。下面简要介绍实验结果。美国内华达大学以 gordaniaejad 教授为首的科研团队 CIML 实验室开发的双活塞磁路磁流变液的示意图(图 5 - 6 - 9)。该装置具有独特的贯通的活塞杆设计,流体流量与活塞杆的体积的比值不变,控制阀设置在活塞上,流体经由活塞杆芯流动。图 5 - 6 - 10 中的实线是试验的 200kN 阻滞阻尼器在正弦波加载幅值为 1cm、频率为 0.5Hz 时的阻尼力曲线。

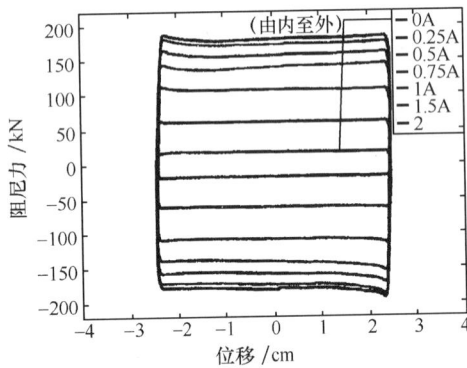

图 5 - 6 - 8 位移与阻尼力的关系曲线

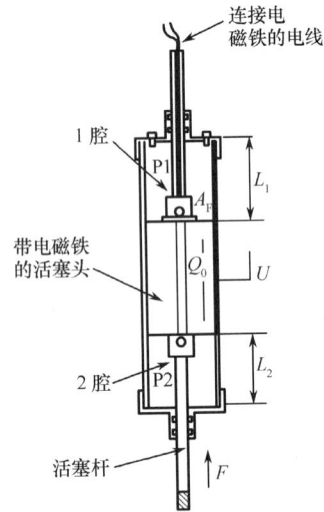

图 5 - 6 - 9 内华达大学开发的磁流变阻尼器示意图

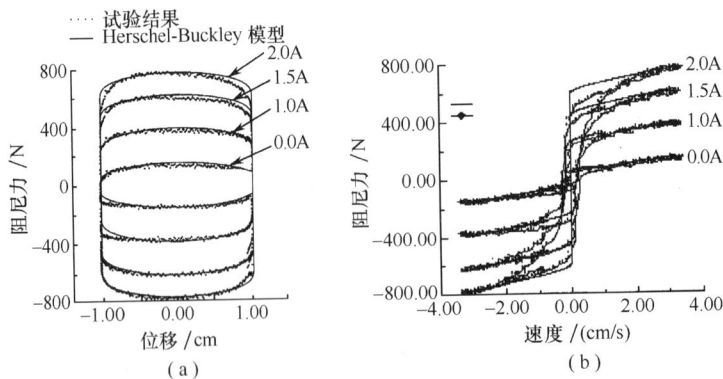

图 5 - 6 - 10 位移与阻尼力的关系曲线
(a)位移与阻尼力关系;(b)速度与阻尼力关系。

在国内,哈尔滨工业大学的欧进萍和关心春应用自行研制的磁流变液,设计制作了最大阻尼力 1t 的剪切阀式磁流变阻尼器。图 5 - 6 - 11 中的实线是他们实验得到的该阻尼

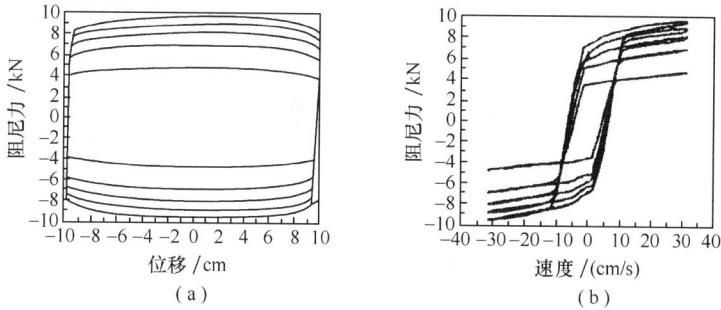

图 5-6-11 位移与阻尼力的关系曲线

(a)位移与阻尼力关系;(b)速度与阻尼力关系。

器在正弦波加载幅值为 1cm、频率为 0.5Hz 时的阻尼力曲线。关于磁流变减振器的具体细节,请读者查看参考文献[20]。

5.7 减振器的性能指标

由于材料在使用过程中会自然老化,所以减振器的性能和寿命受到材料性能的限制。因此,必须确定减振器的性能指标,即保管期限、使用期限、工作寿命(即按承受规定振动载荷,同时保持一定的工作能力的持续时间等),所以必须做到以下几点:

(1)弄清能反映减振器性能的特性指标;

(2)求出这些性能指标的极限容许变化范围;

(3)弄清影响减振器功能特性变化的因素,并对其进行定量;

(4)对由以上因素而发生的功能特性变化进行试验研究;

(5)在使用期间,同时受各种使用因素影响(计及材料老化)的情况下,按照实验室研究的结果建立预报减振器在使用过程中功能特性变化的方法;

(6)根据所制定的预报方法,确定减振器的性能指标。

按照减振器的用途,最好选择以下参数作为它们的功能特性:

(1)刚度(静刚度、动刚度和冲击刚度);

(2)强度(静强度和冲击强度);

(3)弹性元件高度及其承受静载荷和动载荷时的变化。

减振器是否发生故障应以上述性能指标的变化情况来衡量,其判断准则应以上述性能指标的极限变化来给出。造船部门一般采用表 5-7-1 所列的故障判断准则。

表 5-7-1 减振器故障判断准则

故障种类	极限变化量
高度降低	弹性元件初始高度的 10%
刚度变化	定元值的 50%
强度变化	静强度减小 2/3(变形量为自由行程极限值时,保证两倍的冲击强度)

只要有一项性能指标超出表 5-7-1 中的极限变化量,就认为减振器已发生故障。影响减振器性能指标的因素如下:

（1）减振长期受静载荷；

（2）基础振动，被减振设备振动、航行振动、冲击作用引起的动载荷；

（3）环境温度（船舱内的热状态、航行区外界介质的温度、航行季节）；

（4）滑油和燃油的影响。

在减振器的使用过程中，必须根据以上因素来建立其使用模型。

参 考 文 献

[1] 朱石坚,何琳. 船舶减振降噪技术与工程设计. 北京:科学出版社,2002.

[2] Mitchel W S. Physical properties of rubber: Vibration and acoustic measurement handbook. Chaper 7. Black and Mitchell Ed., N. Y., Spartan Books, 1975.

[3] 朱石坚,何琳. 船舶机械振动控制. 北京:国防工业出版社, 2006.

[4] Design News. 1983, 39, 28/Ⅲ, N6, 46 – 52; 1984, 40, 22/X, N20, 108 – 109.

[5] Yu Shen. Vehicle Suspension Vibration Control With Magnetorheological Dampers[D]. university of waterloo, 2005: 9 – 47.

[6] 沈志华. 工作状态下磁流变阻尼器的力学特性研究[D]. 哈尔滨工程大学硕士学位论文,2008.

[7] 邢志,等. 磁流变液特性分析及实验研究[J]. 磁性材料及器件,2005:21 – 23.

[8] 廖昌荣,等. 磁流变阻尼器件设计中若干问题探讨[J]. 功能与器件学报,2001,1.7(4):345 – 349.

[9] 关新春,李金海,欧进萍. 剪切阀式磁流变液减振器磁路设计方法[J]. 机械设计与制造,2003:97 – 98.

[10] 王亚曦. 磁流变液减振器 CAD 建模技术研究及应用[D]. 浙江大学硕士学位论文,2006.

[11] 方生. 磁流变弹性体的磁场计算及力学性能的测试与分析[D]. 中国科学技术大学硕士学位论文,2004:17 – 20.

[12] Wilson M J, Fuchs A, et al. Development and Characterization of Magnetorheological Polymer Gels. Jounralof Applied Polymer Science, 2005,84(5):2733 – 2745.

[13] Lemaire E, A. Meunier, GBossis, et al. Influence of the Particle Size on the Rheologv of Magnetorheogical Fluids. J. Rheol, 1995,39(5):1011-1020.

[14] Phule P P, Mihalsin M P, Genc S. The Role of the Dispersed – phase Remnant Magnetization on the Redispersibility of Magnetorhealogical Fluids. J. Mate. rRes, 14(7), 1999:3037 – 3041.

[15] Ginder J M, Davis L C. Shear Stresses in Magnetorheological Fluids: Role of Magnetic Saturation. Appl. Phys. Let, 1994,65(26):3410 – 3415.

[16] 焦剑,雷渭. 高聚物结构、性能与测试[J]. 北京:化学工业出版社,2003:345 – 426.

[17] 毛林章. 基于磁流变技术的登月缓冲装置研究[D]. 重庆大学硕士学位论文,2004:2 – 35.

[18] 廖昌荣,汽车磁流变阻尼器动态响应特征的研究[D]. 重庆大学博士论文,2002.

[19] 姚熊亮,庞福振,等. 船用磁流变弹性体体智能阻尼器[C]. 2009.

[20] 周云,谭平. 磁流变阻尼控制理论与技术. 北京:科学出版社 ,2007.

第6章　船体振动噪声对艇员的危害

近年来随着海运事业和舰船装备的迅速发展,舰船各个方面的性能不断提高,相应地船上人员对生活、健康和工作效率也有了更新的要求。因此舰船的振动与噪声问题更加学到业界人士的重视。噪声不仅是舰船舱室环境的主要有害因素,而且会影响舰船的隐身性和船员的健康性,但以往教材中主要侧重于船体振动噪声的力学特性问题,忽略了其对人体所产生的各种各样的危害。因此本章在介绍船体振动、噪声相关概念的基础上主要分别从舰船振动对船员的影响与防护,舰船噪声对船员的影响与防护和舰船次声对船员的影响与防护三大方面进行分析。

6.1　舰船振动对艇员的影响及防护

6.1.1　舰船振动的主要特征

舰船漂浮于水面,在航行过程中将不可避免地受到各种干扰力的作用,从而引起舰船的总体或局部振动。船舶振动的特点和来源不同对艇员的影响也不尽相同,为此有必要先讨论舰船振动的主要特征。

一、舰船的主要振动来源

按照舰船振动的来源(图6-1-1)来分,舰船的振动可分为如下几类:

(1)舰船机械设备引起的振动。主机、辅机、轴系和螺旋桨等往复式、旋转式动力机械是舰船的主要振源,它们在工作时将产生周期性激扰力,引起船体的局部振动或总振动。汽轮机、发电机等回转机械一般容易满足动平衡条件,运转时不致出现过的大干扰力,发电机或电动机定子和转子间的磁力作用有时会产生高频干扰力。柴油发电机、空气压缩机和各类泵等也会产生干扰力,但其极值不大,一般情况下仅引起局部结构的振动。导致船体发生强烈振动的是柴油机和螺旋桨的周期性干扰力。当舰船所受的垂向干扰力频率与本身垂向振动某固有频率相等或舰船所受的干扰力及力矩的频率与船体某固有频率相等或接近时,将引起船体的共振。随着舰船吨位、航速及主机功率的增大,这种周期性干扰力相应增大,振动也随之增大。

(2)海洋环境、爆炸、武器发射引起的舰船振动。舰船受到海浪拍击、舰船接触爆炸或水下爆炸冲击波作用、武器发射时产生的后坐力与气浪的短时冲击力作用时,舰体会产生瞬态的衰减振动。由于该类载荷具有峰值大、脉宽窄等特点,该类振动引起的最大应力可达到或超过舰船静置于波浪上的总纵弯曲应力。由于舰船尺度较大,船体垂向振动的基频与海浪谱中能量最大的谱线频率相近,故舰船艏部受波浪拍击时引起波击振动的可能性也增大。波击振动对巨型船舶(如巨型油轮、航空母舰、驱逐舰、巡洋舰、登陆舰、训练舰等)的影响十分突出,如我国某万吨货轮在海上航行时遭遇9级风浪,船体出现强烈振动,中部上甲板被撕裂。

舰船舱室发生爆炸或遭受水雷、鱼雷等水下爆炸冲击,舰船发射导弹、火炮、雷弹时,可使船体结构产生短时强烈振动,对舰船结构、设备及艇员造成伤害。研究表明,距弹着点较近的设备所受的冲击加速度可达 $300g \sim 500g$;而试验证明当加速度大于 $100g$ 时,即使是单次冲击,无线电设备元件也无法承受。因此,过大的振动会使设备失灵,人体的健康受到危害。

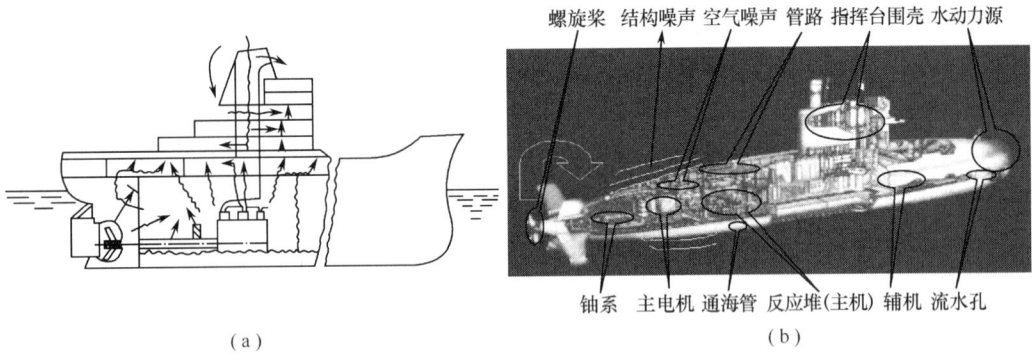

螺旋桨 结构噪声 空气噪声 管路 指挥台围壳 水动力源

轴系 主电机 通海管 反应堆(主机) 辅机 流水孔

（a） （b）

图 6-1-1　舰船振动噪声来源

（a）水面船船；（b）水下舰船。

二、舰船振动的特点

前面部分章节已从结构角度对舰船的振动成因、特点进行了介绍,这里主要从振动对艇员产生的危害出发对舰船的振动特点进行简单介绍。总体而言,舰船振动具有如下特点:

（1）舰船振动不可避免性。船体航行于水面,其振动可由船体梁模型表达,由于船体梁的振动是由无限主振型叠加而成,只要外界存在着激振力,就可引起船体梁的某个或某几个振型的振动。对于船体而言,这种激振力是不可避免的。首先,航行时螺旋桨在尾部附近流场内总会产生脉动压力作用于船体表面,同时螺旋桨工作时产生的轴承力将通过轴承、推力轴承传递给船体梁;其次,舰船主、辅机等各动力机械在运转过程中产生的激振力和激振力矩,通过机座传递给船体梁;最后,波浪冲击、爆炸冲击、舰船武器发射时的后坐力等都可产生外界激扰力,使船体梁发生振动。可见,只要舰船在海上航行,船体振动就不可避免。

（2）舰船振动的多态性。按船舶振动的范围可将船体振动分为船体总振动和局部振动两类。振动发生在全船范围时,该类振动成为船体总振动;当振动发生在船上局部结构（如一个板格、一段舱段内）时,该类振动称为局部振动。通常情况下,这两类振动同时存在且相互关联。按船舶振动的形式可将船舶振动分为垂向振动、水平振动、扭转振动、纵向振动等。由于舰船各剖面中心与船体纵向构件横剖面形心的连线不处于同一直线上,因而四种振动形态不可能单独出现。通常情况下,由于舰船的左右对称性,纵向振动出现时并不伴随有水平振动和扭转振动,而只伴有垂向弯曲振动,即船体垂向弯曲振动是与纵向振动相耦合的。同样,水平振动和扭转振动也是耦合的。故而船舶振动最常见的是垂向振动与水平振动。

278

（3）舰船振动的频率特性。舰船的振动频率一般很低，主频一般在100Hz以内。如民用船舶驾驶室、机舱控制室、住舱等垂向振动的主频率为8.3Hz～25Hz，而1Hz～5Hz、25Hz～58Hz范围的成分较少；水平振动的主频率范围为6.6Hz～25Hz。舰艇振动的主频率稍高一些，多数在15Hz～100Hz范围内，少数在100Hz以上。

（4）舰船振动的主要影响因素。舰船振动与动力装置、推进器、船型、结构、总布置等多种因素有关，因此不同舰船的振动也各不相同。一般而言，民用运输船舶主要舱室垂向振动加速度峰值多为$0.1m/s^2$～$0.4m/s^2$，大于$5m/s^2$的较少；水平振动多为$0.1m/s^2$～$2.0m/s^2$，很少大于$5m/s^2$。不同舰艇的振动加速度值也不同，小型舰艇（如快艇、高速护卫舰、高速炮艇）的加速度峰值最大，中型舰艇（如猎潜艇、扫雷艇）的加速度值次之，而大型舰艇（如驱护舰、登陆舰、训练舰和潜艇）的加速度值最小。正常航行条件下，快艇的垂向加速度峰值和水平加速度峰值为$1.5m/s^2$～$29m/s^2$，高速护卫舰为$0.7m/s^2$～$43m/s^2$，猎潜艇为$0.1m/s^2$～$4.2m/s^2$，扫雷艇为$0.4m/s^2$～$6.0m/s^2$，潜艇为$0.18m/s^2$～$3m/s^2$，护卫舰为$0.05m/s^2$～$3m/s^2$，驱逐舰为$0.01m/s^2$～$3m/s^2$。

一般而言，舰船的振动加速度值随主机转速的提高而增加。对一护卫舰的测量结果表明，当主机转速分别为480r/min、940r/min、1150r/min时，集控室垂向加速度峰值分别为$0.48m/s^2$、$0.55m/s^2$、$0.79m/s^2$，水平向加速度分别为$0.42m/s^2$、$0.49m/s^2$、$0.92m/s^2$；士兵餐厅垂向加速度分别为$0.81m/s^2$、$0.85m/s^2$、$3.39m/s^2$，水平向加速度分别为$0.16m/s^2$、$0.20m/s^2$、$0.56m/s^2$。

当舰船在平静的海面正常航行时，振动的加速度值普遍较小。而在波涛的拍击下进行应急操作航行时，加速度值明显增大，而且振动的频率范围比平静的海面航行广泛。研究表明，随着海浪长度及高度的增加，振动加速度也相应加大。在2Hz～10Hz频率范围内，加速度随频率的增加而增加；但在较高的频段，加速度相对稳定。

6.1.2 舰船振动对艇员的影响

舰船振动环境下，人体受舰船舱室振动的作用，会对中枢神经系统、心脑血管功能、消化系统、呼吸系统、肌肉骨骼、感觉器官等造成影响。

一、人体对振动的反应

人体是一个十分复杂的系统，在低频范围内，人体可描述为一个多自由度的集中参数系统；而在较高的频率范围内，人体可描述为复杂的分布参数系统。从物理角度而言，人体对低频振动反应的主要现象是共振，由于人体整体及组成部分（器官、组织）都有固有频率，且与船体振动频率接近，当外界激扰力频率与人体某部分的固有频率相近或相同时，就会出现共振，如果人体对该振动特别敏感，就会引起明显的生理、心理反应，甚至出现病理改变。

研究表明，人体立位时，总体振动（垂向）有三个共振峰：第一共振峰主要为胸腔共振，频率为4Hz～8Hz；第二共振峰为腹部内脏共振，频率为10Hz～12Hz；第三共振峰为20Hz～25Hz。除全身振动外，还会出现局部振动，如脊柱（30Hz）、眼（18Hz～50Hz）、头部（2Hz～30Hz和500Hz～1000Hz）、手（30Hz～40Hz）、上下颌（6Hz～8Hz）。

坐姿时，总体振动（垂向）有两个共振峰：第一共振峰为4Hz～5Hz；第二共振峰为10Hz～12Hz；躯干共振频率为3Hz～6Hz，胸部为4Hz～6Hz，肩部为2Hz～6Hz，腹部为

$4Hz \sim 7Hz$。

仰卧姿时,全身共振(垂向)频率为 $5Hz \sim 8Hz$,胸部为 $6Hz \sim 12Hz$,头部为 $50Hz \sim 70Hz$,腹部为 $4Hz \sim 8Hz$,足部为 $16Hz \sim 31Hz$。

可以看出,人体全身和局部振动共振频率主要分布在低频区,都在舰船振动的主要频率范围,因此舰船振动将对人体造成较大影响。

舰船振动加速度对艇员的影响较大,英国船舶研究协会 1977 年提出人体对加速度的感受界限,见表 6-1-1 所列。我国海员及乘员对加速度敏感程度见表 6-1-2 所列。由表可以看出,人对水平振动的反应比较敏感,在居住区的反应比艏艉部敏感。

表 6-1-1　人体舒适程度加速度限值

频率/Hz	轻度不适(m/s²)	明显不适(m/s²)
1 ~ 10	0.13 ~ 0.28	0.4 ~ 0.6
10 ~ 50	0.28 ~ 1.3	0.6 ~ 3
50 ~ 100	1.3 ~ 2.5	3 ~ 5.5

表 6-1-2　人体对船体加速度的反应

主观反应	垂向振动(m/s²)		水平振动(m/s²)	
	艏艉部	居住区	艏艉部	居住区
稍感不适	0.5 ~ 1.2	0.25 ~ 0.5	0.25 ~ 0.5	0.10 ~ 0.25
很不适	1.2 ~ 2.5	0.5 ~ 1.25	0.5 ~ 1.25	0.25 ~ 0.5
极不适	2.5 ~ 5	1.25 ~ 2.5	1.25 ~ 2.5	0.5 ~ 1.25
勉强忍受	5 ~ 10	2.5 ~ 5	2.5 ~ 5	1.25 ~ 2.5
无法忍受	>10	>5	>5	>2.5

二、振动对中枢神经系统的影响

振动对中枢神经的影响,主要表现为大脑的觉醒状态或水平状态。探究发现,$1Hz \sim 2Hz$ 中等强度振动,可起到催眠作用,高频不稳定的强烈振动能提高人的觉醒水平,持续的振动能抑制或阻断正常的神经肌肉反射;$17Hz \sim 25Hz$ 的振动,可引起中枢神经系统共振,使人的觉醒状态、注意力集中程度、思维判断、精细操作能力等心理特征发生改变。同时,振动刺激前庭神经和脊髓运动神经,可使视觉运动系统发生改变,从而加重了振动的心理反应。胸、腹、头颈和肩部谐振,会使神经系统、骨关节系统失常,引起心悸、恶心、多汗、肌力降低、动脉血压升高、视力降低、记忆力衰退等症状。$18Hz$、$2.5m/s^2$ 的振动可引起下肢腱反射减弱。据报道,舰船的强烈振动,可使船员自主神经功能紊乱、注意力分散、反应时间延长、头痛头晕、食欲不振、恶心呕吐、失眠等症状。

三、振动对心血管功能的影响

人暴露于中等强度振动,初始阶段心率略有增加,但很快适应而趋正常。只有在 $250Hz$ 以下的强烈振动会引起明显的心律增加,振动可使多数人出现血管痉挛反射、小动脉收缩、血管运动功能障碍、外周血管流量减少、血压升高等;同时,振动可使血液中的水分减少、红血球容积上升、红血球中的色素蛋白质增加、尿量减少。有人观察到,长期全身振动,可导致心肌缺穴、窦性心动过缓、心电图 ST 段下移、心室高电压、束支传导阻滞。

四、振动对消化系统的影响

全身振动可使胃肠蠕动增加、收缩加强,胃液分泌功能发生障碍。在全身振动下的作业人员常出现胃酸过多、慢性胃炎、溃疡病、胆囊炎等,消化系统疾病的发病率上升;强烈振动可引起胃肠振伤,出现胃肠道出血、腹痛、便血等症状。

五、振动对呼吸系统的影响

振动对呼吸功能的影响,主要表现为呼吸频率、肺通气量和耗氧量的增加,这是由于反射性肌肉收缩引起机体代谢功能的增强所致。而肺通气量的增加,则可能是由于内脏振动刺激膈肌使腹壁产生被动运动所致。有研究发现,振动可使血液氧分压略有增加,而二氧化碳分压和血液酸碱度却没有改变。振动引起呼吸功能改变的主观症状为胸痛和呼吸表浅而频率加快。

六、振动对肌肉骨骼的影响

振动引起肌肉群收缩,有人观察到,连续的振动暴露,人的静态肌肉群处于连续的紧张状态。抑制或阻断正常的神经肌肉反射,这主要是由于机体为改变自身固有频率以减轻共振的一种代偿性反应。引起肌肉反射性紧张的振动频率范围主要为10Hz～200Hz。为了避免或减轻振动引起内脏发生位移,腹壁肌肉也会发生收缩。人处于坐位时,腰柱区肌肉的振动随振动强度而增强,当振动频率在3.9Hz～4.9Hz范围、振动振幅增大时,可观察到肌电活动的增强,当振动频率为2Hz～3Hz直至6Hz时,颈部肌肉组织的肌电图电位都在增大。但仰卧姿的研究结果和坐姿时相反,振动并未引起明显的颈肩部肌肉的电位变化。1Hz～100Hz的振动,可出现手指振颤增强和坐姿不稳现象。长时间强烈的振动可引起肌萎缩、肌张力下降,甚至骨骼损伤。20Hz的振动能在短时间内使膝反射消失,并且在振动停止后间隔一段时间才恢复。坐位时,18Hz、2.5 m/s^{2}的振动可引起下肢肌腱反射减弱。大于30Hz的振动对肌肉反射的影响最明显。但也有研究指出,在2Hz～10Hz的强烈振动下,未观察到肌肉反射消失现象。

动物及人体研究都证实,8Hz～20Hz低频全身垂向振动可导致脊柱病变,脊柱损伤主要为胸椎和腰椎,其特征是永久性退行性变和脊柱严重损伤。对2363名全身振动作业人员的检查发现,出现骨质增生等腰椎退行性变者多达51.8%,且异常随工龄而增加。

七、振动对感觉器官的影响

据文献报道,低频振动引起内耳损伤,耳蜗螺旋神经节细胞萎缩,导致低频听力下降,很多振动能引起显著的听阈偏移。振动为人体共振频率时,引起的听阈偏移最大。许多研究表明,振动与稳态噪声或脉冲噪声联合作用,均可加重听觉的损伤。

振动作用于前庭器官,可引起前庭器官纤维的退行性变,导致前庭功能异常。在全身振动作用下,前庭和内脏的反射,可引起自主神经功能障碍。在0.1Hz～0.5Hz时可导致运动病,运动病是航海中的常见病,主要由舰船的速度变化、多向振动加速度以及角速度同时反复作用所致,常见症状是头胀、面色苍白、心慌、厌食等。

振动对视功能有影响,研究表明,5Hz～8Hz范围的垂向振动,视敏度变化不大,但振动频率为16Hz～31Hz及80Hz时,视敏度明显下降。1.5Hz～4.5Hz,3.5m/s^2～5.0m/s^{2}的振动,可使视觉分辨能力下降30%左右。也有报道,5Hz～8Hz及25Hz,1m/s^{2}的垂向振动,可使视觉辨认率时间延长6倍～20倍。水平振动时,Y轴向的视敏度大于X轴向。

八、振动对工作效率的影响

由于振动引起船员广泛的生理、心理反应,因此必将影响船员的工作效率。舰船振动对视敏度和视辨功能的影响,必然会干扰视觉的信息接收功能,使舰船员对表盘、荧屏信号的认读、辨别发生困难。在强烈的振动作用下,人体正常的神经—肌肉活动受到影响,体位不稳,头部定位困难,致使船员锜望凝视目标和精细的操作受到严重的干扰。长期的振动作用,舰船员感到不适,产生厌烦情绪,精力不集中,易出现疲劳,由此间接影响脑力作业。在振动对立姿操作人员跟踪操作效率的影响的研究中,发现在人体敏感振动频率范围内(4Hz~16Hz),振动对跟踪操作效率的影响与振动的类型和振幅大小有关,振动幅值越大,人的跟踪操作能力越差,在持续冲击振动条件下的跟踪操纵效率比谐波振动条件下要低。据报道,卡车司机,因受全身振动的影响,闪光融合频率的辨别能力、短时记忆力下降。视觉运动反应时间长,视觉读错率增加,其影响程度与振动加速度、频率、暴露时间密切相关。

此外,振动还可影响人的发音功能。有研究指出,加速度大于 $5m/s^2$,可使语言中断,讲话音量降低或出现震颤现象,严重影响正常语言通信的振动频率为 4Hz~10Hz。

人体的影响主要取决于振动的物理参数(加速度、频率、波形)、作用时间、作用部位,同时与人的心理因素有密切关系。振动引起工作效率的改变还受到人的内在因素,如动机、兴趣、唤醒状态及作业熟练程度的影响。

6.1.3　舰船振动的控制与艇员防护

舰船振动会给船员的各个方面造成不同程度的影响,因此减小舰船振动备受人们的重视。而舰船振动的控制应从论证、设计、建造阶段开始,才能获得良好的收益。为更好地控制舰船的振动与其产生的噪声,必须时舰船的振动传递特性和噪声传递特性有深入的了解,进而才能寻求更为有效的解决措施。本书在第2章和第3章已对此问题做了详细的阐述,由此本节仅从工程解度出发来介绍舰船振动的各个主要控制途径。

一、防振与减振措施

(1)防止共振

防止共振发生是避免或减轻舰船振动最重要的措施。常用的方法是加强结构、改变船体固有频率或改变干扰频率,使船体结构固有频率与激振力频率之间保持一定的频距。

①改变船体固有频率,决定船体固有频率的主要因素是船体的长度、船上重量的分布及船梁的刚性。在设计和建造中,在船长度已确定而又无法改变的情况下,主要通过选择主机,改变货舱、油水舱和其他压载的位置及改变船梁刚性来改变结构,如隔板、板架、舱壁、桅杆等的刚性,提高固有频率,从而避免干扰力发生共振。

②改变干扰力频率,主要通过改变主、辅机型,改变主机和螺旋桨的工作转速来实现,但往往会因此而影响舰船的作战性能和其他性能。这种情况下,适当改变主机的位置,往往也可得到明显的减振效果。

(2)降低干扰力

设计螺旋桨参数、主机转速、柴油机缸数要匹配,以免与船体、轴系发生共振;同时,严格控制螺旋桨的加工和安装工艺,减少桨叶空泡体积变化率和减少螺旋桨激励传递。对已经建造完的船舶,降低干扰力或减少干扰力传递的最好办法是修改螺旋桨的参数、安装导流鳍,以改善螺旋桨激励传递。

（3）减少干扰力传递

振源区安装橡胶隔振器或金属弹簧隔振器,防止振动通过结构、管路等传向居住舱或工作舱室;管道采用柔性连接;螺旋桨上覆盖橡胶,以吸收表面力的激振能量;在舰船总体布局上应尽量避免舰船员居住舱、电子设备舱和重要工作舱与主要振源毗邻。

二、舰船振动人体标准

1.《人体全身振动暴露评价指南》(ISO2631/1985)

（1）工作效率降低界限(FDP):超此界限,可使人疲劳导致工作效率下降或熟练程度下降。

（2）健康(安全)界限(EL):超此界限,人体组织器官可能受到损害而影响健康。

（3）舒适性降低界限(RC):超此界限,人感不适。

表 6-1-3 和表 6-1-4 分别例出了水平向振动加速度和垂直向振动加速度的工作效率降低界限值。健康或安全界限,等于 2 乘工作效率降低界限,舒适性降低界限等于 3.5 除工作效率降低界限。用频率计权振级表示,工作效率降低界限值见表 6-1-5,健康或安全界限等于工作效率降低界限加 6dB,舒适性降低界限等于工作效率降低界限减10dB。

表 6-1-3 水平向振动加速度的工作效率降低界限值

频率/Hz	水平向振动加速度的工作效率降低界限值/(m/s²)						
	24h	16h	8h	4h	2.5h	1h	25m
1	0.1	0.15	0.224	0.335	0.5	0.85	1.25
1.6	0.1	0.15	0.224	0.335	0.5	0.85	1.25
2	0.1	0.15	0.224	0.335	0.5	0.85	1.25
2.5	0.125	0.19	0.28	0.45	0.63	1.06	1.6
4	0.2	0.3	0.45	0.71	1	1.7	2.5
8	0.4	0.6	0.9	1.4	2	3.35	5
20	1	1.5	2.24	3.55	5	8.5	12.5
80	4	6	9	14	20	33.5	50

表 6-1-4 垂向直振动加速度的工作效率降低界限值

频率/Hz	垂向直振动加速度的工作效率降低界限值/(m/s²)						
	24h	16h	8h	4h	2.5h	1h	25m
1	0.28	0.425	0.63	1.06	1.4	2.36	3.55
1.6	0.224	0.335	0.5	0.85	1.12	1.9	2.08
2	0.2	0.3	0.45	0.75	1	1.7	2.5
2.5	0.18	0.265	0.4	0.67	0.9	1.5	2.24
4	0.14	0.212	0.315	0.53	0.71	1.18	1.8
8	0.14	0.212	0.315	0.53	0.71	1.18	1.8
20	0.355	0.53	0.8	1.32	1.8	3	4.5
80	1.4	2.12	3.15	5.3	7.1	11.8	18

表 6 - 1 - 5　垂直向、水平向和计权振级的工作效率降低界限值

振动方向	不同暴露时间的计权振级/dB						
	24h	16h	8h	4h	2.5h	1h	25m
垂直向	103	107	110	114	117	121	125
水平向	100	104	107	111	114	119	122
注:频率为 1/3 倍频程中心频率							

2.《人体全身振动暴露评价指南》(GJB966 - 90)

为保护船员的健康和保持良好的工作效率,各国先后制定了舰船振动标准。国际标准于 1972 年提出,1974 年正式颁布,相继于 1978,1982 和 1985 年 3 次进行修定。我国于 1990 年颁布了《人体全身振动的舒适性降低界限和评价准则》(GB,T7452,1—1996)。虽然各国标准规定限值有所差别,但均以振动频率、加速度、振动方向和暴露时间为制定标准的参数。现将具有权威性的 ISO2631 和我国的相关规定介绍如下。

《人体全身振动暴露评价指南》采用国际标准 ISO2631/1—1985,规定了全身振动暴露时,保持人体舒适的振动参数界限和评价原则,用于评价军事作业振动环境对人体的舒适性的影响;并可作为设计军用装置和设施,评价其性能和采取振动控制措施的依据。

该标准适用于频率范围为 1Hz ~ 80Hz 周期振动,具有离散谱的周期振动和随机振动,也适用于其能量在此频带范围内的连续冲击型振动。标准只限定峰值因数不大于 3 或计权信号的峰值因数不大于 6 的振动。该标准规定的 1Hz 的界限值,暂时用于 0.3Hz ~ 1Hz 频段。加速度值用均方根值表示。

该标准与国际标准 ISO2631/1 的舒适性降低界限值基本一致,见表 6 - 1 - 6 及表 6 - 1 - 7 所列。

表 6 - 1 - 6　垂直向振动加速度的舒适性降低界限值

频率/Hz	垂直向振动加速度的工作效率降低界限值/(m/s²)						
	24h	16h	8h	4h	2.5h	1h	25m
1	0.09	0.14	0.2	0.34	0.44	1.75	1.13
1.6	0.07	0.11	0.16	0.27	0.36	0.6	0.89
2	0.06	0.1	0.14	0.24	0.32	0.54	0.79
2.5	0.06	0.08	0.13	0.21	0.32	0.48	0.71
4	0.04	0.07	0.1	0.17	0.23	0.37	0.57
8	0.04	0.07	0.1	0.17	0.23	0.37	0.57
20	0.11	0.17	0.25	0.42	0.57	0.95	1.43
80	0.44	0.67	1	1.68	2.25	3.75	5.71

表 6 - 1 - 7　水平向振动加速度的舒适性降低界限值

频率/Hz	水平向振动加速度的工作效率降低界限值/(m/s²)						
	24h	16h	8h	4h	2.5h	1h	25m
1	0.03	0.05	0.07	0.11	0.16	0.27	0.4
1.6	0.03	0.05	0.07	0.11	0.16	0.27	0.4

频率/Hz	水平向振动加速度的工作效率降低界限值/(m/s²)						
	24h	16h	8h	4h	2.5h	1h	25m
2	0.03	0.05	0.07	0.11	0.16	0.27`	0.4
2.5	0.04	0.06	0.09	0.14	0.2	0.34	0.51
4	0.06	0.1	0.14	0.23	0.32	0.54	0.79
8	0.13	0.19	0.29	0.44	0.63	1.06	1.59
20	0.32	0.48	0.71	1.13	1.59	2.7	3.97
80	1.27	1.9	2.86	4.44	6.35	10.63	15.87

注:表中列的界限值为纯单频(正弦)振动的均方根值或1/3倍频率带宽的均方根值

3.《商船振动综合评价基准》(GB/T7452.1—1996)

GB/T7452.1—1996采用国际标准 ISO6954,其标准控制在 ISO2631 舒适性降低界限和工作效率降低界限范围内(表6-1-8)。加速度峰值与均方根值换算关系为

$$峰值 = C_F \sqrt{2} \times 均方根值 \qquad (6-1-1)$$

式中:C_F 为换算系数,由测量确定,或取为 $C_F = 1.8$($C_F = 1.0$,意指纯稳态正弦振动);C_F $\sqrt{2}$ 为峰值因数。

表6-1-8 商船振动加速度限值

振动频率	加速度	
	上 限 值	下 限 值
1~5	0.285	0.126
8	0.452	0.201
10	0.566	0.251
20	1.131	0.503
80	4.524	2.011

4.《水面舰船居住性规范》(GJB523—88)及《潜艇居住性规范》(GJB864—90)

《水面舰船居住性规范》(GJB523—88)将舱室振动分如下三类:

(1)Ⅰ类区域,保持舒适的处所。

(2)Ⅱ类区域,保证船员休息、学习和工作的处所。

(3)Ⅲ类区域,舰员停留或工作时间较短的处所。

《潜艇居住性环境》(GJB864—90)将潜艇舱室振动分为如下两类:

(1)Ⅰ类区域,是指注意力集中、工作环境要求较高的工作舱室或区域和需要保持舒适的生活舱室或区域。

(2)Ⅱ类区域,是指除Ⅰ类区域外的其他区域。

正常排水量大于或等于500t的船,Ⅰ、Ⅱ、Ⅲ类区域垂向水平振动的加速度不应超过表6-1-9规定的限值;正常排水量小于500t的船可参照执行。潜艇Ⅰ、Ⅱ类区域的限值与水面舰艇Ⅰ、Ⅱ类区域相同。

表 6-1-9　舰艇三类区域振动加速度限值

振动频率/Hz	加速度/(m/s²)					
	垂向振动			水平振动		
	Ⅰ	Ⅱ	Ⅲ	Ⅰ	Ⅱ	Ⅲ
1	0.3	0.5	0.8	0.2	0.4	0.5
2	0.3	0.5	0.8	0.2	0.4	0.5
8	0.3	0.5	0.8	0.2	0.4	0.5
10	0.36	0.6	0.91	0.24	0.48	0.58
20	0.59	1	1.5	0.4	0.8	0.93
40	0.96	1.7	2.4	0.66	1.35	1.5
60	1.3	2.3	3.2	0.9	1.8	2
70	1.4	2.5	3.5	1	2	2.25

三、个体防护

避免危害或减轻振动的根本措施是在舰船设计、建造时充分考虑振动因素,将振动控制在允许范围内;对于振动严重部位可用减振器材减振;改善艇员作业舱室环境,尽量缩短、限制振动作业时间。

6.2　舰船噪声对艇员的影响及防护

6.2.1　舰船舱室噪声的特点

一、舱室噪声的主要来源

舱室空气噪声是对船员危害最大的噪声,根据这些噪声的来源,舰船舱室噪声可分为机械噪声、气流动力噪声、脉冲冲击噪声、舰载飞机噪声等,如图 6-2-1 所示。

机械噪声主要包括主机(柴油机、汽轮机、燃气轮机、推进电动机等)、辅机(各类电动机及泵类)、齿轮箱、轴系等机械设备运转所引起的振动、撞击和气流形成的噪声。这些机械噪声通过船体结构和空气传播,形成对全船的干扰,是舰船的主要噪声源。舵机、空调机和压缩机也是舰船的主要噪声源。舵机本身产生的低频噪声和尾部螺旋桨的低频振动将使舵机舱及其附近舱室噪声频谱呈明显的低频特性,其传播距离远、衰减小,因而对尾部舱室干扰较大。空调机一般靠近居住舱、工作舱,当选位不当或隔声防护不好时,会给艇员带来严重干扰。空气压缩机间断启动时将产生较强的脉动噪声,对艇员的工作和睡眠影响很大。

舰船通风、空调系统,目前多采用高风速、大流量、高压头风机,风机振动和进气、排气的气流动力噪声,往往形成对舰船工作舱及居住舱的严重影响。各种舰载武器(导弹、火炮、火箭、雷弹等)发射时,高压气体迅速膨胀,产生压力突变,将形成强大的瞬间脉冲噪声。此外,舰载飞机甲板起降时形成的高噪声,不仅对甲板岗位人员有严重影响,而且会对室内人员产生较大干扰。

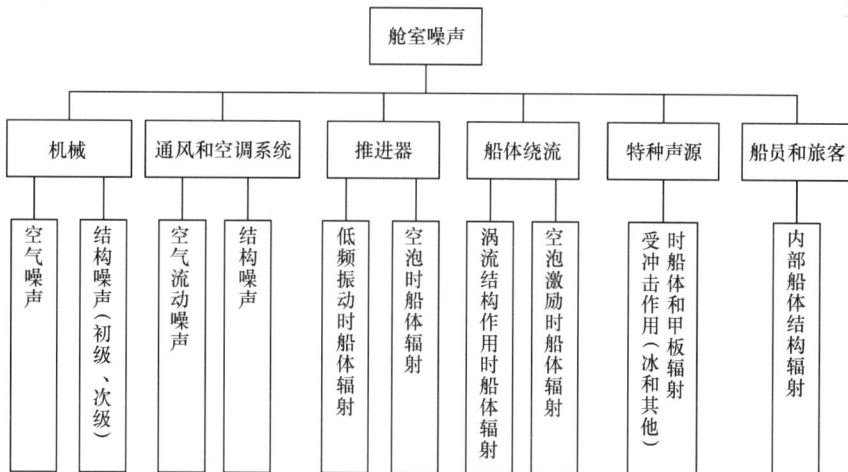

图 6-2-1　舱室噪声总方框图

舱室噪声

机械：空气噪声；结构噪声（初级、次级）

通风和空调系统：空气流动噪声；结构噪声

推进器：低频振动时船体辐射；空泡时船体辐射

船体绕流：涡流结构作用时船体辐射；空泡激励时船体辐射

特种声源：时船体和甲板辐射；受冲击作用（冰和其他）

船员和旅客：内部船体结构辐射

二、舰船舱室噪声的特点

由于船舶的特殊性,舰船舱室噪声具有噪声源繁多、种类各异,舱室噪声差异大、噪声易与周围环境复合等特点。在噪声源类型方面,船舶噪声既有各种机械设备产生的稳态噪声、间断噪声、瞬态噪声,又有舰载武器发射产生的脉冲噪声;在频谱分布上,既有中、高频噪声,又有低频噪声;在频带上,既有宽带噪声,又有窄带噪声。由于舰船各舱室性质、尺寸、机器选型和工作状态、船体结构差异很大,因而其噪声水平也有很大差异。功能相同的舱室,在不同舰船的噪声水平差异悬殊。一般有 10dBA ~ 15dBA 的差别,少数舱室相差 20dB 以上。有噪声源舱室噪声频谱主要取决于噪声源的转速,主、辅机舱噪声主要频谱范围为 63Hz ~ 2kHz,其他机舱为 63Hz ~ 500Hz。无声源舱噪声主要来自声源舱噪声的透射传播和船体结构振动辐射,中、高频成分有较大衰减。无声源工作舱和生活舱噪声低频成分十分丰富,其主要频谱范围为 31.5Hz ~ 125Hz。由于舱室内除噪声外还有振动、摇摆、温/湿度等多种因素,艇员在多种环境因素复合作用下,其对机体的影响和功能变化更加复杂。

为更好掌握噪声对艇员健康的危害,先介绍舰船空气噪声的特点。

1. 舰船舱室稳态噪声

水面舰船各类舱室中,主、辅机舱室及其他机械设备舱噪声最高。主机舱噪声一般在 100dBA 以上。驱护舰、登陆舰、航海训练舰为 100dBA ~ 114dBA,猎潜艇、导弹快艇、护卫舰、等为 109dBA ~ 124dBA。对于辅机舱,除航海训练舰外,其他舰艇辅机舱和主机舱噪声水平十分接近。其他机械舱的噪声为 83dBA ~ 88dBA,明显低于主、辅机舱。工作和生活舱相对而言最小,如指挥舱为 68dBA ~ 73dBA;医务室为 60dBA ~ 72dBA,住舱为 51dBA ~ 77dBA。如按我国《水面舰艇舱室噪声级限值》的规定,目前,我国海军现役水面舰艇的主、辅机舱和大多数机械舱噪声水平均超过该限值。

潜艇舱室噪声与潜艇的航态及航速密切相关。常规潜艇在水面双机前进三航行时,Ⅰ舱的空气噪声为 62dBA ~ 65dBA、Ⅱ舱为 63dBA ~ 64dBA、Ⅲ舱为 74dBA ~ 78dBA、Ⅳ舱为 95dBA ~ 98dBA、Ⅴ舱为 116dBA ~ 118dBA、Ⅵ舱为 93dBA ~ 94dBA、Ⅶ舱为 74dBA ~ 80dBA;水

下双机前进三航行时,Ⅰ舱的空气噪声为58dBA～59dBA、Ⅱ舱为58dBA～59dBA、Ⅲ舱为62dBA～69dBA、Ⅳ舱为60dBA～65dBA、Ⅴ舱为70dBA～75dBA、Ⅵ舱为86dBA～89dBA、Ⅶ舱为60dBA～65dBA。核潜艇舱室噪声较常规潜艇偏低,水下前进五航行时,Ⅰ舱的空气噪声为56dBA～69dBA、Ⅱ舱为55dBA～100dBA、Ⅲ舱为81dBA～108dBA、Ⅳ舱为78dBA、Ⅴ舱为80dBA～95dBA、Ⅵ舱为87dBA～104dBA、Ⅶ舱为74dBA～85dBA。

我国民用大型运输船舶,机舱噪声多在90dBA～100dBA范围,局部区域为110dBA或更高;驾驶室、会议室、图书阅览室,一般在55dBA～65dBA之间,个别部位可达78dBA以上;储藏室在50dBA～65dBA之间,个别舱室在70dBA以上。

2. 舰载武器脉冲噪声

舰载武器脉冲噪声具有持续频谱丰富、时间短、强度高等特点;但不同武器发射时的冲击噪声也各不相同。导弹发射时,导弹脉冲噪声呈宽带,但以低频为主。舰面与舱室内频谱有较大差异,舰面站位频谱范围较宽,舱内中、高频成分有较大衰减,低频成分较丰富。导弹、火箭脉冲噪声的波形为振铃波形,到达峰值的上升时间较慢,波形持续时间较长,舰面测点持续时间达370ms～52ms,少数测点接近或达1s;密闭舱室持续时间较长,多数测点接近或大于1s,有的测点达1.7s。导弹脉冲噪声强度较大,无防护屏障的舰面站位峰值声压级一般在160dBA以上,多数为165dBA～175dBA,少数为175dBA～180dBA;密闭舱室多为135dBA～150dBA,少数为150dBA以上。

火炮发射时的脉冲噪声频谱呈宽带,但主要集中在中频、低频,高频成分可达2kHz～5kHz。一般情况下,火炮口径越大,距离炮口越远,反射越强,低频成分越丰富。火炮脉冲噪声波形分单峰波形和多峰波形两类,单峰波形中典型的N形波较少,多峰波形中既有主波与多个反射波组成的波形,也有双峰为主的波形。火炮脉冲噪声持续时间一般在10ms～30ms之间,但峰形波在10ms以内,齐射时,单峰形波为10ms～20ms,多峰形波为12ms～34ms。火炮脉冲噪声较导弹冲击噪声强度更大,舰载火炮发射时,驾驶台和舰面主要站位脉冲噪声峰值可达160dBA～190dBA。

6.2.2 舰船舱室噪声对艇员的影响

噪声对艇员的影响是多方面的,噪声可对听觉系统产生损伤,还可对神经系统、心血管系统、消化系统、前庭功能、视觉功能、免疫功能等产生影响。下面以此来讨论舰船噪声对艇员的危害。

一、舰船舱室噪声对听觉的影响

噪声对听觉的影响主要表现为听觉敏感度下降、听阈升高,也就是噪声引起的听力损失。听力损失可分为暂时性听力损失和永久性听力损失两种。在较强的噪声下短时间停留,可引起耳鸣,听力出现少量下降,脱离噪声后数分钟后即恢复正常称为暂时性听力损失。在噪声下停留较长时间后听力进一步下降,离开噪声源后数小时至数日后才可恢复到原来水平,这种现象称为听力疲劳。如果噪声暴露时间较长、强度较高,可引起不可恢复性听力变化称为暂时性听力损失。噪声的性质不同,对艇员的危害也不相同,下面依次讨论不同噪声对听觉的影响。

1. 舱室稳态噪声对听觉的影响

早在20世纪初期,国外就已开始注意到艇员的听力损伤问题。据报道,美国海军和学员是接触噪声最多的人群之一,听力损失发生率为25%;海军陆战队高频听力损失发生率为32%,并随服役年限增加,服役4年~5年发病率为37%,11年~12年为68%。对我国潜艇部分轮机兵的听力调查发现,有78%受检者出现不同程度的噪声性听力损失。潜艇50天远航后艇员的听力水平都有不同程度的听力偏移,500Hz~6kHz7个频率的平均听阈偏移在10dB以内的占67%,偏移10dB~20dB的占33%。

有关研究表明,长期处于稳态噪声环境中,人员的高频听力损失率与噪声强度基本呈线性变化,即

$$Y = 2.1X - 131.36$$

式中:Y 为人员的高频听力损失率;X 为噪声强度。

人员的语频听力损失随噪声呈指数增长,即

$$Y = e^{-4.923 + 0.0824X}$$

式中:Y 为人员听力损失的频率;X 为噪声强度。

研究发现,长期在宽带稳态噪声下暴露,人员的听力损失首先在高频范围内出现,然后逐渐扩展到音频;同时,低频损失较轻,高频损失明显。人体及动物模拟试验显示:

(1)人体对短期噪声有一定的适应能力:短期暴露噪声中,出现阈偏移,时间稍长后阈偏移下降和消失。

(2)90天长航人体试验表明,在噪声中连续暴露90天,听阈和其他听功能均出现明显改变,经15天~30天才逐渐恢复。

(3)120天长航试验说明:艇员听力变化规律与90天长航人体实验规律致,500Hz~4000Hz听阈偏移为10dB~25dB。

(4)短时间及60天暴露豚鼠试验表明,高强度、短时间的噪声可引起豚鼠听力受损,90dBA暴露60天对豚鼠听力已产生明显影响,95dBA可引起豚鼠听阈急剧升高。

通过系统的研究发现,暴露噪声的物理参数,如频率、噪声强度和暴露时间等,对听觉的损伤有很大关系。

(1)窄带噪声引起的听阈偏移主要取决于频率范围,暴露于能量分布较为均匀的宽带噪声,将首先在3kHz~6kHz处形成V形听谷。高频噪声比低频噪声对听觉的影响大,频率在1kHz~4kHz的噪声引起的听力偏移比其他频率大;纯音和窄带噪声比宽带噪声危害大。

(2)噪声强度和暴露时间是听觉损伤的主要参数。暴露噪声在90dB SPL以上TTS随噪声强度急剧上升。TTS小于40dB恢复较快,大于50dB恢复较慢;中等强度噪声下,暴露时间不大于8h,引起TTS与暴露时间的对数成正比,当暴露时间达到一界限时,TTS不再随暴露时间增加,而稳定在一定水平上。

2. 武器脉冲噪声对听觉的影响

脉冲噪声对艇员的伤害主要以损伤听觉系统为主,只有当压力峰值特别大(185dBA以上)、听觉系统的损伤达到相当程度后,内脏才可能出现损伤。一般而言,脉冲噪声对听觉的损伤不在中枢部位,而仅限于周边听觉器官,常表现为中耳和内耳兼有的肌型混合伤。

中耳损伤轻者主要表现为:鼓膜和鼓室充血、出血,随着伤势加重,可出现鼓膜穿孔,

并伴有听骨骨折和移位。内耳损伤一般从第二蜗周开始,损伤感受毛细胞,螺旋器消失,螺旋神经节及听神经纤维变性;较重者可引起整个螺旋器消失。

中耳损伤和内耳损伤不一定同时发生,有时损伤中耳,有时损伤内耳。一般情况下,压力峰值高容易损伤中耳;压力峰值不高但脉宽较大或重复多发时,容易损伤内耳。在重复发射时,若压力峰值较大,首发便可使中耳严重损伤,破坏中耳传导系统,使后续各发的压力波不能有效传至内耳,最后总的听力下降并不多;若压力峰值不大,则中耳的损伤较轻,每发的压力波均有效进入内耳,使内耳伤势不断加重,最后反而使听力严重下降。但不论是中耳损伤,还是内耳损伤,或是两者兼有,最终都将导致听力下降。一般而言,严重的中耳损伤导致听力下降不超过45dB,而内耳损伤可导致70dB的听力下降。

脉冲噪声的参数较多,如压力峰值、脉宽、重复次数、重复间隔、频谱、波形、上升时间、下降时间等。其中,压力峰值、脉宽和重复次数是脉冲噪声听觉损伤的主要因素。研究表明,脉冲噪声持续时间和发数相同时,听觉的损伤随峰值提高而加重。豚鼠舰载火炮、导弹发射试验分析表明,当火炮脉冲噪声持续时间为10ms作用1发时,豚鼠的安全压力峰值为165dB,微伤和轻伤范围为167dB～171dB,轻伤和重伤范围为171dB～178dB,大于187dB时为重伤。在持续时间与损伤的关系方面,豚鼠试验观察表明,在作用发数相同的条件下,豚鼠听觉安全压力峰值与持续时间之间存在递减关系。持续时间每增加10倍,豚鼠噪声压力安全峰值降低5dB;持续时间越长,伤情越严重。在发数与伤势的关系分析方面,试验表明,发数每增加3倍～5倍,豚鼠伤情加重一级;发数每增加10倍,豚鼠安全压力峰值降低5dB。

3. 噪声及其他环境因素对听觉的复合作用

除噪声外,舰船舱室还存在其他有害因素,现已证明噪声与振动、稳态噪声与冲击噪声的联合作用,均可以加重听觉的损伤。

振动与噪声联合作用,能加重听觉器官的病理改变和听阈偏移。联合作用的听觉效应与噪声的强度、频宽、振动的频率、类型、加速度以及环境温度和做作复合密切相关。联合作用下,正弦振动为人体共振频率时(5Hz),引起的听阈偏移最大;随机振动和噪声的联合作用比正弦振动与噪声的联合作用对听觉的影响大。环境温度可加强噪声与振动的联合作用,噪声越高,环境温度对联合作用的影响越大。在噪声与振动联合作用下,完成简单工作的听阈偏移比完成复杂工作的听阈偏移多。

部队听力调查表明,10年以上现役装甲兵出现听力损失的为63%、步兵为23%、航空兵为16.3%。装甲兵听力损失远大于其他兵种,其主要原因是装甲兵联合暴露于脉冲噪声和连续噪声的机会远比其他兵种多,脉冲噪声与稳态噪声对听觉具有显著的复合效应。

二、对机体其他系统的影响

噪声不仅引起听觉系统的损伤,还可对机体其他系统,如神经系统、心血管系统、消化系统、前庭功能、视觉功能、内分泌等产生影响。

1. 对神经系统的影响

噪声作用于人的中枢神经,可以起人的大脑皮质功能紊乱,使兴奋和抑制平衡失调、条件反射异常。长期暴露于噪声环境中,会产生累加效应,引起自主神经功能紊乱,使人出现头晕、头痛、脑胀、烦躁、失眠、多梦、乏力、嗜睡、记忆力减退等症状。人长期处于噪声中,容易引发精神病。

2. 对心血管系统的影响

噪声对心血管的影响,主要表现为心率、血压、心电图的改变。但目前的研究结果各不同,有人认为噪声可引起心率加速,也有人认为噪声可使心率放缓,有人则认为噪声可引起心动过速,也可引起心动过缓。根据不同的研究结果,可把噪声对心血管的影响归纳为两类:一类属于即时效应,其主要表现为开始接触噪声时,机体先产生保护性反应,表现为交感神经兴奋、心率加速、心输出量增加、收缩压升高,噪声越强这种反应越明显。随着噪声暴露时间延长,机体的应激反应逐渐减弱,继而出现抑制,表现为心率减缓、心输出减少、收缩压降低。另一类是远期效应,其主要表现为脉搏和血压波动,心电图呈缺血性改变或传导阻滞,以及外围流血阻力变化等。

3. 对消化系统的影响

过高的噪生会导致消化功能减弱、胃功能紊乱、消化液分泌异常、胃张力减低、蠕动无力、排空减慢、胃酸度改变,导致消化不良、食欲不振、营养不良、体重减轻等症状。不少报道指出,胃病是艇员的常见病。对舰员胃肠疾病进行流行病调查表明,其功能性消化不良发病率为10.3%,其中57%是由噪声因素引起的。

4. 对视觉功能的影响

噪声作用可引起瞳孔散大,视野向心性缩小,视敏感度和视野调节速度减低。研究表明,在噪声作用下,蓝色光和绿色光视野增大,而金红色光视野缩小。噪声导致视力清晰度和视运动反应时的改变与噪声强度密切相关,噪声越强,视力清晰度越差,潜伏期越长。此外,噪声还可以引起视觉幻觉。如观察一根垂直紧挂于空中的直线时,在噪声刺激下,就会发现直线渐渐偏离刺激声大的一边而靠近刺激声小的一边。当观察空中一个亮点时,将得出相反的感觉,亮点偏离刺激声小的一边而靠近刺激声大的一边。

5. 对分泌、代谢和免疫功能的影响

噪声可使肾上腺素分泌增加,儿茶酚胺排出量提高,机体免疫功能降低。有关研究指出,噪声作用可引起内分泌紊乱,导致妇女月经失调(周期紊乱、经期延长、经量增多等)、卵巢功能障碍、组织缺氧,使受精卵或早期胚胎破坏,自然流产率或早产率提高。

三、对心理的影响

噪声引起的烦恼除与暴露噪声的特征(频率、强度、持续时间、噪声的类型等)有关外,还与听者的心理状态、环境因素及工作性质等有关。前者直接通过听觉起作用,故称为听觉因素;后者称为非听觉因素。引起烦恼的非听觉因素比较广泛与复杂,对同一噪声、不同的人或同一人在不同时间、不同地点,可能会出现不同程度的烦恼。国外有许多有关噪声引起烦恼的评价方法,其中有人将噪声引起的烦恼分为5级:Ⅰ级——无烦恼;Ⅱ级——稍有烦恼;Ⅲ级——中等烦恼;Ⅳ级——很烦恼;Ⅴ级——季度烦恼。他们根据大量的调查结果进行整理分析,得出以下评价烦恼方程式:

$$烦恼级 = -4.798 + 0.1058L_A \qquad (6-2-1)$$

式中:L_A 为环境噪声强度。

按此式即可方便求出不同强度噪声引起的人的烦恼级。美国海军采用上述烦恼等级法对艇员进行调查显示,在声级相同的条件下,不同性质舱室的舰员感受大为不同。如声级为60dBA时,军官集会舱50%的人员感不到烦恼,稍有烦恼、中等烦恼和很烦恼各占6%,极度烦恼的占32%。

四、对语言交谈及通信的影响

舱室噪声过大会严重干扰艇员的交谈和对音响信号的识别。在高噪声舱室,艇员间正常交流将受到影响;无线电室、声纳室如环境噪声过高,常会出现错收、漏收现象。一般认为,环境噪声在50dBA以下通话时较为满意,50dBA～70dBA基本可以通话,70dBA～80dBA通话困难,90dBA以上需要大声叫喊才能勉强理解。当舱室噪声为70dBA时,近距离交谈基本不感困难;而81dBA时,口令传达已感困难;85dBA时,通话已有明显干扰。可见,噪声对通信及交谈的影响十分明显。通常认为,噪声对交谈有讲话和听话两方面的影响。

1. 对讲话的影响。

(1)对发音特征的影响。噪声可使发音强度提高、发音时间及基频改变、发音频谱及共振峰改变。经过许多学者研究发现,谈话时的嗓音随环境呈规律性变化,即环境噪声每增加10dB,讲话的发音会自动提高3dB～6dB;单音的时长及元音的时长都有所增加,基频也会提高。

(2)对发音清晰度的影响。对发音清晰度有双重影响,当环境噪声及发音不高时,为了不影响听者的感受和理解,发音者会自动控制自己发音速度,人为清晰发音,以便使听者能听清他的讲话。但当环境噪声较高,大声喊叫时,由于发音肌肉过于紧张,将使生成语音出现偏离或波动,因而使发音清晰度降低。

(3)对交谈可持续时间的影响。在噪声环境下高声交谈的时间是有限的。有调查研究发现,长期在噪声环境中交谈的作业工人,3年～7年可引起发音异常,甚至出现声带功能障碍。因而长期在噪声环境中交谈的场所,必须考虑借助抗噪声通信技术手段。

2. 对听话的影响

环境噪声对听话的影响,主要是噪声对语音信号的掩蔽所致。人们常采用声级(dBA)和语言干扰(SIL)作为参数,以不同信噪比的语音识别率作为指标来评价环境噪声对语言的影响。信噪比越大,识别率越高;当信噪比相同时,识别率相差不大。

五、对效率的影响

在噪声长期作用下,人的大脑皮质兴奋和抑制容易失调,注意力不集中,情绪不稳定,心情烦躁,激动易怒,思维反应迟钝,学习能力、记忆能力有所下降,警觉性、空间想象和逻辑推理能力和工作效力下降。噪声对工作的危害主要表现:一是影响听力或干扰听觉信号辨别;二是引起生理、心理效应,从而影响操纵者的知觉水平或信息传递。

6.2.3　舰船舱室噪声的控制与艇员防护

舰船噪声控制是一项复杂的系统工程,应贯穿于舰船的论证、设计、生产、使用、维修保养,乃至舰船的寿命过程,只有采取综合治理措施,才能收到良好的效果。

一、工程技术降噪

工程降噪包括方案控制、选用低噪声设备、合理布置舱室和设备、隔声/隔振措施及消声措施等几方面。

1. 方案控制

在舰船总体论证和设计阶段,从总体宏观上考虑降噪措施,并根据论证中设备噪声和舱室噪声的预报或计算,通过调整总体方案或改进降噪措施来达到控制要求。

2. 选用低噪声设备

减少主要噪声源是舰船噪声控制的最根本措施,,因此,舰船设备的选择与安装除满足舰船的作战性能外,其空气噪声限值应尽可能满足《舰船噪声限值和测量方法——舰船设备空气噪声验收值》(GJB763.3—89),见表6-2-1所列。

表6-2-1 设备空气噪声限值

设备级别 \ 倍频程中心频率/Hz	声压级/dB								
	31.5	63	125	250	500	1000	2000	4000	8000
A类设备	66	63	60	57	54	51	48	45	42
B类设备	72	69	66	63	60	57	54	51	48
C类设备	75	72	69	66	63	60	57	54	51
D类设备	75	72	69	66	63	60	57	54	51

注:A类设备,2m以外距离交谈时必须听清晰,无须重复,且听错概率很小;

　　B类设备,要求保持安静的场所;

　　C类设备,2m距离内交谈时必须听清晰,无须重复,且听错概率很小;

　　D类设备,考虑艇员舒适性舱室;

　　E类设备,交谈在近距离内进行,且通过大声喊叫、扩音器才能听清;

　　F类设备,不要损失听力

3. 设备和舱室合理布置

在总体设计中,应尽量将主、辅机等主要声源集中布置,主要噪声源应尽量避免与生活舱和主要工作舱毗邻,总体设计应尽量利用空舱、储藏室、通道、卫生间等作为隔声空间,居住舱、休息室、医务室等不应布置与本舱室无关的发音设备。

4. 隔声降噪

对强烈的噪声设备、舱室或部位,可根据具体情况采用不同形式。不同结构的隔声措施在噪声传播途径可采用隔声构件:对舱室内单独的强噪声源可采用响应的隔声罩,在高噪声区域舰船员操纵部位之间设置隔声屏。

5. 消声和吸声

消声降噪主要用于降低空气动力设备的噪声,对于舰船进气口和排气口蔽开的空气动力设备,一般应考虑安装消声器。适合舰船用的消声器主要有阻性消声器、抗性消声器、扩张室式消声器、共振式消声器、金属板微孔室消声器和阻抗复式消声器。吸声降噪主要对吸声量少、混响声强的舱室,以采用吸声装置进行降噪;对音质要求较高的舱室,也可采用吸声处理,舰船上常用多孔材料吸声结构和共振材料吸声结构吸声装置进行吸声降噪。

二、舰船噪声标准

舰船噪声标准是舰船设计、建造和维修的依据,是舰船噪声控制的重要指标,也是评价噪声危害、制定防护措施的依据,为此世界各国根据本国的实际情况制定了相应的标准。

1. 舱室稳态噪声标准

在舱室稳态噪声分析方面,世界各国按其实际情况制定了各自的标准,如我国先后颁布了《运输船舶舱室噪声标准》(JT4517—82)、《潜艇舱室噪声设计标准》(GB981—78)、《舰艇舱室空气噪声舱室分类及限值》(GJB1120—91)等多部稳态噪声标准,见表6-2-2~表6-2-4所列。

表6-2-2 《运输船舶舱室噪声标准》

舱室与部位	容许噪声级/dBA	舱室与部位	容许噪声级/dBA
无控制室机舱主机操纵处	90	卧室	60
机舱控制室	75	办公室、休息等舱室	65
驾驶室	65	机械设备和专用通风机不工作	70
海图室	65	机械设备和专用通风机正常工作	80
报务室	60		

表6-2-3 《潜艇舱室噪声设计标准》

舱室与部位	容许噪声级/dBA	
	上限	适宜范围
一般工作舱和站位	85	70
生活舱	70	
隔声控制室	80	—
长时间值班	90	
不超过0.5h	110	

表6-2-4 《舰艇舱室空气噪声舱室分类及限值》

倍频程中心频率/Hz 噪声类别	声压级/dB								
	31.5	63	125	250	500	1000	2000	4000	8000
A	72	69	66	63	语言干扰级要求				51
B	77	74	71	68	65	62	59	56	56
C	82	79	76	73	语言干扰级要求				61
D	82	79	76	73	70	67	64	61	61

2. 脉冲噪声标准

(1)国内标准。在脉冲噪声的标准方面,国防科工委1982年颁发了《常规兵器发射或爆炸时压力波对人体作用的安全标准》(GJB2—82),1996年进行了修订,并更名为《常规兵器发射或爆炸时脉冲噪声和冲击波对人员听觉器官损伤的安全限值》(GJB2A—96)。当脉冲噪声和冲击波对人耳的入射角在30°~90°时,不同持续时间范围的安全限值如下:

①脉冲持续时间为1.5ms~100ms时,人员听器安全限值为

$$P_{SdB} = 177 - 6\lg(TN) \text{ 或 } P_{Skpa} = 14.16/(TN)^{0.3}$$

式中:P_{SdB} 为人员听器安全值(dB);P_{Skpa} 为人员听器安全限值(kPa);T 为持续时间(ms);

N 为发数。

②脉冲持续时间为 0.25ms ~ 1.5ms 时,人员听器安全限值为

$$P_{\text{SdB}} = 169 - 8\lg(TN)$$

式中:0.25ms $\leqslant TN \leqslant$ 100ms;当 100ms $\leqslant TN \leqslant$ 500ms 时,$P_{\text{SdB}} = 153\text{dB}$。

或

$$P_{\text{Skpa}} = 5.64/(TN)^{0.4}$$

式中:0.25ms $\leqslant TN \leqslant$ 100ms;当 100ms $< TN <$ 500ms 时,$P_{\text{SdB}} = 0.89\text{dB}$。

③《导弹火炮在舰上发射时脉冲噪声对听觉的安全限值》(GJB12—84)规定:舰艇火炮脉冲噪声对人体听觉的安全限值为

$$L_{\text{p}} = 171 - 5\lg(TN/10)$$

式中:L_{p} 为安全压力峰值(dB);T 为持续时间(ms);N 为脉冲个数。

舰艇导弹脉冲噪声对人体听觉的安全限值为

$$L_{\text{p}} = 166 - 5\lg(TN/300)$$

式中:L_{p} 为安全压力峰值(dB);T 为持续时间(ms);N 为脉冲个数。

(2)国外标准。世界各国制定的脉冲噪声标准,均以脉冲噪声的压力峰值、持续时间(脉宽)和脉冲量数(发数)作为依据,具有代表性的美军 1979 年颁布的脉冲噪声标准(MIL—STD—1474B(MI))规定:无防护脉冲数在 1000 次以下,持续时间在 1000ms 以内,安全限值均为 140dB,佩戴耳护器时,限制随脉冲个数和持续时间不同而异。当持续时间大于 200ms 时,压力峰值 $Y = 167\text{dBA}$;当持续时间小于 200ms 时,压力峰值为

$$压力峰值 = 167 + 2\lg(200/\text{T})/\lg2$$

式中:T 为持续时间。

三、艇员防护

如果由于技术或经济原因,舰船舱室噪声和脉冲噪声无法控制在容许限制范围内,必须采取艇员个体防护措施。实践证明,佩戴护耳器是个体防护的有效措施。护耳器按结构类型可分为耳塞、耳罩、头盔和通信耳机四大类。

耳塞是插入外耳道的护耳器,大致可分为预模型耳塞、捏制型耳塞和耳膜型耳塞几类。耳塞虽然种类繁多,但以预模型耳塞为主。一般耳塞在 250Hz ~ 8kHz 的隔声值达 20dB ~ 25dB。

耳罩是将耳郭封闭起来的听力保护装置,由罩壳、罩垫和弹性头弓组成,它不仅能对 85dBA 以上声音进行限幅,而且能有效抑制 500Hz 以下和 4kHz 以上的噪声。

头盔是将整个头部罩起来的防护用具,一般由盔壳、内衬垫、耳罩等组成,结构较复杂,体积较大,使用不便,但它具有很高的隔声量,中、高频隔声量可达 40dB ~ 50dB,不仅能防止噪声,还可防止头部撞击,该头盔适用于军事环境中。

理想的护耳器应满足如下要求:

(1)具有良好隔声值,配戴后对环境噪声有较大衰减,罩内噪声强度不高于听觉安全值。

(2)具有通信功能的护耳器,应避免环境噪声和电磁噪声的干扰,保证良好的语言清晰度。

（3）结构设计和制作选材要充分考虑使用者长期佩戴的舒适性。

（4）对皮肤无毒性、无刺激作用，经济耐用，重量适宜，易冲洗消毒。

四、噪声性听觉损伤的防治

1. 预先声刺激预防噪声引起的听觉损伤

20世纪50年代，人们发现中耳肌的活动能减轻噪声引起的听觉损伤，随后的研究证明，镫骨肌反射可减少脉冲噪声引起的暂时性听阈偏移。80年代至90年代，大量的研究显示，间断性非损伤噪声剂量预先刺激对随后的高强度噪声暴露所致的听力损伤有明显的保护作用，预先适应暴露后马上暴露于强噪声，无明显的防护作用，而预先适应暴露后须经一周休息再暴露于强噪声中，才有明显的保护作用。

2. 高压氧防治噪声性听觉损伤

噪声对听觉损伤机理研究表明，噪声暴露可引起耳蜗血管收缩和耳蜗淋巴氧分压下降，揭示内耳缺氧是噪声性听觉损伤的重要原因。因此，许多学者试图通过呼吸高压氧和高浓度氧来改善内耳的供氧，以减少噪声对听阈的偏移。对噪声性听觉损伤的预防和治疗均有较好的效果，但预防效果比治疗效果好。

3. 药物防治噪声性听觉损伤

药物治疗主要有扩张血管类药物和高能化合物进行治疗，如低分子右旋糖酐、ATP、辅酶Q、纤维素类、复方丹参、刺五加等。国外开展的自由基清除剂和抗氧化剂预防噪声性听觉损伤的研究也取得了较好的结果，但这些目前仅限于实验室探索阶段，与实际应用还有很大距离。

6.3 舰船次声对艇员的影响及防护

次声为0.0001Hz～20Hz的弹性波，它由各种物体的机械振动产生，通过各种弹性介质分子作稀疏和紧密的交替波向四周扩散传播。按波的性质来分，次声可分为正弦波、冲击波、随机波三种。由于次声频率低、波长长，故衰减小、传播远，具有很强的穿透力。

次声的来源较为广泛，如自然次声、工业次声、人工试验次声、舰船次声等。火山爆发、狂风暴雨、电闪雷鸣、地震、海啸、波浪拍击等都可产生自然次声。工业生产和交通领域中，板的振动（振筛、振动台、厂房、船舶等振动）、流体的运动（鼓风机、泵类运输大量流体时）、燃烧（大型锅炉、加热炉的火焰）形成的涡流造成压力变化形成次声。实验室中可采用人工方法产生频率、强度可控的次声源，如扬声器次声源、活塞式次声发生器、空气动力型次声发生器等。

6.3.1 舰船次声对艇员的影响

在舰船上，次声的主要来源既有自然次声，也有机械设备和武器装备辐射功能的次声。例如，狂风暴雨、海啸、浪涛拍击等形成的自然次声，以及舰上锅炉、柴油机、燃气轮机、风机、电动机、舰载火炮、导弹、火箭、深弹发射、爆炸等形成机械设备和武器装备次声。

一、次声作用的整体效应

次声级在140dB以下，短时间造成可逆心理、生理反应，不会造成病理上的改变。

次声级上升到150dB,则接近人的主观耐受性和可靠效的极限,主观上将出现明显症状;次声级在150dB以上,导致病理上的改变;次声级在180dB以上,造成严重损伤甚至死亡。在次声作用下,人的主观反应是多种多样的,往往因人而异。人的主观反应(15Hz、115dB及10Hz、136dB次噪声下)有头晕/头痛、口干、极度疲劳、中耳顿痛、心悸目眩、疲劳无力、焦躁不安、内脏器官等出现明显振动感,工作效率明显降低。还有研究指出,在一定强度次声作用下,可使人出现恐惧惊慌情绪,客观上表现为心率和呼吸频率加速、血压升高、肌紧张力降低、听阈提高等。有调查表明,生理环境中存在的次声对操纵者的神经系统、前庭分析器、心血管系统、呼吸系统以及工作效率都有不良影响,精神情绪可发生变化。

二、次声对听觉的影响

1. 对中耳的影响

一般情况下,人耳感受不到次声波,但人耳在次声强度到达一定程度(130dB)时可感受到。在较高强度次声作用下,中耳有压迫感、痛感或触感,140dB以上会出现严重不适和疼痛感。中耳的痛阈与频率有关,频率为20Hz左右时约为140dB,在2Hz时约为162dB。次声到达一定程度时,可引起听力下降。

2. 对前庭功能的影响

对人前庭影响较敏感,2Hz、95dB作用2h,可出现眩晕现象;5Hz、95dB次声作用5min时,可出现眼球震颤、重心不稳、脉搏加速等;105dB～120dB时,出现类似酒精中毒症状,头晕目眩、疲倦无力、恶心呕吐等。

三、次声对组织器官的影响

1. 对中枢神经的影响

动物试验表明:大于90dB次声作用后,可引起神经功能障碍,定向反应潜伏期延长,主动性抑制发生改变。8Hz、115dB和135dB次声长时间作用,会引起神经系统和交感肾上腺系统功能失调,组织营养作用改变,生物氧和生物能量过程出现障碍。增加到140dB时,无论作用时间长短,均出现脑膜充血、蛛网膜出血、皮质区点状出血等症状。

2. 对心脏的影响

心脏对次声影响较为敏感。90dB次声作用时,可使部分毛细血管收缩、皮质水肿;135dB次声作用时,毛细血管变窄,出现水肿,心肌细胞膜破坏。8Hz和16Hz,120dB和140dB作用后,大鼠心脏动脉管径变窄,毛细血管扩张,血液循环出现障碍,形成贫血区和局部性肌原纤维溶解,线粒体肿胀,内质网扩张。

3. 对肺部的影响

可使肺部出现明显损伤。2Hz、90dB～100dB次声作用下,大鼠胸膜下肺表面出现点状出血;166dB次声作用下,呼吸困难,呼吸频率下降;150dB～170dB次声作用下,暴露10min以上,肺脏共振,引起肺泡撕裂,大量出血,致死;在0.5Hz、166dB次声作用下,呼吸发生困难,呼吸频率下降。次声升高至172.5dB后,呼吸停止,立刻休克或死亡。

四、次声对机体的作用机制

次声对机体的基本作用原理是生物共振,人体可看作一系列多支点、多重心的机械振动系统,不同部位和器官都有一定的固有振动频率范围,这些固有频率正好落在次声频率范围内。当作用人体的次声频率与机体组织器官的固有频率相同时,就会发生共振。一方面,共振的机械能转为热能、生物化学能,直接作用组织与器官,引起损伤;另一方面,内脏器官的共振刺激躯体本体感受器和内脏器官感受器,将振动信息传递至中枢神经系统的相应部位,引起一系列形态和功能的变化,使细胞膜的通透性与质膜的结合状态及酶的活性发生改变,最终影响生物氧化过程和能量的代谢与合成,降低抗氧化系统的功能。人体器官的固有频率:头部为 8Hz ~ 12Hz、胸部为 4Hz ~ 6Hz、躯干为 7Hz ~ 13Hz、腹部为 6Hz ~ 9Hz、盆骨为 6Hz、心脏为 5Hz、脊柱为 10Hz ~ 12Hz。

6.3.2 舰船次声的防护

一、次声允许标准

由于次声作用可引起机体出现一系列的生理、心理改变和损伤,为了保护次声环境下作业人员的健康,很多学者从各自的研究出发,针对次声某个方面的影响提出了次声控制限值,见表 6 - 3 - 1 ~ 表 6 - 3 - 3 所列。

表 6 - 3 - 1　Stan 建议的次声限值

影 响 类 别	频率/Hz							
	0.1	0.2	0.5	1.1	2.2	4.5	9	16
没有明显影响	140	138	135	132	129	126	123	120
非常危险影响	大于150dB							
有死亡危险	大于180dB							

表 6 - 3 - 2　Johnson 建议的次声限值

影响类别	频 率/Hz						
	0.2	0.5	1	2	5	10	20
A	140	137	133	130	127	123	120
B	120	120	120	120	120	98	80

表 6 - 3 - 3　波兰推荐的次声标准(PN—86/N—01338)

影 响 类 别	倍频中心频率/Hz			
	4	8	16	20
人体健康不受影响	110	110	110	100
保证正常功效	90	90	90	85
居住、办公区域	85	85	85	85

二、次声的防护

次声的防护可从声源、传播途径和接收三方面采取相应的措施进行防护。在声源方面,可提高设备的加工精度和安装工艺、改进结构、加设消声装置、安装减振隔离器降低次声源的大小。在传播途径方面,可在次声的传播途径上采取隔声、吸声、消声技术。例如,选用对次声有良好屏蔽作用的新型材料(电磁感应式吸声体)或采用新的吸声技术(主动式表面吸声体)对低频波段上的吸声有很好的吸声效果。在接收方面,操作人员应尽量远离声源,减少次声暴露时间;采用个体防护装置(头盔、耳塞等);采取相应的医学防护措施等手段减轻次声对机体的损伤。

6.4　舰船冲击对艇员的影响及防护

舰船遭受水雷、鱼雷、深水炸弹等武器的非接触爆炸时,水中冲击波经船体结构传导转变为固体冲击波,引起船体结构产生剧烈的冲击运动。由于该冲击运动具有作用时间短、强度高、船体各部位冲击运动各不相同、冲击部位运动易受各类设备的影响等特点,舰船冲击运动不仅对船体、设备造成损害,还将对艇员造成各种损伤,这种损伤称为舰船冲击伤。舰船冲击伤可导致艇员健康下降,使艇员丧失工作能力甚至危及艇员生命,因此,研究冲击对人体的危害及其防护,加强艇员的抗冲击防护,对减轻人员的冲击损伤、保障艇员健康具有十分重要的意义。

6.4.1　舰船冲击对艇员的影响

一、舰船冲击损伤的特点

舰船冲击伤具有如下特点:

(1)以骨和关节损伤为主。

(2)常有软组织和内脏器官(尤其是腹腔实质性器官)的损伤。

(3)舰船冲击伤往往是闭合性损伤,体表损伤不明显。若发生碰撞损伤,则可能出现不同程度的体表损伤。

(4)常出现"外轻内重"征象,易被误诊或漏诊。"外轻内重"是指体表损伤较轻或完好无损,而内脏和骨骼等内部组织器官损伤较重的征象。例如,水下爆炸试验10min后,家兔外观虽无严重损伤表现,仅见皮肤挫伤,全身无力,但隔5min后死亡,经检查股骨、胫骨、腓骨粉碎性骨折,空腔内脏广泛出血,肝、胃、膈肌、膀胱严重破裂,胃容物、尿液流入胸腹腔等严重损伤。

(5)损伤部位与人员体位密切相关,如站立者易发生下肢损伤,坐位者易发生脊柱损伤。

(6)易发生二次损伤,出现各种碰撞损伤。

二、舰船冲击损伤发生机制

处于自由状态的人员对舰船冲击运动的反应可分为两种状态,即加速阶段的初始压缩状态和减速阶段的飞离状态。动物试验表明,舰船冲击作用瞬间狗的运动状态如图6-4-1所示,其位移时间曲线可分为三个阶段:

(1)冲击初期机体急剧向下移位,这使机体在加速阶段处于压缩状态。

(2)向上运动阶段,这是减速阶段内机体处于飞离状态。

(3)当上升运动到达最高点后则向下作自由落体运动。对应不同运动阶段,机体的损伤也各不相同。

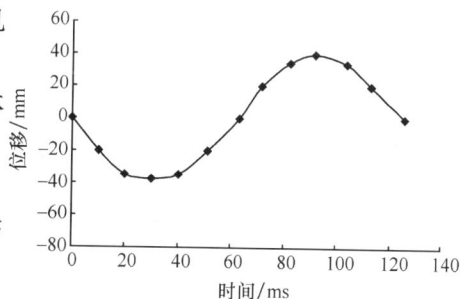

图6-4-1　冲击作用瞬间狗的运动状态

1. 加速阶段的压缩性损伤

加速阶段时,甲板突然产生向上的冲击运

动,甲板人员受到向下的惯性力作用产生超重,使人体处于压缩状态。如负重部位骨骼强度不够,即引起压缩性损伤。损伤与人员部位有关:

(1)站位人员主要损伤为下肢损伤,如跟骨、胫骨下端骨折,有时伴有腓骨下端骨折和踝关节损伤等,严重时粉碎性骨折;还可出现小腿下1/3急剧肿胀和剧烈疼痛,并由皮下出血点和淤血等。

(2)坐位人员主要损伤为腰椎压缩性骨折,严重呈现粉碎性骨折,多发于第12胸椎和第1腰椎处;还可引起椎间盘压缩性损伤,表现为纤维环破裂、髓核脱出,严重者成粉碎性损伤。

2. 减速阶段的碰撞损伤

减振阶段时,人体受向上的惯性力作用处于飞离状态,以一定的速度飞离甲板,达到终止速度后以自由落体的速度跌落,有时会落入海中。飞离速度不会引起人体损伤,但它影响飞离阶段终末与舰船物体碰撞的速度。人体处于飞离状态时,造成二次损伤:颅骨、四肢、盆骨、肋骨等处骨折及皮肤挫伤裂伤,有时引起脑震荡。人体飞离速度 V_k 与甲板运动最大速度 V_D 和到达甲板最大速度所需时间(t_p,ms)及人体自振周期(T,ms)的函数:

$$V_K/V_d = 2.7(t_p/T)^{0.44}$$

式中:T 为人体自振周期(ms),对于站位者为100ms,对于坐位者167ms。

3. 内脏损伤

减速和加速阶段均可引起内脏器官移位与变形,致使内脏与骨骼间或内脏相互间发生碰撞、挤压和牵拉等,易造成肝、脾、肺、肾、胃、肠、心、脑等闭合损伤,轻者造成点状出血和淤血,重者出现片状或条状出血,严重引起脏器破裂或大血管断裂。内脏中以肝、脾、肺损伤率较高。

4. 人员落水伤害

艇员落入水中可造成溺水,或落水后因水下冲击波而产生水下冲击伤。水下冲击伤表现为含气脏器(肺、中耳等)和含气体与液体的空腔器官(胃、肠道等)出现损伤,极少发生体表损伤,损伤部位通常是浸没于水中的部位。

5. 功能性变化

艇员遭受舰船冲击作用时,可能会出现许多功能性变化。主要表现为:①心功能变化,如心律失常、心电图改变;②神经系统功能变化,如面色苍白、出汗、恶心;③肝功能变化;④休克、血压降低。

三、人体对舰船冲击的耐受性

舰船冲击运动时,加速度对人体冲击造成的伤害最大。人体对冲击加速度的忍耐性主要受加速度值、增长率、持续时间及加速度的作用方向、部位和人员体位等因素影响。

1. 站立人体下肢对垂向冲击的耐受性

舰船冲击对站立人员主要引起下肢骨骼压缩性损伤。当下肢骨受到的压缩应力超过其抗压强度(损伤阈值)时,会产生压缩性损伤。海军医学研究所研究表明,跟骨的抗压性能较差,压缩破坏载荷和可耐受超重估算值较低,是易损伤部位。

超重估算值(G) = 骨骼压缩破坏载荷(N)/骨骼正常负载重量(N)

各种状态下艇员下肢骨骼抗压性能与损失状况见表6-4-1~表6-4-4。

表 6-4-1 静态垂直受压下人体下肢骨骼的抗压性能

骨骼名称	负载体重/%	最大压缩变形/mm	最大压缩应变/%	压缩破坏载荷/N	耐受超重估算值/G	
					最小值	平均值
股骨	31	7.62	1.73	8826	26.3	46.9
胫骨	43	3.28	0.91	12690	17	48.5
腓骨	7	2.5	0.71	1471	13.3	34.9
距骨	48	1.8	5.44	13994	27.4	47.9
跟骨	50	2	2.55	6306	10.1	20.7
注:人体体重以 62 kg 计算						

表 6-4-2 某水雷爆炸引起 9 名艇员下肢冲击伤发生状况

损伤部位及性质	损伤例数	损伤发生率/%	损伤部位及性质	损伤例数	损伤发生率/%
跟骨骨折	6	66.7	踝部挫伤、裂伤	3	33.3
距骨骨折	1	11.1	小腿挫伤	3	33.3
胫骨骨折	1	11.1	膝部挫伤	1	11.1
股骨骨折	1	11.1	大腿挫伤	1	11.1

动态载荷:试验分别进行两种动态加载状态(加载加速度分别为 0.06m/s~0.105m/s 和 0.5m/s~0.6m/s)及两种纵向冲击状态(加载速度分别为 2m/s 和 3m/s)的压缩试验,结果表明,跟骨的压缩性破坏载荷和可耐受的估算平均超重值较低。

表 6-4-3 动态加载状态下人体下肢骨骼的抗压性能

骨骼名称	加载速度/(m/s)	载荷作用时间/ms	压缩破坏载荷/N	估算平均超重值/G
股骨	0.6	20	14600	77.5
	0.07	156.5	11113	59
胫骨	0.6	20	19467	74.3
	0.065	181.7	14743	56.3
腓骨	0.6	20	3400	80.6
	0.06	183.3	1847	43.8
距骨	0.5	12	17733	60.7
	0.105	53.3	15333	52.5
跟骨	0.5	12	8267	27.2
	0.086	65	6120	20.1

表 6-4-4 纵向冲击状态下人体下肢骨骼的抗压性能

骨骼名称	加载速度/(m/s)	载荷作用时间/ms	压缩破坏载荷/N	估算平均超重值/G
股骨	3	3.76	57710	306.5
	2	5.5	24420	129.7
胫骨	3	2.96	62606	239.1
	2	3.84	32412	123.8
腓骨	3	2.1	3867	91.7
距骨	3	5	18476	63.2
	2	9.4	10056	34.4

骨骼名称	加载速度/(m/s)	载荷作用时间/ms	压缩破坏载荷/N	估算平均超重值/G
跟骨	3	4.9	14460	47.6
	2	7.7	10010	32.9

在上述表中人体重均按62kg计算。

2. 坐位人体脊柱对垂向冲击的耐受性

在舰船冲击运动的加速阶段,坐位人员主要引起脊柱椎骨和椎间盘的压缩性损伤。坐位人体在垂向冲击加速度作用下,脊椎受到压缩应力若超过其极限强度(或损伤阈值)即可产生压缩性损伤(骨折等)。测试脊椎和椎间盘的抗压性能,可预测脊柱损伤的可能性。经静态压缩试验(加载速度为10mm/min)获得的静态垂直受压下椎骨和椎间盘的抗压性能见表6-4-5~表6-4-8所列。

用静态加压法测定引起脊椎压缩骨折的载荷,并根据各节锥体承受体重的百分比,按公式:$V_K/V_d = 2.7(t_p/T)^{0.44}$估算出垂直受压下脊椎能承受的体重值(表6-4-9)。研究表明,第12胸椎和第1、2腰椎能承受的超重值最低,是易损部位。

表6-4-5　垂直受压下人体椎骨的极限强度

椎骨		极限强度/N	椎骨		椎骨极限强度/N
颈椎	1	7845	胸椎	6	6070
	2	5001		7	6678
	3	3962		8	8081
	4	4001		9	8238
	5	4442		10	8434
	6	5521		11	8993
	7	4550		12	10336
胸椎	1	4658	腰椎	1	10385
	2	4276		2	11523
	3	4580		3	12445
	4	5119		4	12709
	5	5403		5	12611

表6-4-6　垂直受压下人体椎椎间盘的极限强度

部　位	极限强度/N	弹性变形/mm
颈椎间盘	4766	1.2
胸椎间盘	12454	1.6
腰椎间盘	14730	2.1

表6-4-7　人体椎骨结构变形与变形程度的关系

变形程度	极限强度/N
6~10	弹性变形,未见结构变化
12~13	早期不可逆变,椎体边缘受压
17~18	椎体边缘裂纹和压缩
25~26	椎体骨折,无移位
36~37	椎体骨折,伴有移位

表 6 - 4 - 8 脊椎耐受超重估算值

骨骼名称		负载体重/%	压缩破坏载荷/N		耐受超重估算值/G	
			最大值	最小值	最大值	最小值
颈椎	4	7	2697	—	50	—
胸椎	1	20	4413	—	25	—
	6	25	5884	—	23	—
	8	33	6276	5296	24.9	20.8
	9	37	7061	5982	25	21
	10	40	7845	6472	25.7	21
	11	44	8434	7061	25.1	20.8
	12	47	8826	6767	24.5	18.6
腰椎	1	50	8826	7061	23	18.2
	2	53	9709	7845	23.9	19.1
	3	56	10787	8826	25.2	20.4
	4	58	10787	8826	24.3	19.7
	5	60	10768	9807	25.7	21.2

表 6 - 4 - 9 脊椎耐受超重估算值

骨骼名称	负载体重/%	加载速度/(m/s)	载荷作用时间/ms	压缩破坏载荷/N	估算平均超重值/G
上部胸椎($T_1 \sim T_6$)	20	0.5	12	8000	65.8
		0.3	20	8640	71.1
下部胸椎($T_7 \sim T_{12}$)	40	0.5	12	10457	43
		0.3	20	12600	51.8
腰椎($L_1 \sim L_5$)	56	0.5	12	14400	42.3
		0.3	20	13067	38.4

3. 人体头部对碰撞的耐受性

在舰船冲击的减速阶段,人体飞离后易发生碰撞,特别是头部易碰撞到舰船舱顶或舱壁,造成头部损伤。人体头部的耐受限值见表 6 - 4 - 10,头部碰撞的可耐受限值为 $18G \sim 23G$,超重增长率在 $3500G \sim 5600G$ 之间。严重损伤的阈值比可耐受限值高出许多。

表 6 - 4 - 10 脊椎耐受超重估算值

部 位	碰撞速度/(m/s)	碰撞超重/G	碰撞超重增长率/(G/s)
顶部	1.7	23	4800
前部	1.5	22	5600
侧部	1.7	20	3500
后部	1.6	18	3700

6.4.2 舰船冲击的防护

同舰船振动的防护类似,舰船冲击的防护也可通过制定安全标准、采取防护措施等进

303

行防护。

一、制定安全标准

《水面舰艇冲击对人体作用安全值》(GJB2689—96)规定了水下非接触爆炸引起的水面舰船垂向冲击环境对艇员的安全限及引起艇员损伤的阈值。

二、防护措施

预防或减轻冲击损伤应从两方面考虑：一是衰减冲击能量，通过吸收装置减低艇员的冲击负荷；二是增大人体对冲击力的机械阻尼。主要包括如下措施：

（1）提高总体抗冲措施。①在舰船设计、建造时应达到抗冲击要求；②重要部位尽可能设置减振甲板，并在座椅、床铺底部加装减振器；③在舱壁、舱顶、仪器设备表面处敷设一定厚度的软木或泡沫塑料，防止人员撞伤。

（2）采用个体防护器。①头戴具有良好吸能材料的防冲头盔；②穿有良好缓冲性能的防冲背心、防冲鞋等；③使用安全带时人体与耐振座椅敷紧，避免二次损伤；④穿着救生衣，防止溺水。

（3）防止砸伤。将舰船铁门、舷窗等坚硬物体固定好，防止砸伤。

（4）保持正确姿势与体位。①舰船进入雷区时，人员应尽量减少在舰船上行走，最好坐在防振座椅、橡皮艇或帆布凳上；②如需行走，应尽量足尖着地，并在平时加强这方面的训练；③切勿单腿独立或蹲位，以防下肢损伤。

参 考 文 献

[1] 柯文棋. 现代舰船卫生学. 北京：人民军医出版社, 2005.

[2] 姚安子, 金善玉, 张林. 全身振动对健康的影响. 中国工业医学杂志, 1991, 4(2).

[3] 朱英富, 张国良. 舰船隐身技术. 哈尔滨：哈尔滨工程大学出版社, 2003.

[4] 胡正元. 舰艇舱室空气噪声及其对艇员的影响. 国外医学军事医学分册, 1989(2).

[5] 胡正元, 梁振福, 史秀凤. 舰艇导弹火炮脉冲噪声听觉安全标准的研究. 海军医学, 1985, 3(1).

[6] 梁振福, 李平, 唐志文. 噪声对语言识别率的影响. 声学技术, 1999, 18(3).

[7] 梁振福, 黄锋, 郭丰涛. 艇用次生发生器声场特征及其对艇员的影响. 中国职业医学, 2002, 29(6).

[8] 薛雄志, 赖素聪, 等. 次声对几种生物酶的生物效应初探. 厦门大学学报, 1995(34).

[9] 陈静藻. 次声的产生及生物效应. 国外医学, 物理医学与康复学分册, 1999, 19(1).

[10] 王正国. 冲击伤. 北京：人民军医出版社, 1983.

[11] 柯文棋, 杨军, 乐秀鸿. 模拟舰船冲击运动对动物损伤作用的试验研究. 振动与冲击, 1984, 3(2).

[12] 乐秀鸿, 柯文棋, 杨军. 垂直受压下人体下肢骨胳损伤特点的研究. 中国运动医学杂志, 1987, 6(1).

[13] 柯文棋, 杨军, 乐秀鸿. 水下爆炸对舰船上动物冲击伤效应的观察与分析. 振动与冲击, 1989, 8(1).

[14] 柯文棋, 杨军, 乐秀鸿. 水雷爆炸对舰船上动物冲击伤的试验观察与评价. 中华航海医学与高气压医学杂志, 2001, 8(3).